O Supremo
por seus Assessores

O Supremo por seus Assessores

2016 - Reimpressão

Coordenadores:
Beatriz Bastide Horbach
Luciano Felício Fuck

O SUPREMO POR SEUS ASSESSORES
© ALMEDINA, 2016

COORDENADORES:
Beatriz Bastide Horbach
Luciano Felício Fuck
DIAGRAMAÇÃO: Edições Almedina, SA
DESIGN DE CAPA: FBA
ISBN: 978-856-31-8267-8

Dados Internacionais de Catalogação na Publicação (CIP)
(Câmara Brasileira do Livro, SP, Brasil)

O Supremo por seus assessores / coord. Beatriz
Bastide Horbach e Luciano Felício Fuck . --
1. ed. -- São Paulo : Almedina, 2014.
ISBN 978-85-63182-67-8

1. Assessores de ministros 2. Brasil. Supremo
Tribunal Federal 3. Brasil. Supremo Tribunal
Federal - História I. Horbach, Beatriz Bastide.
II. Fuck, Luciano Felício.

14-06205   CDU-347.991(81)(09)

Índices para catálogo sistemático:
1. Assessores de ministros : Supremo Tribunal
Federal : Direito : História
347.991(81)(09)

Este livro segue as regras do novo Acordo Ortográfico da Língua Portuguesa (1990).

Todos os direitos reservados. Nenhuma parte deste livro, protegido por copyright, pode ser reproduzida, armazenada ou transmitida de alguma forma ou por algum meio, seja eletrônico ou mecânico, inclusive fotocópia, gravação ou qualquer sistema de armazenagem de informações, sem a permissão expressa e por escrito da editora.

Junho, 2016

EDITORA: Almedina Brasil
Rua Maria Paula, 122, Cj. 207/209 | Bela Vista | 01319-000 São Paulo | Brasil
editora@almedina.com.br
www.almedina.com.br

PREFÁCIO

Era o último trimestre de 1970 e começava para o Brasil uma das décadas mais sombrias de sua história política quando assumi no Supremo a assessoria de Bilac Pinto, que acabara de vestir a toga ao cabo de alguns anos à frente da embaixada do Brasil em Paris. Eu próprio, então na saudosíssima casa dos vinte anos, também de lá chegava às pressas – para não perder o prazo da posse – após a defesa de minha tese de doutorado. Cada ministro "tinha direito", como ele me disse, a um assessor, um único na época, então chamado *secretário jurídico*; e este não podia ocupar o cargo por mais de dois anos – para não dar-se a impressão, confidenciou-me Thompson Flores, de que houvesse uma espécie de vice-ministro em cada gabinete.

Estes, os gabinetes, eram pequenas salas no prédio também único. Contava-se que fora ideia do arquiteto Niemeyer projetá-las, na presunção, acertadíssima, de que a nova capital mudaria os hábitos dos supremos juízes: no Rio de Janeiro preferiam entregar-se à quota individual de trabalho, à leitura do processo, ao sumário e à concepção do voto em suas próprias casas, indo ao velho prédio da Cinelândia tão só para as sessões do colegiado.

A sala, no prédio da praça dos Três Poderes, era compartilhada pelo ministro com seu assessor e duas secretárias datilógrafas – deslumbradas com a novidade tecnológica daquele momento, a IBM de esferas, máquina de escrever revolucionária. Não havia como receber uma visita, sequer como falar ao telefone com um mínimo de privacidade. As condições do tribunal eram espartanas, e o foram ainda mais na presidência de Aliomar Baleeiro, um estadista fidalgo e generoso com seus próprios meios, mas avarento na administração dos dinheiros públicos. Quando tomou posse – na vaga a que renunciara, em momento dramático, o incomparável Adauto Lúcio Cardoso – Antonio Neder pediu ao presidente que mandasse cobrir os tacos encardidos do chão de sua sala com um carpete verde. Baleeiro providenciou esse mimo e já no dia seguinte mandou a conta ao novo ministro para que a honrasse de seu próprio bolso. Recordo, como se o visse ainda, o semblante perplexo de Antonio Neder quando entrou no gabinete de Bilac Pinto com a inesperada fatura na mão, perguntando o que fazer com ela. Bilac sugeriu com mineira simplicidade: *pague!*

A concepção dos onze juízes sobre o que significavam seus assessores, sobre o que esperar deles, era diversificada. Alguns lhes pediam apoio administrativo em gabinete, pouco mais do que poderia prover um ginasiano, e isso fez com que em um ou outro caso o secretário jurídico, enxergando-se mais no substantivo que no adjetivo, pedisse as contas e fosse embora. No outro extremo estavam aqueles que não apenas confiavam ao assessor a responsabilidade da pesquisa, mas discutiam com ele a questão jurídica em debate, entravam no domínio metajurídico do feito, expunham e ouviam ideias sobre política judiciária.

Já nos meus anos de toga, e desde o limiar da primeira investidura em 1983, a carga de trabalho do tribunal tornara inviável a olímpica autossuficiência dos que outrora prescindiram de uma colaboração mais intensa e enriquecedora do corpo de assessores. Estes, à época dois por ministro, ocupavam-se no mínimo da pesquisa de jurisprudência e doutrina, quando não do preparo dos relatórios, e não raro da discussão daquilo que deveria ser o voto – quando este não perfilasse numa sequência de casos idênticos e não devesse, por isto, repetir simplesmente decisões anteriores. Assim trabalhei com meus assessores todos: de início Paulo Gustavo Gonet Branco, recém-formado pela UnB onde eu fora seu professor e paraninfo, e Joy Santos Barbosa, que apoiara meu antecessor, o ministro Xavier de Albuquerque; por algum tempo Raquel Elias Ferreira; mais tarde meus alunos monitores na UnB Alexandre Camanho de Assis e Márcio Garcia; e Altair Damiani, que trabalhara com o ministro Célio Borja; e Ana Cristina Fonseca, e Cristiane Cordeiro.

Hoje a casa vê crescer o fardo cujo peso, em passado recente, já se imaginava inexcedível. A nenhum integrante do Supremo é dado prescindir do apoio decisivo de sua assessoria, e o nível desse suporte intelectual é necessariamente superlativo. Neste universo, por outro lado, todos têm consciência de que o Brasil é um país que nenhum outro, lá fora, iguala e muito menos excede no prestígio, no poder e na consequente responsabilidade que a Constituição dá não somente aos juízes, mas à inteira classe dos juristas, aos que têm no direito seu instrumento de trabalho – e no primado do direito seu objetivo maior.

Há algum tempo observei, no volume que a casa editou para marcar os vinte e cinco anos da Carta de 1988 com artigos de seus juízes *de ontem e de hoje* (como dizem nas cerimônias a que os aposentados compareçam), que as zonas cinzentas do texto constitucional "foram clarificadas pelo Supremo, quase sempre com acerto e às vezes com excepcional clarividência. Para desgosto de alguns membros do Congresso, do governo, da própria sociedade, o tribunal alargou quanto pôde os limites de sua competência, isto para ir além do dispositivo formal da Constituição em honra de seus princípios fundamentais. Para desgosto de alguns acadêmicos, abençoados com uma concepção simplória do que chamam de 'direitos humanos', o tribunal não cedeu – nesse domínio que Norberto Bobbio chamou de tautológico – nem à tentação do discurso fácil nem à pressão dos ativistas que, em defesa dos direitos humanos que habilidosamente selecionaram para defender, agridem com virulência tantos outros direitos não menos humanos. Em várias ocasiões, no quarto de século, o Supremo enfrentou com lucidez este que é o mais pungente dilema da consciência jurídica de nosso tempo: o conflito entre duas distintas categorias de direitos humanos; o embate entre dois estratos da sociedade civil que se confrontam, não raro com paixão, arvorando cada um deles uma diferente bandeira de direitos rigorosamente 'humanos'. Foi inevitável, nessas horas difíceis, que o tribunal se dividisse na determinação, afinal majoritária, do direito merecedor de prevalência; e que amargasse unânime o sacrifício do outro..."

Este livro reúne trabalhos de excepcional qualidade, escritos por assessores também *de ontem e de hoje*, sob a coordenação de dois deles, responsáveis pela magnífica apresentação da obra. Na altitude e no rigor científico dos textos explica-se o sucesso que os autores alcançaram em suas carreiras, e que se anuncia crescente para todos eles. A matéria sobre que trabalharam é o produto do próprio tribunal, lavrado ao longo de seus julgamentos de maior interesse doutrinário. Ninguém supera a maestria desses autores, embora todos jovens, para falar com autoridade sobre a obra do Supremo neste momento crucial de sua história.

Brasília, abril de 2014.
FRANCISCO REZEK

NOTA DOS AUTORES

Os 50 anos de assessoria jurídica no Supremo Tribunal Federal e os 10 anos de existência da AASTF[1]

A presença dos chamados *law clerks,* os assessores jurídicos da Suprema Corte americana, foi inaugurada com o *Justice* Horace Gray, em 1882. Ao ser designado para Washington, ele levou consigo o modelo que adotava na *Supreme Judicial Court* do Estado de Massachussetts. Lá, Gray empregava, pelo termo de um ou dois anos, estudantes recém-formados pela Universidade de Harvard, de onde eram selecionados pelo seu meio irmão, John Chipman Gray, professor de Direito dessa instituição.

Há relatos a indicar que, apesar do *Justice* Horace Gray nunca ter explicado os motivos que o levaram a contratar assessores, o mais fidedigno seja sua constante vontade de se valer da doutrina e da academia para fundamentar suas decisões. Seu gosto pela pesquisa jurídica certamente foi, então, o principal estímulo para que buscasse auxílio acadêmico.

Nos anos seguintes à Guerra de Secessão, a demanda da Suprema Corte americana aumentou consideravelmente, e os juízes passaram a reivindicar alguma espécie de auxílio. Em resposta, o então *Attorney General of the United States* apontou, em seu relatório anual ao Congresso,

---

[1] Obras consultadas: BAIER, Paul R. The Law Clerks: Profile of an Institution. *Vanderbilt Law Review*, Vol. 26, pp. 1125-1178. BALEEIRO, Aliomar. *O Supremo Tribunal Federal, êsse outro desconhecido*. Rio de Janeiro: Forense, 1968. NAVES, Nilson Vital. *Regimento Interno do Supremo Tribunal Federal – atualizado conforme as emendas de n. 1 a 7.* Belo Horizonte: Forense, 1979. NEWLAND, Chester A. Personal Assistants to Supreme Court Justices: the Law Clerks. In: *Oregon Law Review*, junho de 1961, vol. 40, p. 299-317. PEPPERS, Todd; WARD, Artemus. *In Chambers: Stories of Supreme Court Law Clerks and Their Justices.* University of Virginia Press, 2012.

a necessidade da criação do cargo de assistente de juiz da Suprema Corte americana. O Congresso aceitou a recomendação e, em quatro de agosto de 1886, instituiu tal função. Hoje, cada juiz da Suprema Corte americana pode empregar até quatro *law clerks* – e o *Chief Justice*, cinco.

Por aqui, o modelo de *law clerks* começou a ser adotado em 1963. Nessa época, cada Ministro do Supremo poderia indicar um "secretário jurídico", que tinha mandato de apenas dois anos (art. 14 Lei 4.279, de 4 de novembro de 1963). Cabia ao próprio Ministro estabelecer o tipo de colaboração que dele se esperava

O Regimento Interno do STF de 1970 regulou o cargo e especificou que o Secretário Jurídico seria "nomeado em comissão, nos termos da lei, dentre bacharéis em Direito, com diploma registrado no Ministério da Educação e Cultura, para servir, junto a cada Ministro, como funcionário de sua estrita confiança". A proibição de não servir por mais de dois anos à Corte foi alterada pela Lei 5.986, de 1973, que possibilitou a prorrogação do tempo dos assessores no Tribunal "pelo mesmo ou menor período, se assim o propuser o Ministro junto ao qual servir e o Tribunal aceitar, em sessão administrativa e por votação secreta, a justificativa da prorrogação" (Portaria n. 131, de 1973). A partir de 1977, a investidura poderia ser renovada *de dois em dois anos* (Portaria n.192, de 1977).

O art. 339 RISTF-70 listava, então, as atribuições do Secretário Jurídico, que seriam as de "classificar os votos proferidos pelo Ministro e velar pela conservação das cópias e índices necessários à consulta; verificar as pautas, de modo que o Ministro vogal, em casos de julgamento interrompido, ou de embargos, ação rescisória ou reclamação, possa consultar na sessão a cópia do voto que houver proferido anteriormente; cooperar na revisão das notas taquigráficas e cópias dos votos e acórdãos do Ministro, antes de sua juntada aos autos; selecionar, dentre os processos submetidos ao exame do Ministro, aqueles que versem questões de solução já compendiada na Súmula do Supremo Tribunal, para serem conferidos pelo Ministro; fazer pesquisa bibliográfica e de jurisprudência; executar outros trabalhos compatíveis com suas atribuições, que forem determinados pelo Ministro, cujas instruções deverá observar.".

As atividades dos Secretários Jurídicos permaneceram praticamente idênticas no Regimento Interno seguinte, publicado em 1980 e vigente até hoje. Apenas um trecho foi alterado para indicar que seria atribuição deste cargo "cooperar na revisão da transcrição do áudio e cópias dos votos e acórdãos do Ministro, antes da juntada nos autos", ou seja, a redação foi atualizada para substituir a menção a notas taquigráficas (art. 338, RISTF).

A partir da Portaria n. 131, de 30.10.1973, a função de Secretário Jurídico passou a ser denominada de "Assessor de Ministro", classificação seguida pelo Regimento Interno de 1980. Esse Regimento também consolidou o número de duas vagas por Gabinete, orientação já adotada pela Corte desde a lei n. 6.474, de 30.11.77, que criou dez novos cargos de assessor. Passou a ser três, e, posteriormente, cinco assessores, em sua composição atual (Resolução n. 294, de 20 de setembro de 2004).

O Regulamento da Secretaria do STF também apresenta disposições relativas ao cargo de Assessor de Ministro. O texto especifica que "as nomeações para o cargo de Assessor de Ministro, privativo de Bacharéis em Direito, far-se-á mediante livre indicação dos Ministros junto aos quais devam servir os nomeados" (art. 110, §2º). Ainda, indica que o assessor pode ser exonerado a qualquer tempo e "será tido como exonerado cento e vinte dias depois do afastamento definitivo, por qualquer motivo, do Ministro que o houver indicado ou junto ao qual servir, ou na véspera da posse do Ministro nomeado para a vaga, se precedentemente realizada" (art. 111). Este mesmo dispositivo também estabelece que o mesmo assessor poderá, após exonerado, ser nomeado sob indicação de outro Ministro e, no período de vacância em caso de afastamento definitivo do Ministro, "ser designado, por ato da Presidência, para prestar auxílio a outros Ministros ou setores do Tribunal" (art. 111, §2º).

Importante ressaltar a introdução da função de Juiz Auxiliar do Supremo Tribunal Federal, em apoio à Presidência e aos Ministros, e a de Magistrado Instrutor, para questões criminais. Estes passaram a exercer função especial nos Gabinetes, não deixando de compor, igualmente, a assessoria direta dos Ministros.

Ao analisar o trabalho dos *law clerks* da Suprema Corte americana, Alexander Bickel, que fora assessor do Justice Frankfurter, indica que, pelo seu entendimento, a função primária daqueles estaria resumida na interligação da tríade *academia – Corte – mundo exterior*. Essa concepção poderia, de certa forma, descrever os motivos que levaram um grupo de assessores de Ministros do STF a fundar, em 2003, a Associação dos Assessores e ex-Assessores de Ministros do Supremo Tribunal Federal – AASTF.

Como indicado em seus primeiros atos, a AASTF foi criada para ser "um novo espaço democrático de intercâmbio de ideias, experiências profissionais e acadêmicas entre seus associados". Para tanto, desde o início desenvolveu, por exemplo, o projeto "Conversas com Pensadores", aberto a palestrantes que tenham a contribuir com temas relevantes ao meio jurídico. Por esses encontros já passaram Ministros do Supremo Tribunal Federal e grandes nomes do direito nacional e estrangeiro.

O ano de 2013 marcou não apenas os dez anos de fundação da AASTF, mas também os 50 anos da instituição do cargo de assessor de Ministro do Supremo Tribunal Federal. Em celebração a essas datas, a presente obra foi organizada com objetivo de iluminar quais decisões foram significativas para a história da Corte, na percepção de quem acompanhou internamente os desafios e o esforço no exercício de suas importantes competências e atribuições no âmbito da Constituição de 1988. Note-se: não foram separados, necessariamente, os casos mais famosos ou polêmicos, mas precedentes significativos internamente para a construção da jurisprudência do Tribunal, ainda que tenham passado despercebidos pelo público externo.

Nesse livro contamos com a colaboração de assessores de diversos Ministros do Supremo Tribunal Federal, não apenas dos de hoje, mas também dos de sempre, que discorrem sobre variados tema, com singular visão. Importante ressaltar, finalmente, a especial participação do Ministro Francisco Rezek, que, assim como o Ministro Sepúlveda Pertence, ocupou a função de assessor e, posteriormente, de assessorado, como Ministro do Supremo Tribunal Federal. Enquanto este foi secretário jurídico do Ministro Evandro Lins e Silva entre 1965 e 1967, aquele trabalhou com o Ministro Bilac Pinto, na década de 70, e desde 2011 é membro da AASTF.

Desejamos uma prazerosa leitura!

BEATRIZ BASTIDE HORBACH
LUCIANO FELÍCIO FUCK

Tributação e cláusulas pétreas: ADI 939

LUCIANO FELICIO FUCK*

1. Introdução

Desde a promulgação da Constituição Federal de 1988 (CF/1988), o Supremo Tribunal Federal tem desempenhado papel fundamental na garantia da ordem constitucional e da força normativa de suas disposições. Se atualmente as decisões do Tribunal têm ganhado amplo destaque, há importantes julgados que precisam ser lembrados por constituírem marcos e balizas essenciais no desenvolvimento institucional do País.

Exemplo desse segundo grupo certamente é a Ação Direta de Inconstitucionalidade n. 939/DF, relatada pelo Min. Sydney Sanches, Pleno, DJ 18.3.1994 (ADI 939). Por três razões este julgamento deve ser considerado um dos mais importantes, não só sob a égide da CF/1988, mas de toda a rica história do STF: (i) as inovações no âmbito do controle jurisdicional de constitucionalidade; (ii) a abrangência na compreensão dos direitos fundamentais; e (iii) a decisiva contribuição para o direito tributário brasileiro.

---

* Chefe de Gabinete do Ministro Gilmar Mendes, é ex-Secretário-Geral da Presidência (2008-2010), analista de finanças de controle da Controladoria-Geral da União cedido ao STF desde 2007. Mestre em Direito pela Universidade de Munique (*Ludwig-Maximilians- -Universität* – LMU) e doutorando pela Universidade de São Paulo (USP).

Este breve artigo pretende contextualizar esta marcante decisão, destacando ao final as mencionadas razões que tornam este acórdão importante referência e paradigma do dever institucional do STF na guarda da Constituição (art. 102, CF/1988).

2. Contexto da decisão

A Constituição Federal de 1988 (CF/1988), fundada em longa tradição constitucional no Brasil, estabeleceu sistema tributário rígido, exaustivo e inflexível, em que as competências tributárias, entendidas como atribuição de editar leis para instituir tributos, da União, dos Estados e dos Municípios, são detalhadamente repartidas e descritas no Texto Constitucional.

Por outro lado, além da minuciosa separação de competências tributárias, a CF/1988 ainda contém extenso rol de garantias dos contribuintes e limitações constitucionais ao poder de tributar, como a de lei para instituir ou aumentar tributo (art. 150, I, CF/1988); a regra da anterioridade (art. 150, III, CF/1988); e as imunidades, a exemplo da proibição da instituição de impostos sobre patrimônio, renda ou serviços de ente da federação sobre outro (art. 150, VI, "a", CF/1988).

Logo, a criação de novas competências tributárias, no âmbito do sistema constitucional tributário brasileiro, depende da edição de emenda constitucional submetida às cláusulas pétreas contidas no art. 60, §4º, da CF/1988. Ou seja, além de procedimento mais dificultoso para aprovação de Emenda Constitucional, a CF/1988 destacou certos pontos centrais de seu texto que não poderiam ser modificados em nenhuma hipótese, como (i) a forma federativa de estado; (ii) o voto direto, secreto, universal e periódico; (iii) a separação de poderes; e (iv) os direitos e garantias individuais.

No entanto, a repartição de competências tributárias realizada pela CF/1988 atendeu ao forte anseio de descentralização de receitas da União para Estados e Municípios, sem que houvesse correspondente redistribuição de deveres constitucionais. Assim, nos primeiros anos após a promulgação da Nova Carta Constitucional, sustentou-se a necessidade de incremento das fontes de financiamento da União para que ela pudesse arcar com seus importantes deveres constitucionais. Nesse contexto, em 17.3.1993, o Congresso Nacional promulgou a Emenda Constitucional n. 3/1993 (EC n. 3/1993), que criou outro imposto de competência da União, o denominado Imposto sobre Movimentação ou

Transmissão de Valores e de Créditos e Direitos de Natureza Financeira (IPMF), com vigência provisória até 31 de dezembro do ano seguinte.

Todavia, o art. 2º, §2º, da EC 3/1993 excepcionou o IPMF da regra da anterioridade e das imunidades previstas no texto constitucional.

Daí a impugnação, por meio de ação direta de inconstitucionalidade – modalidade de controle concentrado de constitucionalidade –, feita pela Confederação Nacional dos Trabalhadores do Comércio à Emenda Constitucional 3/1993 e à Lei Complementar 77/1993, que a regulamentou, sob alegação de que foram afetadas indevidamente cláusulas pétreas da CF/1988.

Ressalte-se que o Supremo Tribunal Federal, ciente da premência e da importância da questão, enfrentou sem hesitação e sobressaltos a controvérsia constitucional em curto espaço de tempo. A ação direta de inconstitucionalidade foi ajuizada em 6.9.1993 e o pedido de medida cautelar foi deferido pelo Plenário em 15.9.1993 para suspender dispositivo de emenda constitucional. Por sua vez, o mérito foi definitivamente apreciado em 15.12.1993, após amplo debate no âmbito do Tribunal.

Do ponto de vista institucional, a relevância do caso se compreende a partir da possibilidade do controle judicial de constitucionalidade de normas constitucionais, ainda que de emendas constitucionais. Este foi o primeiro caso que o STF examinou a compatibilidade material e declarou a inconstitucionalidade de emenda constitucional.

Além disso, discutiu-se se as limitações constitucionais ao poder de tributar constituíam garantias e direitos individuais dos contribuintes, o que os tornaria insuscetíveis de modificação até por emenda constitucional.

É dentro desse contexto institucional que a decisão do STF precisa ser analisada e entendida.

3. Síntese dos Fundamentos da decisão

Prevaleceram na ADI 939 os fundamentos expostos pelo relator, Ministro Sydney Sanches, complementados pelos Ministros que o acompanharam. Basicamente, discutiu-se a inconstitucionalidade da cobrança do IPMF por dois fundamentos: a necessidade de observância (i) da regra da anterioridade e (ii) das imunidades.

Na ocasião, o Min. Sydney Sanches refutou diversas alegações acessórias de inconstitucionalidade e concentrou-se no entendimento de que a regra presente no art. 150, III, "b", da CF/1988 ("[...] é vedado à União, aos

Estados, ao Distrito Federal e aos Municípios: cobrar tributos no mesmo exercício financeiro em que haja sido publicada a lei que os instituiu ou aumentou") constitui garantia individual do contribuinte.

Nesse sentido, a regra da anterioridade não poderia ser afrontada nem por Emenda Constitucional, em razão da cláusula pétrea disposta no art. 60, §4º, IV, da CF/1988.

Confirmando a decisão cautelar, o eminente Ministro Relator entendeu que as exceções constitucionais à anterioridade não poderiam ser ampliadas, sob pena de esvaziamento da garantia individual do contribuinte, seja em relação aos tributos previstos no texto originário, seja para os tributos criados por emenda constitucional. Em outras palavras, emendas constitucionais podem criar novas competências tributárias, mas não poderiam alargar as exceções à regra da anterioridade.

Por outro lado, os Ministros Sepúlveda Pertence e Octavio Gallotti abriram divergência por entenderem que a garantia da anterioridade tributária não estava amparada pelas cláusulas pétreas, denotando a necessidade de extrema contenção do STF ao examinar a constitucionalidade do mais eminente dos poderes constituídos: o poder de emendar a Constituição.

No que se refere às imunidades, em primeiro momento, o Ministro relator entendeu que apenas a imunidade recíproca estaria protegida pelas cláusulas pétreas, em razão da proteção específica à forma federativa de Estado (art. 60, §4º, I, CF/1988), deixando de reconhecer semelhante status em relação às demais espécies de imunidades.

No entanto, o Min. Sepúlveda Pertence destacou que as demais formas de imunidades, conferidas aos templos de qualquer culto (art. 150, VI, "b", CF/1988); aos partidos políticos, entidades sindicais dos trabalhadores, instituições de educação e assistência social sem fins lucrativos (art. 150, VI, "c", CF/1988); e aos livros, jornais e periódicos (art. 150, VI, "d", CF/1988), consubstanciavam instrumentos de salvaguarda de liberdades e direitos básicos da Constituição. Por isso, nem emenda constitucional poderia suprimi-los.

Convencido pela maioria dos Ministros de que as demais normas de imunidades compreendiam garantias de quem não deve ser contribuinte, O Min. Sydney Sanches reajustou seu voto para reconhecer as demais imunidades como garantias individuais e, portanto, cláusulas pétreas.

Por sua vez, o Min. Marco Aurélio votou pela inconstitucionalidade total da EC 3/1993, entendendo que novos impostos só poderiam ser instituídos por meio da competência residual originalmente fixada na

CF/1988, atendendo aos limites do art. 154, I, da CF/1988, especialmente que os impostos novos sejam não cumulativos e não incidam sobre fatos geradores pertinentes a outros impostos previstos na Carta Magna.

Dessa forma, a maioria dos ministros do STF declarou a inconstitucionalidade das expressões que pretendiam criar nova exceção ao princípio da anterioridade e às imunidades ("o art. 150, III, 'b' e VI, nem") do §2º do art. 2º da EC 3/1993 e a inconstitucionalidade sem redução de texto dos arts. 3º, 4º e 8º da Lei Complementar 77/1993, por haverem deixado de excluir, na incidência do IPMF, os fatos ocorridos em 1993 e aqueles pertinentes às entidades imunes.

A decisão do STF imediatamente se transformou em paradigma por reconhecer, pela primeira vez, a inconstitucionalidade de emenda constitucional e conferir o status de cláusulas pétreas a garantias dos contribuintes.

4. Importância da Decisão

Conforme já destacado, a ADI 939 constitui marco essencial do desenvolvimento constitucional por, ao menos, três razões específicas pertinentes ao controle jurisdicional de constitucionalidade; à compreensão dos direitos fundamentais; e ao direito tributário brasileiro.

Em primeiro lugar, a ADI 939 constitui a primeira vez que o STF examinou a constitucionalidade material e declarou a inconstitucionalidade da mais alta e nobre espécie normativa concedida ao Poder Legislativo: a emenda constitucional.

É certo que o STF já havia examinado a compatibilidade de emenda constitucional com o texto original no famoso caso da Emenda Constitucional de 1926 (HC 18.178/DF, Rel. Min. Hermenegildo de Barros, Pleno, julgado em 1º.10.1926). Já naquela oportunidade, o Tribunal demonstrou grande desenvoltura na análise de constitucionalidade formal em relação às regras dispostas na Constituição de 1891, afirmando sua competência para verificar a legitimidade da reforma constitucional[1], nada obstante o grande debate a propósito no direito comparado.[2]

---

[1] CF. PERTENCE, José Paulo Sepúlveda. O controle de constitucionalidade das emendas constitucionais pelo Supremo Tribunal Federal: crônica de jurisprudência". *Revista Eletrônica de Direito do Estado*, Salvador, Instituto Brasileiro de Direito Público, n. 9, jan/fev/mar 2007, p. 4.

[2] A propósito, confira-se a clássica obra de OTTO BACHOF: *Normas Constitucionais Inconstitucionais?* Tradução de José Manuel M. Cardoso da Costa. Coimbra: Almedina, 2008.

No entanto, na ADI 939, o STF não só examina a constitucionalidade material de emenda constitucional devidamente aprovada pelo Congresso Nacional, como também, ao fazê-lo, reconhece a incompatibilidade de parte de suas disposições com cláusulas pétreas. Nesse ponto, o STF pacificou a possibilidade de controle jurisdicional de constitucionalidade de emendas constitucionais pouco mais de cinco anos após a promulgação da Carta Magna, dando segurança às disposições fundamentais e inibindo aventuras institucionais. Sem dúvida, a ADI 939 constituiu importante precedente que fortaleceu o próprio controle jurisdicional de constitucionalidade, com toda a responsabilidade pertinente, seja porque o STF examinou o pedido com a diligência e a celeridade necessárias, seja porque a Corte sempre esteve ciente e atenta às consequências da decisão.

Em segundo lugar, a ADI 939 também significou essencial parâmetro na compreensão dos direitos fundamentais por expressamente acolher, entre os direitos e garantias individuais protegidos pela Constituição, dispositivos previstos fora do art. 5º da CF/1988.

De fato – apesar do conteúdo claramente exemplificativo do rol do art. 5º, sobretudo em razão do disposto no respectivo § 2º, da CF/1988 –, havia expressiva corrente de entendimento que limitava a cláusula pétrea prevista no art. 60, §4º, IV, da Constituição aos incisos do art. 5º. Nessa linha, votaram os eminentes ministros Francisco Rezek, Moreira Alves e Octavio Gallotti no pedido de medida cautelar. Quando do julgamento de mérito, o próprio Ministro relator inicialmente entendeu que apenas a imunidade recíproca, porquanto fundada na forma federativa (art. 60, §4º, I, da CF/1988), teria a natureza de cláusula pétrea, no que foi acompanhado pelo Ministro Octavio Gallotti. Somente após a percuciente manifestação do Min. Sepúlveda Pertence, que apontou o caráter de garantia individual dos contribuintes em relação às demais formas de imunidades, o eminente relator reconsiderou sua posição e aumentou a extensão do seu voto para garantir também a prevalência das imunidades prescritas nas alíneas "b", "c" e "d" do art. 150, VI, da Carta Magna.

Dessa forma, prevaleceu o entendimento de que outros direitos previstos na Constituição, principalmente os pertinentes aos contribuintes e inclusive as imunidades, também são amparados pela cláusula pétrea e não podem ser esvaziados sequer por Emenda Constitucional. Na realidade, a ADI 939 ampliou consideravelmente o parâmetro de controle de emendas constitucionais e deu força normativa a diversos dispositivos constitucionais.

Em terceiro lugar, *last but not least,* a ADI 939 constitui contribuição essencial ao direito tributário brasileiro, não só por alocar as limitações constitucionais ao poder de tributar como direitos e garantias fundamentais, como acima destacado, mas por traçar parâmetros mínimos para o exercício das competências tributárias, isto é, para a edição de leis tributárias.

Com efeito, não é mera coincidência que a jurisdição constitucional tenha papel tão relevante no direito tributário brasileiro. Se, no período monárquico, o Conselho de Estado funcionava como "guardião das fronteiras tributárias", declarando inconstitucionais tributos das províncias[3], a partir da Constituição de 1891, o Supremo não tardou a declarar inconstitucionais leis tributárias, a exemplo dos RE 17/BA, Rel. Min. José Hygino, Pleno, julgado em 24 de novembro de 1894; RE 14/BA, Rel. Min. Aquino e Castro, julgado em 30.1.1895; RE 82/BA, Rel. Min. Americo Lobo, julgado em 23.5.1896, que declaram a inconstitucionalidade do imposto de estatística criado pela Lei de 25 de agosto de 1892, do Estado da Bahia. Como se vê, é longa a tradição de leis tributárias que desprestigiam as disposições constitucionais e que precisam ser afastadas pelo Poder Judiciário.

A decisão na ADI 939, por sua vez, deu importante destaque aos mínimos contornos que deve observar a legislação tributária, invalidando até mesmo emenda constitucional. Se por um lado eram frequentes leis tributárias, ainda na década de 1980 e 1990, que faziam tábula rasa de regras simples e formais, como a retroatividade e a anterioridade, por outro lado, após o julgamento referido, os debates legislativos e constitucionais tornaram-se muito mais sofisticados. Sem dúvida, a anulação de emenda constitucional em tempo adequado serviu de alerta importante para o legislador, não só federal, como estadual e municipal, criando verdadeiro patamar mínimo na edição de leis tributárias.

5. Conclusão

A decisão na ADI 939 constitui um dos mais importantes precedentes da história do Supremo Tribunal Federal e contribuiu decisivamente para a nova estrutura constitucional inaugurada pela Constituição de 1988.

---

[3] Cf. LEAL, Victor Nunes. *Coronelismo, enxada e voto:* o município e o regime representativo no Brasil. 7. ed. São Paulo: Companhia das Letras, 2012. p. 144-145.

Na realidade, este acórdão deu balizas a três vertentes destacadas pela Carta Magna: o controle jurisdicional de constitucionalidade, a proteção aos direitos fundamentais e o sistema constitucional tributário.

Em que pese o contexto da época, pois a Carta de 1988 mal tinha completado seu primeiro lustro, o acórdão demonstrou como o STF cumpria à altura sua alta missão de guardião da Constituição e até hoje é precedente relevante em diversas questões constitucionais polêmicas.

Em primeiro lugar, o acórdão da ADI 939 produziu tranquilidade no exame de constitucionalidade de futuras emendas constitucionais. Em segundo lugar, o STF tornou clara a proteção à segurança jurídica, impedindo a aplicação de regras retroativas, mesmo por meio de emendas constitucionais, como no julgamento da ADI 4307-MC, Rel. Min. Cármen Lúcia, Pleno, DJe 5.3.2010, que tratou da Emenda Constitucional n. 58/2009; e do RE 578.008/SP, Rel. Min. Dias Toffoli, Pleno, DJe 6.5.2011, que cuidou da Emenda Constitucional n. 10/1996.

Ressalte-se que o mencionado precedente orientou o tribunal em outras questões com regras semelhantes de anterioridade, como a inaplicabilidade de modificações de regras eleitorais no mesmo ano de aprovação da lei (RE 633.703/MG, Rel. Min. Gilmar Mendes, Pleno, DJe 18.11.2011).

Em síntese, trata-se de decisão clássica, por sua riqueza de fundamentos e pelo alcance de seu pronunciamento.

Referências Bibliográficas

BACHOF, Otto. *Normas Constitucionais Inconstitucionais?*. Tradução de José Manuel M. Cardoso da Costa. Coimbra: Almedina, 2008.

LEAL, Victor Nunes. *Coronelismo, enxada e voto*: o município e o regime representativo no Brasil. 7. ed. São Paulo: Companhia das Letras, 2012.

PERTENCE, José Paulo Sepúlveda. O controle de constitucionalidade das emendas constitucionais pelo Supremo Tribunal Federal: crônica de jurisprudência. *Revista Eletrônica de Direito do Estado*, Salvador, Instituto Brasileiro de Direito Público, n. 9, jan/fev/mar 2007.

Proporcionalidade no Supremo Tribunal Federal – o DNA (HC 71.373)

PAULO GUSTAVO GONET BRANCO*

Corria o ano de 1992. O exame de DNA para estabelecer a paternidade de crianças era ainda relativamente recente, mas já gozava de notável prestígio científico. Já se sabia que o teste poderia ser feito em qualquer tecido humano; o mais comum, entretanto, era o emprego de material hematológico. Os méritos do exame somente seriam postos em causa pouco mais tarde, no evento jurídico-mediático, noticiado em todo o mundo, do júri norte-americano do ator O. J. Simpson, que acabou sendo livrado da condenação por homicídio da mulher e de um garçom, suposto amante dela, logrando estabelecer *dúvida razoável* justamente sobre o exame de DNA, devastadoramente adverso à defesa. Em outubro de 1995, o júri veio a acolher a arguição de que poderia ter havido manipulação espúria do sangue colhido.

No Rio Grande do Sul, três anos antes, a confiabilidade do exame do DNA, abonada em grau de 99,99%, não deixou dúvida ao juízo de primeira instância sobre a imprescindibilidade do teste para a solução de disputa sobre paternidade. Além disso, ante a renitência do réu em se

---

* Ex-assessor do Ministro Francisco Rezek (1983-1987). Doutor em Direito. Professor da Graduação e do Mestrado do Instituto Brasiliense de Direito Público – IDP. Subprocurador--Geral da República.

submeter à coleta do sangue, o julgador determinou a sua condução "debaixo de vara" ao laboratório, para que se consumasse o procedimento. O Tribunal de Justiça confirmou a deliberação, ensejando, então, o HC 71.373, distribuído, no STF, ao Ministro Francisco Rezek e apreciado pelo Plenário em 11.11.1994.

O julgamento dividiu os integrantes da Corte. Por uma apertada margem de 6 votos a 4 (entre estes o do relator), a ordem foi concedida, livrando o paciente de ter que se submeter à retirada de sangue contra a sua vontade.[1]

O caso, rico em possibilidades de enfoque, apresenta uma singular relevância para o estudo do tema das colisões entre pretensões decorrentes de direitos fundamentais.

Ao tempo do julgado, a jurisprudência já havia mencionado o princípio da razoabilidade, que veio a ser assimilado, em julgados posteriores, ao da proporcionalidade.

Em 5 de abril de 1990, o Supremo Tribunal Federal, pioneiramente, pelo voto do relator para o acórdão da ADI 223, Ministro Sepúlveda Pertence, situou a exigência da razoabilidade no conteúdo do princípio do devido processo legal substantivo. A ação direta tinha por objeto um ato normativo, o que não prejudicou que se fixasse, em outras oportunidades, que o padrão da proporcionalidade haveria de ser empregado sempre que se estivesse diante de uma intervenção sobre um direito fundamental em prol de outro, operada por lei ou por outro meio.

Embora a razoabilidade já fosse invocada como critério de legitimidade de incursão sobre direito fundamental, é certo que os desenvolvimentos da teoria de Alexy ainda não haviam obtido a enorme repercussão que pouco depois conheceriam entre nós.

---

[1] Esta é a ementa do julgado:
INVESTIGAÇÃO DE PATERNIDADE – EXAME DNA – CONDUÇÃO DO RÉU "DEBAIXO DE VARA". Discrepa, a mais não poder, de garantias constitucionais implícitas e explícitas – preservação da dignidade humana, da intimidade, da intangibilidade do corpo humano, do império da lei e da inexecução específica e direta de obrigação de fazer – provimento judicial que, em ação civil de investigação de paternidade, implique determinação no sentido de o réu ser conduzido ao laboratório, "debaixo de vara", para coleta do material indispensável à feitura do exame DNA. A recusa resolve-se no plano jurídico-instrumental, consideradas a dogmática, a doutrina e a jurisprudência, no que voltadas ao deslinde das questões ligadas à prova dos fatos. (HC 71373, Relator(a): Min. FRANCISCO REZEK, Relator(a) p/ Acórdão: Min. MARCO AURÉLIO, Tribunal Pleno, julgado em 10/11/1994, DJ 22-11-1996 PP-45686 EMENT VOL-01851-02 PP-00397).

O caso do DNA, de toda sorte, merece ser observado sob os fundamentos dessa mesma doutrina, servindo de evidência sobre como, até mesmo de modo intuitivo, os subprincípios do princípio da proporcionalidade governam o raciocínio jurídico nos casos de conflito entre princípios.

1. Resumo dos elementos do princípio da proporcionalidade

São hoje consabidos os elementos (adequação, necessidade e proporcionalidade em sentido estrito) do princípio da proporcionalidade.

O teste da adequação, na feliz síntese de Bernal Pulido, parte do pressuposto de que, para ser constitucional, "toda intervenção nos direitos fundamentais deve ser capaz de contribuir para a obtenção de um fim constitucionalmente legítimo"[2]. Algumas variáveis devem ser levadas em conta, conforme em outro lugar busquei analisar[3], importando, porém, afinal, que se apure se a interferência sobre um princípio constitucional possui a potencialidade de facilitar a meta legítima que se quer alcançar.

O subprincípio da necessidade restringe a escolha de meios adequados para a realização de um fim ligado a um dado princípio. Se há mais de um meio igualmente apto para acudir à finalidade que o princípio busca, deve ser preterida a modalidade mais intrusiva sobre o direito que sofrerá a intervenção. Aponta-se a raiz deste subprincípio nas limitações que há mais de um século a doutrina alemã descobriu no campo do poder de polícia, rejeitando que a Administração pudesse restringir as liberdades naturais além do que um objetivo legítimo justificasse.

No teste da necessidade, portanto, cotejam-se medidas idôneas a um fim legítimo, com vistas a determinar se todas contribuem em igual magnitude para o objetivo, no que tange a torná-lo mais provável. O esforço do aplicador se dirige a verificar se esses meios confluem para o fim desejado numa mesma escala e com equiparável rapidez de resultado. A preocupação está em se prevenirem sacrifícios desnecessários para os direitos em atrito[4].

---

[2] *El principio de proporcionalidad y los derechos fundamentales*, Madrid: Centro de Estudios Políticos y Constitucionales, 2003, p. 687.
[3] *Juízo de ponderação na jurisdição constitucional*. São Paulo, Saraiva, 2009, pp. 171 e ss.
[4] *Epílogo a la teoría de los derechos fundamentales*. Madrid, Centro de Estudios Constitucionales, 2004, p. 43. Para levar a cabo o exame da necessidade, o julgador deverá formular, desde logo, um juízo sobre o grau de intensidade com que a medida sob julgamento interfere

Uma interferência sobre um direito pode ser apta para o objetivo que se tem em vista e pode não concorrer com nenhuma outra menos gravosa. Ainda assim, pode, literalmente, não valer a pena. A providência que vence os testes da adequação e da necessidade deve ainda se provar, no balanço de custos e benefícios, aceitável. Um tiro de canhão decerto que pode matar um mosquito e dificilmente um outro meio será mais seguro no que tange à obtenção do resultado, mas o estrago numa parede provocado por essa escolha não compensa o benefício do uso do armamento. É aqui que o princípio da proporcionalidade em sentido estrito encontra o seu espaço de atuação. É neste ponto que se cogita da ponderação. É neste instante que se reclama o sopesamento de valores e circunstâncias.

Quando dois princípios colidem, há duas ordens de otimização inconciliáveis entre si. A satisfação de um princípio depende da desestimação do outro. A realização de um se faz às custas do outro. Torna-se imprescindível apurar qual dos dois princípios tem maior peso para a solução justa do problema. Está determinada, então, a ponderação. A máxima da proporcionalidade em sentido estrito, afinal, é o mandamento da ponderação e equivale – na linguagem de Alexy – à *lei da ponderação*, que preceitua:

Quanto maior é o grau de não satisfação ou de prejuízo de um dos princípios, tanto maior deve ser a importância da satisfação do outro [princípio].[5]

Nesta última etapa, confrontam-se, seguindo certos passos epistemológicos próprios[6], as vantagens para o direito preferido com os custos que se descarregam sobre o que será relegado. Nisso consiste a prova da proporcionalidade em sentido estrito.

2. A primeira corrente de deliberação formada no HC 71.373

O HC 71.373 apresenta, entre outros, o interesse de demonstrar que casos mais polêmicos, em que não cabe a imediata subsunção, tendem a ser

---

sobre o princípio prejudicado. Haverá de investigar se é menor a probabilidade de a medida proposta como alternativa afetar o direito atingido, bem assim estudar se a interferência tende a ser menos alongada no tempo, além de indagar se, potencialmente, fere em menor escala os atributos essenciais do princípio relegado (conforme também sustentei em *Juízo de Ponderação...*, ob. cit., p. 175)

[5] Alexy. *Epílogo...*, cit., p. 48.

[6] Remeto-me, aqui, ao *Juízo de ponderação...*, ob. cit., *passim*.

resolvidos com a análise dos elementos do princípio da proporcionalidade, mesmo que intuitiva e subliminarmente.

Repare-se, para o comprovar, a linha de raciocínio da corrente vencida. No voto do Ministro Francisco Rezek, os passos sugeridos pelo princípio correspondem à formação do seu argumento. A finalidade do exame do DNA foi identificada com o propósito sobremaneira encarecido pela ordem jurídica estabelecida pela Constituição de 88 de assegurar os direitos básicos da criança. Ressaltou o Ministro que, entre esses direitos, sobreleva o relativo "à real identidade", "direito elementar que tem a pessoa de conhecer sua origem genética". O Ministro Rezek assinalou – e o ponto é fundamental para a sua perspectiva – que "a verdade jurídica, geralmente fundada em presunção, passa a poder [com o teste do DNA] identificar-se com a verdade científica". Prosseguiu, nessa linha, dizendo:

Com o novo exame surge, pela vez primeira, a possibilidade de se substituir a verdade ficta pela verdade real. Há hoje uma técnica que proporciona certeza tanto para exclusão como para confirmação do vínculo genético.

Percebe-se que a exigência da coleta de sangue é vista como orientada a uma finalidade tomada como nuclear para o cenário constitucional e perfeitamente apta para o objetivo buscado, por ser capaz de estabelecer a verdade sobre o pretendido laço parental entre o réu e o autor da demanda.

Segundo o relator originário, tampouco haveria uma outra forma mais branda de se obter o mesmo resultado. Para enfatizar a singularidade da prova do DNA, o Ministro Francisco Rezek repassou os meios de convicção disponíveis, concluindo que não seriam em igual medida eficazes para tornar patente a identidade genética real do autor. Daí este argumento:

Esteve sempre no domínio da prova a dificuldade maior das ações investigatórias. (...) No campo pericial, o desenvolvimento científico facilita a busca da verdade, mas obstáculos como a recusa à submissão ao exame podem ocorrer. (...) A recusa mesma induz à presunção de paternidade, facilitando o desfecho da demanda, mas resolvendo de modo insatisfatório o tema da identidade do investigante.

Afirmou-se, portanto, não existir outro meio igualmente eficaz e menos oneroso para o réu do que a submissão à coleta de sangue para se apurar a verdade real sobre a identidade do autor. É o teste da necessidade que se viu cumprido.

Por último, o voto não se furtou ao balanço entre vantagem e desvantagem da providência, ponderando o ônus que o direito à integridade física do réu sofreria com o benefício de se firmar um juízo definitivo sobre a identidade genética do autor. Veja-se o que afirmou o Ministro Francisco Rezek:

> *O sacrifício imposto à integridade física do paciente é risível quando confrontado com o interesse do investigante.*

A corrente liderada pelo Ministro Francisco Rezek, portanto, mesmo que não tenha feito remissão explícita aos três testes da proporcionalidade, desenvolveu o seu raciocínio seguindo exatamente as balizas propostas por esse princípio. Para os Ministros contrários à concessão do *habeas corpus*, a ordem da Justiça gaúcha estava de acordo com as exigências do princípio da proporcionalidade, justificando-se constitucionalmente.

3. A corrente majoritária

Embora a posição pelo indeferimento da ordem não tenha prevalecido, nota-se que a tese que preponderou também pode ser reconduzida à pauta da proporcionalidade.

Repare-se que o Ministro Marco Aurélio, relator para o acórdão, anuiu à outra posição quanto ao que, em termos de proporcionalidade, chama-se *subprincípio da adequação*:

> *Requereu-se (as autoras devem tê-lo feito com o objetivo de comprovar fato constitutivo de direito) o exame denominado DNA, em relação ao qual não coloco dúvidas quanto à valia, à segurança do resultado.*

A seguir, revela-se o ponto central da divergência havida. A diferença crucial de pontos de vista está no objetivo que se atribuiu à prova em debate. É dessa perspectiva discordante do voto do relator originário que advém a conclusão incoincidente sobre o mérito do *habeas corpus*.

O voto do Ministro Marco Aurélio definiu o objetivo da prova a ser produzida com premissas firmadas em disposições do Processo Civil. Daí considerar que a solução do processo de investigação de paternidade não seria dependente de uma prova que se mostrasse praticamente absoluta. Bastaria a certeza processual, que afloraria até mesmo da recusa do réu em se submeter ao exame de laboratório. O Ministro sustentou que preceitos do Código de Processo Civil resolveriam o problema, prescindindo-se do constrangimento que a Justiça do Rio Grande do Sul estava impondo ao réu. Segundo o relator para o acórdão, desses regramentos "emanam luz suficiente à definição das consequências da recusa" em se submeter ao exame do DNA. Prosseguiu o Ministro Marco Aurélio:

> Refiro-me ao teor do § 2º do artigo 343 do Código de Processo Civil, quanto ao depoimento pessoal, à intimação para prestá-lo, mostrando-se o destinatário silente e deixando de comparecer em Juízo. Qual a consequência prevista, expressamente, no Código de Processo Civil? A execução específica da ordem judicial? Não. O legislador encontrou outra solução: a admissibilidade – ficta, é certo – dos fatos.

A divergência de premissas entre as posições contrastantes fica aí bem evidenciada. A corrente vencida via na pretensão do investigante um objetivo que, para ser satisfeito, não poderia bastar-se com a verdade ficta. A linha de raciocínio vencedora, não partilhando dessa perspectiva, não enxergava na causa características que justificassem apuração de fatos além do indispensável para produzir uma sentença. Sob esse prisma, a conclusão haveria de ser a da falta de *necessidade* da ordem de coleta compulsória de amostra sanguínea do réu. Isso está bem caracterizado no voto vencedor:

> Inexiste lei reveladora de amparo à ordem judicial atacada neste habeas-corpus – no sentido de o Paciente, Réu na ação de investigação de paternidade, ser conduzido ao laboratório para a colheita do material. Ainda que houvesse, estaria maculada, considerados os interesses em questão – eminentemente pessoais e a inegável carga patrimonial – pela inconstitucionalidade.

Veja-se que, dada a menos alargada destinação atribuída à prova a ser produzida, o que a maioria decidiu, mesmo sem recorrer explicitamente às teses da proporcionalidade, foi que compelir o réu ao exame do DNA não se coadunava com o pressuposto da *necessidade* da medida, não obstante ela fosse, inequivocamente *adequada*. Haveria outro meio para, com a eficiência requerida pelo Processo Civil, responder ao pedido deduzido na ação investigatória proposta. Volte-se ao voto do Ministro Marco Aurélio, para que se ilustre esse ponto:

> É irrecusável o direito do Paciente de não permitir que se lhe retire, das próprias veias, porção de sangue, por menor que seja, para a realização do exame. A recusa do Paciente há de ser resolvida não no campo da violência física, da ofensa à dignidade humana, mas no plano instrumental, reservado ao Juízo

competente – ou seja, o da investigação de paternidade – a análise cabível e a definição, sopesadas a prova coligida e a recusa do réu.

Se o subprincípio da necessidade não foi respeitado, a consequência haveria de ser a concessão do *habeas corpus*.

4. Fecho

O acórdão propicia algumas conclusões no campo da utilidade e dos limites do princípio da proporcionalidade.

Confirma-se a sua importância para guiar o raciocínio do magistrado quando se depara com questões que envolvem entrechoque entre pretensões fundadas em direitos fundamentais. O precedente foi produzido quando o STF ainda não recorria direta e explicitamente às teorias que conformam o princípio da proporcionalidade – o que torna o caso tanto mais sugestivo, por mostrar como os testes da proporcionalidade compõem de modo inevitável os raciocínios destinados a resolver questões mais intrincadas de direito constitucional.

Depois desse julgado, já serão exceções no acervo da jurisprudência do STF os casos relevantes e polêmicos que não tenham sido resolvidos com apelo claro e explícito ao princípio da proporcionalidade. Nisso, a Corte brasileira segue a tendência universal da jurisdição constitucional, apurada por Stone Sweet e Jud Mathews. Esses comparatistas averiguaram que, "ao final da década de 1990, praticamente todo o sistema efetivo de jurisdição constitucional no mundo, com a exceção parcial dos Estados Unidos, acolheu os principais dogmas do princípio da proporcionalidade"[7]

Uma outra conclusão também se impõe. O princípio da proporcionalidade não é um algoritmo. Se ele se presta como auxílio na formação de argumentos, não isenta a atividade judicante da possibilidade de soluções inconciliáveis entre si, mesmo que sustentadas, e muito racionalmente, com apoio nos seus elementos constitutivos.

A decisão no *habeas corpus* do DNA mostra-se ainda mais rica em interesse, na medida em que demonstra a importância do princípio da proporcionalidade, mas também acena advertência contra mistificações que podem circundá-lo.

---

[7] Sweet e Mathews. "Proportionality, balancing and global constitutionalism". Columbia Journal of Transnational Law, n. 47, 2008-2009, p. 74.

Delegação do poder de polícia administrativa: análise crítica a partir da ADI nº 1717-6

FLÁVIO HENRIQUE UNES PEREIRA[*]

O julgamento da ADI nº 1717 é lembrado[1] quando se examina a possibilidade da delegação do poder de polícia administrativa[2] a particulares.

---

[*] Ex-Assessor Especial da Presidência do STF (gestão do Ministro Gilmar Mendes). Ex-Assessor de Ministro do STJ e TSE. Doutor e Mestre em Direito pela UFMG. Coordenador e Professor do curso de pós-graduação em Direito Administrativo – IDP. Advogado.
[1] Esse julgado tem sido seguido pelos tribunais, em outros julgados, v. g.: AC 2003.30.00.001480-7, no qual se examinou o dever ou não de realização de concurso público no Conselho Regional de Odontologia do Estado do Acre: "2. A pretendida alteração foi, entretanto, julgada inconstitucional na ADI n. 1717, Rel. Ministro Sidney Sanches, sob fundamento de que a 'interpretação conjugada dos artigos 5º, XIII, 22, XVI, 21, XXIV, 70, parágrafo único, 149 e 175 da Constituição Federal leva à conclusão no sentido da indelegabilidade, a uma entidade privada, de atividade típica de Estado, que abrange até poder de polícia, de tributar e de punir, no que concerne ao exercício de atividades profissionais regulamentadas, como ocorre com os dispositivos impugnados'" (BRASIL. Tribunal Regional Federal da 1ª Região. *Apelação Civil n. 2003.30.00.001480-7*. Apte: Conselho Regional de Odontologia do Acre – CRO/AC. Apdo: Ministério Público Federal. Rel. Des. João Batista Moreira. 5ª Turma. J. 14.12.2009. DJF1 29.01.2010. Disponível em: <http://www.trf1.jus.br/Processos/ProcessosTRF/ctrf1proc/ctrf1proc.php?proc=200330000014807>.
[2] Poder de polícia administrativa é atividade estatal regida pelo direito público que delimita a liberdade e a propriedade privadas por meio da regulação, fiscalização e sanção, tendo em

Este artigo pretende explorar a questão a partir do precedente, com o propósito de demonstrar a precariedade da conclusão a que se chegou e, por conseguinte, alertar para a necessidade de se reexaminar as balizas que informam a tese da indelegabilidade do poder de polícia administrativa[3].

O tema retorna ao STF, por meio do Recurso Extraordinário n. 633782//MG,[4] tendo sido reconhecida a repercussão geral do recurso, a revelar a importância de revisitarmos a questão.

1. O precedente

Na ADI n. 1.717-6/DF,[5] questionou-se a determinação de que os serviços de fiscalização de profissões regulamentadas fossem exercidos em caráter privado, por delegação do poder público, mediante autorização legislativa, nos termos em que dispôs o art. 58, da Lei n. 9.649/98.

A premissa dos requerentes era clara: a atividade de fiscalização de profissões desempenha finalidade pública e, "[...] **ao contrário do interesse da corporação**, os Conselhos de Fiscalização, **investidos de poder de polícia**, defendem os interesses públicos da sociedade e do cidadão usuário dos serviços profissionais". Segundo o ministro relator, Sidney Sanches, quando do exame da medida cautelar,[6] a delegação em pauta

---

vista o interesse público, cujos atributos adquirem contornos próprios, a depender da espécie de manifestação.

[3] Em tese de doutoramento, ressaltamos a importância da temática e apresentamos os fundamentos pela viabilidade jurídica do transpasse do exercício de tal função a particulares (PEREIRA. Flávio Henrique Unes. *Regulação, Fiscalização e Sanção: fundamentos e requisitos da delegação do exercício do poder de polícia administrativa a particulares*. Belo Horizonte: Forum, 2013, 185 p.)

[4] Trata-se do Recurso Extraordinário n. 633782, em que é recorrente o Ministério Público do Estado de Minas Gerais e também a Empresa de Transportes e Trânsito de Belo Horizonte – BHTRANS, sendo os mesmos recorridos. Embora reconhecida a repercussão geral, segundo decisão do ministro relator, Luiz Fux, a questão será submetida nos autos do Recurso Extraordinário n. 662186-RG, porquanto idêntica a controvérsia.

[5] BRASIL. Supremo Tribunal Federal. *Ação Direta de Inconstitucionalidade n. 1.717-6/DF*. Reqte: Partido Comunista do Brasil – PC do B, Partido dos Trabalhadores – PT, Partido Democrático Trabalhista – PDT. Reqdo: Presidente da República. Rel. Min. Sidney Sanches. Tribunal Pleno. J. 07.11.2002. DJ 28.03.2003. Disponível em: <http://redir.stf.jus.br/paginadorpub/paginador.jsp?docTP=AC&docID=347229>. Acesso em: 24 nov. 2013.

[6] O mérito já foi julgado. Destacamos os votos da medida cautelar em razão de a discussão ter sido mais aprofundada quando desse julgamento.

estaria vedada pelos artigos 5º, XIII; 22, XVI; 21, XXIV; 70, parágrafo único; 149 e 175, todos da Constituição.

Em contraposição a esses fundamentos, manifestou-se o ministro Maurício Corrêa: a) não haveria violação ao art. 5º, XIII, porquanto este dispositivo afirma que a liberdade de exercício profissional deve atender as qualificações constantes em lei, ao passo que o art. 58, da Lei n. 9.649/98, cuidava da organização, estrutura, funcionamento e controle do órgão fiscalizador de profissões regulamentadas; b) inexistência de correlação entre o mencionado art. 58 e o que trata o art. 21, XXIV, da CR/88, "[...] visto que a função de 'organizar, manter e executar a inspeção do trabalho' nada tem a ver com a de fiscalização do exercício de profissão regulamentada", porque "[...] a inspeção do trabalho diz respeito, essencialmente, às condições dos ambientes físico e psíquico em que o trabalho é exercido, o que nada tem a ver com a fiscalização do exercício de profissão regulamentada"; c) o art. 22, XVI, da CR/88, também não estaria violado, pois trata da competência privativa da União para legislar sobre prévias condições para o exercício de profissões, sendo que o art. 58 da lei então em apreço limitava-se à disciplina do órgão fiscalizador, não havendo qualquer disposição sobre condição para o exercício de profissão regulamentada.

Quanto ao exercício, em caráter privado, da atividade fiscalizadora, o magistrado observou que a Constituição não apresenta disposição que afirme a impossibilidade da delegação; aliás, em relação ao serviço notarial e de registro, "[...] de conotação muito mais ampla do que a fiscalização do exercício de determinada profissão", há previsão clara quanto à prestação pelo particular, afirmou Maurício Corrêa.

O ministro Sepúlveda Pertence, contudo, acompanhou o relator, ressaltando que a "[...] onda neoliberal" não chegou ao ponto de privatizar o poder de polícia e que o exemplo da atividade notarial serviria para mostrar seu caráter excepcional, tanto é que foi necessário prever na Constituição (art. 236) o exercício privado de modo expresso.

Não houve, como visto, análise aprofundada do tema,[7] especialmente considerando os argumentos do voto do ministro Maurício Corrêa. Em

---

[7] A discussão deve retornar, pois, recentemente, o sítio do STF noticiou que a Ação Direta de Inconstitucionalidade n. 4.886 questiona norma inserida na Constituição do Estado de Santa Catarina que estimula a criação de corpo de bombeiros voluntários. Segundo a autora da ação, haveria delegação ilícita de "função típica e indelegável do Estado".

relação, por exemplo, ao argumento de que o disposto no art. 21, XXIV, inviabilizaria a delegação ao particular, a Advocacia Pública sustentou que tal dispositivo "[...] não autoriza a interpretação de que as atividades de fiscalização das profissões constituem atribuição estatal como querem fazer crer os Requerentes". Como visto, embora o ministro Maurício Corrêa tenha acolhido o argumento, sobre o ponto não houve discussão.

Se não bastasse isso, as competências previstas no art. 21, da CR/88, não exaurem as modalidades que podem ser utilizadas pela União para cumprir as atribuições ali indicadas,[8] ainda quando não haja referência expressa à concessão, permissão ou autorização, como ocorre no caso do inciso XXIV.

O que se vê é a resistência ao exercício de atividade pública de poder de polícia administrativa pelo particular, como se, de antemão, a natureza privada da pessoa jurídica fosse inconciliável com o exercício regular do poder de polícia. A propósito, a inicial da mencionada Ação Direta de Inconstitucionalidade n. 1.717-6/DF chega a afirmar que os interesses da corporação seriam contrapostos ao interesse público.

O posicionamento do STF, além de superficial, não considera questões importantes, tais como o fato de haver diversos exemplos de exercício de poderes públicos por parte de particulares sem que isso implique ofensa à Constituição[9].

---

[8] Nesse sentido, entendeu, recentemente, o ministro Gilmar Mendes, em voto proferido na ADPF n. 46, em que se discutia o monopólio dos Correios à luz do art. 21, X, da CR/88. Nesse caso, embora o ministro tenha afirmado que se trata de serviço público, defendeu a tese de que a Constituição foi flexível ao tratar da matéria, cabendo ao legislador definir se o serviço seria prestado pela Administração Pública de modo direto ou indireto, nesta hipótese, mediante autorização, concessão, permissão, "[...] ou por outros meios, inclusive a execução pela iniciativa privada, nos termos da legislação, mantendo a União o papel de ente regulador". Não se pode negar, realmente, que a locução "manter o serviço postal" (art. 21, X, CR/88) permite que a União possa deliberar sobre a forma mais adequada para tanto, considerando determinado contexto, inclusive mediante a delegação do exercício do serviço postal, resguardado o controle estatal para a garantia de sua manutenção.

[9] Diversas as hipóteses de delegação do exercício de poderes públicos a particulares, incluídos os de polícia administrativa, são admitidas pelo ordenamento jurídico: a) proprietários de restaurantes e comandantes de embarcações; b) titular de serviço notarial; c) concessionários de serviços públicos; d) parceiros privados nas concessões especiais (parcerias público-privadas); e) terceirização mediante contratação de serviços públicos. Sobre o tema: PEREIRA. Flávio Henrique Unes. *Regulação, Fiscalização e Sanção: fundamentos e*

Também não é examinada a inexistência de dispositivo constitucional que proíba a delegação, sendo que em hipótese alguma se sustenta a transferência da titularidade da função, pois apenas o seu exercício é transferido ao particular ou pessoa jurídica de direito privado, mantendo-se o regime de direito público na disciplina do ato delegado.

Do mesmo modo, ignora-se o fato de que o exercício de poder de polícia por parte do particular não envolve, necessariamente, a autoexecutoriedade, atributo que, até para a Administração, requer dispositivo legal expresso ou situação fática de urgência, periclitante a direitos fundamentais.

2. Críticas aos fundamentos jurídicos da indelegabilidade do poder de polícia administrativa

Três fundamentos são comumente suscitados para concluir pela indelegabilidade do poder de polícia administrativa e, pois, serão examinados nos itens seguintes: a) ausência de autorização constitucional para a delegação do exercício do poder de polícia administrativa; b) qualificação da atividade de polícia administrativa como típica de Estado, a requerer o manejo da coercibilidade e da autoexecutoriedade; e c) indispensabilidade da estabilidade no serviço público para o exercício legítimo do poder de polícia administrativa.

2.1. Autorização constitucional

O texto constitucional autoriza, em diversos dispositivos, a delegação da prestação dos serviços públicos a entidades com personalidade de direito privado. Com base em análise sistematizada da Constituição, é possível concluir que a referida delegação pode ser efetuada por meio de lei, contrato ou ato, estes dois últimos com base em lei.

A delegação legal de serviços públicos está amparada no art. 37, XIX, da CR/88, que prevê descentralização administrativa por meio da criação de entidades da administração indireta. Segundo tal dispositivo, a criação da nova entidade, que receberá tanto a titularidade quanto a competência para prestar o serviço público, depende de manifestação do Poder Legislativo.

requisitos da delegação do exercício do poder de polícia administrativa a particulares. Belo Horizonte: Forum, 2013, p. 88-97.

O poder central poderá, com fulcro no art. 37, XIX, da CR/88, criar empresa pública ou sociedade de economia mista prestadoras de serviços públicos, o que denota que o texto constitucional chancela a prestação de serviços públicos – atividade típica do Estado – por meio de entidades de direito privado, ou seja, valendo-se de formas jurídico-privadas de organização.

A delegação contratual ou negocial de serviços públicos está fundamentada genericamente na norma inscrita no art. 175, *caput*, da CR/88. O texto constitucional estabelece, como regra geral, que o Poder Público poderá prestar diretamente os serviços públicos ou de forma indireta, mediante delegação a particulares, por meio de contratos administrativos de concessão e permissão de serviços públicos. As hipóteses de delegação de serviços públicos a pessoas jurídicas de direito privado poderão ser formalizadas por meio das seguintes espécies contratuais: concessão comum de serviços públicos (Lei n. 8.987/95 e Lei n. 9.074/95), concessão patrocinada (Lei n. 11.079/04), concessão administrativa (Lei n. 11.079/04), permissão de serviços públicos (arts. 2º e 40, Lei n. 8.987/95) e contrato de programa (art. 13 c/c art. 6, II, da Lei nº 11.107/2005).

A **delegação do exercício do poder de polícia administrativa**, por sua vez, careceria de autorização constitucional ou fundamento constitucional. O exemplo da atividade notarial e de registro, previsto no art. 236 da CR/88, serviria, nessa linha de entendimento, de exceção a confirmar a regra, ou seja, quando o constituinte entendeu por delegar função estatal ao particular, expressamente o fez, o que não teria ocorrido na hipótese de delegação do poder de polícia administrativa.

Contudo, entendemos que o constituinte não vedou a delegação do exercício de polícia administrativa pelo fato de ter destacado a atividade notarial no texto constitucional. Não que seja dispensável previsão legal quanto ao tema. Ocorre que inexiste fundamento constitucional que obrigue disciplina **no próprio texto constitucional** acerca da possibilidade de delegar o exercício de determinada função estatal. Em outras palavras, a ausência de regra constitucional expressa sobre a delegação do poder de polícia administrativa não pode ser interpretada como proibição a tal delegação.

Paulo Otero observa que se deve partir do modelo constitucional para avaliar a liberdade que o legislador ordinário terá para disciplinar a matéria. Segundo o autor,

[...] o espaço constitucional de liberdade decisória do legislador pode provocar 'movimentos migratórios' de categorias de necessidades colectivas, isto é, modificações na configuração da fronteira entre as necessidades colectivas objecto de satisfação por actividade pública ou privada.

[...] a satisfação de uma necessidade colectiva pública legalmente definida, em princípio integrada na esfera de ação de entes públicos, pode ser objecto de transferência para entidades privadas, sem que isto tenha significado de privatização ou reprivatização de sua titularidade.[10]

Deve ser examinado, portanto, se a Constituição em vigor veda, expressa ou implicitamente, a transferência de atividades de polícia administrativa a particulares, o que, no caso do Brasil, inexiste.

Outro aspecto merecedor de destaque é o modo de execução de atividades estatais na organização administrativa de cada ente federativo, a dispensar tratamento constitucional federal.

O exercício do poder de polícia decorre da competência legislativa prevista na Constituição para cada ente – União, Estados, Distrito Federal e Municípios –, os quais, em determinado contexto e considerando a diretriz política vencedora das urnas, disciplinarão a **organização administrativa respectiva** por intermédio da salutar interlocução com o Poder Legislativo e com a sociedade civil.

Assim, não caberia esperar que a Constituição da República se ocupasse da organização administrativa de cada ente da Federação.

O fato de inexistir delegação da titularidade da função estatal de polícia administrativa corrobora a desnecessidade de tratamento constitucional específico, porquanto apenas se cogita da transferência de sua execução.

Hipótese análoga à de dispensa de tratamento constitucional consta do inciso **XXI** do art. 37 da CR/88, pois, desde que não se trate de mera locação de mão de obra, poderá o Poder Público delegar a execução de determinado "serviço", valendo-se para tanto de contratação administrativa, **nos termos em que o legislador ordinário dispuser**.

O constituinte reconheceu à Administração Pública a liberdade para contratar "serviços", cuja definição legal dispõe ser "toda atividade desti-

---

[10] OTERO, Paulo. *O poder de substituição em Direito Administrativo:* enquadramento dogmático-constitucional. Lisboa: Lex, 1995. v. 1. p. 50-51.

nada a obter determinada utilidade para a Administração". Nesse sentido amplo, é possível enquadrar a atividade de poder de polícia administrativa, que se expressa mediante regulação, fiscalização e sanção.

Não pretendemos afirmar a dispensabilidade de lei específica sobre a autorização de delegação de determinada atividade de polícia administrativa. Contudo, além de inexistir dispositivo constitucional que vede tal delegação, encontramos comandos que dão sustentação à delegação legal e à contratual para a execução do serviço de polícia administrativa.

O art. 37, XIX, por exemplo, autoriza que o poder público crie entidade da Administração Indireta especializada no desempenho de certa atividade de sua competência. De tal modo, a criação da nova entidade dependerá de habilitação legislativa, uma vez que a entidade central não pode dispor livremente de suas atribuições e os administradores da nova entidade não poderão se afastar dos objetivos prescritos na lei que cria ou autoriza sua instituição[11]. Sendo assim, nos termos do art. 37, XIX, da CR/88, a criação de autarquia pressupõe lei específica e a criação de empresas públicas, de sociedades de economia mista e de fundações governamentais depende de autorização legislativa.

É importante observar que o princípio da especialidade e a regra do art. 37, XIX, da CR/88, **não vinculam a criação das entidades da Administração Indireta unicamente às hipóteses de delegação de serviços públicos**. Tais normas não fixam a regra de que toda entidade da Administração Indireta deverá ser especializada na prestação de serviços públicos. Tampouco vinculam a criação das autarquias, sociedades de economia mista e empresas públicas ao desempenho de uma atividade administrativa preordenada. Pelo contrário, o art. 37, XIX, CR/88, tem o *status* de cláusula geral que **admite a criação de entidades para o desempenho de qualquer uma das atividades tipicamente desenvolvidas pela Administração Pública**, quais sejam, o **exercício do poder de polícia**, a prestação de serviços públicos, a intervenção no domínio econômico e o fomento. Podemos concluir, com base no art. 37, XIX, CR/88, que, a princípio, é legítima a criação de entidade da Administração Indireta, incluídas as de direito privado, para o desempenho especializado dessas espécies de atividade estatal.

---

[11] Di Pietro, Maria Sylvia Zanella. *Parcerias na Administração Pública*. 4. ed. rev. ampl. São Paulo: Atlas, 2002, p. 53.

A delegação legal do exercício do poder de polícia também pode ser feita a favor de particulares, pessoas físicas ou jurídicas, com fundamento em cláusulas setoriais que autorizam e incentivam o exercício do poder de polícia pelos particulares em relação a matérias específicas. Os exemplos mais emblemáticos estão presentes no art. 216, § 1º, e art. 225 da CR/88. Esses dispositivos veiculam cláusulas setoriais que autorizam os particulares a exercerem poder de polícia, respectivamente, nas áreas de tutela do patrimônio histórico cultural e do meio ambiente. Entretanto, as habilitações contidas em tais normas devem ser complementadas pela legislação infraconstitucional, para que não funcionem como cheques em branco a serem livremente preenchidos pelos particulares.

O exercício da função administrativa constitui *munus* público, o que significa atuar em nome e em prol de outrem e manejar as prerrogativas atribuídas pelo ordenamento jurídico de forma instrumental. Portanto, leis devem disciplinar a participação dos particulares no exercício do poder de polícia, prevendo formas e procedimentos de atuação, regime jurídico de seus atos e regras de controle.

É importante esclarecer que, em tais hipóteses, o exercício do poder de polícia pelos particulares não exclui a atuação do poder público. Pelo contrário, a atuação dos particulares possui caráter complementar, conforme explicitado no texto constitucional em referência.

O tema da delegação do exercício de poder de polícia administrativa requer análise de possível reserva da Administração prevista na Constituição, ou seja, saber se há disciplina constitucional sobre prestação exclusiva de certa atividade pela Administração Pública. É o que verificamos, por exemplo, no exercício da segurança pública, no art. 144.

Diversos trechos do dispositivo revelam o caráter exclusivo da execução da atividade de segurança pública, a começar pelo *caput*, quando se utiliza da expressão "através dos seguintes órgãos". As referências, nos parágrafos do dispositivo em análise, a "órgão permanente", estruturado em "carreira", para desempenho de atividades "exclusivas", indicam, nesse contexto normativo, a indelegabilidade da atividade de segurança pública.

Decorre do mesmo dispositivo constitucional o dever de o agente responsável pelo exercício de atividade de poder de polícia requisitar a força policial, quando houver resistência ao cumprimento de obrigação decorrente da fiscalização ou sanção administrativa, salvo quando presente situação de urgência. Não por outra razão, dispõe o art. 3º, da Lei n. 13.541/09, do Estado de São Paulo, ao vedar o fumo em restaurantes:

Art. 3º O responsável pelos recintos de que trata esta lei deverá advertir os eventuais infratores sobre a proibição nela contida, bem como sobre a obrigatoriedade, **caso persista na conduta coibida, de imediata retirada do local, se necessário mediante o auxílio de força policial.**

Daí, concluirmos pela limitação à transferência da execução forçada de atos de polícia administrativa para particulares, em hipótese de resistência do infrator à obrigação estabelecida no bojo de fiscalização ou sanção. É que essa resistência pode exigir a atuação dos órgãos de segurança pública, nos termos da Constituição em vigor.

Também em sintonia com o art. 142 e seus parágrafos, da CR/88, que dispõe serem as Forças Armadas "instituições nacionais permanentes e regulares", é indelegável a execução de diversas atribuições, como, por exemplo, declarar guerra e celebrar a paz (art. 21, II); assegurar a defesa nacional (art. 21, III); permitir que forças estrangeiras transitem pelo território nacional (art. 21, IV); decretar o estado de sítio, o estado de defesa e a intervenção federal (art. 21, V), entre outros.

Do mesmo modo, a instituição de políticas públicas é competência exclusiva do Legislativo ou do Executivo quanto ao **estabelecimento de diretrizes**, conforme, aliás, preconiza, *v. g.*, o art. 21, XX, CR/88, que fixa como competência da União estabelecer diretrizes para o desenvolvimento urbano.

A Constituição, ao se reportar a determinadas carreiras de Estado, igualmente aponta a indelegabilidade de funções, como, por exemplo, a "administração fazendária e seus servidores fiscais" (art. 37, XVIII) e as "administrações tributárias [...] exercidas por servidores de carreiras específicas" (art. 37, XXII). Do mesmo modo, em relação aos "membros das Polícias Militares e Corpos de Bombeiros Militares, instituições organizadas com base na hierarquia e disciplina" (art. 42, *caput*), aos órgãos do Ministério Público (art. 127 e seguintes), aos advogados públicos e defensores públicos (art. 135) e às Forças Armadas (art. 142 e seguintes). Igual tratamento é dispensado às atividades de controle externo, previstas no art. 71, a cargo dos Tribunais de Contas.

Na dimensão da legislação ordinária, é possível que haja vedação expressa à delegação, como ocorre na Lei n. 11.079, de 30.12.2004, que institui as normas gerais para licitação e contratação de parceria público-privada no âmbito da administração pública, cujo art. 4º, inciso III, dispõe expressamente sobre a indelegabilidade do poder de polícia.

Ocorre que a opção do legislador por vedar a delegação do poder de polícia administrativa relaciona-se à discricionariedade política em determinado campo e não a comando de conteúdo geral sobre o tema, ou seja, não alcança outras atividades de polícia administrativa que, também em razão de particularidade, poderão ter tratamento legislativo diverso. A propósito, observamos que, na mensagem anexa ao projeto que resultou na Lei n. 11.079, inexiste qualquer justificativa constitucional para a vedação à delegação cogitada no art. 4º, III.

2.2 Poder de coerção e autoexecutoriedade

Outro fundamento que inviabilizaria a delegação do poder de polícia é a impossibilidade de os particulares manejarem poder de coerção ou poder de império, na medida em que estes envolvem a força do Estado para fazer valer o direito.

Em didática exposição sobre o tema, Carlos Ari Sundfeld afirma que a convivência em sociedade depende de organização que, por sua vez, demanda o estabelecimento de normas jurídicas. Estas, contudo, necessitam de uma força para surgirem e para serem respeitadas. Daí a noção de poder[12].

O autor observa que há várias espécies de poderes distribuídos em diversos grupos sociais: o do empregador em relação aos empregados, o do pai em relação aos filhos e o da diretoria de um clube em relação a seus associados. O Estado brasileiro, por sua vez, reúne um grupo de pessoas (brasileiras e estrangeiras) que se submetem a um tipo específico de poder, o político. O uso da força física caracteriza esse poder e o distingue dos demais, muito embora o Estado não a utilize de modo ordinário. Contudo, é a potência de sua existência que faz com que todos sejam submetidos aos comandos do Estado[13].

A noção de poder extroverso ou de coerção autoriza que determinado sujeito interfira ou atinja a esfera jurídica de outrem e, nessa medida,

---

[12] Sundfeld, Carlos Ari. *Fundamentos de direito público*. 4. ed. São Paulo: Malheiros, 2003, p. 19-20.
[13] Sundfeld, Carlos Ari. *Fundamentos de direito público*. 4. ed. São Paulo: Malheiros, 2003, p. 19-20

aproxima-se da noção de poder político. Todavia, o que é indispensável para a configuração do poder extroverso é a existência de uma norma jurídica prévia, legitimada pelo poder político do Estado e em conformidade com a Constituição, a autorizar seu exercício.

Importante esclarecer que essa norma pode autorizar determinado sujeito a intervir na esfera jurídica de outrem sem que ele esteja apto a fazer uso de força física para impor determinada conduta, ou seja, sem que, *manu militari*, imponha o comportamento esperado. Isso, como se viu, é característica do poder político concedido ao Estado.

Relevante, no ponto, observar a diferença entre coercibilidade e autoexecutoriedade como atributos dos atos administrativos. A primeira é a qualidade de impor aos particulares determinadas condutas, nos limites da competência legal que disponha sobre a matéria. A segunda é a prerrogativa de fazer valer a imposição estatal, independentemente da participação do Poder Judiciário, sendo indispensável a previsão legal expressa para tanto ou situação fática de urgência que demande o ato, como inerência à proteção dos direitos fundamentais.

Os defensores da indelegabilidade do poder de polícia administrativa apresentam, como de fundamental importância, a impossibilidade de cessão do poder extroverso ou do poder de coerção a particulares.

Todavia, o argumento da indelegabilidade do poder de coerção não se sustenta, pois é o devido processo administrativo que confere legitimidade à ação estatal e não apenas a mera investidura em cargo público.

É por meio do devido processo administrativo, e não simplesmente a condição de servidor público, que será possível resistir à arbitrariedade. No Estado Democrático de Direito, descabem pressuposições de que o exercício do poder público será mais impessoal ou imparcial pelo simples fato de o agente integrar a Administração Pública. Do mesmo modo, não se presume que o agente privado terá um desempenho mais eficiente no exercício de tais funções pelo mero fato de não se incluir no aparato estatal. Em ambas as hipóteses, haverá risco de desvios, pois em jogo condutas humanas.

A legitimidade da decisão administrativa advirá, portanto, do modo como ela será exercida, a elevar como pressuposto democrático da ação estatal a institucionalização de canais de comunicação entre as esferas pública e privada.

Por outro lado, a investidura em cargo público não é a única forma legítima de exercício de atividade que envolve autoridade ou poder público, a par de que, no exercício de tais funções, o regime jurídico público tem plena incidência, seja quem for o seu exercente.

Em outras palavras, o Estado não deixa de ser o titular da atividade delegada quando transfere apenas a sua execução ao particular, tal qual acontece em relação ao serviço público concedido.

Sobre a indispensabilidade da incidência do regime jurídico público na atividade de polícia administrativa não há discordância. Quando se reconhece a possibilidade de delegação da atividade de polícia administrativa ao particular, não se imagina que o regime jurídico que disciplinará as relações daí decorrentes seja transmudado em regime de direito privado. Aliás, também é assim em relação à delegação do serviço público, cujo regime publicístico permanece, ainda que a execução do serviço seja deixada a cargo do particular. Não haverá, por conseguinte, alteração do regime jurídico público, inerente aos atos de autoridade, em razão de pessoa jurídica de direito privado que vier a editá-los.

A esse respeito, Pedro Gonçalves, ao tratar do exercício de poderes públicos por entidades privadas:

Ora, na nossa interpretação, a delegação de poderes públicos em entidades privadas para a tomada de decisões que preencham os requisitos do conceito de acto administrativo envolve a atribuição de uma capacidade formal para a prática de actos administrativos. **Quer dizer, os actos das entidades privadas qualificam-se como actos administrativos *nos mesmos termos* em que como tais se qualificariam se fossem praticados por órgãos de entidades públicas.**[14]

No Brasil, José dos Santos Carvalho Filho avança na matéria ao admitir a delegação do exercício do poder de polícia a entidades da Administração Pública, ainda que de natureza privada – empresas públicas e sociedades de economia mista, porquanto prolongamentos do Estado. O fundamental para ele é a existência de lei que disponha sobre a delegação a tais entidades, tendo em vista inexistir vedação constitucional sobre o tema, a par de que os atos produzidos na função delegada "[...]

---

[14] GONÇALVES, Pedro António Pimenta da Costa. *Entidades privadas com poderes públicos*. O exercício de poderes públicos de autoridade por entidades privadas com funções administrativas. Coimbra: Almedina, 2008, p. 1058.

caracterizam-se como atos administrativos, o que não é nenhuma novidade no direito administrativo"[15].

O autor, contudo, entende que a delegação apenas pode ocorrer em relação à pessoa jurídica integrante da Administração Pública, pois as da iniciativa privada "[...] jamais serão dotadas de potestade (*ius imperii*) necessária ao desempenho da atividade de polícia"[16].

Considerando o trabalho doutrinário do mencionado autor, percebemos a influência do princípio da "supremacia do interesse público sobre o privado", haja vista que, no início do capítulo sobre poder de polícia de seu livro, José dos Santos Carvalho Filho afirma que a Administração não pode atuar à sombra daquele princípio e que "[...] o particular há de curvar-se diante do interesse coletivo". E conclui: "É fácil imaginar que, não fora assim, se implantaria o caos na sociedade"[17].

Transparece clara a pré-compreensão no sentido de que seria inviável conduzir a atuação do privado em prol da coletividade, como se houvesse uma oposição inconciliável, na medida em que a ideia de privado-mercado-lucro seria contrária à finalidade pública. Ao revés, seria difícil compreender o fato de o autor admitir a delegação do poder de polícia à empresa estatal de natureza privada e não aceitar a delegação ao particular.

De imediato recordamos o fato de que o serviço público, embora seja indissociável da finalidade pública, é perfeitamente compatível com a noção de lucro, tanto é que se admite a delegação ao particular, conforme prevê o art. 175, da CR/88.

É nesse contexto que cabe resgatar o referencial teórico sobre a complementaridade das esferas pública e privada, a revelar noção de público que, na verdade, reconhece – mais que isso, requer – o caráter complementar entre as duas dimensões. A noção de público em oposição ao privado ou a correlação de público com estatal não se sustenta no modelo de

---

[15] CARVALHO FILHO, José dos Santos. *Manual de Direito Administrativo*. 23. ed. rev., ampl. e atualizada até 31.12.2009. Rio de Janeiro: Lumen Juris, 2010, p. 86-87.
[16] CARVALHO FILHO, José dos Santos. *Manual de Direito Administrativo*. 23. ed. rev., ampl. e atualizada até 31.12.2009. Rio de Janeiro: Lumen Juris, 2010, p. 88.
[17] CARVALHO FILHO, José dos Santos. *Manual de Direito Administrativo*. 23. ed. rev., ampl. e atualizada até 31.12.2009. Rio de Janeiro: Lumen Juris, 2010, p. 81.

Estado Democrático de Direito vigente, como já tivemos oportunidade de examinar em estudo acadêmico[18].

Ademais, a noção de autoridade é amplamente admitida em relação a agentes privados, a servirem de exemplo os inúmeros casos de autoridades "privadas" apontadas como coatoras em mandados de segurança, além das atividades exercidas por particulares e que manejam poderes públicos.

2.3 Estabilidade dos servidores públicos

A estabilidade no serviço público seria, de igual modo, requisito para o exercício do poder de polícia administrativa.

Não pretendemos negar que a estabilidade no serviço público ofereça ao agente estatal determinadas garantias que, em tese, podem contribuir para impedir influências indevidas no exercício da função pública.

A propósito, conforme demonstramos, o constituinte tratou da prestação exclusiva de atividades estatais por meio de algumas carreiras específicas de servidores públicos, cujo exercício das respectivas funções é inviável exatamente em decorrência dessa determinação constitucional.

Ocorre que as prerrogativas da estabilidade outorgadas pelo regime jurídico dos servidores públicos não chega ao ponto, ao menos segundo o ordenamento constitucional vigente, de obstar **genericamente** a delegação da atividade de polícia administrativa a particulares.[19]

Recordemos que as principais decisões políticas e administrativas, entre as quais as sancionadoras, são tomadas por agentes públicos que ocupam cargos de provimento em comissão, os quais não ingressaram no serviço público mediante concurso e não possuem a estabilidade.

A noção, portanto, de que a investidura em cargo público, ainda que de provimento em comissão, garantiria o interesse público contra desvios não encontra amparo na realidade pátria. O subjetivismo, a propósito,

---

[18] PEREIRA. Flávio Henrique Unes. *Regulação, Fiscalização e Sanção: fundamentos e requisitos da delegação do exercício do poder de polícia administrativa a particulares*. Belo Horizonte: Forum, 2013, p. 26-42.

[19] Diferente, por exemplo, do ordenamento jurídico alemão, em que há espécie de reserva de função pública, prevista no art. 33, IV, da Lei Fundamental Alemã (*Grundgesetz*): "O exercício de funções de soberania será confiado, como regra geral de caráter permanente, a funcionários públicos, sujeitos a relações de serviço e de fidelidade ancoradas no direito público".

é critério legal de provimento de cargos em comissão, dado que jamais comprometeu a constitucionalidade de competências decisórias outorgadas por lei aos respectivos ocupantes dessas unidades organizacionais.

O regime constitucional brasileiro possibilita, assim, que cargos de direção sejam ocupados por pessoas livremente escolhidas pelo Chefe do Executivo[20] e, por conseguinte, atribui-se significativa parcela de poder decisório a agentes públicos que não gozam de estabilidade no serviço público.

Até mesmo os servidores "estáveis" somente adquirem essa qualidade após três anos de efetivo exercício do cargo, sem que qualquer doutrinador questione a legitimidade de seus atos durante o estágio probatório. Há, ainda, os empregados públicos, que não gozam da estabilidade, e os contratados por tempo determinado, nos termos do art. 37, IX, da CR/88, não efetivos e não estáveis, e que não raro desempenham atividades carregadas de parcela de poder público.

Os notários, por sua vez, exercem função pública de relevância ímpar, haja vista o destaque constitucional (art. 236), cuja delegação ao particular nada tem a ver com titularidade de cargo público. A propósito, o STF já reconheceu que o agente delegado não é servidor público e que sua aposentadoria, por conseguinte, submete-se ao regime geral de previdência.[21]

Não há elementos de ordem jurídica e fática que efetivamente confirmem a premissa de que a estabilidade no serviço público seja garantia contra desvios ou corrupção e, por conseguinte, que seja indispensável para a delegação do exercício do poder de polícia administrativa.

---

[20] A propósito, o art. 37, II, da CR/88: "Art. 37. A administração pública direta e indireta de qualquer dos Poderes da União, dos Estados, do Distrito Federal e dos Municípios obedecerá aos princípios de legalidade, impessoalidade, moralidade, publicidade e eficiência e, também, ao seguinte: [...]
II – a investidura em cargo ou emprego público depende de aprovação prévia em concurso público de provas ou de provas e títulos, de acordo com a natureza e a complexidade do cargo ou emprego, na forma prevista em lei, **ressalvadas as nomeações para cargo em comissão declarado em lei de livre nomeação e exoneração**." (BRASIL, 2012a, grifos nossos).

[21] "[...] 3. Os notários e os registradores exercem atividade estatal, **entretanto não são titulares de cargo público efetivo, tampouco ocupam cargo público. Não são servidores públicos**, não lhes alcançando a compulsoriedade imposta pelo mencionado artigo 40 da CB/88 --- aposentadoria compulsória aos setenta anos de idade. 4. Ação direta de inconstitucionalidade julgada procedente".

O aprimoramento dos meios de controle é o caminho para, independente da natureza pública ou privada da pessoa que exerça a função estatal, coibir abusos e estimular resultados.

3. Considerações finais

A análise crítica sobre a delegação do poder de polícia administrativa, a partir do exame da ADI n. 1717-6, possibilita constatar que, sob a vigência do paradigma do Estado Democrático de Direito, há novas formas de legitimação do agir estatal.

A colaboração entre a esfera pública e a privada adquire nova dimensão, a alterar o ponto de partida na compreensão do regime jurídico de direito público. Em vez da natureza jurídica da pessoa que atua, deve ser examinado o regime jurídico das decisões, à luz da natureza pública da atividade, ainda que executada por particular.

Essa questão teórica, portanto, foi equacionada: o regime do ato de autoridade não é determinado pela natureza da pessoa que o edita, mas pela natureza, pública ou privada, da atividade desenvolvida.

A releitura da supremacia do interesse público sobre o interesse privado revela, por sua vez, a complexidade da noção do interesse público, à qual não se opõe, necessariamente, a do interesse privado. Nesse aspecto, a proposição de mudança terminológica – de supremacia de interesse público para apenas interesse público – não corresponde à postura ingênua de substituição de uma fórmula por outra, como se, abstratamente ou aprioristicamente, a complexidade do interesse público fosse, definitivamente, solucionada. A provocação, na verdade, não desbanca a supremacia do público, apenas obriga ao desvelamento da fórmula e ao cotejo do ato com a realidade fática a partir da discursividade do devido processo administrativo. Este, por sua vez, é o parâmetro de controle da ação estatal e meio de legitimação da transferência do exercício do poder de polícia a particulares.

Os fundamentos teóricos da indelegabilidade do poder de polícia administrativa foram refutados.

A propósito da autorização constitucional para a delegação, destacamos o fato de inexistir vedação à transferência da atividade de poder de polícia administrativa a particulares, e, por outro lado, a ocorrência de dispositivos constitucionais que conferem aderência à tese da delegabilidade.

Sobre a inconstitucionalidade do exercício de poderes de coerção e autoexecutoriedade por parte do particular, observamos que a norma jurídica pode autorizar determinado sujeito a intervir na esfera jurídica de outrem sem que ele esteja autorizado a fazer uso de força física para impor determinada conduta. Desse modo, embora se reconheça que essa prerrogativa seja exclusiva do Estado, salvo em circunstância fática de urgência que demande atuação imediata, é possível o exercício de poder de polícia sem que a autoexecutoriedade seja transferida ao agende delegado. Quanto à coercibilidade, entendida como a qualidade de determinar a outrem certa conduta nos limites da competência legal que disponha sobre a matéria, é possível o seu manejo por particulares. Primeiro porque o Estado não deixa de ser o titular da atividade delegada quando transfere apenas a sua execução, tal qual acontece em relação ao serviço público. Segundo porque o regime jurídico de direito público incidirá sobre toda a execução da atividade pública, ainda que exercida por particular, tal como também ocorre no serviço público. Terceiro porque a exigência de lei específica, conferindo a qualidade de agente delegado para o exercício de função pública, afasta a afronta ao princípio da isonomia, pois não se trata de simples imposição de obrigações entre particulares, mas, sim, de delegação de função pública mediante lei, a atribuir qualidade jurídica distinta ao agente delegado em relação ao mero particular.

Finalmente, acerca da necessidade ou não da estabilidade no serviço público para o exercício do poder de polícia administrativa, restou examinado que as prerrogativas outorgadas pelo regime jurídico dos servidores públicos não chega ao ponto, ao menos segundo o ordenamento constitucional vigente, de obstar genericamente a delegação da atividade de polícia administrativa a particulares.

A técnica de julgamento do Recurso Extraordinário, essa desconhecida[1]

MIGUEL NAGIB[*]

1. Introdução

Ao investirem o STF de competência para rejulgar causas mediante recurso extraordinário, as diversas Constituições republicanas jamais admitiram a possibilidade de o Tribunal resolver a questão de direito suscitada no recurso e mandar baixar os autos para o julgamento da causa pelas instâncias inferiores.

Esse entendimento é preponderante desde, pelo menos, a Constituição de 1934, em cuja vigência escreveu Matos Peixoto[2]:

Portanto, a Constituição investiu a Côrte Suprema de jurisdição para julgar não somente a questão federal que dá lugar ao recurso, mas a própria causa em que essa questão seja suscitada.

---

[1] O presente estudo reproduz parte das teses sustentadas pelo autor no artigo *"A competência recursal extraordinária do STF e do STJ"*, publicado no site Consultor Jurídico, em 20.10.2009.
[*] Assessor do Ministro Sepúlveda Pertence (1994-2002). Procurador do Estado de São Paulo.
[2] *Recurso Extraordinário*, Livraria Editora Freitas Bastos, 1935, págs. 273/274. O autor observa que, mesmo na vigência da Constituição de 1891 – que, segundo a doutrina, não permitia que o Supremo fosse além do julgamento da questão – *"a jurisprudencia mais seguida do Supremo Tribunal tem-se opposto a essa limitação da sua jurisdicção, decidindo em innumeros arestos que a Côrte pode, se o entender, julgar logo a causa"*.

Sem embargo da limitação contida na parte final do art. 193 do seu antigo Regimento Interno[3], essa era também a orientação do próprio STF, como se vê da jurisprudência colacionada por Augusto Cordeiro de Mello[4].

Dessa jurisprudência[5] originou-se a súmula 456 do STF: *O Supremo Tribunal Federal, conhecendo do recurso extraordinário, julgará a causa, aplicando o direito à espécie.*

"Julgar a causa" significa decidir concretamente a matéria objeto da impugnação, e não simplesmente assentar a tese com base na qual ela será decidida por outro órgão do Judiciário[6].

2. Condições para o julgamento da causa: o que significa "conhecer" do recurso

O reconhecimento de que a decisão recorrida incidiu numa das hipóteses previstas nas alíneas do permissivo constitucional é condição necessária ao julgamento da causa. Neste ponto, a competência recursal extraordinária se diferencia da ordinária: o pleno exercício da primeira – entendendo-se por "pleno exercício" a entrega da prestação jurisdicional mediante o julgamento da causa – só tem lugar se o órgão julgador reconhece previamente a ocorrência de qualquer das hipóteses previstas no art. 102, III, da Constituição[7]. Tendo chegado a essa conclusão, *julgará a causa*, a favor do recorrente ou do recorrido.

Diversamente, o julgamento da causa no âmbito da competência recursal ordinária não envolve qualquer *juízo prévio* sobre a ocorrência, ou não, de contrariedade – ou risco objetivo de contrariedade[8] – ao ordenamento jurídico federal (constitucional ou infraconstitucional).

---

[3] *Art. 193. No julgamento do recurso o Tribunal verificará preliminarmente se ocorre algum dos casos em que o mesmo é facultado. Decidida a preliminar pela negativa, não se tomará conhecimento do recurso; se pela afirmativa, julgará o feito, mas sua decisão, quer confirme, quer reforme a sentença recorrida, será restrita à questão federal controvertida.*" Publicado no DJ de 28.02.1940.

[4] *O Processo no Supremo Tribunal Federal*, Livraria Freitas Bastos S.A., 1964, págs. 799/800.

[5] Referimo-nos à orientação e não especificamente aos precedentes que deram origem à súmula, os quais, a propósito, dela não destoam.

[6] Nesse sentido, a opinião inconteste de Barbosa Moreira (*Comentários ao Código de Processo Civil*, Forense, 17ª edição, pág 601).

[7] Tudo o que se disser neste estudo sobre o recurso extraordinário e o STF aplica-se, *mutatis mutandis*, ao recurso especial e ao Superior Tribunal de Justiça.

[8] Como ocorre nas hipóteses do art. 102, III, alíneas 'b', 'c' e 'd'; e do art. 105, III, alíneas 'b' e 'c', da Constituição.

A ocorrência de contrariedade ou risco objetivo de contrariedade (nas situações descritas nas alíneas *b*, *c*, e *d*) à Lei Maior *ativa*, por assim dizer, a competência do Supremo para julgar a causa.

O julgamento do RE se divide, portanto, em duas etapas. Na primeira, o STF examina, a partir das alegações deduzidas pelo recorrente – a quem o art. 541, II, do CPC, impõe o ônus de demonstrar o *cabimento* do recurso –, se a decisão recorrida incidiu em qualquer das hipóteses relacionadas nas alíneas do inciso III do art. 102 da Constituição. Se verificar que isto ocorreu, concluirá pelo *cabimento* do recurso e passará à segunda etapa, que é a do julgamento da causa.

A primeira fase termina com a decisão de *conhecimento* ou *não conhecimento* do recurso. Se entender que é cabível, o STF conhecerá do RE. Se entender que não é cabível, dele não conhecerá, ainda que para chegar a tal conclusão, na hipótese de recurso interposto com fundamento na letra 'a', tenha tido de examinar em profundidade a alegação de ofensa a dispositivo da Lei Maior.

Conhecendo do recurso, o STF passa à segunda fase, que é a do *julgamento da causa*. Nessa fase, o Tribunal já não se limitará às questões de direito veiculadas no recurso, devendo apreciar todos os aspectos necessários à solução da demanda, respeitados, naturalmente, os limites da matéria impugnada[9]. Se o julgamento da causa for favorável ao recorrente, o Tribunal *dará provimento* ao recurso; do contrário, *negar-lhe-á provimento*.

A discussão relativa ao significado da regra enunciada pela súmula 456 do STF se confunde com a questão dos limites da competência recursal extraordinária do Supremo, e a solução que se der ao problema determinará o regime de coexistência dos recursos especial e extraordinário, criado pela Constituição de 1988[10].

Além disso, a Súmula 456 do STF contém a chave para a exata compreensão da técnica de julgamento do RE interposto com fundamento na alínea 'a' do permissivo constitucional.

---

[9] Naturalmente, se a questão constitucional suscitada no RE diz respeito a um *error in procedendo*, o conhecimento não autoriza o STF a julgar o mérito da causa; da mesma forma, se o recurso veicular irresignação relativa a pretensão acessória, o julgamento da causa ficará limitado a essa pretensão.

[10] Ver, a propósito, o artigo *"A competência recursal extraordinária do STF e do STJ"*, publicado no site Consultor Jurídico, em 20.10.2009

3. A decisão proferida no RE 298.695

O Supremo sempre entendeu que, uma vez reconhecida a violação à norma federal (hoje constitucional) invocada pelo recorrente, o RE deveria ser *conhecido*; e, sendo rejeitada a alegação, deveria ser *não conhecido*, pouco importando que para chegar a tal resultado o Tribunal tenha tido de examinar o mérito do recurso, isto é, tenha firmado uma tese sobre a questão de direito nele veiculada.

Essa técnica de julgamento tem sido alvo de duras críticas por parte de vários estudiosos do direito processual civil[11], destacando-se entre eles o Prof. Barbosa Moreira. O STF, por sua vez, depois de muito resistir, acabou aceitando, no julgamento do RE 298.695 (Pleno, rel. Min. Sepúlveda Pertence, DJ de 06.08.2003), a procedência das críticas.

Cuidava-se nesse importante precedente de RE interposto com fundamento exclusivo na alínea 'a', imputando à decisão de segundo grau – que reconhecera aos autores direito adquirido a certo reajuste de vencimentos – violação ao art. 5º, XXXVI, da Constituição.

Relator do recurso, o Min. Sepúlveda Pertence entendia que a decisão recorrida, a despeito de haver contrariado o art. 5º, XXXVI, da CF, deveria ser confirmada por outro fundamento, a saber, o direito dos servidores à irredutibilidade dos vencimentos. *"Desse modo*, concluiu o Ministro, *embora se lhe transfira a base constitucional, do art. 5º, XXXVI, para o art. 37, XV, da Lei Fundamental – está correto o dispositivo do acórdão recorrido. Portanto, **não conheço** do RE"*.

Divergindo desse entendimento, o Min. Moreira Alves assinalou que, no julgamento do RE interposto com fundamento na alínea 'a', o STF deve ater-se à questão nele suscitada: *"se o acórdão recorrido (...) se basear numa tese jurídica (assim, por exemplo, na inexistência de direito adquirido) e o recurso extraordinário com base nessa mesma letra 'a' atacá-la indicando o dispositivo constitucional do direito adquirido como tendo sido mal aplicado, terá ele de ser julgado com base nessa questão (existir, ou não, direito adquirido) e não com base em outra questão (como a irredutibilidade de vencimentos) que não foi versa-*

---

[11] Pontes de Miranda, *Comentários ao Código de Processo Civil*, Forense, 2001, pág. 156 e 184; José Afonso da Silva, *Do Recurso Extraordinário no direito processual brasileiro*, Revista dos Tribunais, 1963, pág. 300, 302/3; Bernardo Pimentel de Souza, *Introdução aos recursos cíveis e à ação rescisória*, Saraiva, 2004, pág. 610/611 e 660; Tereza Arruda Alvim Wambier, *Controle das decisões judiciais por meio de recurso de estrito direito e de ação rescisória*, Editora Revista dos Tribunais, 2002, pág.173/179.

da nem no acórdão nem no recurso extraordinário. O princípio iura novit curia não se aplica a recurso extraordinário pela natureza extraordinária dele."

Na continuação do julgamento, o Min. Sepúlveda Pertence, assim se pronunciou:

A dificuldade quando se cuida de RE pela letra a, parece decorrer do dogma de que, então, conhecido, deva ele necessariamente ser provido. (...)

Já denunciada pelo notável Castro Nunes, a confusão entre a admissibilidade e o provimento do RE, a, tem sido objeto de crítica veemente e de inequívoca procedência de Barbosa Moreira.

Vale a longa transcrição do douto e lúcido jurisconsulto:

"Em hipótese alguma é dado à Corte deixar de observar a necessária precedência do juízo de admissibilidade sobre o juízo de mérito, e menos ainda misturá-los. Sempre é de rigor, primeiro, apurar se o recurso é ou não admissível (quer dizer, cabível e revestido dos outros requisitos de admissibilidade), e por conseguinte se dele se há ou não de conhecer; no caso afirmativo, depois, já no plano do mérito, investigar se o recurso é ou não procedente (em outras palavras: se o recorrente tem ou não razão em impugnar a decisão do órgão inferior), e por conseguinte se se lhe deve dar ou negar provimento. Não obstante a técnica peculiar (e imprópria) usada pelo legislador constituinte, ao redigir a letra a do art. 102, nº III, e os dispositivos correspondentes em Constituições anteriores (...), o julgamento dos recursos nela fundados há de obedecer à mesma sistemática, sem desprezar a distinção entre as duas etapas. É inadequada a maneira por que o Supremo Tribunal Federal costuma pronunciar-se acerca desses recursos, dizendo que deles 'não conhece' quando entende inexistir a alegada infração. Desde que se examine a federal question suscitada pelo recorrente, isso significa que se julga o recurso de meritis, pouco importando que se acolha ou se repila a impugnação feita à decisão recorrida; em casos tais, o que se deve dizer é que se conheceu do recurso e, respectivamente, que se lhe deu ou negou provimento.

(...) por definição, 'não conhecer' de um recurso significa, nada mais, nada menos, que abster-se de examinar-lhe o mérito, de sorte que 'não conhecimento por motivo de mérito' constitui pura contradição nos termos, em que é constrangedor ver incidir a mais alta corte judiciária do país."

Ainda, porém, que se pretenda manter a praxe, o certo é que nem dela decorre que, acaso errôneo o fundamento do acórdão recorrido, atacado no RE, esteja o Supremo Tribunal jungido a dele conhecer e lhe dar provimento, ainda que entenda haver fundamento constitucional para manter-lhe o dispositivo, não obstante a erronia da motivação.

O resultado do julgamento foi o seguinte: "o Tribunal, por maioria, *conheceu do recurso extraordinário e negou-lhe provimento*".

4. Análise da decisão proferida no julgamento do RE 298.695

No julgamento que acabamos de recordar, o STF, servindo-se embora de motivação equivocada, reconciliou-se com o verdadeiro significado da súmula 456, ao mesmo tempo em que lançou as bases para uma profunda revisão do funcionamento do sistema de recursos resultante da articulação dos artigos 102, III, e 105, III, da Constituição. Vejamos o que de fato ocorreu nesse julgamento.

Como dispõe o art. 102, III, da Lei Maior, o STF, no exercício de sua competência recursal extraordinária, *julga a causa*, desde que verifique a ocorrência de qualquer das hipóteses previstas em suas alíneas. Se o RE é *cabível*, ele permite ao Supremo julgar a causa; se é *incabível* não o permite. No primeiro caso, ele é *conhecido*; no segundo, *não conhecido*. Isto, afirmamos, em qualquer das hipóteses do inciso III.

O RE interposto com fundamento na letra 'a' somente é *cabível* – dando lugar a um novo julgamento da causa –, quando o STF reconhece a procedência da alegação de ofensa à Constituição nele deduzida. Não haverá julgamento da causa, se o STF chegar à conclusão de que o acórdão recorrido não ofendeu dispositivo da Constituição. Por isso, em tais hipóteses, diz o Supremo, com absoluta propriedade, que *não conhece* do RE, mesmo que para assim concluir haja tido de examinar em profundidade a alegada contrariedade ao texto constitucional. RE *não conhecido* é aquele que, por um motivo ou por outro, não permitiu o julgamento da causa. O fato de o Supremo reconhecer que o recorrente tem razão ao sustentar que a decisão recorrida ofendeu dispositivo da Lei Maior não significa, necessariamente, que a causa será julgada a seu favor.

Uma vez compreendida a mecânica do recurso previsto no art. 102, III, *a*, da Constituição, é fácil entender o que aconteceu no julgamento do RE 298.695: depois de *conhecer* do RE por entender que a decisão recorrida ofendera o art. 5º, XXXVI, da Constituição – o que significava que o recurso era *cabível* –, o Tribunal, aplicando o direito à espécie, julgou a causa *a favor dos recorridos*. Daí o resultado do julgamento: "o Tribunal, por maioria, *conheceu do recurso extraordinário e negou-lhe provimento*".

5. A improcedência da crítica dirigida ao STF

Se essa análise está correta, não procede a afirmação de que a técnica de julgamento tradicionalmente adotada pelo STF deixa de atender à distinção entre juízo de admissibilidade e juízo de mérito. Ao dizer que não existe a ofensa à Constituição alegada no RE interposto com base na letra *a*, o STF não está fazendo um juízo de mérito, mas um mero juízo de admissibilidade de um recurso de natureza extraordinária. Juízo de mérito seria feito no julgamento *da causa*, se o recurso fosse *conhecido*, isto é, tido como *admissível* pelo fato de a decisão recorrida haver contrariado dispositivo da Constituição.

Considerando que o reconhecimento da ofensa alegada no recurso possibilita unicamente o julgamento da causa (*que pode vir a ser desfavorável ao recorrente*), não é lícito afirmar, como faz Barbosa Moreira[12], que "a ocorrência *efetiva* do esquema consagrado no texto constitucional constitui requisito de *procedência*" e que, portanto, "seria absurdo exigi-la para declarar *admissível* o recurso", já que "não se pode condicionar a admissibilidade à procedência".

A ocorrência efetiva da violação ao texto constitucional não é requisito de *procedência* porque não significa que a causa será julgada a favor do recorrente; significa apenas que será julgada. O reconhecimento da violação ao texto constitucional é, sim, requisito de admissibilidade na medida em que sem ele o Tribunal não pode julgar a causa[13]. E, já que a procedência da alegação de ofensa à Constituição não significa necessariamente que o RE será julgado a favor do recorrente (pois isto vai depender do julgamento da causa), não se pode dizer que a técnica adotada pelo STF condicione a admissibilidade à procedência.

Tendo em vista a circunstância de que, na imensa maioria dos casos, formada de recursos interpostos com base na letra 'a', o julgamento da causa a favor do recorrente depende apenas de aplicar-se ao caso concreto a norma cuja ofensa é alegada no recurso, a jurisprudência do Supremo acabou identificando *indevidamente* o conhecimento do RE com o seu provimento. Daí o "dogma", referido pelo Min. Sepúlveda Pertence, de que, na hipótese da alínea *a*, o conhecimento do recurso implica necessariamente o seu provimento, o que não é correto afirmar, pois isto só acontece quando a causa deva ser julgada com base no dispositivo cuja

---

[12] *Op. cit.*, pág. 586.
[13] E, se a causa não é julgada, a decisão do STF não substitui a decisão recorrida (CPC, art. 512).

ofensa foi reconhecida, o que não aconteceu, como vimos, no julgamento do RE 298.695.

Portanto, no caso do RE da letra *a*, assim como não se pode afirmar que o conhecimento do recurso implica necessariamente o seu provimento – pois o RE somente será provido se o julgamento *da causa* for favorável ao recorrente (o que geralmente, mas nem sempre, acontece, como se viu do julgamento do RE 298.695) –, também não se pode dizer que o Supremo *conhece* do RE quando rejeita a alegação de contrariedade a dispositivo da Constituição deduzida pelo recorrente, pois, se o RE não propiciou o julgamento da causa, a hipótese é efetivamente de mero *não conhecimento*[14].

O erro comum a essas duas concepções é supor que o *juízo de mérito* do recurso consiste na solução da questão constitucional suscitada pelo recorrente, e não no julgamento da causa.

Partindo dessa suposição, Barbosa Moreira dirige ao constituinte e ao STF a seguinte censura[15]:

Note-se que não é homogênea a técnica empregada pelo legislador constituinte nas várias letras do art. 102, nº III. Nas letras b e c *(agora, também, na letra* d*), ele se ateve a uma descrição axiologicamente neutra: a realização do "tipo" constitucional não implica de modo necessário que o recorrente tenha razão. Uma decisão pode perfeitamente ser correta e merecer "confirmação" apesar de haver declarado a inconstitucionalidade de tratado ou lei federal, ou julgado válida lei ou ato de governo local contestado em face da Constituição. Quer isso dizer que nas letras* b, c e d *se usa técnica bem adequada à fixação de pressupostos de* cabimento do recurso extraordinário, *isto é, de circunstâncias cuja presença importa para que dele se* conheça, *mas cuja relevância não ultrapassa esse nível, deixando intacta a questão de saber se ele deve ou não ser* provido. *Já na letra* a, *muito ao contrário, a descrição do texto constitucional contém um* juízo de valor: *a decisão que contrarie dispositivo constitucional é decisão, à evidência, incorreta, e como tal merecedora de reforma. Aí, portanto, se ficar demonstrada a realização do "tipo", o recorrente não fará jus ao mero* conhecimento, *senão ao* provimento do recurso. *Para empregar técnica semelhante à das letras* b, c e d, *deveria o*

---

[14] Ainda que se possam estabelecer diferenças entre conhecimento *com* ou *sem* exame da questão de direito suscitada no recurso, como faz a pacífica jurisprudência do STF a propósito da competência para o julgamento da ação rescisória (Súmula 249: "É competente o Supremo Tribunal Federal para a ação rescisória quando, embora não tendo conhecido do recurso extraordinário, ou havendo negado provimento ao agravo, tiver apreciado a questão federal controvertida.").

[15] *Comentários ao Código de Processo Civil*, Forense, 17ª edição, págs. 585/586.

legislador constituinte ter dito na letra a: "quando a decisão recorrida for impugnada sob a alegação de contrariar dispositivo desta Constituição".

(...) Se o texto constitucional, querendo indicar hipótese de cabimento, *usou, por impropriedade técnica, expressão que já desenha hipótese de* procedência, *isso não é razão para que, no caso, se deixe de atender à distinção entre juízo de admissibilidade e juízo de mérito. (...) Requisito de admissibilidade será, então, a mera ocorrência hipotética (isto é,* alegada*) do esquema textual. Não se há de querer, para admitir o recurso extraordinário pela letra* a, *que o recorrente prove desde logo a contradição real entre a decisão impugnada e a Constituição da República; bastará que ele a argua.*

Não nos parece correta a argumentação.

Como ficou demonstrado no julgamento do RE 298.695, a decisão atacada no recurso extraordinário pode perfeitamente contrariar dispositivo da Constituição e nem por isso ser merecedora de reforma. Portanto, na hipótese da letra *a*, a realização do "tipo" constitucional também deixa intacta a questão de saber se o recurso deve ou não ser *provido*, pois isso vai depender do julgamento da causa.

A técnica segundo a qual o recurso deve ser *conhecido* ante a mera alegação de contrariedade a dispositivo da Constituição, e *provido*, se reconhecida essa contrariedade, não teria permitido ao Supremo negar provimento ao RE no julgamento aqui examinado. Se a houvesse adotado, o Tribunal, verificando que a decisão recorrida havia sido impugnada sob a alegação de contrariar o art. 5º, XXXVI, da Constituição, teria conhecido do RE; e concluindo, como concluiu, pela procedência dessa alegação, ter-lhe-ia dado provimento, reformando o acórdão recorrido e julgando improcedente a ação, apesar de reconhecer o direito dos servidores à irredutibilidade de vencimentos.

O Supremo, contudo, apesar de haver endossado a crítica de Barbosa Moreira, não adotou a técnica por ele defendida. Diante da violação ao art. 5º, XXXVI, da Constituição, *conheceu* do RE; e, passando ao julgamento da causa, lhe *negou provimento*, por entender que outro dispositivo legal amparava a pretensão dos autores. Ou seja, fez exatamente o que mandam o art. 102, III, 'a', da Constituição, e a súmula 456.

Não existe, portanto, a nosso juízo, qualquer impropriedade técnica no art. 102, III, *a*, da Constituição. O que ali se prevê é um típico recurso de natureza extraordinária, diferente, ao mesmo tempo, dos recursos ordinários – na medida em que o julgamento da causa pelo órgão *ad quem* está condicionado à verificação prévia da ocorrência de uma contrariedade ao ordenamento jurídico –; dos recursos de cassação – pois o órgão *ad quem* tem de julgar a causa, e não só a procedência ou improcedência da alegação deduzida no recurso –; e do recurso previsto no art. 193 do antigo Regimento Interno do STF, que possibilitava o julgamento da causa unicamente à luz da "questão federal controvertida", vedada a aplicação do princípio *jura novit curia*.

A técnica adotada pelo constituinte nas diversas alíneas do art. 102, III, da Constituição é perfeitamente homogênea, pois o juízo de mérito, em todas elas, consiste no julgamento *da causa*. Falta de homogeneidade haveria se a mera alegação de contrariedade à Constituição ensejasse o conhecimento do recurso no caso da letra 'a', hipótese em que, pela conjugação do inciso III com a alínea a^{16}, o STF continuaria tendo de julgar a causa, mas a realização desse juízo já não estaria condicionada ao prévio reconhecimento da contrariedade à Constituição.

Assim como, no julgamento do RE 298.695, o STF conheceu do RE por violação ao art. 5º, XXXVI, e julgou a causa com base art. 37, V, ambos da Constituição, nada o impediria de julgar a causa com base em norma infraconstitucional, federal ou local (estadual ou municipal), pois, conhecido o extraordinário, o STF deve julgar a causa, e para fazê-lo terá de aplicar a norma legal cuja incidência for reclamada pela hipótese concreta, seja qual for a sua hierarquia ou a sua natureza. Do contrário, não poderá julgar a causa e acabará incorrendo em negativa da prestação jurisdicional.

Em suma, *aplicar o direito à espécie* significa julgar a causa com base no dispositivo legal *aplicável* à espécie, seja ele constitucional ou infraconstitucional, federal ou local. A "espécie" só pode ser decidida mediante a consideração potencial de todo o ordenamento jurídico.

6. A decisão proferida RE 346.736 (AgR-ED)

Esse entendimento foi adotado pela Segunda Turma do STF, no recente julgamento dos Embargos de Declaração no Agravo Regimental no RE nº 346.736, relator o Min. Teori Zavascki, de cujo voto destacamos:

---

[16] Se o constituinte houvesse adotado a técnica sugerida por Barbosa Moreira, o art. 102, III, 'a', diria que compete ao STF *"julgar, mediante recurso extraordinário, as causas decididas em única ou última instância, quando a decisão recorrida: (a) for impugnada sob a alegação de contrariar dispositivo desta Constituição."*

> *Em nosso sistema processual, os recursos extraordinários (o especial para o STJ e o extraordinário para o STF) não são recursos de pura cassação, assim considerados os que, quando providos, devolvem o julgamento da causa à instância de origem. Trata-se, sim, de recursos de revisão, a significar que o próprio órgão competente para o seu julgamento promoverá, quando for o caso, o julgamento da causa. (...)*
>
> *Questões terminológicas à parte, o certo é que, admitida a sua natureza revisional, o julgamento do recurso extraordinário (como também, mutatis mutandis, o do especial, no STJ) comporta, a rigor, três etapas sucessivas, cada uma delas subordinada à superação positiva da que lhe antecede: (a) a do juízo de admissibilidade, semelhante à dos recursos ordinários; (b) a do juízo sobre a alegação de ofensa a direito constitucional (que na terminologia da Súmula 456/STF compunha, conforme já registrado, o juízo de conhecimento); e, finalmente, se for o caso, (c) a da complementação do julgamento da causa.*
>
> *Ora, esse "julgamento da causa" consiste justamente na apreciação de outros fundamentos que, invocados pelas partes – seja para um juízo de procedência, seja para um juízo de improcedência –, não compuseram o objeto do recurso extraordinário, mas que, se "conhecido" esse recurso (vale dizer, se acolhido o fundamento constitucional nele invocado pelo recorrente), passam a constituir matéria de apreciação inafastável, sob pena de não ficar completa a prestação jurisdicional.*

Essa forma de compreender a competência recursal extraordinária do STF e do STJ – única compatível com o sentido literal inequívoco da expressão "julgar as causas decididas em única ou última instância", utilizada nos arts. 102, III, e 105, III, da CF – permite a conciliação daquilo que, de outro modo, continuaria a ser uma fonte inesgotável de perplexidades e problemas teóricos e práticos: a coexistência dos recursos extraordinário e especial.

Nesse sentido, a decisão proferida pela Segunda Turma no RE 346.736 (AgR-ED), não apenas recoloca a jurisprudência do STF no bom caminho da Súmula 456, como evidencia a necessidade de um profundo e urgente reexame do sistema recursal criado pelos arts. 102, III, e 105, III, da Constituição Federal, conforme demonstrado na parte final de nosso estudo sobre a matéria[17].

---

[17] *"A competência recursal extraordinária do STF e do STJ"*, publicado no site Consultor Jurídico, em 20.10.2009.

O menor caso da história do Supremo Tribunal Federal: ou o caso dos R$ 0,009 e o papel institucional do Supremo Tribunal Federal (RE 347.528)

RAFAEL THOMAZ FAVETTI[*]

Observa-se, aqui e acolá, um crescente debate sobre o papel do Supremo Tribunal Federal. Na história do sistema brasileiro, as significativas alterações dos modelos de controle de constitucionalidade, aliada à participação do Tribunal – em especial após a Constituição de 1988 – como *player* na formulação de políticas públicas e a crescente importância do Judiciário na realização da democracia brasileira desaguam em uma problemática sobre o papel, sobre o que deva ser e sobre o que se espera do Supremo Tribunal Federal.

Essa problemática não encontra solução no tímido comando constitucional de *"guarda da Constituição"* (art. 102, CF) e suas derivadas competências. Tampouco a discussão *"Corte Constitucional x Suprema Corte"* oferece respostas a saciar o problema. Enfim, o problema sobre o papel da Corte dificilmente encontrará definiçoes se não na observação do *judicial behavior* do próprio Tribunal.

Nesses 25 anos da Constituição, o papel do Supremo é dado pelo seu fazer cotidiano, pela sua *poiese*, pelo modo como o Tribunal se comporta: *"caminante, no hay camiño..."*.

---

[*] Assessor chefe do Gabinete do Ministro Sepúlveda Pertence de 2002 a 2007.

Um julgamento interessantíssimo contribui com essa perspectiva de se definir o papel do STF: o caso de menor monta monetária já julgado na história do Supremo, que esconde relevantíssimo comportamento do Tribunal ao reafirmar valores democráticos extremamente relevantes ao sistema jurídico.

A questão posta no julgamento foi: pode um caso de menor complexidade trazer consigo questões constitucionais de alta relevância? Se sim, deve, então, o Supremo Tribunal Federal julgar um caso de menor complexidade a fim de afirmar valores constitucionais?

É comum, constante e corriqueiro a reprodução narrativa de que o Supremo Tribunal Federal não pode mais se ater ao que se chama de casos menores, casos pequenos, enfim, tem-se uma enraizada ideia tanto nos meios técnicos quanto na grande massa (em sentido democrático) sobre o papel da Suprema Corte brasileira. Essa ideia, tão fixa na sua reprodução quanto difusa na sua concepção, tem como núcleo a ideia de que o STF deve se ater a discutir grandes causas, grandes teses, enfim, oferecer juridicamente grandes noções sobre como se deve interpretar o direito no Brasil. E assim confundem-se um pouco as grandes teses com os grandes casos.

A EC45/04, que ficou conhecida como Reforma do Judiciário, quanto às competências do Supremo, trouxe inovações com base nesse papel desejado a uma Corte Suprema: a) estabeleceu a possibilidade de súmula vinculante, para que o Tribunal tenha mais efetividade em sua jurisprudência quando em controle de competência difusa e b) criou o filtro da repercussão geral,

Quanto à repercussão geral, a própria Lei 11.418/06, que regulamenta o paragrafo 3º, do art. 102, CF, estabelece que:

"§ 1º *Para efeito da repercussão geral, será considerada a existência, ou não, de questões relevantes do ponto de vista econômico, político, social ou jurídico, que ultrapassem os interesses subjetivos da causa.*".

Assim, consubstancia-se na lei – bem como na Constituição – que os recursos extraordinários devem ter um filtro de relevância, que pode ser econômica (a mais fácil de se ter exemplos, diga-se de passagem) etc.

O problema continua se a miopia insistir em confundir casos de relevância com casos de monta. Ou melhor: a complexidade do caso (que se refere ao fato) com a sua relevância jurídica.

Insistir em compreender a relevância jurídica (o dever-ser, o arcabouço juridicamente tutelado) como sendo a complexidade do caso (o ser, o mundo fático) é uma profunda confusão que em nada ajuda o desenvolver o sistema judiciário brasileiro. Aliás, se essa confusão existisse em Marshall, não teríamos o controle de competência difusa dada no caso Marbury x Madison.

Pois bem, o Ministro Sepúlveda Pertence – que teve pontual, decisiva e qualificadérrima participação na "Reforma" de 2004 – sempre diferiu muito bem o papel que o STF deva ter com a ilusão que alguns casos escondem: não está na monta do caso a sua relevância jurídica.

Essa clareza do Ministro Pertence ficou bem posta na discussão do RE 347.528, proveniente do Rio de Janeiro.

Tal RE foi o processo de menor monta já julgado na história do Supremo Tribunal Federal: a desavença era por R$ 0,009, vale dizer, por nove milésimos de Real (isso mesmo, menos de um centavo de real!).

1. O caso

Era, na origem, mais uma ação de indenização por dano moral contra uma *factoring*. É notória a imensa quantidade de ações por danos morais que os correntistas protocolam contra as instituições financeiras. Em termos sociológicos, é inegável a correlação da transmutação de classes com o aumento desse tipo de ação. Ora, quanto mais se tem pessoas consumindo produtos oferecidos pelo sistema financeiro e quanto mais essas pessoas passam a ter no Direito uma ideia de proteção, mais clima se cria de judicialização dos problemas subsequentes à inclusão bancária.

Esses conflitos são em quase unanimidade das vezes julgados pelos Juizados Especiais, outra *locus* relativamente novo do sistema judiciário, previsto no art. 98, I, CF, para o julgamento de "*causas cíveis de menor complexidade*".

Na realidade econômica, se de um lado tem-se a chamada "*indústria do dano moral*", de outro se tem a clara hipossuficiência tutelada dos correntistas do sistema financeiro, sendo a busca judicial do dano moral uma medida minimizadora dos efeitos intrínsecos da hipossuficiência fática. Inegável que no plano fático (o mundo do *ser*), esta é uma questão de menor complexidade.

2. A Sentença julgou procedente a ação.

Em casos de Sentença em Juizados Especiais, prevê a L. 9.099/95 (art. 41) um recurso chamado "inominado". Além dos embargos declaratórios, é o único recurso cabível, conferindo ao sistema recursal uma das poucas exceções a tradicional Apelação contra Sentença. Quem julga esse recurso inominado são juízes de 1o grau (a 2a instancia permanece no 1o grau) componentes de um colegiado conhecido como *Turma Recursal*. Este recurso necessita advogado (o Supremo entendeu pela constitucionalidade da L. 9.099 quanto a desnecessidade de advogado para subscrever petição inicial em Juizados Especiais. V.g ADI 1539, **Corrêa**). O recurso inominado também prevê o preparo, que no caso do Rio de Janeiro o compunha uma idiossincrática contribuição obrigatória para a Caixa de Assistência dos Advogados locais.

O preparo restou incompleto quanto a CAA, pois na retilínea interpretação da secretaria da Vara, 10% de R$ 76,59 seriam R$ 7,659 e não apenas os R$ 7,65 recolhidos, faltando, nessa lógica linear, R$ 0,009, arredondados pela secretaria para R$ 0,01, que foram então recolhidos. A Turma Recursal entendeu que tal recolhimento posterior de um centavo não desviava o recurso da mortal deserção.

Dos julgamentos das Turmas Recursais não cabe RESP ao STJ, uma vez que é requisito ao recurso especial que a causa tenha sido decidida por Tribunal: as turmas recursais são 1o grau (o termo técnico *tribunal* para RESP é aplicado somente aos de 2o grau). Entretanto, o cabimento de RE é mais largo quanto a origem (apesar de mais limitado quanto a tutela jurídica, pois somente se admite por violação à CF).

Foi interposto, portanto, o RE, com fundamento no art. 5º, LV, da Constituição. Indeferido na origem, o agravo de instrumento foi convertido em RE. O parecer do MPF foi pelo desprovimento do recurso.

3. O voto

De acordo com a sua conhecida perspicácia, clareza e profunda capacidade de ir diretamente ao ponto, o Ministro Pertence proferiu um voto inversamente proporcional em sua importância a sua quantidade de laudas.

Em quatro parágrafos, ante um caso de menor complexidade quanto aos fatos, vindo de Turma Recursal, sem replicações noticiadas com outras espalhadas pelo país, uma causa de menos de um centavo, em um julgamento em Turma, o Ministro Sepúlveda Pertence finca a bandeira dos valores mais caros para o sistema judicial: a ampla defesa, o contraditório e o acesso à justiça.

Difere, sem explicitar, que a relevância do direito controverso não está na complexidade da causa. Ensina que a tarefa do jurista reside na identificação da questão jurídica controversa e não na monta do caso em concreto.

Seu raciocínio parte da força normativa dos fatos: não existe no nosso sistema monetário os tais nove milésimos de Real. Tampouco arredondar os valores para cima seria possível, uma vez que o Banco, ao fazer o preparo, não poderia devolver ao recorrente o troco de R$ 0,001.

Essa exigência de cumprir condição impossível de ser satisfeita, por menor que seja, por mais insignificante que seja, ao se impedir o recurso inominado, na prática negou a prestação jurisdicional e cerceou o direito de defesa, valores constitucionais de alta monta, quais o Supremo tem o compromisso constitucional de guardar.

Assim, o RE foi provido para anular o acórdão que aplicava a deserção, determinando novo julgamento com o afastamento dessa sanção processual.

A beleza deste RE reside justamente nos valores monetários envolvidos, que contrastam com os altos valores constitucionais do singelo caso.

Essa perspicácia do Ministro Sepúlveda Pertence, dentre outras muito mais conhecidas, fez história no Tribunal. Não tenho duvidas que, para ele, o papel do Tribunal é de uma construção constante, que se faz em meio aos seus julgados: "...se hace camiño al andar".

Liberdade artística, obscenidade e Supremo Tribunal Federal: HC 83.996

BEATRIZ BASTIDE HORBACH[*]

A liberdade artística é um espectro da liberdade de expressão e, como esta, gera discussões acerca de seus reais limites. Não apenas no Brasil, mas também no direito comparado, trata-se de tema complexo, para o qual as Cortes Constitucionais, quando demandadas, precisam estabelecer critérios a fim de separar o conceito de arte da prática de ato que configure algum ilícito.

No Supremo Tribunal Federal, a liberdade artística já foi mencionada, por exemplo, em julgamento sobre a necessidade de inscrição de músicos em conselho nacional como pressuposto de exercício profissional[1]. O Plenário entendeu pela não obrigatoriedade de tal cadastro, e chegou-se então a comentar que em breve poderia ser organizado concurso para músico com seleção a partir de critérios estatais[2], em flagrante tom jocoso.

---

[*] Assessora do Ministro Gilmar Mendes. Mestre em Direito pela Eberhard- Karls Universität Tübingen, Alemanha. Membro do Conselho Editorial do Observatório da Jurisdição Constitucional. Diretora social da AASTF desde 2011.
[1] BRASIL. Supremo Tribunal Federal. RE 414.426, Rel. Min. Ellen Gracie, julgamento em 1.8.2011.
[2] BRASIL. Supremo Tribunal Federal. RE 414.426, Rel. Min. Ellen Gracie, julgamento em 1.8.2011. Aparte Min. Gilmar Mendes.

No caso, aventaram-se quais qualificações profissionais seriam exigidas para a manifestação do talento artístico[3]. A Min. Ellen Gracie, relatora do caso, ressaltou que *exigir do músico inscrição em conselho para o exercício da sua atividade equivaleria a exigir do escritor o mesmo, ou do jornalista. Para exercer atividade de músico, para escrever e publicar romances, contos ou poemas, para noticiar e comentar acontecimentos da vida individual e social, não há que se exigir qualificação específica nem requisito formal*[4].

A Corte teve, de fato, poucas oportunidades para adentrar na questão específica da liberdade artística[5]. Uma das mais recentes foi discutida no HC 83.996, Rel. Min. Carlos Velloso, Redator para acórdão Min. Gilmar Mendes, objeto do presente artigo[6].

2. Resumo do caso

A Segunda Turma do Supremo Tribunal Federal apreciou *habeas corpus* impetrado contra decisão da Primeira Turma Recursal Criminal do Juizado Especial Criminal do Estado do Rio de Janeiro, que denegara a ordem para trancamento de ação penal, requerida ao argumento de atipicidade da conduta praticada pelo réu.

Em questão estava atitude de famoso teatrólogo que, ao ser vaiado ao final da apresentação de sua peça, mostrou as nádegas para o público e simulou ato de masturbação. A denúncia então oferecida contra o

---

[3] BRASIL. Supremo Tribunal Federal. RE 414.426, Rel. Min. Ellen Gracie, julgamento em 1.8.2011. Aparte Min. Ayres Britto. Também, Min. Celso de Mello deixou consignado que *a **excessiva** intervenção do Estado **no âmbito** das atividades profissionais, **notadamente** daquelas de natureza intelectual e artística, **além do perigo** que essa intrusão governamental significa para as liberdades do pensamento, **também pode** constituir indício revelador de preocupante tendência autocrática **em curso** no interior do próprio aparelho estatal.*

[4] Entendimento semelhante foi aventado na decisão sobre a inconstitucionalidade da exigência do diploma de jornalismo e registro profissional no Ministério do Trabalho como condição para o exercício de profissão de jornalista (RE 511961, Rel. Min. Gilmar Mendes, julgamento em 17.6.2000).

[5] Nesse sentido, liberdade artística já foi mencionada em célebre acórdão de 1968, que será analisado neste artigo (BRASIL. Supremo Tribunal Federal. RMS 18534, Min. Aliomar Baleeiro, j. em 1.10.1968 – Segunda Turma) e apareceu, também, em discussões incidentais, como na decisão sobre a imunidade tributária de "álbum de figurinhas" (BRASIL. Supremo Tribunal Federal. RE 221.239, Rel. Min. Ellen Gracie, julgamento em 25.5.2004, Segunda Turma);

[6] BRASIL. Supremo Tribunal Federal. HC 83.996, Rel. Min. Carlos Velloso, Redator para acórdão Min. Gilmar Mendes, j. em 17.8.2004.

paciente tipificava sua conduta como ato obsceno, nos termos do art. 233 do Código Penal[7].

A defesa alegou: *a) atipicidade da conduta descrita na inicial, pois o conceito de pudor público, elemento normativo do tipo, deve ser interpretado de acordo com o local e circunstâncias em que a conduta foi praticada; b) relatividade do grau ofensivo da nudez humana e do próprio conceito de ato obsceno, nos dias atuais; c) ausência de conotação sexual na atitude do paciente, mas sim desprezo pela parte do público que o vaiava.*

O Ministério Público Federal opinou pelo conhecimento e pela denegação da ordem. Nesse sentido votaram o relator, Min. Carlos Velloso e a Min. Ellen Gracie. Min. Gilmar Mendes, contudo, pediu vista, para melhor apreciar a questão.

3. Liberdade artística: preceitos gerais

O caso coloca em xeque o conceito de liberdade artística e os limites de seu exercício. A arte como fenômeno social envolve uma teia de relações, que reclamam *condições de segurança, de liberdade e de justiça para o seu desenvolvimento*[8]. Entre nós, a liberdade artística está assegurada na Constituição Federal de 1988 em seu art. 5º, IX, que prescreve ser *livre a expressão da atividade intelectual, artística, científica e de comunicação, independentemente de censura ou licença*[9].

---

[7] Art. 233, Código Penal: *Praticar ato obsceno em lugar público, ou aberto ou exposto ao público: Pena – detenção, de três meses a um ano, ou multa.*

[8] FERREIRA, Eduardo André Folque. Liberdade de criação artística, liberdade de expressão e sentimentos religiosos. In: Revista da Faculdade de Direito da Universidade de Lisboa. Coimbra Editora, vol. XLII, n.1, 2001, p. 229. Este mesmo autor elenca sete finalidades principais que *levam o Direito, em geral, e o Estado, em especial, a interessarem-se pela Arte, ora como limitação desse mesmo poder, ora como instrumento de regulação, ora como enquadramento institucional de fomento e expansão do fenômeno artístico: a) político-ideológicas; b) filosóficas e religiosas; c) económicas e sociais; d) técnico-funcionais; e) científicas e educativas; f) estéticas; e, g) de desenvolvimento da personalidade.* FERREIRA, Eduardo André Folque. Liberdade de criação artística, liberdade de expressão e sentimentos religiosos. In: Revista da Faculdade de Direito da Universidade de Lisboa. Coimbra Editora, vol. XLII, n.1, 2001, p. 231.

[9] A liberdade de expressão, essencial a qualquer regime democrático, não é entre nós adotada como gênero que englobe a livre manifestação de pensamento, a liberdade de consciência e de crença, a livre expressão de consciência, e outras manifestações similares. De qualquer forma, é inevitável que, pelo caráter de tais liberdades, elas sejam tratadas em conjunto. (SARLET, Ingo Wolfgang; MARINONI, Luiz Guilherme; MITIDIERO, Daniel. Curso de Direito Constitucional. São Paulo: Editora Revista dos Tribunais, 2012, p. 435.)

No texto constitucional anterior, a expressão *artística* encontrava-se desvinculada da estrita manifestação do pensamento[10], fato de grande importância para o regime passado, que vedava publicações e exteriorizações contrárias à moral e aos bons costumes, em especial em relação a *diversões e espetáculos públicos*[11]. Nesse ponto, Manoel Gonçalves Ferreira Filho anota que:

"A diferença entre diversões e espetáculos, sujeitos ambos, todavia, à censura, está em que aquelas não têm e estes necessariamente possuem conteúdo intelectual. Os espetáculos, sem dúvida, podem divertir, mas o fazem ao mesmo tempo que transmitem uma mensagem; servem, portanto, para a expressão do pensamento. É o caso típico do teatro, ao qual se pode associar, sem dificuldade, o cinema. Já as diversões mão importam, ao menos diretamente, na comunicação de um pensamento, faltando-lhes o conteúdo intelectual.[12]".

Justificativa para tais proibições era a repercussão que determinada obra poderia gerar sobre a comunidade[13]. Diversas foram censuradas

---

[10] Art. 153 Constituição Federal de 1967: *A Constituição assegura aos brasileiros e aos estrangeiros residentes no País a inviolabilidade dos direitos concernentes à vida, à liberdade, à segurança e à propriedade, nos termos seguintes: § 8º – É livre a manifestação de pensamento, de convicção política ou filosófica e a prestação de informação sem sujeição à censura, salvo quanto a espetáculos de diversões públicas, respondendo cada um, nos termos da lei, pelos abusos que cometer. É assegurado o direito de resposta. A publicação de livros, jornais e periódicos independe de licença da autoridade. Não será, porém, tolerada a propaganda de guerra, de subversão da ordem ou de preconceitos de raça ou de classe. §25: Aos autores de obras literárias, artísticas e científicas pertence o direito exclusivo de utilizá-las. Esse direito é transmissível por herança, pelo tempo que a lei fixar.*

[11] SILVA, José Afonso da. Liberdade de expressão cultural. *In: Revista Latino-americana de Estudos Constitucionais.* p. 38.

[12] FERREIRA FILHO, Manoel Gonçalves. *Comentários à Constituição Brasileira. Emenda Constitucional nº 1, de 17-10-1969, com as alterações introduzidas pelas Emendas Constitucionais até a de nº 24, de 1º-12-1983.* São Paulo: Saraiva, 1984, p. 597. Esta censura foi explicitada, pela primeira vez, na Constituição de 1934 (art. 113, n.9), dispositivo copiado pelos textos posteriores. Os artigos correspondentes nas Constituições de 1824 (art. 175, 5º) e de 1891 (art. 72, §12) proibiam a censura, ainda que, na prática, entendia-se que aí não estaria abarcada a censura a diversões e espetáculos públicos. FERREIRA FILHO, Manoel Gonçalves. *Comentários à Constituição Brasileira. Emenda Constitucional nº 1, de 17-10-1969, com as alterações introduzidas pelas Emendas Constitucionais até a de nº 24, de 1º-12-1983.* São Paulo: Saraiva, 1984, p. 597

[13] FERREIRA FILHO, Manoel Gonçalves. *Comentários à Constituição Brasileira. Emenda Constitucional nº 1, de 17-10-1969, com as alterações introduzidas pelas Emendas Constitucionais até a de nº 24, de 1º-12-1983.* São Paulo: Saraiva, 1984, p. 597.

nos últimos séculos e em vários países sob a alegação de que poderiam atingir a moral e os bons costumes da sociedade então vigente. Daí, por exemplo, terem sido condenados por obscenidade, na França, Baudelaire e Flaubert, por seus livros *Les Fleurs du Mal* e *Mme. Bovary*[14]. Ambas as expressões são "conceitos de atalho (*shortcuts*) para justificar a restrição ou mesmo a neutralização de direitos fundamentais como a liberdade de expressão, de imprensa, de manifestação, de religião, de uma forma subtraída a qualquer avaliação crítica.[15]".

Atualmente, o texto constitucional estabelece que diversões e espetáculos públicos ficam sujeitos a regulamentações especiais[16]. No caso, trata-se de interferência do Poder Público para informar sobre sua natureza e faixa etária, além de locais ou horários em que sua apresentação seria inadequada[17]. Não há, em princípio, o ato de censura, comum no regime pré-1988[18].

---

[14] GRINOVER, Ada Pellegrini. O Poder Público e o exercício da liberdade de pensamento. *In: Revista da Procuradoria Geral do Estado de São Paulo*. São Paulo, 1973, p. 58.

[15] MACHADO, p. 849.

[16] Art. 220. *A manifestação do pensamento, a criação, a expressão e a informação, sob qualquer forma, processo ou veículo não sofrerão qualquer restrição, observado o disposto nesta Constituição. § 1º – Nenhuma lei conterá dispositivo que possa constituir embaraço à plena liberdade de informação jornalística em qualquer veículo de comunicação social, observado o disposto no art. 5º, IV, V, X, XIII e XIV. § 2º – É vedada toda e qualquer censura de natureza política, ideológica e artística. § 3º – Compete à lei federal: I – regular as diversões e espetáculos públicos, cabendo ao Poder Público informar sobre a natureza deles, as faixas etárias a que não se recomendem, locais e horários em que sua apresentação se mostre inadequada; II – estabelecer os meios legais que garantam à pessoa e à família a possibilidade de se defenderem de programas ou programações de rádio e televisão que contrariem o disposto no art. 221, bem como da propaganda de produtos, práticas e serviços que possam ser nocivos à saúde e ao meio ambiente. (...).*

[17] Conferir ADI/DF, rel. Min. Dias Toffoli, sobre classificação indicativa de faixa etária em programas nos meios de comunicação.

[18] Todavia, "... *a proibição de censura não pode ser tomada em termos tão absolutos, nos casos de colisão com outros bens constitucionalmente protegidos. (...). Nesta matéria, cabe falar na existência de reserva de jurisdição pela relevância dos interesses em jogo. Por isso, é apenas o Poder Judiciário que pode, em hipóteses absolutamente excepcionais, vedar a divulgação de qualquer mensagem pelos meios de comunicação, quando isto de justifique após um cuidadoso juízo de proporcionalidade*". SARMENTO, Daniel. *Comentários à Constituição do Brasil*. CANOTILHO, J.J. Gomes e outros (Org.). São Paulo: Saraiva, 2013, p. 2037.

É dito que a delimitação dos conceitos de *arte*[19] e de *artista*, para daí apreciar seus limites, não é questão muito debatida no Brasil.[20]. Sua análise acaba por ser genérica, limitando-se a incluí-los como integrantes da liberdade de expressão. No direito comparado, a doutrina alemã reporta ser praticamente em vãs as tentativas de se desenvolver definição de arte universalmente aceita[21]. Todavia, estabelece critérios que podem ter validade entre nós.

Algumas considerações foram traçadas pelo Tribunal Constitucional Federal alemão no famoso caso *Mephisto*, de 24.02.1971, relacionado à publicação de romance de Klaus Mann, cuja personagem principal foi flagrantemente inspirada no falecido ator e diretor de teatro Gustaf Gründgen[22]. Seu filho adotivo postulou a proibição do livro ao argumento de que se cuidava de biografia depreciativa e injuriosa da memória de seu pai. O caso chegou ao Tribunal por meio de recurso constitucional interposto pela editora que tivera a comercialização dos livros proibida.

Nesse julgamento, a Corte entendeu que o "essencial da atividade artística é a livre conformação criadora, na qual as impressões, experiências e vivências do artista são trazidas para a contemplação direta, por meio de uma determinada linguagem das formas. Toda a atividade artística é um entrelaçamento de processos conscientes e inconscientes que não podem ser dissolvidos racionalmente. Na criação artística atual conjuntamente intuição, fantasia e compreensão da arte; não é primariamente

---

[19] A atividade artística é considerada o principal elemento do chamado *Estado Cultural*. Sobre o tema: Silva, José Afonso da. Liberdade de expressão cultural. *In: Revista Latino-americana de Estudos Constitucionais*, p. 38. Häberle, Peter. Verfassungsrechtliche Aspekte der Kulturellen Identität. *In: Revista latino-americana de estudos constitucionais*, n. 6, p. 637-648, jul./dez. 2005. Häberle, Peter. Verfassungslehre als Kulturwissenschaft. *In: Revista Latino-Americana de Estudos Constitucionais, n. 4, p. 99-115, jul./dez. 2004*. Ferreira, Eduardo André Folque. Liberdade de criação artística, liberdade de expressão e sentimentos religiosos. *In: Revista da Faculdade de Direito da Universidade de Lisboa*. Coimbra Editora, vol. XLII, n.1, 2001.

[20] Dimoulis, Dimitri; Christopoulos, Dimitris. O direito de ofender: sobre os limites da liberdade de expressão artística. *In: Revista Brasileira de Estudos Constitucionais – RBEC*, v. 3, n. 10, p. 49-65, abr./jun. 2009, p.51.

[21] Pieroth, Bodo; Schlink, Bernhard. *Direitos Fundamentais*. São Paulo: Saraiva, 2012, p. 293. Pieroth, Bodo; Schlink, Bernhard. *Grundrechte Staatsrecht II*. Heidelberg: C.F. Müller, 2008, p. 153.

[22] BVerfGE 30, 173 – de 24.2.1971.

comunicação, mas expressão, a expressão mais direta da personalidade individual do artista[23]".

O direito à liberdade artística não pode ser ilimitado e encontra balizas em outros valores constitucionalmente assegurados[24]. No caso, a semelhança era tanta que não se podia distinguir realidade da liberdade de criação artística[25].

O julgamento foi importante para iniciar discussões sobre o tema. A partir de decisões do *Bundesverfassunsgericht,* o conceito de arte pode ser dividido em três grupos: "o conceito de arte, por ele designado como **material**, no acórdão Mephisto; um conceito de arte, por ele chamado **formal**, que vê "o essencial de uma obra de arte" no fato de esta poder ser classificada em determinado tipo de obra (pintura, escultura, poesia, representação teatral, etc.); um conceito de arte de certo modo **aberto**, que vê a "marca distintiva de uma manifestação artística no fato de ser possível, em virtude da variedade de sua mensagem, extrair do que nela estão representados, por via de uma interpretação continuada, significados de cada vez maior alcance, de modo que daí resulte uma transmissão de informação praticamente inesgotável e a vários níveis[26].".

---

[23] BVerfGE 30, 173 – de 24.2.1971. SCHWABE, Jürgen. *Cinquenta anos de jurisprudência do Tribunal Constitucional Federal alemão.* Montevidéu: Konrad-Adenauer-Stiftung E.V., p. 496.

[24] Cf. MENDES, Gilmar Ferreira. Colisão de direitos fundamentais: liberdade de expressão e de comunicação e direito à honra e à imagem. Revista dos Tribunais, nº 5 out/dez de 1993.

[25] Caso recente na Alemanha foi o chamado Esra-Urteil (BVerfGE 119,1, de 13.6.2007). O livro *Esra,* publicado em 2003, é um romance que relata o amor entre um jovem escritor judeu e uma artista turca. A ex-namorada do autor reconheceu-se na obra e requereu sua proibição. O Tribunal Constitucional Federal entendeu que o livro ofenderia o direito de personalidade da requerente por conter relatos detalhados da relação amorosa que teve com o autor. Utilizou-se de argumentos semelhantes aos adotados no caso Mephisto, último precedente semelhante, e decidiu que "quanto mais a reprodução coincide com o modelo, mais afetado é o direito de personalidade. Quanto mais a representação artística toca dimensões especialmente protegidas do direito de personalidade, mais intensa tem que ser a ficcionalização para se excluir uma violação do direito de personalidade". Dos oito juízes, três foram contrários à proibição por compreender que o romance "não reproduz um universo de experiências reais e autobiográficas, mas segue um programa estético literário, correspondendo a uma construção narrativa. A sentença representaria, portanto, uma violação do direito de expressão artística.".

[26] PIEROTH, Bodo; SCHLINK, Bernhard. *Direitos Fundamentais.* São Paulo: Saraiva, 2012, p. 293. PIEROTH, Bodo; SCHLINK, Bernhard. *Grundrechte Staatsrecht II.* Heidelberg: C.F. Müller, 2008, p. 153.

A doutrina alemã ainda frisa a importância do denominado *critério de reconhecimento por terceiros*, isto é, se a obra tem condições de ser vista como tal. Além disso, indica que, por haver amplo conceito de "arte", há consenso de que esta deve ser interpretada *de maneira aberta e de também abranger formas expressivas fora do comum e surpreendentes* ("happening, autocolante satírico, provocação pornográfica, prova de cheiros em que os participantes estão com os olhos vendados, grafite, etc." [27]). Do mesmo modo, o fato de a obra ter procurado um fim político ou religioso não altera sua classificação como "obra[28]".

Ressalte-se que a proteção não alcança apenas o artista, mas também todos seus mediadores e destinatários[29]. No Caso Mephisto, a Corte especificou que a "liberdade artística abrange não apenas a atividade artística, mas também a apresentação e divulgação da obra de arte"[30]. Aí estaria incluída a propaganda, a crítica, a mídia para divulgação e inclusive os espaços da instalação, ou seja, a "extensão fática" (*tatsächliche Verbreitung*) da obra. Isso por que:

"A garantia da liberdade artística abrange de igual modo tanto o "âmbito da obra" quanto o "âmbito do efeito" da criação artística. Ambos os âmbitos formam uma unidade indissolúvel. Não apenas a atividade artística (âmbito da obra), mas, além disso, a apresentação e a divulgação da obra de arte são objetivamente necessárias para o encontro com a obra como um processo específico da arte; esse "âmbito do efeito" no qual de proporciona ao público o acesso à obra de arte é o solo no qual cresceu, sobretudo, a garantia de liberdade do Art. 5 III GG (...)[31].

A liberdade artística não se restringe aos conhecidos publicamente por ter a arte como sua profissão, mas é garantida também ao particular,

---

[27] Pieroth, Bodo; Schlink, Bernhard. *Direitos Fundamentais*. São Paulo: Saraiva, 2012, p. 298. Pieroth, Bodo; Schlink, Bernhard. *Grundrechte Staatsrecht II*. Heidelberg: C.F. Müller, 2008, p. 155.
[28] Jarass, Hans D.; Pieroth, Bodo. *Grundgesetz für die Bundesrepublik Deutschland*. Munique: C.H. Beck, p. 208.
[29] Michael, Lothar; Morlok, Martin. *Grundrechte*. Baden-Baden: Nomos, 2008, p. 141.
[30] BVerfGE 30, 173 – de 24.2.1971. Schwabe, Jürgen. *Cinquenta anos de jurisprudência do Tribunal Constitucional Federal alemão*. Montevidéu: Konrad-Adenauer-Stiftung E.V., p. 496.
[31] BVerfGE 30, 173 – de 24.2.1971. Schwabe, Jürgen. *Cinquenta anos de jurisprudência do Tribunal Constitucional Federal alemão*. Montevidéu: Konrad-Adenauer-Stiftung E.V., p. 496.

quando por meio dela queira se expressar[32]. Algumas limitações são claras. Para proteção à criança e ao adolescente, o direito à liberdade artística pode ser limitado para evitar a divulgação de obras que tenham material perigoso à juventude. Também em feriados religiosos apresentações artísticas nas ruas podem ser canceladas[33]. De qualquer forma, a arte sempre se reinventa e se concretiza inclusive a ponto de alterar os limites do que não é considerado arte[34].

Eduardo André Folque Ferreira, valendo-se de jurisprudência e doutrina portuguesa, alemã e de outros países, sistematiza questões relacionadas à liberdade de criação artística[35]:

a) "a liberdade de criar (produzir) e a de não criar, independentemente do talento ou génio do artista;
b) a liberdade de criar, consentindo, ou não, divulgar a obra;
c) o direito a divulgar (compreendendo a reprodução), a obra própria ou alheia (consentida a divulgação), podendo esta mesma divulgação conferir um valor artístico criativo acrescentado;
d) a liberdade de escolha do género, das técnicas e dos meios de manifestação artística, bem como o de fazer surgir novas modalidades de intervenção artística;
e) a liberdade de acompanhar ou de dissidir das tendências e movimentos artísticos;
f) a proteção contra intromissões (por direção ou orientação) não consentidas (livremente) relativas ao tempo da criação, ao seu conteúdo (significante), ao seu objeto (significado) e os direitos a reagir e a exigir defesas contra as mesmas ingerências;
g) o direito a ver acompanhada a exteriorização da obra pelo reconhecimento do vínculo desta com a personalidade do artista, por forma a ver respeitada a paternidade e a integralidade da obra;
h) o direito a introduzir modificações sobre a obra produzida;

---

[32] JARASS, Hans D.; PIEROTH, Bodo. *Grundgesetz fur die Bundesrepublik Deutschland.* Munique. C.H. Beck, p. 209.
[33] JARASS, Hans D.; PIEROTH, Bodo. *Grundgesetz für die Bundesrepublik Deutschland.* Munique: C.H. Beck, p. 211.
[34] Michael, Lothar; MORLOK, Martin. *Grundrechte.* Baden-Baden: Nomos, 2008, p.140.
[35] FERREIRA, Eduardo André Folque. Liberdade de criação artística, liberdade de expressão e sentimentos religiosos. In: *Revista da Faculdade de Direito da Universidade de Lisboa.* Coimbra Editora, vol. XLII, n.1, 2001, p. 229.

i) o direito de acesso aos meios necessários para a criação artística;
j) direito de praticar atos jurídicos concernentes, quer ao processo criativo, quer ao seu resultado (a obra);
k) direito ao segredo sobre a atividade criadora e sobre a obra não divulgada;
l) direito a não ser privado da atividade artística;
m) garantia contra os efeitos discriminatórios por conta de apreciações não artísticas da obra de arte;
n) garantia contra apreciações estéticas negativas da obra lesivas da atividade artística (a liberdade da arte não pode depender da qualidade da obra, nem ser reservada aos autores de reconhecido talento)."

Trata-se de interessante apanhado, que sintetiza os principais entendimentos sobre a matéria.

Especificamente sobre o tema abordado no *habeas corpus* objeto do presente texto, é evidente que o conceito de obscenidade e pornografia é relativo, e varia de acordo com a época, o contexto e a sociedade.

Ada Pellegrini Grinover, em artigo publicado em 1973, lista possíveis respostas ao conceito de pornografia no mundo de então. Inicia transcrevendo diferenciação feita por Eberhard e Phyllis Kronhausen, que "definem a diferença, em literatura, entre pornografia e a obra clássica ou científica; nesta, existem passagens eróticas porque o autor representa a imagem completa da experiência e da emoção humana; naquela, a única finalidade consiste em estimular o erotismo do leitor[36].". Outros autores, contudo, relativizam a importância de tal comparação[37].

Debate-se, assim, o âmbito de proteção de "obras que não têm qualquer pretensão de transmitir ideias ou mensagens nem difundir informações, mas destinam-se tão somente a provocar a excitação do público[38]".

---

[36] KRONHAUSEN, **Pornography and the law**, 1996, apud GRINOVER, Ada Pellegrini. O Poder Público e o exercício da liberdade de pensamento. **In: Revista da Procuradoria Geral do Estado de São Paulo.**. São Paulo, 1973, p. 69.
[37] MACHADO, Jónatas. *Liberdade de expressão. Dimensões constitucionais da esfera pública no sistema social.* Coimbra: Coimbra Editora, 2002, p. 851.
[38] SARMENTO, Daniel. *Comentários à Constituição do Brasil.* CANOTILHO, J.J. Gomes e outros (Org.). São Paulo: Saraiva, 2013, p. 273.

Isso porque "pornografia não é sinônimo de qualquer atividade artística, intelectual ou comunicativa que envolva sexo e erotismo[39]".[40].

Em decisão de 1968 da Segunda Turma do Supremo Tribunal Federal – e mencionada no HC 83.996 – o Ministro Themístocles Cavalcanti ressaltou que "não existe uma linha de demarcação entre o obsceno e o não obsceno. O sentimento do pudor com êle relacionado na opinião dos autores, depende da formação moral de cada um, de sua educação, de sua idade, de concepções filosóficas, etc.". Tratava-se da análise da censura a revista por conter material obsceno – no caso, duas reportagens ("Por que me orgulho de ser mãe" e "Confissões de uma moça livre") e uma foto considerada "de mau porte, mas não obscena.[41]" Ministro Aliomar Baleeiro ressaltou, então, que situações antigamente consideradas obscenas ou imorais passaram a ser normais, como o uso de biquíni e o namoro inter-racial[42].

Como já indicado, o STF teve pouquíssimas oportunidades para apreciar aspectos da liberdade artística, em especial em relação à obscenidade. O inventário feito sobre o tema já serve, todavia, de base ao próximo tópico do presente texto, isto é, a análise do HC 83.996.

---

[39] SARMENTO, Daniel. *Comentários à Constituição do Brasil*. CANOTILHO, J.J. Gomes e outros (Org.). São Paulo: Saraiva, 2013, p. 273.
[40] Contrárias à classificação da mera pornografia como arte há, basicamente, três correntes: a que entende não ser uma forma de expressão, a que defende o moralismo tradicional e, por fim, a de cunho feminista. Conferir, nesse ponto, MACHADO, Jónatas. *Liberdade de expressão. Dimensões constitucionais da esfera pública no sistema social*. Coimbra: Coimbra Editora, 2002, p. 191; SARMENTO, Daniel. *Comentários à Constituição do Brasil*. CANOTILHO, J.J. Gomes e outros (Org.). São Paulo: Saraiva, 2013, p. 273.
[41] BRASIL. Supremo Tribunal Federal. HC 83.996, Rel. Min. Carlos Velloso, Redator para acórdão Min. Gilmar Mendes, j. em 17.8.2004.
[42] Finalmente, destaque-se o RHC 50828, Rel. Min. Barros Monteiro, julgado pela Segunda Turma em 12.3.1973 e com a seguinte ementa: "Habeas corpus. 1) Direito que se invoca, em habeas corpus, ao desnudamento total de busto feminino nas praias; 2) O que a lei tutela, no crime definido no art. 233 do Código Penal, é o pudor coletivo, objetivamente considerado, pouco importando a concepção pessoal do agente a respeito da obscenidade da ação que praticou ou pretende praticar; 3) Compete à autoridade pública aferir o sentimento médio de pudor coletivo e fazê-lo respeitado através do seu poder de polícia; 4) Recurso ordinário desprovido.".

4. Voto-vista do Min. Gilmar Mendes

Em seu voto-vista[43], Ministro Gilmar Mendes refutou os argumentos até então utilizados e indicou que "em razão da evolução cultural, a nudez humana tem-se apresentado constantemente nos veículos de comunicação, mas nem por isso pode ser considerada ofensiva ao público". Ressaltou que o local e as circunstâncias em que o ato (simulação de masturbação e exibição das nádegas) foi praticado – dentro de um teatro, às duas horas da manhã, para um público adulto – evidenciam que a plateia não deve ter ficado chocada com a atitude do artista.

Discordou da ocorrência do crime descrito na conduta e asseverou que *ainda que se cuide, talvez, de manifestação deseducada e de extremo mau gosto, tudo está a indicar um* **protesto** *ou uma reação – provavelmente grosseira – contra o público*. Apontou que jornal de grande circulação descreveu a situação como uma forma de protesto: *fazendo graça, o Diretor gesticulava para a audiência, pedindo mais. Para mostrar desprezo, fingiu que se masturbava, e saiu de cena.*

Min. Gilmar Mendes apontou que o gesto não estaria completamente fora do contexto da peça teatral então objeto da vaia. No próprio espetáculo, uma das atrizes, durante a apresentação, simulou masturbar-se. Com isso, *não se pode olvidar o contexto no qual se verificou o ato incriminado*, além de que *um exame objetivo da querela há de indicar que a discussão está integralmente inserida no contexto da liberdade de expressão, ainda que inadequada ou deseducada*. Ademais, lembrou que a sociedade moderna dispõe de *mecanismos próprios e adequados para esse tipo de situação, como a própria crítica*, o que tornaria dispensável o enquadramento penal.

O voto-vista apresentou, também, antiga decisão da própria Segunda Turma em que se diferenciou a caracterização da obscenidade em razão do público-alvo. Nas palavras do relator, Min. Aliomar Baleeiro:

"À falta de conceito legal do que é pornográfico, obsceno ou contrário aos bons costumes, a autoridade deverá guiar-se pela consciência de homem médio de seu tempo, perscrutando os propósitos dos autores do material suspeito, notadamente a ausência, neles, de qualquer valor literário, artístico, educacional ou científico que o redima de seus aspectos mais crus e chocantes. A apreensão de periódicos obscenos cometida ao juiz de Menores

---

[43] BRASIL. Supremo Tribunal Federal. HC 83.996, Rel. Min. Carlos Velloso, Redator para acórdão Min. Gilmar Mendes, j. em 17.8.2004.

pela Lei de Imprensa visa à proteção de crianças e adolescentes contra o que é impróprio à sua formação moral e psicológica, o que não importa em vedação absoluta do acesso de adultos que o queiram ler. Nesse sentido, o Juiz poderá adotar medidas razoáveis que impeçam a venda aos menores até o limite de idade que julgar conveniente, desses materiais, ou a consulta dos mesmos por parte deles"[44].

E continuou, com a manifestação do Min. Evandro Lins e Silva no mesmo caso:
"Conceito de obscenidade é variável no tempo e no espaço. O que era considerado obsceno, há bem pouco tempo, deixou de o ser, com a mudança de costumes e o conhecimento que a juventude passou a ter de problema que lhe eram proibidos estudar e conhecer, até recentemente"[45].

Com isso, Min. Gilmar Mendes concluiu que o "conceito de obsceno, imoral, contrário aos bons costumes é condicionado ao local e à época. Inúmeras atitudes aceitas no passado são repudiadas hoje, do mesmo modo que aceitamos sem pestanejar procedimentos repugnantes às gerações anteriores.".

Ao utilizar-se destes argumentos, entendeu não estarem configurados os elementos que caracterizariam o ato obsceno e votou pela concessão da ordem, para determinar o trancamento da ação penal. Min. Celso de Mello acompanhou o voto-vista e, pelo empate, a ordem acabou sendo concedida[46].

---

[44] BRASIL. Supremo Tribunal Federal. RMS 18534, Min. Aliomar Baleeiro, j. em 1.10.1968 – Segunda Turma.

[45] BRASIL. Supremo Tribunal Federal. RMS 18534, Min. Aliomar Baleeiro, j. em 1.10.1968 – Segunda Turma.

[46] A Min. Ellen Gracie, que seguiu o voto do relator, asseverou, todavia, que o ato pareceu *demonstrar um desprezo pela opinião desse público, que é a única e maior razão da existência das artes cênicas. Figuras bem mais qualificadas – refiro-me apenas a Victor Hugo na estreia do Ernani, onde houve inclusive uma batalha campal – adotaram postura de humildade diante daqueles que não compreenderam, na época, as inovações introduzidas em suas criações.* BRASIL. Supremo Tribunal Federal. HC 83.996, Rel. Min. Carlos Velloso, Redator para acórdão Min. Gilmar Mendes, j. em 17.8.2004.

5. Considerações finais

Como visto, o conceito de liberdade artística é extremamente amplo e variável. Os argumentos utilizados no voto divergente, inclusive com base em antigo julgado da Segunda Turma do Supremo Tribunal Federal, são válidos para indicar que, apesar de possuir conceito aberto e relativo, a arte deve ser entendida a partir de determinados pressupostos.

A adequação da conduta ao tempo, ao local e ao contexto em que praticada é essencial para sua caracterização. Ainda assim, há de se proteger manifestações que hoje podem ser consideradas chocantes pela maioria, uma vez que a liberdade artística, como liberdade de expressão, é um dos instrumentos utilizados pelo ser humano como forma de manifestação para própria evolução de ideias. Afinal, *o sentido e a razão* do direito fundamental de liberdade de expressão é "assegurar o combate intelectual de opiniões" (*den geistigen Kampf der Meinung zu gewährleisten*)[47].

Ademais, o entendimento de que a conduta estaria relacionada com o ambiente na qual praticada – após espetáculo teatral em que também fora simulado ato de masturbação – assimila-se à doutrina alemã que garante abranger a liberdade artística não apenas a arte, em si, mas todo o seu contexto. Por mais deseducada e chocante, o ato não fora praticado em ambiente no qual não se pudesse assimilar que seria uma extensão da atitude do artista, e, mais, uma forma de expressão.

Daí a perceber-se que a linha interpretativa dos limites da liberdade artística é bastante tênue. Os julgadores precisam ponderar e valer-se do princípio da proporcionalidade nas hipóteses em que esse direito colide com outros, constitucionalmente garantidos.

---

[47] PIEROTH, Bodo; SCHLINK, Bernhard. *Grundrechte Staatsrecht II*. Heidelberg: C.F. Müller, 2007, p. 137.

Vedação constitucional à prisão perpétua: limite à entrega do extraditando na jurisprudência do STF

CAROLINA CARDOSO GUIMARÃES LISBOA*

A extradição é um tema que pode ser considerado clássico, já que permanece como instituto jurídico sempre em pauta de discussões doutrinárias e jurisprudenciais em praticamente todos os ordenamentos jurídicos conhecidos.

Sabe-se que extradição é a entrega de um indivíduo que se encontra no território de um país, a outro país que o solicita para responsabilização por um ato criminoso. Com maior precisão, Quintano Ripollés define a extradição como a entrega, realizada conforme as normas preexistentes de validade interna e internacional, que um Estado faz a outro de indivíduo, acusado ou condenado por delito comum, para que o país requerente o processe penalmente ou execute a pena que já fora imposta.[1]

---

* Assessora do Ministro Ayres Britto, de outubro de 2004 a dezembro de 2006. Doutora em direito pela Faculdade de Direito da Universidade de São Paulo, Mestra em Ciências Jurídico-Internacionais pela Faculdade de Direito da Universidade de Lisboa, Professora de Direito Constitucional no Centro Universitário de Brasília – UniCEUB, Procuradora do Município de Belo Horizonte, Advogada.

[1] QUINTANO RIPOLLÉS, Antonio. *Tratado de derecho penal nacional e internacional penal*. Tomo II. Madrid: Consejo Superior de Investigaciones Cientificas – Instituto Francisco de Vitoria, 1957, p. 196.

É importante notar que no conceito de extradição devem estar presentes os elementos do instituto: a) a solicitação de um Estado soberano a outro; b) indivíduo criminoso; c) regras para a entrega.

De fato, a extradição se caracteriza, atualmente, como um ato de soberania tanto do Estado que a solicita, quanto do que decide se entrega o criminoso. Além disso, o pedido envolve um sujeito que é acusado de ter praticado ato criminoso que o Estado requerente é competente para processar e julgar.

A partir daí se pode notar que a extradição é um instituto a ser estudado em diferentes ramos do direito, impossível seu enquadramento exclusivo em apenas um deles. Nesse sentido, implica relação entre Estados soberanos e pode ser objeto de regramento internacional, por meio de tratados bilaterais, multilaterais ou, ainda, com base em compromissos de reciprocidade. Por envolver decisão política sobre a entrega do sujeito requerido, a extradição mantém relação também com o direito constitucional e com o direito administrativo.

De outro lado, o que se pretende com a extradição é a entrega de pessoa que tenha sido acusada ou condenada pela prática de crime no território de um Estado do qual fugiu, encontrando-se em outro Estado, como residente ou em trânsito. Na qualificação dessas afirmações, tem papel importante o direito penal vigente em ambos os Estados envolvidos, já que é esse ramo do direito que define se a conduta que motiva a persecução é considerada crime nas duas legislações, se houve ou não prescrição e quais as penas são previstas para o crime.

Finalmente, importa ressaltar o caráter processual do instituto por se consubstanciar em um conjunto de atos coordenados, legalmente pré-estabelecidos, cujo desfecho é a entrega (ou sua negativa), pelas autoridades do Estado onde se acha a pessoa reclamada, às autoridades do Estado requerente.

É no tocante à entrega do extraditando que se concentra a análise ora realizada, mais exatamente quanto à possibilidade de aplicação da pena de prisão perpétua no país requerente e a necessidade de se exigir a comutação dessa pena para a efetivação da extradição.

Conforme se verifica da legislação brasileira sobre o assunto, a Lei nº 8.615/1980, não há referência expressa à necessidade de o Estado requerente prometer a comutação de eventual pena de prisão perpétua em pena por prazo certo. Assim, estabeleceu-se no Supremo Tribunal

Federal a seguinte controvérsia: deveria ser exigido do Estado requerente o compromisso de comutar a possível pena de prisão perpétua em prisão por prazo determinado?

Inicialmente o STF entendeu que, no caso de penas não admitidas pelo sistema jurídico brasileiro, a extradição deveria ser concedida com ressalvas, uma vez que o exame deveria ter como parâmetros não apenas o Estatuto do Estrangeiro (Lei nº 6.815/80), mas, também, as garantias fundamentais estatuídas na Constituição da República.

Segundo esse ponto de vista, não se poderia excluir o extraditando da proteção que o texto constitucional outorga aos brasileiros e aos estrangeiros aqui residentes. Foi assim que, diante da vedação da pena de prisão perpétua estabelecida na Constituição, entendeu o Supremo Tribunal Federal ser válido condicionar a entrega do extraditando à observância, pelo Estado requerente, da comutação da pena perpétua por outra com prazo determinado.[2]

Entretanto, a jurisprudência posterior foi no sentido de autorizar a entrega do indivíduo independentemente do citado compromisso. Tal compreensão veio à tona com o julgamento da Extradição nº 426, em que o Ministro Francisco Rezek considerou a exigência do compromisso de comutação da pena de prisão perpétua como "maneira de se emprestar eficácia transnacional" a garantias constitucionais relativas a penas, que dizem respeito à aplicação destas pelo nosso País.[3]

A partir desse voto, acompanhado pela maioria dos integrantes do Supremo, houve mudança na jurisprudência do Tribunal e a extradição passou a ser concedida sem ressalvas, apesar da posição minoritária ainda remanescente.

A maioria dos Ministros do STF expressava o entendimento de que impedir a extradição em razão do dispositivo constitucional proibitivo da pena de prisão perpétua, acabaria por implicar seu indeferimento também quando se verificasse "que no processo em que o extraditando terminou condenado houve prova resultante de quebra do sigilo de correspondência; ou porque no Estado requerente não se garante uma instrução criminal contraditória; ou porque lá não se prevê a instituição do júri para os crimes dolosos contra a vida."[4]

---

[2] Extradição 669, Supremo Tribunal Federal.
[3] Extradição 426, Supremo Tribunal Federal.
[4] Trecho do voto do Ministro Francisco Rezek na Extradição 426.

Considerou-se que a regra constitucional proibitiva da prisão perpétua não se distingue das regras que, na mesma Constituição, revelam outras características do processo penal, do apenamento e do encarceramento das pessoas dentro dos limites da jurisdição da República Brasileira.[5]

O fundamento para essa conclusão assenta no fato de que a lei extradicional não prevê expressamente, consoante mencionado, a exigência do compromisso de comutação no caso de haver possibilidade de aplicação da prisão perpétua, como o faz em relação à pena de morte e à pena corporal.[6]

Com efeito, observando historicamente a legislação sobre o assunto, verifica-se que a omissão do legislador não se trata de mera falha, pois o texto legal vem sendo reiterado por quase um século no sentido da necessidade de comutação tão somente das penas corporal e de morte. Assim, entenderam os Ministros que não era cabível a imposição da ressalva da comutação da pena de prisão perpétua para a efetivação da extradição, uma vez que não se poderia impor uma restrição que a lei brasileira ou os tratados relativos à matéria não impõem. Isso, segundo o STF, acarretaria uma extensão transnacional não somente do nosso sistema constitucional de penas, como também de todo o sistema penal brasileiro.

Apesar de ter se tornado jurisprudência pacífica, os argumentos contrários eram oferecidos pelos Ministros que refutavam tal entendimento e compunham a minoria de então. É o que se percebe do seguinte trecho do voto do Min. Rafael Mayer:

> "Entendo que a razão da interpretação compreensiva, adotada pela Corte, reside em que repugna ao ordenamento jurídico brasileiro a aplicação, em tempo de paz, da pena de morte, bem assim a prisão perpétua, ambas as sanções tratadas geralmente, *pari passu*, nas legislações que as adotam e na doutrina como integrantes da mesma categoria de penas eliminatórias. Trata-se de um reflexo, na aplicação das leis ou dos tratados, da supremacia do valor consagrado na proibição constitucional do § 11 do artigo 153, não sendo admissível faça a entrega de alguém, submetido à sua jurisdição, para sofrer

---

[5] Extradição 654, Supremo Tribunal Federal.
[6] O art. 91, III, da Lei nº 6.815/80, bem como a grande maioria dos tratados em vigor, só impõem aos Estados interessados o compromisso de comutação da pena corporal ou de morte.

pena que no País não se aplicaria, por absoluta incompatibilidade com os seus preceitos."[7]

Na mesma linha, no julgamento da Extradição nº 654, ponderou o Ministro Maurício Corrêa que a proibição da pena com caráter perpétuo é um direito garantido constitucionalmente aos que se encontram sob a jurisdição brasileira, sendo que a entrega do extraditando para o cumprimento de eventual pena dessa natureza faz tábula rasa da proteção constitucional brasileira. Confira-se:

"Não se trata de conceder um favor a um criminoso foragido, mas de preservar em sua integridade a soberania brasileira, cuja Lei Maior erigiu ao patamar de cláusula pétrea a inexistência de cumprimento de pena de prisão perpétua no território nacional a todos os brasileiros e aos que sob a sua jurisdição vivam."[8]

Além disso, ao rebater o fundamento adotado pelo Ministro Francisco Rezek, o Ministro Maurício Corrêa afirmou que não se pode estabelecer linha de comparação entre a prisão como pena estatal e outras figuras de direito processual que foram elevadas ao patamar constitucional, pois "uma coisa é respeitar-se o mecanismo de funcionamento das garantias constitucionais – o júri, o sigilo da correspondência e o contraditório – e outra, a pena destinada à execução. Enquanto aqueles realizam o desempenho das prerrogativas inerentes à cidadania em seu universo, a pena é o resultado da interferência do Estado para punir o infrator. Diferencia-se o Estado que dá garantias para o exercício do direito, do Estado que afasta a prisão perpétua."[9]

O próprio Ministro Rezek, ao proferir seu voto na Extradição nº 426, afirmou que a dificuldade que experimentava era aceitar como perene a jurisprudência representada por acórdãos que favoreceram o extraditando no que se refere aos limites da pena privativa de liberdade.[10]

A propósito, note-se que no julgamento da Extradição nº 426 alguns votos acompanharam a divergência tão somente porque se cuidava de

---

[7] Extradição 426.
[8] Extradição 654.
[9] Extradição 654.
[10] Extradição 426.

extraditando já com prisão perpétua em cumprimento no país requerente. Foi o caso, por exemplo, do Ministro Passarinho, que acrescentou:

> "... entretanto, a situação dos autos é singularíssima. Foi o extraditando condenado à prisão perpétua, foge para o Brasil e pretende obter uma modificação de sua pena à base de tal circunstância. Não creio que, em tal hipótese, possa ele se encontrar ao abrigo da nossa proteção."

Assim, o entendimento fixado no julgamento da Extradição nº 426, partiria, para alguns, da premissa de que os destinatários dos direitos e garantias constitucionais são os brasileiros e os estrangeiros aqui residentes, excluindo-se de sua proteção os estrangeiros não residentes e os que se encontrem irregularmente em território nacional.[11] Além disso, no caso em análise, em que a sentença condenatória já estava em execução, alterar a condenação imposta, cujo cumprimento já se iniciara, poderia realmente significar uma ilegítima ingerência sobre os atos de soberania emanados do Estado estrangeiro.

No entanto, os acórdãos posteriores continuaram a entender desnecessária a exigência do compromisso de comutação da pena mesmo para os casos de extradição instrutória, ou seja, independentemente de já ter sido proferida a sentença de condenação.

Assim, a Corte exigia do Estado requerente o compromisso de comutar a pena de morte eventualmente aplicável, mas deixava de fazê-lo no tocante à pena de prisão perpétua, apesar de o dispositivo constitucional que trata da matéria ser exatamente o mesmo.

A doutrina, porém, reforçava o entendimento da corrente minoritária, no sentido de que apesar de a Lei nº 6.815/80 não ter sido explícita, seria possível extrair de seu conteúdo a determinação de que se deve exigir o compromisso do Estado requerente também com relação à pena de prisão perpétua. Trata-se da interpretação cabível para o inciso II do artigo 91, o qual impõe a detração das penas, ou melhor, a exigência do compromisso do Estado requerente de computar o tempo de prisão que no Brasil foi cumprida por força da extradição.

---

[11] Nessa linha, contudo, tais estrangeiros não estão sujeitos ao arbítrio, uma vez que outras normas jurídicas, de cunho interno e internacional, podem ser validamente invocadas para protegê-los. SILVA, José Afonso da. *Curso de Direito Constitucional Positivo*. 16ª ed., revista e atualizada, São Paulo: Malheiros, 1999, p. 196.

Com efeito, observa-se que o Supremo Tribunal Federal defere pedidos de extradição, porém com a ressalva de que o Estado requerente se comprometa a considerar, na execução da pena, o tempo em que o extraditando permaneceu preso preventivamente no Brasil, aguardando o julgamento do pedido. Nesse caso, pergunta-se: como é possível fazer o cômputo do tempo dessa prisão provisória para fins de extradição, numa pena de prisão para toda a vida?[12]

Nota-se, ademais, que os fundamentos em que se baseava a corrente minoritária pela necessidade de exigir o compromisso para a pena de prisão perpétua continuavam e continuam subsistentes e válidos. Ou seja, a simples falta de previsão literal na Lei nº 6.816/80, ou em tratados, da necessidade de exigência do compromisso, não permite a entrega do extraditando simplesmente porque a nossa Lei Maior proíbe, no elenco das penas rechaçadas pelo direito brasileiro, também a pena de prisão perpétua.[13]

Do mesmo modo, na doutrina portuguesa, encontra-se a lição de Jorge Miranda a afirmar que o adequado tratamento da extradição reclama "a procura de um justo equilíbrio entre dois termos: a necessidade de cooperação judiciária internacional em matéria penal e a preservação dos vectores básicos da ordem constitucional. (...) A preservação dos vectores constitucionais básicos do Estado de Direito democrático é um imperativo de coerência material e formal. E tais vectores não só se reportam aos limites e pressupostos da extradição prescritos no art. 33º, mas também abrangem princípios de Direito constitucional penal como os da legalidade, da tipicidade e da não retroactividade dos crimes e das penas, o *non bis in idem*, a estruturação acusatória do processo e, em geral, o da concessão de todas as garantias de defesa."[14]

Em consonância com essa ideia, a partir da Extradição nº 855, cujo julgamento se deu em 26 de agosto de 2004, já com nova composição do

---

[12] SOUZA, Artur de Brito Gueiros. *As Novas Tendências do Direito Extradicional*. Rio de Janeiro: Renovar, 1998, p. 167.

[13] LISBOA, Carolina Cardoso Guimarães. *A relação extradicional no direito brasileiro*. Belo Horizonte: Del Rey, 2001, p. 217.

[14] MIRANDA, Jorge. MACHADO, Miguel Pedrosa. Processo de extradição e recurso para o Tribunal Constitucional: admissibilidade e tema do recurso – Parecer. *Direito e Justiça* (separata), 1995, v. IX, t. I, p. 229.

Supremo Tribunal Federal e sob a Relatoria do Ministro Celso de Mello, novamente se viu alteração da jurisprudência no tema.

Tratava-se de pedido de extradição, de caráter executório,[15] feito pela República do Chile para entrega de seu nacional, que fora condenado a 02 (duas) penas de prisão perpétua, pela prática de homicídio, formação de quadrilha armada e extorsão mediante sequestro, crimes esses qualificados como atos terroristas.

Após analisar todos os requisitos fixados pelo tratado celebrado com o Chile e concluir pelo deferimento da extradição, o Ministro Relator levantou a discussão a respeito da necessidade de se rever a jurisprudência no tocante ao condicionamento da entrega quando da possibilidade de aplicação da pena de prisão perpétua.

Assim fazendo, o Ministro Celso de Mello, apoiado na doutrina, concluiu pela superação da orientação jurisprudencial anterior, e, portanto, pela necessidade de se exigir do Estado requerente o compromisso de comutar a pena de prisão perpétua em pena de prisão temporária não superior a trinta (30) anos de reclusão.

Tal conclusão partiu da premissa de que não se admite no Brasil a superioridade de qualquer ordem normativa externa em relação à Constituição da República. Desse modo, não há como dar prevalência a normas constantes de tratados, cuja natureza – já definida pelo Supremo Tribunal Federal –, é meramente legal, sobre normas estabelecidas na Constituição. Sendo a proibição da pena de prisão perpétua um dispositivo constitucional (art. 5º, inciso XLVII, b), deve ser identificada, segundo o Ministro, como "cogente, absoluta e incontornável proibição" a se impor como garantia fundamental. Confira-se o seguinte trecho do voto:

> Essa cogente, absoluta e incontornável proibição de índole constitucional configura, na realidade, o próprio fundamento da norma jurídica consubstanciada no art. 75 do Código Penal brasileiro que limita a trinta (30) anos o tempo máximo de cumprimento das penas privativas de liberdade. (...)
>
> Daí o magistério de CELSO RIBEIRO BASTOS ("Comentários à Constituição do Brasil", vol. 2º/242, 1989, Saraiva), para quem o legislador penal brasileiro '... captou muito bem o sentido do preceito da Lei Maior', eis que,

---

[15] A extradição tem duas finalidades: possibilitar o processo e julgamento do extraditando, acusado da prática de crime, ou, ainda, permitir a execução de pena já imposta por meio de sentença condenatória proferida no Estado requerente. LISBOA, Carolina Cardoso Guimarães. *A relação extradicional no direito brasileiro*. Belo Horizonte: Del Rey, 2001, p. 27.

ao fixar o limite de ordem temporal mencionado (CP, art. 75), definiu o máximo penal juridicamente exequível em nosso País.

Cumpre rememorar também, por oportuno, o ensinamento de CAROLINA CARDOSO GUIMARÃES LISBOA ('A Relação Extradicional no Direito Brasileiro', p. 221, 2001, Del Rey), que expende, sobre o tema precisa lição:

> '(...) A proibição da aplicação da pena com caráter perpétuo é um direito individual garantido no Brasil pela Constituição da República aos que se encontram sob jurisdição brasileira, e, dessa forma, tais indivíduos não podem ver-se condenados a uma pena dessa espécie.
>
> ...
>
> No caso do Brasil, os direito humanos acima mencionados referem-se tanto àqueles reconhecidos expressamente pela atual Constituição, quanto aos estabelecidos em tratados e convenções internacionais do qual o País seja parte (§ 2º do artigo 5º). Assim, havendo possibilidade de um direito individual reconhecido pelo ordenamento brasileiro, é de se recusar a extradição. Entretanto, no caso de tal violação respeitar à possibilidade de o extraditando sofrer pena de prisão perpétua no Estado requerente, verificada a legalidade da extradição, para que a entrega não seja recusada, o Estado requerente deve se comprometer a não aplicar tal penalidade, estabelecendo um prazo certo para a prisão."

Na oportunidade, ressaltou o Ministro Carlos Ayres Britto, acompanhando o Relator, que um dos primeiros princípios que regem o Brasil nas suas relações internacionais é o respeito aos direitos humanos. Esse princípio ocupa posição central na Constituição brasileira, razão pela qual entendeu que se deve exigir a comutação da pena de prisão perpétua, uma vez que tal exigência homenageia a prevalência dos direitos humanos nas relações internacionais do Brasil.

Também o Ministro Gilmar Mendes lembrou que já havia ressalvado, quando do julgamento da Extradição nº 838, a possibilidade de fazer uma revisão da jurisprudência sobre o assunto. Naquela ocasião, referindo-se à discussão ocorrida na Alemanha sobre eventual ofensa à cláusula que veda a lesão ao núcleo essencial do direito fundamental, mencionou o Ministro o argumento da Corte Constitucional alemã no sentido de que apesar de não haver uma previsão expressa proibitiva da pena de prisão perpétua, "na média, na prática, nas estatísticas, o regime de progressão acabava-se implementando e, portanto, eram raros os casos de cumprimento dessa pena. Portanto, não havia esse risco da supressão do direito na sua integralidade."

Trazendo a discussão para o modelo constitucional brasileiro, ressaltou o Ministro Gilmar Mendes que aqui o tema se coloca de forma expressa no texto constitucional, tratando-se, como já demonstrado, da aplicação da nossa própria Constituição. Assim, "independentemente de não estar prevista, no sistema constitucional brasileiro a idéia de um núcleo essencial –, parece certo que, talvez, seja um princípio imanente, um postulado implícito". Pelo que, concluiu que não se pode mesmo banalizar a garantia que proíbe a prisão perpétua.

Finalmente, nessa mesma linha, admitindo a revisão da jurisprudência, o Ministro Sepúlveda Pertence, então decano da Corte, manifestou sua insatisfação com a orientação anterior vigente desde 1985 e lembrou que no mesmo dispositivo constitucional que rege o Brasil em suas relações internacionais "se encontra o princípio da prevalência dos direitos humanos, que compreendem, para a ordem jurídica brasileira, o repúdio à pena de morte e à de prisão perpétua."

A conclusão do julgamento, no entanto, se deu por maioria, restando vencidos os Ministros Carlos Velloso e Nelson Jobim, que se mantiveram de acordo com a posição jurisprudencial anterior. Alterado, portanto, o entendimento do Supremo Tribunal Federal sobre a necessidade de comutação da pena de prisão perpétua, ficou assentada a imprescindibilidade da exigência do compromisso de parte do Estado requerente. Confira-se o seguinte trecho da ementa do acórdão:

EXTRADIÇÃO E PRISÃO PERPÉTUA: NECESSIDADE DE PRÉVIA COMUTAÇÃO, EM PENA TEMPORÁRIA (MÁXIMO DE 30 ANOS), DA PENA DE PRISÃO PERPÉTUA – REVISÃO DA JURISPRUDÊNCIA DO SUPREMO TRIBUNAL FEDERAL, EM OBEDIÊNCIA À DECLARAÇÃO CONSTITUCIONAL DE DIREITOS (CF, ART. 5º, XLVII, "b"). – A extradição somente será deferida pelo Supremo Tribunal Federal, tratando-se de fatos delituosos puníveis com prisão perpétua, se o Estado requerente assumir, formalmente, quanto a ela, perante o Governo brasileiro, o compromisso de comutá-la em pena não superior à duração máxima admitida na lei penal do Brasil (CP, art. 75), eis que os pedidos extradicionais – considerado o que dispõe o art. 5º, XLVII, "b" da Constituição da República, que veda as sanções penais de caráter perpétuo – estão necessariamente sujeitos à autoridade hierárquico-normativa da Lei Fundamental brasileira. Doutrina. Novo entendimento derivado da revisão, pelo Supremo Tribunal Federal, de sua jurisprudência em tema de extradição passiva.

Com isso, enfim, demonstrou o Supremo Tribunal Federal que a cooperação internacional na luta contra o crime é determinante das atividades judiciais brasileiras. Por outro lado, também ficou patente que há de prevalecer o caráter protetivo dos direitos humanos de que se revestem os instrumentos da cooperação, respeitando-se, assim, tanto os direitos fundamentais previstos na Constituição brasileira quanto a necessidade de auxílio internacional na luta contra a criminalidade.

O perfil constitucional do Juiz de Paz: análise da ADI 2.938

CARLOS BASTIDE HORBACH*

1. Introdução: identificando os contornos da controvérsia

A Justiça de Paz é, ao mesmo tempo, um dos mais tradicionais e menos estudados traços da história judiciária brasileira. Prevista já nas Ordenações do Reino, que vigoravam no Brasil Colônia, foi incorporada ao direito constitucional do Império do Brasil quando da promulgação de sua Constituição Política de 1824, a que se seguiu sua primeira regulamentação legal, em 15 de outubro de 1827.[1]

Desde então, são os Juízes de Paz presentes na estrutura do Poder Judiciário brasileiro, tendo desenvolvido, ao longo desses anos, diferentes e

---

* Assessor do Ministro Ilmar Galvão entre dezembro de 1999 e maio de 2003. Professor Doutor de Direito Constitucional da Faculdade de Direito da Universidade de São Paulo, Professor do Programa de Mestrado e Doutorado em Direito do Centro Universitário de Brasília, Doutor em Direito do Estado pela Universidade de São Paulo, Mestre em Direito do Estado e Teoria do Direito pela Universidade Federal do Rio Grande do Sul e Advogado.
[1] Para um exame detalhado das origens da Justiça de Paz no Brasil, ver: Rosa Maria Vieira. *O Juiz de Paz*. Do Império a nossos dias. Brasília: UnB, 2002, p. 29 e seguintes.

importantes atividades[2], ainda que o imaginário da população os associe exclusivamente à competência para celebração de casamentos.

Talvez por força desse desconhecimento acerca das possíveis atribuições dos Juízes de Paz, assim como das potencialidades da Justiça de Paz para o incremento do sistema brasileiro de solução de controvérsias, esse tema tem recebido pouca atenção da doutrina, merecendo – quando muito – pequenas notas em comentários de dispositivos constitucionais relacionados com o Poder Judiciário.[3]

Entretanto, o Supremo Tribunal Federal, em junho de 2005, ao julgar a Ação Direta de Inconstitucionalidade (ADI) 2.938, teve a oportunidade de fixar importantes balizas para a compreensão da Justiça de Paz no Brasil, bem como para delimitar o regime jurídico de seus membros, os Juízes de Paz.

A mencionada ação direta foi ajuizada pelo Procurador-Geral da República, tendo por objeto a Lei estadual nº 13.454, de 12 de janeiro de 2000, por meio da qual o Estado de Minas Gerais organizara sua Justiça de Paz,

---

[2] Ives Gandra da Silva Martins Filho, por exemplo, registra que os Juízes de Paz, no Império, exerciam a "conciliação prévia das contendas cíveis" e a "instrução inicial das criminais", sendo que tiveram "seu poder aumentado no período regencial, para incluir o próprio julgamento das questões penais de pequena monta (restringindo-se, posteriormente, seus poderes pela Lei 261, de 1841)"; em regulação que foi mantida sob a égide da Constituição de 1891. Cf. "Evolução histórica da estrutura judiciária brasileira". *Revista Jurídica Virtual da Presidência da República*, Brasília, vol. 1, n. 5, Setembro 1999.

[3] Essa desatenção da doutrina para com os Juízes de Paz pode ser comprovada pela pouca bibliografia específica sobre o tema publicada após 1988. Efetuando-se uma pesquisa simples na Rede Virtual de Bibliotecas, a partir das expressões de busca "juiz de paz" e "justiça de paz", foram encontrados, além do livro de Rosa Maria Vieira citado na nota 1*supra*, somente os seis artigos a seguir indicados, dos quais dois analisam a experiência histórica da Justiça de Paz no Império: Antônio Pessoa Cardoso. "Juizado de paz". *Consulex*, v. 9, n. 206, ago. 2005 p. 38-39; Aurélio Joaquim da Silva. "O Juiz de Paz e a habilitação para o casamento no cartório de registro civil: aspectos constitucionais e infraconstitucionais" *Consulex*, v. 9, n. 204, jul. 2005 p. 54-55; Wilson Carlos Rodycz. "O juiz de paz imperial: uma experiência de magistratura leiga e eletiva no Brasil". *Justiça & história*, v. 3, n. 5, 2003, p. 35-72; Ivan de Andrade Vellasco. "O juiz de paz e o código de processo: vicissitudes da justiça imperial em uma comarca de Minas Gerais no século XIX". *Justiça & história*, v. 3, n. 6, 2003, p. 65-95; Nelson Paes Leme. "Projeto de lei que exclui a categoria dos juízes de paz dos benefícios da prisão especial". *Revista do Instituto dos Advogados Brasileiros*, v. 34, n. 92, abr./jun. 2000 p. 143-148; Antônio Pessoa Cardoso. "Justiça alternativa: juiz de paz; notas e comentários". *Ciência Jurídica*, v. 10, n. 70, jul./ago. 1996 p. 347-351.

definindo as diversas atribuições de seus Juízes de Paz e estabelecendo normas para a eleição de tais agentes públicos.

Alegava o autor da ação, em síntese, que o diploma atacado, ao dispor sobre a eleição dos Juízes de Paz e acerca de suas funções, teria invadido competências legislativas privativas da União, especialmente para legislar sobre normas de direito eleitoral, processual e do trabalho, em violação ao inciso I do art. 22 da Constituição Federal de 1988.

As regras da Lei mineira 13.454/2000 que foram atacadas pelo Procurador-Geral da República, em apertado resumo, diziam com a investidura dos Juízes de Paz, definindo que sua eleição, pelo sistema majoritário, seria simultânea com o pleito municipal (art. 2º), que os candidatos para tal cargo seriam escolhidos em convenções municipais dos partidos políticos (art. 3º) e que o registro dessas candidaturas seria feito com um concorrente e dois suplentes, por partido, para cada cargo vago na comarca ou distrito (art. 5º). A ação igualmente se voltava contra a definição das condições de elegibilidade dos candidatos a Juiz de Paz (art. 6º), a fixação dos critérios para a declaração dos eleitos (art. 7º), as regras de diplomação (arts. 8º e 9º) e os procedimentos pré-eleitorais para identificação dos cargos em disputa (art. 10).

Em outra perspectiva, a inicial da ADI 2.938 ainda questionava incisos do art. 15 da Lei estadual 13.454/2000, no qual eram arroladas as competências dos Juízes de Paz mineiros. Especificamente foram tachadas de inconstitucionais as competências para arrecadar bens de ausentes (inciso VII), processar auto de corpo de delito e lavrar auto de prisão, na ausência da autoridade policial (inciso VIII), prestar assistência aos empregados na rescisão dos contratos de trabalho (inciso IX), zelar pelas normas de defesa do meio ambiente (inciso X) e funcionar como perito em processos (inciso XII).

Por fim, o Procurador-Geral da República ainda apontava a inconstitucionalidade do art. 22 da lei em questão, relacionado com a garantia de prisão especial para os Juízes de Paz.

O Supremo Tribunal Federal, chamado a pronunciar-se sobre a constitucionalidade, ou não, dos dispositivos acima indicados, acabou por dar orientação clara acerca dos limites dentro dos quais devem se manter os Legislativos estaduais na organização da Justiça de Paz, em julgado que ganha especial relevo ante a já destacada ausência de reflexões doutrinárias aprofundadas sobre o tema.

O exame do importante precedente do STF na ADI 2.938 será iniciado com um breve levantamento das normas constitucionais que regulam a função de Juiz de Paz (item 2), após o que será possível verificar quais impugnações do Procurador-Geral da República foram aceitas e quais foram rejeitadas pelos Ministros da Suprema Corte, definindo-se as constitucionalidades e as inconstitucionalidades da Lei mineira 13.454/2000 (item 3). Em seguida será feita uma síntese do julgamento (item 4), apresentando-se, finalmente, os desdobramentos da decisão aqui estudada (item 5).

2. Normas constitucionais sobre o Juiz de Paz

Fixados os contornos da controvérsia posta à apreciação do Supremo Tribunal Federal nos autos da ADI 2.938, cabe agora a identificação das normas vigentes no ordenamento jurídico brasileiro que informaram a decisão aqui analisada, levando à caracterização do perfil dos Juízes de Paz no sistema constitucional pátrio.

Esse estudo levará em consideração não só o texto da Constituição de 1988, mas também de outras normas que indicam como os dispositivos constitucionais relacionados à Justiça de Paz têm sido interpretados ao longo dos anos, seja sob a égide do texto constitucional atual, seja sob a influência dos textos pretéritos.

Ademais, a sistematização ora exposta segue, em linhas gerais, a que o autor apresentou ao STF quando da formalização, nos autos da ADI 2.938, das informações do Governador do Estado de Minas Gerais, que nela figurava como requerido.[4]

De início, é importante registrar que a Carta da República, em seu art. 98, desde logo impõe aos Estados a criação da Justiça de Paz, como se pode depreender do inciso II de seu *caput*:

"Art. 98. A União, no Distrito Federal e nos Territórios, e os Estados criarão:

(...)

II – justiça de paz, remunerada, composta de cidadãos eleitos pelo voto direto, universal e secreto, com mandato de quatro anos e competência para, na forma da lei, celebrar casamentos, verificar, de ofício ou em face de

---

[4] Carlos Bastide Horbach. "Informações do Governador do Estado de Minas Gerais na ADI 2.938 – STF". *Direito Público*. Revista da Advocacia-Geral do Estado de Minas Gerais, n. 1/2, jan/dez 2005, p. 311-323.

impugnação apresentada, o processo de habilitação e exercer atribuições conciliatórias, sem caráter jurisdicional, além de outras previstas na legislação".

Por outro lado, sendo o cargo de Juiz de Paz eletivo – como expressamente disposto no inciso acima transcrito –, a Constituição Federal submete o processo de escolha às normas de seu art. 14, em especial às regras de elegibilidade constantes do § 3º do artigo em questão:

"§ 3º – São condições de elegibilidade, na forma da lei:
I – a nacionalidade brasileira;
II – o pleno exercício dos direitos políticos;
III – o alistamento eleitoral;
IV – o domicílio eleitoral na circunscrição;
V – a filiação partidária;
VI – a idade mínima de:
(...)
c) vinte e um anos para Deputado Federal, Deputado Estadual ou Distrital, Prefeito, Vice-Prefeito e juiz de paz".

Já o Código Eleitoral, a Lei federal nº 4.737/65, também dispõe sobre as eleições para Juiz de Paz, submetendo-as à autoridade dos Tribunais Regionais Eleitorais, que, inclusive, têm competência para, no silêncio da lei, fixar-lhes data (art. 30, inciso IV),[5] bem como as caracterizando como pleitos municipais, como se depreende de seu art. 186.[6]

Por outro lado, os arts. 112 e 113 da Lei Orgânica da Magistratura, a Lei Complementar 35/79, igualmente contêm normas sobre a Justiça

---

[5] "Art. 30. Compete, ainda, privativamente, aos Tribunais Regionais:
(...)
IV – fixar a data das eleições de Governador e Vice-Governador, deputados estaduais, prefeitos, vice-prefeitos, vereadores e **juízes de paz**, quando não determinada por disposição constitucional ou legal" (destaque não original).

[6] "Art. 186. Com relação às eleições municipais e distritais, uma vez terminada a apuração de todas as urnas, a Junta resolverá as dúvidas não decididas, verificará o total dos votos apurados, inclusive os votos em branco, determinará o quociente eleitoral e os quocientes partidários e proclamará os candidatos eleitos.
§ 1º O presidente da Junta fará lavrar, por um dos secretários, a ata geral concernente às eleições referidas neste artigo, da qual constará o seguinte:
(...)
VIII – a votação dos candidatos a prefeito, vice-prefeito e a **juiz de paz**, na ordem da votação recebida" (destaque não original).

de Paz. Algumas das regras contidas nesses dispositivos – como a que impõe a nomeação dos Juízes de Paz pelos Governadores de Estado –, por confrontarem com a Constituição de 1988, foram por ela revogadas, remanescendo outras em vigor, como o § 2º do art. 112, que garante prisão especial aos membros da Justiça de Paz.

Desse modo, analisando a Constituição e a legislação federal vigentes, é possível indicar as seguintes características do regime jurídico dos Juízes de Paz: *a)* são eleitos por voto direto, universal e secreto para mandatos de quatro anos, desenvolvendo atividade remunerada[7]; *b)* os candidatos devem ser brasileiros, maiores de vinte e um anos, filiados a partido político, em situação regular junto à Justiça Eleitoral e domiciliados na circunscrição em que concorrerão; *c)* a eleição é de âmbito municipal e se submete à autoridade dos Tribunais Regionais Eleitorais; *d)* são magistrados,[8] ainda que eletivos, gozando de prerrogativas, como a da prisão especial; *e)* têm competência para celebrar casamentos, verificar o processo de habilitação, exercer atribuições de conciliação não-jurisdicional, além do que for previsto na legislação que criar a Justiça de Paz; e *f)* tal legislação é federal, no caso da Justiça de Paz do Distrito Federal e dos Territórios, e estadual para a Justiça de Paz dos Estados, como expresso no *caput* do art. 98 da Constituição Federal.

---

[7] A remuneração a que se refere a Constituição Federal não poder ser, na compreensão do STF, variável ou associada à participação no que é recolhido, pelas partes, aos cofres públicos. A remuneração dos Juízes de Paz deve ser fixa e predeterminada, como decidido no julgamento da ADI 954, Rel. Min. Gilmar Mendes, DJe de 26.05.2011. Por outro lado, ao apreciar a ADI 1.051, Rel. Min. Maurício Corrêa, DJ de 13.10.1995; a Suprema Corte assentou que a competência para a iniciativa legislativa dos atos normativos relacionados à remuneração dos Juízes de Paz é privativa dos Tribunais de Justiça.

[8] A qualificação dos Juízes de Paz como magistrados não é algo novo na jurisprudência do STF, nem mesmo algo que tenha sido assentado no julgamento da ADI 2.938. Na decisão monocrática proferida na ADI 2.082, o Relator, Ministro Celso de Mello, assevera que, "na realidade, os Juízes de Paz, embora **não** sejam vitalícios – porque *"eleitos pelo voto direto, universal e secreto, com mandato de quatro anos"* (**CF**, art. 98, II) – **qualificam-se** como membros integrantes de uma especial e expressiva magistratura, a que se referiram, desde a Independência, as **sucessivas** Constituição brasileiras, **notadamente** a Carta Política do Império do Brasil (art. 162), sob cuja égide foi editada a Lei imperial de 15 de outubro de 1827, que dispôs sobre a organização da Justiça de Paz em nosso país" (destaques originais). Com base nesse entendimento de que os Juízes de Paz são magistrados, o Ministro Celso de Mello negou à Associação dos Juízes de Paz Brasileiros – AJUPBRAS legitimidade ativa para a propositura de ação direta de inconstitucionalidade, uma vez que os interesses dos Juízes de Paz seriam defendidos pela Associação dos Magistrados Brasileiros – AMB.

Quanto a essa abertura que o inciso II do art. 98 dá às competências dos Juízes de Paz, Gilmar Ferreira Mendes e Lenio Luiz Streck destacam que se trata de um importante instrumento para o "acesso ao justo processo e à pacificação social", uma vez que as atribuições conciliatórias, "se bem aproveitadas, têm o potencial de contribuir de maneira significativa para a redução da necessidade de judicialização de controvérsias e da 'litigiosidade contida', ao servir de mecanismo extrajudicial de solução de conflitos".[9]

Traçado esse plano geral do regime normativo dos Juízes de Paz no ordenamento constitucional brasileiro, cabe, em seguida, examinar como o Supremo Tribunal Federal enfrentou as impugnações apresentadas pelo Procurador-Geral da República na petição inicial da ADI 2.938.

3. (In)constitucionalidades da Lei mineira nº 13.454, de 2000

A partir dos referenciais normativos expostos no item anterior, torna-se possível, agora, analisar o que da Lei mineira nº 13.454/2000 foi considerado constitucional e o que foi considerado inconstitucional, de modo a identificar quais os limites do legislador estadual na regulação de sua Justiça de Paz. O exame dessas constitucionalidades e inconstitucionalidades permitirá, por consequência, a identificação mais acurada do perfil constitucional dos Juízes de Paz no direito brasileiro.

De início, como visto no item 1 deste estudo, o Procurador-Geral da República entendeu que a Lei mineira 13.454/2000 invadia a competência legislativa privativa da União para dispor sobre direito eleitoral, tal como previsto no inciso I do art. 22 da Constituição Federal. Aduzia, ainda, a exordial que a específica exigência de filiação partidária seria inconstitucional, já que "em momento algum o texto constitucional determina tal filiação, que não é compatível com as atribuições conferidas pela legislação, especialmente, aquelas de natureza conciliatória, que a par de não estarem revestidas de caráter jurisdicional, denotam grande carga de compor litígios, a exigir isenção e imparcialidade, qualidades bastante inatingíveis por aqueles jungidos a este ou àquele partido político".

Nesse aspecto específico, verificou-se um interessante debate entre os Ministros do STF quanto à conformidade, ou não, dos arts. 2º a 10 da

---

[9] Gilmar Ferreira Mendes e Lenio Luiz Streck. "Art. 98". *Comentários à Constituição do Brasil*, J.J. Gomes Canotilho, Gilmar Ferreira Mendes, Ingo Wolfgang Sarlet e Lenio Luiz Streck (coord.), São Paulo: Saraiva/Almedina, 2013, p. 1337.

Lei mineira 13.454/2000 com a Constituição Federal. Discutiram os Ministros, em suma, se as normas sobre eleição para Juiz de Paz em Minas Gerais eram de caráter eleitoral em sentido estrito – e, portanto, de competência privativa da União – ou se estavam compreendidas na competência estadual para criar a Justiça de Paz, na forma do inciso II do art. 98 do texto constitucional de 1988.

O Relator da ação, Ministro Eros Grau, compreendeu que todos os dispositivos em questão eram inconstitucionais, por disporem de direito eleitoral, matéria circunscrita à União, como sustentado na inicial pelo Procurador-Geral da República, em entendimento que também foi o do Ministro Marco Aurélio.

Entretanto, abrindo divergência, o Ministro Sepúlveda Pertence sustentou que as normas que dispõem sobre a escolha dos Juízes de Paz somente podem ser estaduais, diante do disposto no já mencionado art. 98 da Carta da República. De acordo com o voto do Ministro Nelson Jobim, a competência para criar a Justiça de Paz compreende a fixação dos critérios de escolha de seus membros: "penso que, se tem o poder de criar, tem que regulamentar a forma como isso pode ser feito". Tal compreensão associada à teoria dos poderes implícitos – que fora já indicada nas informações prestadas pelo Governador do Estado de Minas Gerais à Corte – fica ainda expressa nas manifestações do Ministro Gilmar Mendes, para quem "nessa atividade de criar está, obviamente, a possibilidade de disciplinar".

Tal orientação restou expressa na ementa do julgado, na qual se lê que a "lei estadual que disciplina os procedimentos necessários à realização das eleições para implementação da justiça de paz [art. 14, § 3º, da CB/88] não invade, em ofensa ao princípio federativo, a competência da União para legislar sobre direito eleitoral [art. 22, I, da CB/88]".

Houve, entretanto, no que toca ao art. 2º da lei impugnada, uma parcial declaração de inconstitucionalidade, decorrente de uma observação da Ministra Ellen Gracie. O dispositivo em questão previa a aplicação do Código Eleitoral de forma "subsidiária" à Lei mineira 13.454/2000, o que na visão dos Ministros acarretaria uma derrogação da legislação eleitoral federal por lei estadual, o que seria inconstitucional. Desse modo, foi declarada a inconstitucionalidade da palavra "subsidiária", constante do art. 2º da Lei estadual nº 13.454, de Minas Gerais.

Em relação ao processo de eleição dos Juízes de Paz, causou maior discussão a necessidade de filiação partidária dos candidatos. É que, apesar da expressa inclusão dos Juízes de Paz no sistema do art. 14 da Constituição Federal, os Ministros Carlos Britto, Marco Aurélio e Celso de Mello consideraram inconstitucional tal exigência, por ser incompatível com o regular exercício das funções da magistratura.

Para Carlos Britto, "filiação partidária e exercício da judicatura são como água e óleo, não se misturam"; afirmando ainda que a exigência da filiação seria própria das eleições gerais, mas constituiria uma "demasia" nas eleições para Juiz de Paz. Para o Ministro, "mesmo sendo a justiça de paz, está subjacente a neutralidade, a imparcialidade, o que é incompatível com partido político, que, por definição, é parte, facção".

A maioria, porém, manteve-se fiel ao disposto no art. 14, § 3º, do texto constitucional – no que Pertence classificou como interpretação "pedestre", mas suficiente – e levou em consideração as funções dos Juízes de Paz, como sintetizado pela Ministra Ellen Gracie, que lia no "inciso II do art. 98 da Constituição Federal, quando trata da descrição da justiça de paz e da forma como é composta, especificamente, que sua atividade não tem caráter jurisdicional. Esse é o motivo por que, do meu ponto de vista, ela se exime da vedação colocada a todos os magistrados *stricto sensu*, aqueles que exercem efetivamente função jurisdicional e não podem ter filiação partidária".

Por fim, no que diz com o conjunto de regras relacionadas com a escolha dos Juízes de Paz, é importante destacar que o STF declarou a inconstitucionalidade do art. 6º da Lei estadual 13.454/2000, que tratava das condições de elegibilidade dos candidatos. Entendeu a Corte que essa matéria, que tem sede constitucional, é essencialmente de natureza eleitoral, não podendo os Estados sobre ela dispor.

Quanto às competências dos Juízes de Paz mineiros, o Supremo assentou que suas funções vão bastante além da tradicional celebração de casamentos. Apesar das impugnações relativas à invasão da competência da União para legislar sobre processo civil, acolhidas pelos Ministros Eros Grau e Marco Aurélio, foi considerada constitucional a regra que dá ao Juiz de Paz o poder para arrecadar provisoriamente os bens de ausentes e vagos, nomeando escrivão *ad hoc* para tanto; bem como foi considerada em conformidade com a Constituição a possibilidade de o Juiz de Paz atuar como perito, desde que tecnicamente habilitado para tanto.

Nesses dois assuntos, além de considerar a competência concorrente para legislar sobre procedimentos, na forma do art. 24 da Constituição

Federal, os julgadores poderaram questões pragmáticas para concluir pela constitucionalidade da lei. Em relação à arrecadação dos bens dos ausentes, lembraram os Ministros Sepúlveda Pertence, Carlos Velloso e Joaquim Barbosa a precariedade da prestação jurisdicional em algumas regiões do país, o que seria mitigado com essa atuação provisória dos Juízes de Paz. Em relação à atuação como perito, o Ministro Nelson Jobim ressaltou que a utilização dos Juízes de Paz, nas áreas de sua expertise, traria uma economia para o poder público, já que compreendida em sua remuneração ordinária.

Por outro lado, assentando que é dever de todos a preservação do meio ambiente, o STF considerou constitucional a competência para zelar, na área territorial de sua jurisdição, pela observância das normas concernentes à defesa do meio ambiente e à vigilância ecológica sobre matas, rios e fontes, tomando as providências necessárias ao seu cumprimento, ressalvando – como não poderia deixar de fazer – que essa atuação não pode "importar em restrição às competências municipal, estadual e da União".

Já os incisos VIII e IX do art. 15 da Lei mineira 13.454/2000, relativos, respectivamente, às competências para processar auto de corpo de delito e lavrar autos de prisão e para assistir o empregado nas rescisões trabalhistas, ante a inexistência dos órgãos previstos no art. 477 da Consolidação das Leis do Trabalho (CLT), foram considerados inconstitucionais pelo Supremo, tendo em vista a competência da União para legislar sobre processo penal e direito do trabalho.

Registre-se, ainda, que a inconstitucionalidade declarada foi exclusivamente formal, existindo inclusive, em relação à assistência aos empregados, disposição que permite a atuação do Juiz de Paz na própria CLT, como asseverado nas informações do Governador do Estado de Minas Gerais e no voto do Ministro Eros Grau.

Finalmente, também por invadir a seara do processo penal, o Tribunal declarou a inconstitucionalidade do art. 22 da lei mineira, relativo à prisão especial do Juiz de Paz; ainda que a Lei Complementar 35/79 – tal como antes destacado – garanta esse mesmo privilégio no seu art. 112, §2º.

4. Síntese do julgamento

Analisados todos esses aspectos pelo Supremo Tribunal Federal, é possível afirmar que existe uma competência legislativa significativamente ampla para os Estados na definição de suas Justiças de Paz, em especial no que toca às funções de seus integrantes, os Juízes de Paz.

Essas atribuições, como destacado anteriormente por Mendes e Streck, podem compreender importantes competências relacionadas à conciliação e à solução extrajudicial de litígios, desafogando os órgãos jurisdicionais. Ademais, o precedente do STF ora analisado demonstra que existe um campo amplo para a utilização dos Juízes de Paz em questões procedimentais que não tenham caráter jurisdicional, do que é exemplo a arrecadação de bens de ausentes.

O decidido pelo STF na ADI 2.938 ainda tem o condão de valorizar os membros da Justiça de Paz no que toca a sua investidura. Isso porque cabalmente rejeita as formas pouco definidas de nomeação de ordinário praticadas – tal como a elaboração de listas pelos Juízes de Direito ou a nomeação discricionária por Governadores ou Secretários de Estado – e afirma, de modo categórico, que os Juízes de Paz são agentes públicos eletivos, que devem ter o respaldo de uma agremiação partidária e que recebem a legitimação democrática por meio da eleição direta, nos termos do inciso II do art. 98 da Constituição Federal. Tal compreensão constitucionalmente adequada dos Juízes de Paz reforça, também, a autonomia desses agentes, permitindo o desempenho fiel de suas atribuições.

5. Desdobramentos da decisão do STF

Transitado em julgado o acórdão da ADI 2.938, o Tribunal de Justiça de Minas Gerais expediu a Resolução nº 490/2005, regulamentando a Lei estadual 13.454/2000, para permitir, já nas eleições municipais de 2008, o pleito para escolha de novos Juízes de Paz. Tal resolução foi encaminhada ao Tribunal Regional Eleitoral de Minas Gerais, autoridade competente para promover as eleições, tal como previsto no Código Eleitoral e no § 1º do art. 10 da lei declarada constitucional pelo STF.

Restou, assim, ao TRE de Minas Gerais a execução do disposto na Lei 13.454/2000, operacionalizando, pois, as eleições para Juiz de Paz no território mineiro, o que deveria ocorrer em 2008.

Entretanto, ao invés de dar imediato cumprimento à legislação estadual de regência da matéria, cuja constitucionalidade – repita-se – fora assentada pelo Supremo Tribunal Federal, preferiu o TRE mineiro consultar o Tribunal Superior Eleitoral acerca dos procedimentos a serem adotados, solicitando ainda a expedição de uma resolução sobre a matéria.

Tal solicitação foi autuada no TSE, em abril de 2006, como o Processo Administrativo nº 19.567, tendo como Relator o Ministro José Gerardo Grossi; que submeteu o feito à apreciação do Plenário em fevereiro de 2007. Nessa ocasião, o Ministro Marco Aurélio, que no STF considerara a lei mineira inconstitucional e naquele momento presidia a Corte eleitoral, ponderou, como narrado em decisão do Ministro Grossi, "acerca da impossibilidade de, por Resolução, o TSE regulamentar a eleição de Juiz de Paz nas cidades do Estado de Minas Gerais, dado o caráter nacional das resoluções do TSE, e da impossibilidade de se tomar uma decisão, que a Resolução estamparia, relativa tão-só, a um Estado da Federação".

Com isso, o Relator do PA 19.567 considerou necessário consultar todos os Estados acerca do modo como se dava a escolha dos Juízes de Paz; consulta essa da qual resultou a seguinte conclusão, tal como consta da decisão prolatada em 19.02.2008 (*DJ* de 22.02.2008):

"Decidi-me por determinar que se indagasse dos demais Tribunais Regionais estaduais se, nos Estados respectivos, havia Juízes de Paz, e por qual ou quais formas eram escolhidos (fls. 43 e seguintes).

O TRE/TO informou não haver naquele Estado eleição para Juiz de Paz e, assim, não haver qualquer regulamentação sobre o tema (fl. 46). O Estado do Pará informou nada ter a respeito do assunto (fl. 47). O Estado do Paraná informou que ali, o Juiz de Paz e dois suplentes são indicados pelo Juiz de Direito da Comarca (fl. 48). O Estado de Pernambuco informou que não há nenhuma 'regulamentação' a respeito da eleição de Juiz de Paz (fl. 49). O Estado de São Paulo deu notícia da 'instalação de Comissão Especial de Concurso para Juiz de Paz', que iria examinar um Projeto de Emenda Constitucional (fl. 51). O Estado do Rio Grande do Norte 'nada' encontrou que pudesse ser encaminhado ao TSE (fl. 53). O Estado de Santa Catarina informou que não há 'procedimentos técnicos' para escolha de Juiz de Paz (fl. 54) e, por fim, o Estado da Bahia informou que ali 'o Juiz de Paz é nomeado pelo Governador do Estado, de uma lista tríplice'.

Os demais Estados da federação não se dignaram responder à consulta.

O que se vê é que há uma disparidade de tratamento do tema nos Estados da Federação acima citados".

E diante dessa disparidade, o Ministro Grossi entendeu ser descabida a expedição de resolução do TSE sobre a matéria, uma vez que estaria restrita a um único Estado da federação; determinando o consequente arquivamento do processo administrativo.

Com isso, o Tribunal Regional Eleitoral de Minas Gerais, apesar das informações repassadas pelo Tribunal de Justiça estadual e da resolução editada ainda em 2005 sobre a matéria, não promoveu a eleição para Juiz de Paz em 2008, que igualmente não se realizou em 2012, quando do último pleito municipal.[10]

Ainda em maio de 2008, antes, portanto, das eleições municipais daquele ano, o Conselho Nacional de Justiça também se manifestou acerca da necessidade de realização de eleições para Juiz de Paz em todo o território nacional. Julgando o Pedido de Providências nº 200810000000110, sob relatoria da Conselheira Andréa Pachá, o CNJ expediu uma recomendação a todos os Tribunais de Justiça do país, para que "em observância ao artigo 98, inciso II da Constituição Federal, no prazo de um ano a partir desta publicação, regulamentem e encaminhem proposta de lei à Assembleia Legislativa que trate: 1. Das eleições para a função de juiz de paz, na capital e no interior; 2. Da remuneração para a função de juiz de paz, na capital e no interior; 3. Da atuação dos juízes de paz perante as Varas de Família; 4. Da atuação dos juízes de paz na atividade conciliatória".

Entretanto, ainda que alguns Tribunais de Justiça tenham iniciado o processo legislativo recomendado pelo CNJ – do que é exemplo o Tribunal de Justiça do Distrito Federal e Territórios, que enviou à Câmara dos Deputados o Projeto de Lei nº 3.411, de 2012, em muito baseado na Lei mineira 13.454 –, a realidade da Justiça de Paz no Brasil ainda está muito distante do padrão constitucionalmente previsto, sendo as eleições para Juiz de Paz uma perspectiva ainda distante.[11]

---

[10] Interessante notar que, em 2000, respondendo a uma consulta formulada pelo Partido dos Trabalhadores – PT acerca das eleições para Juiz de Paz (Cta 763/2000 – Acórdão 484//2000), o TRE/MG afirmou, textualmente, que "a competência para a regulação da Lei nº 13.454/2000 é do Tribunal de Justiça do Estado de Minas Gerais, cabendo à Justiça Eleitoral apenas expedir instruções para sua fiel execução". Anos após esse pronunciamento e feita a regulamentação pelo TJ/MG, por meio da Resolução 490/2005, a Justiça Eleitoral mineira não expediu as "instruções para sua fiel execução", inviabilizando a eleição dos Juízes de Paz na forma determinada pela Lei 13.454/2000.

[11] Exemplo significativo dessa discrepância entre a norma constitucional e a prática institucional é o Edital nº 1, de 3 de janeiro de 2014, por meio do qual a Secretaria de Justiça e Defesa da Cidadania do Estado de São Paulo abriu seleção para 249 cargos de Juiz de Paz, que serão escolhidos "de forma discricionária" pela mencionada Secretaria (item IV, 1.2, do Edital).

8. Conclusão

No momento em que a doutrina do direito constitucional brasileiro tanto valoriza a máxima efetividade da Constituição[12], o quadro de insistente descumprimento do disposto no inciso II do art. 98 do texto constitucional federal ganha contornos ainda mais surpreendentes.

Apesar do decidido pelo STF na ADI 2.938, da recomendação expedida pelo CNJ e da existência – pelo menos no Estado de Minas Gerais – de lei local dispondo sobre a Justiça de Paz, os Juízes de Paz em todo o país continuam sendo escolhidos por métodos inconstitucionais.

Por outro lado, ainda têm os Juízes de Paz suas funções reduzidas a questões relacionadas com o casamento, o que subtrai da Justiça da Paz todo um potencial de colaboração real com o funcionamento do Poder Judiciário brasileiro.

Urge a superação desse quadro de manifesta inconstitucionalidade, para que, passados mais de vinte e cinco anos da promulgação da Constituição de 1988, o princípio democrático finalmente se realize de modo pleno na Justiça de Paz do Brasil.

9. Referências Bibliográficas

CARDOSO, Antônio Pessoa. "Juizado de paz". *Consulex*, v. 9, n. 206, ago. 2005 p. 38-39.

CARDOSO, Antônio Pessoa. "Justiça alternativa: juiz de paz; notas e comentários". *Ciência Jurídica*, v. 10, n. 70, jul./ago. 1996 p. 347-351.

HORBACH, Carlos Bastide. "Informações do Governador do Estado de Minas Gerais na ADI 2.938 – STF". *Direito Público*. Revista da Advocacia-Geral do Estado de Minas Gerais, n. 1/2, jan/dez 2005, p. 311-323.

LEME, Nelson Paes. "Projeto de lei que exclui a categoria dos juízes de paz dos benefícios da prisão especial". *Revista do Instituto dos Advogados Brasileiros*, v. 34, n. 92, abr./jun. 2000 p. 143-148.

---

[12] Nesse sentido, Ingo Wolfgang Sarlet: "A efetividade das normas constitucionais diz respeito, portanto, à pretensão de máxima realização, no plano da vida real, do programa normativo abstratamente estabelecido (embora tal programa normativo seja ele próprio fruto de uma articulação com o mundo dos fatos, da economia, dos movimentos sociais, etc.), em outras palavras, como também pontua Luís Roberto Barroso, ao processo de migração do 'dever ser' normativo para o do plano do 'ser' da realidade social" (cf. *Curso de direito constitucional*, 2ª ed., São Paulo: RT, 2013, p. 195.

MARTINS FILHO, Ives Gandra da Silva. "Evolução histórica da estrutura judiciária brasileira". *Revista Jurídica Virtual da Presidência da República*, Brasília, vol. 1, n. 5, Setembro 1999.

MENDES, Gilmar Ferreira; STRECK, Lenio Luiz. "Art. 98". *Comentários à Constituição do Brasil*, J.J. Gomes Canotilho, Gilmar Ferreira Mendes, Ingo Wolfgang Sarlet e Lenio Luiz Streck (coord.), São Paulo: Saraiva/Almedina, 2013, p. 1337.

RODYCZ, Wilson Carlos. "O juiz de paz imperial: uma experiência de magistratura leiga e eletiva no Brasil". *Justiça & história*, v. 3, n. 5, 2003, p. 35-72.

SARLET, Ingo Wolfgang; MARINONI, Luiz Guilherme; MITIDIERO, Daniel. *Curso de direito constitucional*, 2ª ed., São Paulo: RT, 2013.

SILVA, Aurélio Joaquim da. "O Juiz de Paz e a habilitação para o casamento no cartório de registro civil: aspectos constitucionais e infraconstitucionais" *Consulex*, v. 9, n. 204, jul. 2005 p. 54-55.

VELLASCO, Ivan de Andrade. "O juiz de paz e o código de processo: vicissitudes da justiça imperial em uma comarca de Minas Gerais no século XIX". *Justiça & história*, v. 3, n. 6, 2003, p. 65-95.

VIEIRA, Rosa Maria. *O Juiz de Paz*. Do Império a nossos dias. Brasília: UnB, 2002, p. 29 e seguintes.

O Supremo Tribunal Federal e sua importante missão de guardião da ordem econômica constitucional (RE 422.941)

AMANDA FLÁVIO DE OLIVEIRA*

1. Breve introdução à temática

São muitos os estudiosos que enaltecem a relevância das normas integrantes da "Constituição Econômica"[1] ou da "Ordem Econômica Constitucional" para o atingimento da finalidade de busca de desenvolvimento nacional. De fato, as normas constantes da Constituição e que disciplinam o fenômeno econômico constituem instrumentos decisivos para o bom funcionamento da economia de mercado, modelo econômico consagrado no Texto de 1988.

Assim, a Ordem Constitucional Econômica posta no Texto de 1988 constitui, na vida brasileira contemporânea, balizadora e fundamento do

---

* Assessora dos Ministros Carlos Velloso e Ricardo Lewandowski, no período de 2005 a 2008, os quais homenageia. Diretora da Faculdade de Direito da UFMG. Mestre e Doutora em Direito Econômico pela UFMG. Professora dos cursos de graduação e pós-graduação da mesma Faculdade. Advogada militante.

[1] O mestre Washington Peluso Albino de Souza, reconhecido como o "criador" da disciplina "Direito Econômico" no Brasil, afirmava ser a "constitucionalização do econômico" o elemento caraterizador da "Constituição Econômica". SOUZA, Washington Peluso Albino de. *Teoria da Constituição Econômica*. Belo Horizonte: Del Rey, 2002, p. 16.

capitalismo por ela eleito como modelo econômico. Por outro lado, é de se reconhecer que as normas que integram a Constituição Econômica se inserem no contexto global de reconhecimento e proteção de direitos fundamentais que perpassa toda a Carta de 1988 e devem ser, portanto, assim interpretadas[2].

Em um modelo de economia de mercado preponderam as atividades desenvolvidas pela iniciativa privada, e, como agente econômico, destaca-se o papel das empresas. Nesse contexto, o princípio da livre iniciativa alcança *status* de fundamento da República (artigo 1º, CR/88) e da Ordem Econômica e Financeira (art. 170, da CR/88). Ao Estado, a Constituição dedica-lhe função relevante de regulador e regulamentador do fenômeno econômico (art. 174, CR/88), e, excepcionalmente, de empresário (art 173, CR/88).[3]

As bases e os limites para a intervenção do Estado na economia encontram-se dispostos no texto constitucional. Os dispositivos que dela cuidam, articulam-se, como não poderia deixar de ser, com os demais artigos constitucionais informadores da ação do Estado, entre eles, aqueles que cuidam da disciplina da responsabilidade civil estatal.

O presente artigo pretende enaltecer a postura que vem adotando o Supremo Tribunal Federal (STF) no que concerne aos limites impostos pela disciplina constitucional da intervenção estatal na economia desde o julgamento, pela Segunda Turma, em dezembro de 2005, do Recurso Extraordinário 422.941/DF, e que teve como relator o eminente Ministro Carlos Velloso. A posição ali firmada vem prevalecendo em julgamentos de casos semelhantes mais recentes, a exemplo das decisões proferidas no RE 598.537-AgR/PE, Rel. Min. Dias Toffoli, 1ª Turma, j. 01/02/2011; e do RE 648.622-AgR, 1ª Turma, Rel. Luiz Fux, j. 20.11.2012.

---

[2] Gérard Farjat, ilustre estudioso do Direito Econômico, assinala ser, o sistema jurídico, "portador e produtor de valores". FARJAT, Gérard. *Por un droit économique*. Paris: Presses Universitaires de France, 2004, p. 34 (tradução livre da autora).

[3] André de Laubadère discorre sobre os dois sentidos que o princípio da liberdade de iniciativa apresenta, no contexto francês. O mesmo raciocínio é válido para o Brasil. Segundo o autor, o primeiro e principal significado do princípio informa que ele *"...constitui o fundamento de direitos que os particulares podem fazer valer contra a administração para o exercício das actividades económicas e limita assim os poderes da administração relativamente a essas actividades"*. O segundo refere-se às limitações das condições em que o próprio Estado pode se dedicar à atividade econômica direta. LAUBADÈRE, André de. *Direito Público Econômico*. Coimbra: Almedina, 1985, p. 238.

2. RE 422.941/DF: o STF e a responsabilidade civil do Estado pela política econômica que desenvolve

Muito já se discutiu, no STF, acerca dos limites e da evolução da responsabilidade civil do Estado no ordenamento jurídico brasileiro. A propósito, em relação à temática da responsabilidade civil do Estado, destaca-se a importância da jurisprudência constitucional, que vem construindo, pela atuação protagonista do STF, os contornos do instituto pela apreciação sistemática dos casos, à luz do disposto no art. 37, parágrafo 6º, da Constituição de 1988[4].

A questão posta em julgamento no âmbito do RE 422.941 pode ser assim brevemente descrita:

- Em conformidade com a Lei n. 4.870/1965, os preços dos produtos sucroalcooleiros eram fixados pelo então Instituto do Açúcar e do Álcool (IAA);
- O artigo 9º da referida lei dispunha sobre o levantamento dos custos de produção para vigorar no triênio posterior, a ser realizado pelo IAA;
- O IAA contratou, para fins de apuração dos custos, a Fundação Getúlio Vargas;
- A Fundação apurava os valores anualmente, mas os preços fixados eram sistematicamente estabelecidos pelo IAA em valores inferiores, que não cobriam os custos de produção;
- Os preços fixados para os produtos sucroalcooleiros não correspondiam aos custos apurados pela Fundação no período entre março de 1985 a outubro de 1989;
- Foi constatado, por perícia, os prejuízos (danos) incorridos pelo setor em razão dessa prática.

Em seu voto no Recurso Extraordinário em referência, o Ministro Relator, Carlos Velloso, destacou os limites existentes à prerrogativa estatal de intervir na economia e expressos nos princípios e fundamentos da Ordem Econômica, nos termos do artigo 170 da CR/88. Afirmou que "*a*

---

[4] É essa a opinião do Professor Carlos Horbach, ele próprio ex-assessor de Ministro no STF. HORBACH, Carlos Bastide. *Responsabilidade do Estado: 25 anos de aplicação da Constituição de 88. In* 25 anos da Constituição brasileira de 1988: Democracia e Direitos Fundamentais no Estado Democrático de Direito. Patrícia Henriques Ribeiro e outros (Orgs.). Belo Horizonte: Editora D'Placido, 2014, p. 105.

faculdade atribuída ao Estado de criar normas de intervenção estatal na economia (...) não autoriza a violação do princípio da livre iniciativa...". E destacou que *"...o estabelecimento de regras bem definidas de intervenção estatal na economia e sua observância são fundamentais para o amadurecimento das instituições e do mercado brasileiros, proporcionando a necessária estabilidade econômica que conduz ao desenvolvimento nacional."*

A política econômica estatal para o setor restou bem delineada no voto do eminente Relator: a) O Estado elaborou legislação definindo parâmetros para a fixação de preços do setor; b) o Estado celebrou convênio com Instituição privada para fins de levantamento de custos que serviriam de embasamento para a fixação dos preços; c) o Estado *determinava* ao setor, por anos, a prática de preços em valores inferiores aos custos por eles enfrentados.

Ao final de seu voto, concluiu o Ministro Relator, para julgar devido o direito de indenização ao setor, por parte da União: *"A ausência de regras claras quanto à política econômica estatal, ou, no caso, a desobediência aos próprios termos da política econômica estatal desenvolvida, gerando danos patrimoniais aos agentes econômicos envolvidos, são fatores que acarretam insegurança e instabilidade, desfavoráveis à coletividade e, em última análise, ao próprio consumidor".*

3. Os institutos jurídico-econômicos: desafios ainda postos ao sistema jurídico brasileiro e o acerto da decisão do STF no RE 422.941

É de se destacar ser a disciplina adequada do fenômeno econômico um desafio ainda posto ao sistema jurídico brasileiro. Muitas incompreensões ou equívocos em relação aos institutos jurídico-econômico ainda se fazem presentes, inclusive no senso comum, com repercussões nas decisões dos Tribunais.

Assim, é que também se verificam *preconceitos* ou resistências em se compreender certos conceitos econômicos juridicizados pela Constituição de 1988, com consequências nefastas à finalidade última de busca da dignidade da pessoa humana. São exemplos dessas "confusões" a incompreensão, por vezes formalizada ou oficial, de fenômenos econômicos como o monopólio, o lucro, o poder econômico, entre outros.

Acerca desses institutos (outros poderiam ser mencionados), impõe-se esclarecer definitivamente: não há como se verificar, em qualquer dispositivo constitucional do Texto de 1988, referência à proibição da existência do poder econômico ou do lucro das empresas. Há que se compreender, de uma vez por todas, que, de forma objetiva, a atividade econômica desenvolvida pela iniciativa privada é prioritária, em conformidade com a Constituição Econômica de 1988. Em sendo assim, surge o poder econômico privado, assim compreendido como os agentes econômicos privados (empresas) responsáveis pelo desenvolvimento do mercado brasileiro. A alteração constitucional posterior, realizada por Emenda, e que permitiu privatizações de setores econômicos antes conduzidos por empresas públicas, corrobora essa interpretação. O que a Constituição de 1988 desautoriza, e o faz explicitamente, é o *abuso* do poder econômico, como, de resto, o ordenamento jurídico, de forma global, não permite o exercício abusivo de direito. Portanto, deter poder econômico, em conformidade com o Texto de 1988, lido este de forma objetiva e livre de ideologias, não constitui algo reprovável.

O mesmo se diga do lucro. O lucro, e isso é assente na Economia, constitui o fim último de qualquer atividade econômica privada. O lucro representa a própria razão de ser das empresas[5]. Por isso, impedi-lo importaria em impedir o próprio exercício do direito de iniciativa privada. Igualmente, não se verifica, no Texto Constitucional, qualquer referência à proibição de lucros, em qualquer patamar, *nem mesmo os altos lucros. O que se proíbe, isso, sim, é o lucro obtido à custa do uso abusivo do poder econômico, em detrimento de nobres valores constitucionais, entre eles a defesa do consumidor, a defesa do meio-ambiente, o mercado concorrencial etc*[6]. O alto padrão de lucro obtido à custa de eficiência econômica é de ser mantido, porque a eficiência econômica empresarial gera números benefícios à coletividade igualmente relevantes (importa em padrões menores ou ausência de des-

---

[5] Cabral de Moncada afirma que o exercício da liberdade individual tem como consequência, na esfera econômica, o lucro. MONCADA, Luís S. Cabral. Direito Económico. Coimbra: Coimbra Editora, 2007, p. 20.

[6] A inserção dos princípios inéditos, nos textos constitucionais brasileiros, da proteção do consumidor e da defesa do meio ambiente, por exemplo, é digna de realce e implica em maturidade econômica inscrita no Texto de 1988. Em relação a ambos os princípios mencionados, destaca-se a liderança científica do hoje Ministro Herman Benjamin, do STJ, para sua regulamentação em âmbito legal. Sugere-se, a respeito das duas temáticas, os inúmeros textos acadêmicos de autoria do Ministro, em especial "Meio ambiente e Constituição: uma primeira abordagem". *In* 10 anos da ECO-92: o Direito e o Desenvolvimento Sustentável. Antonio Herman Benjamin (Org.). São Paulo: IMESP, 2002, p. 89-102.

perdícios de recursos ou decorre de inovação tecnológica, por exemplo, tudo isso, com ganhos sociais indiscutíveis).

Equívocos ou incompreensões semelhantes também podem ser observados no tocante à disciplina jurídica do preço. A decisão proferida no julgamento do RE 422.941 foi precisa, é de se sublinhar, no tratamento dado à questão. É que, ao chancelar a prática em questão, de fixação de preços ao setor abaixo do preço de custo, o Estado incorreu em grave dano ao setor, *com consequências, no médio e longo prazo, altamente lesivas aos consumidores*. Uma leitura superficial dos fatos, no entanto, poderia conduzir à ideia errônea de que o consumidor foi favorecido com o padrão de preços (abaixo do custo) fixado. Essa interpretação seria simplista e ausente de fundamento econômico.

A disciplina adequada do mercado, pelas normas ou pelas decisões judiciais, não pode se ater aos efeitos jurídico-econômicos exclusivamente diretos dela decorrente. Há que se refletir sobre o impacto das normas e decisões no mercado[7], e se esse impacto atende aos princípios constitucionais de desenvolvimento nacional equilibrado e de dignidade da pessoa humana, que passa, este último, pelo inafastável pressuposto de se assegurar acesso ao consumo pelas pessoas. O mercado, instituição que detém *status* constitucional de opção escolhida para a economia do país, é estrutura dinâmica e que responde a estímulos. Os resultados sólidos que proporciona não são produzidos como reações imediatas a ações públicas e privadas. Sua solidez, sua estabilidade e uma concorrência sadia entre os agentes econômicos é que são elementos hábeis a gerar benefícios concretos à coletividade.

4. Relevância do julgamento do RE 422.941: o amadurecimento das instituições econômicas no Brasil e o respeito aos direitos fundamentais e econômicos

Em artigo doutrinário a respeito do tema da "intervenção estatal na Ordem Econômica", o Ministro Carlos Velloso destacou a importância de

---

[7] Essa ideia, de se perquirir acerca dos impactos econômicos das decisões jurídicas vem sendo, desde a década de 1960, no Estados Unidos, desenvolvida no âmbito da disciplina "Law and Economics". Na última década, esses estudos desenvolveram-se, também, no Brasil. Sobre a disciplina "Análise Econômica do Direito" e sua inserção nos currículos das Faculdades de Direito, recomenda-se: ARAÚJO, Fernando. *Análise Econômica do Direito: programa e guia de estudo*. Coimbra: Almedina, 2008.

Emendas posteriores à promulgação da Constituição de 1988 para a adequada disciplina da economia no Brasil. Segundo o Ministro e Professor, a Constituição de 1988, embora tenha adotado a economia de mercado como modelo econômico, nasceu, sob esse aspecto, antiquada, e as mencionadas Emendas foram essenciais para a sua modernização, *"tornando competitiva a economia brasileira, inclusive no campo internacional*[8]*."*

De fato, embora consagrasse, desde o texto original, a economia de mercado e a livre iniciativa como valores, a Constituição de 1988, tal como previa o texto inicialmente promulgado, cometia graves inadequações ao modelo. Podem ser citados, a título de exemplo dessa inadequação, o tratamento originalmente mais favorável para empresas brasileiras, conforme previsão originária do art. 170, IX e do artigo 171, assim como a fixação do limite da taxa de juros reais em doze por cento, prevista no artigo 192, parágrafo terceiro. Muitos outros exemplos se faziam presentes, e foram gradualmente superados pelo texto mais consentâneo com a realidade brasileira e mundial presente em Emendas Constitucionais supervenientes.

É de se destacar, nesse cenário, o papel de destaque exercido pela Corte máxima da República. Alinhando-se ao propósito de garantir a existência de normas disciplinadoras da atividade econômica capazes de responder aos anseios da sociedade contemporânea, o Supremo Tribunal Federal cumpriu fielmente sua missão de guardião da Ordem Econômica Constitucional e preservou direitos legítimos.

O julgamento do Recurso Extraordinário em questão converge nessa intenção. Guido Alpa, debruçando-se sobre a Análise Econômica do Direito, já se manifestou pela função da intervenção pública na economia, segundo ele, responsável por procurar reduzir ao máximo possível os custos de transação no mercado[9].

A postura recorrente do STF de admitir a indenização por danos causados aos agentes econômicos pelo Estado por meio da política econô-

---

[8] VELLOSO, Carlos Mário da Silva. *Da intervenção do Estado na Ordem Econômica: o monopólio e temas conexos. In* Estudos de Direito Constitucional. Homenagem ao Professor Ricardo Arnaldo Malheiros Fiúza. Adhemar Ferreira Maciel e outros (Orgs.). Belo Horizonte: Del Rey, 2009, p. 245.

[9] ALPA, Guido. *A análise econômica do Direito na perspectiva do jurista.* Trad. João Bosco Leopoldino da Fonseca. Belo Horizonte: Movimento Editorial da Faculdade de Direito da Universidade Federal de Minas Gerais, 1997, p. 31.

mica por ele desenvolvida dota os agentes públicos de um grau ainda mais agudo de compromisso no momento de elaboração e implementação dessas políticas. A segurança econômica advinda da estabilidade institucional constitui elemento essencial para o sadio desenvolvimento do mercado brasileiro. Por outro lado, pelo menos no âmbito das normas constitucionais de 1988, apenas o mercado sadio será capaz de conduzir ao efetivo desenvolvimento nacional, que gera distribuição de riqueza e acesso a essas mesmas riquezas.

Tudo isso é muito caro para um país que, embora possua uma Constituição generosa em direitos fundamentais, ainda padece dos males de um dos piores níveis de distribuição de renda mundiais.

Nesse sentido, enaltece-se a firmeza e a coerência da Suprema Corte do Brasil, esta Grande e Nobre Instituição, responsável por conceder a última palavra em relação aos mais elevados valores republicanos.

Interpretação constitucional e diálogo institucional entre os Poderes Legislativo e Judiciário: exame da decisão do STF na ADI 2.797

SÉRGIO ANTÔNIO FERREIRA VICTOR*

Um dos poucos exemplos de institucionalização do diálogo entre os poderes Judiciário e Legislativo sobre a interpretação da Constituição é o caso do Canadá. Oriundo da tradição inglesa do *common law* e, portanto, observador do princípio da soberania do parlamento, o Canadá, assim como o Reino Unido, não adotava fórmula alguma de revisão judicial da legislação. O Canadá contava com uma declaração de direitos de 1960 (*statutory bill of rights*), que possuía estatura infraconstitucional. Esse *status* da declaração de direitos, somado a um Judiciário habituado a conviver sob o regime de soberania do parlamento, tornava a *statutory bill of rights* pouco efetiva.

A nova Carta de Direitos e Liberdades do Canadá, de 1982, elevou tanto os direitos fundamentais ao plano constitucional como o Poder Judiciário ao patamar dos demais poderes. Muitos debates foram trava-

---

* Assessor do Ministro Gilmar Mendes, do Supremo Tribunal Federal. Doutor em Direito do Estado pela Universidade de São Paulo. Mestre em Direito e Políticas Públicas pelo Centro Universitário de Brasília. Professor de Direito Constitucional dos cursos de graduação e pós-graduação do Centro Universitário de Brasília e do Instituto Brasiliense de Direito Público.

dos por ocasião da aprovação da *Carta* e tantos outros depois dela. Essas medidas representaram a vitória dos que pensavam ser a proteção de direitos essencial a uma democracia[1], mas, ainda assim, a inclusão da Seção (1), conhecida como *limitation clause*, deixa clara a possibilidade de restrição legislativa a esses direitos: "*1. The Canadian Charter of Rights and Freedoms guarantees the rights and freedoms set out in it subject only to such reasonable limits prescribed by law as can be demonstrably justified in a free and democratic society*".

Essa Seção (1) da Carta de Direitos e Liberdades do Canadá afigura-se bastante interessante, sobretudo ao analista acostumado à apologia retórica dos direitos fundamentais como trunfos, tal como ocorre na acepção de Dworkin. Os canadenses, no mesmo documento por meio do qual elevavam a *status* constitucional os direitos fundamentais, cuidavam de fazer a previsão expressa da possibilidade de sua limitação pelo legislador. Hiebert informa que a previsão de uma disposição como essa logo no início da *Carta* foi benéfica, na medida em que conduziu a um debate mais transparente sobre as justificativas e os méritos das escolhas políticas, em especial quando impliquem restrições a direitos, as quais devem ser rigorosamente justificadas. Desse modo, a seção (1) também colaborou com a ideia de diálogo e de debate institucional[2].

Com a aprovação de sua Carta de Direitos, em 1982, o Canadá passou a contar com o instituto do controle judicial de constitucionalidade. O receio de instituir um modelo de controle que gerasse a criticada supremacia judicial e a preocupação com a *dificuldade contramajoritária* fizeram com que os canadenses não reproduzissem o modelo norte-americano de *judicial review*, o que poderia ter sido um caminho natural ante a proximidade entre os países. Eles, então, buscaram uma construção própria, que levasse em consideração a história institucional do país, acomodasse suas necessidades e evitasse os problemas que conseguiam antever. Foi instituído um modelo que buscava evitar um monólogo judicial sobre a constituição, nos moldes norte-americanos[3], e viabilizava o diálogo entre

---

[1] MENDES, Conrado H. *Direitos Fundamentais, Separação de Poderes e Deliberação*. São Paulo: Saraiva, 2011.

[2] HIEBERT, Janet. *Limiting rights: the dilemma of judicial review*. Québec: McGill-Queens University Press, 1996, p. 153.

[3] GARDBAUM, Stephen. *The New Commonwealth Model of Constitutionalism*. In: American Journal of Comparative Law. Vol. 49, n. 4, 2001, p. 23.

a corte e o parlamento, com a possibilidade de superação da decisão judicial por parte do Legislativo[4].

Esse *diálogo* foi inserido por meio da cláusula *não obstante* (*notwithstanding clause* ou *override clause*), que está prevista na Seção (33) da Carta de Direitos e Liberdades do Canadá (*Constitutional Act*, 1982 – *Canadian Charter of Rights and Freedoms*).

Nos Estados Unidos e no Brasil, países em que o diálogo não foi institucionalizado, ele, não obstante, acontece. E não se pode afirmar que são poucas as hipóteses de diálogo. São casos diversos e interessantes. Para iniciar a reflexão, pode-se escolher um caso de cada país em que houve recalcitrância por parte do Judiciário em afirmar-se intérprete supremo da Constituição.

Nos Estados Unidos, a Suprema Corte, quando decidiu o caso *Employment Division, Department of Human Resources of Oregon v. Smith,* reformou decisão de Corte estadual que havia determinado a concessão de seguro desemprego a funcionários demitidos em razão da utilização de *peiote* em cerimônias religiosas, sob o fundamento de que a lei vedava o uso dessa substância. Trata-se de uma planta, possivelmente de origem mexicana, que possui propriedades alucinógenas. A corte, por maioria, decidiu que a liberdade religiosa não poderia impedir a aplicação de leis gerais e abstratas, neutras (que proíbem o uso de drogas), que são de aplicação, portanto, indiscriminada.

O *Justice* Scalia, redator da decisão, salientava que, se fosse de outra forma, ter-se-ia que abrir exceções para cada grupo religioso na aplicação de cada lei do país, o que colocaria em risco a estabilidade e tangenciaria a anarquia. Por essa razão, o controle de constitucionalidade de leis gerais

---

[4] Sobre o tema ver: WALUCHOW, W. J. *A common law theory of judicial review: the living tree.* Cambridge: Cambridge University Press, 2007; MENDES, Conrado H. Direitos Fundamentais, *Separação de Poderes e Deliberação*. São Paulo: Saraiva, 2011; CONTINENTINO, Marcelo Casseb. *Revisitando os fundamentos do controle de constitucionalidade: uma crítica à prática judicial brasileira.* Porto Alegre: Sergio Fabris, 2008; MELLO, Cláudio Arl. *Democracia constitucional e direitos fundamentais*. Porto Alegre: Livraria do Advogado, 2004; OLIVEIRA, Gustavo da Gama Vital de. *Estado Democrático de Direito e correção legislativa da jurisprudência*. In: Revista de Direito Constitucional e Internacional. Ano 18, n. 73, out.-dez., 2010, pp. 160-191; WEBBER, Jeremy. *Institutional Dialogue between Courts and Legislatures in the Definition of Fundamental Rights: Lessons from Canada (and elsewhere)*. In: SADURSKI, Wojciech (org.), *Constitutional Justice, East and West: Democratic Legitimacy and Constitutional Courts in Post-Communist Europe in a Comparative Perspective*. Den Haag: Kluwer, 2002: 61-99.

restritivas da liberdade religiosa não precisava submeter-se ao escrutínio estrito, que exige a adoção, pela Corte, da medida menos restritiva entre as igualmente capazes de atingir o interesse público cogente, nos moldes do princípio da proporcionalidade estrita do direito brasileiro. A *Justice* O'Connor manifestou seu voto divergente, e a polarização a partir daí foi enorme em vários setores da sociedade e do governo[5].

Em resposta, o Poder Legislativo editou o *Religious Freedom Restoration Act* (RFRA), que expressamente reverteu a decisão da Suprema Corte no caso Smith, ao determinar que as leis gerais restritivas da liberdade religiosa fossem submetidas ao escrutínio judicial estrito. No caso seguinte, *City of Boerne v. Flores*, quando a questão novamente se colocou perante a Corte, esta declarou a inconstitucionalidade do *Restoration Act* (RFRA), sob o fundamento de que a lei teria violado a decisão anterior da Corte, representando indevida tentativa de corrigir a autorizada interpretação constitucional exarada pela Suprema Corte[6].

No Brasil, há ocorrências semelhantes. O Supremo Tribunal Federal havia editado a Súmula 394, que estendia o foro por prerrogativa de função para o julgamento de processos criminais contra ex-detentores de cargos públicos, relativamente aos atos praticados no exercício da antiga função. Posteriormente, todavia, o Tribunal, sem que houvesse alteração de texto, alterou seu posicionamento e passou a rejeitar o foro por prerrogativa de função de todos os ex-servidores ou ex-agentes públicos.

Foi, então, aprovada a Lei 10.628/2002, que voltou a estender a prerrogativa de foro relativamente aos atos administrativos do agente público praticados no exercício da função, na linha do voto vencido do Min. Sepúlveda Pertence, proferido na assentada que cancelou a súmula. Na ADI 2.797[7], a lei foi declarada inconstitucional, por maioria de votos, oportunidade na qual o STF registrou que uma lei não poderia dirigir-se a superar uma interpretação constitucional da Corte sob pena de inconstitucionalidade, inclusive formal. Mesmo o Min. Sepúlveda Pertence, que no mérito concordava com a legislação, votou nesse sentido e, como relator, fundamentou a inconstitucionalidade formal da lei que revia uma

---

[5] HALL, Kermit L. *The Oxford guide to United States Supreme Court decisions*. New York: Oxford University Press, 1999.
[6] BRANDÃO, Rodrigo. *Supremacia Judicial versus Diálogos Constitucionais: a quem cabe dar a última palavra sobre o sentido da Constituição?* Rio de Janeiro: Lumen Juris, 2012, pp. 10-14.
[7] ADI 2797, Rel. Min. Sepúlveda Pertence, Plenário, DJ 19.12.2006.

interpretação da Corte. O Min. Gilmar Mendes objetou que era papel do Legislativo editar leis e que aquele poder, ao fazê-lo, também interpretava a Constituição, mas ficou vencido.

Note-se que tanto nos Estados Unidos como no Brasil, a depender do caso, as supremas cortes reagem contra as investidas do Legislativo corporativamente. A reação está bastante relacionada ao fenômeno que ficou conhecido como leis *in your face*. Quando o legislador edita lei assim entendida pelo Judiciário, a tendência deste último é reagir. Mas em tantos outros casos, as revisões legislativas acontecem sem grandes alardes[8], de modo que a intensidade do conflito entre poderes depende das características próprias de cada caso.

1. Aproximações à noção de diálogo institucional no Brasil

O artigo 102, *caput*, da Constituição Federal de 1988 dispõe competir ao Supremo Tribunal Federal precipuamente a *guarda da Constituição*. Alguns poderão interpretar essa locução como reservadora de um monopólio interpretativo da Constituição ao Supremo, mas, ao que tudo indica, sequer o próprio Tribunal afirma essa posição. No julgamento da ADI 221 MC/DF, Rel. Min. Moreira Alves, julgada em 29.3.1990, o Supremo Tribunal expressou e excepcionalmente admitiu que os chefes dos poderes Executivo e Legislativo, em nome dos respectivos poderes, pudessem se recusar a aplicar leis ou atos normativos quando os considerarem inconstitucionais. Além desse, há outros precedentes que levam à mesma interpretação. A palavra *precipuamente* certamente transmite a mensagem de que o STF é um intérprete essencial da Constituição, mas não significa atribuir-lhe monopólio interpretativo.

A supremacia judicial jamais foi norma pacífica no Brasil, desde os primórdios de nossa vida republicana. No início do século XX, o Supremo

---

[8] Para acompanhar casos de revisão legislativa nos Estados Unidos, ver: PICKERILL, J. Mitchell.. *Constitutional Deliberation in Congress*. London: Duke University Press, 2004; *The Least Dangerous Branch: The Role of Legislatures in the Constitutional State*. Edited by Richard Bauman and Tsvi Kahana. Cambridge: Cambridge University Press, 2006. Neste volume há uma série de artigos sobre o tema. FISHER, Louis. *Constitutional Dialogues: Interpretation as Political Process*. Princeton: Princeton University Press, 1988; FISHER, Louis. *On Appreciating Congress: The People's Branch*. London: Paradigm Publishers, 2010; PRICHETT, C. Herman. *Congress Versus the Supreme Court 1957-1960*. Minneapolis: University of Minesota Press, 1961; e DAHL, Robert A. *Democracy and Its Critics*. New Haven and London: Yale University Press, 1989.

Tribunal Federal passou por uma fase interessante de sua história, na qual se pôs a construir o que ficou conhecido como a doutrina brasileira do *habeas corpus*. O objetivo não é tratar dessa história em si, mas apenas de um episódio conexo. Uma série de decisões foi editada pela Corte na construção da doutrina que alargaria as hipóteses de conhecimento do *habeas corpus* para alcançar constrangimentos *"a liberdades outras que a de ir e vir*[9]*"*, porém desde que a ela relacionadas.

Talvez a decisão que tenha marcado esse período tenha sido a concessão de *habeas corpus*, pelo Supremo, a um grupo de intendentes do Conselho Municipal do Distrito Federal. Este conselho era o Legislativo da capital da República, composto por 16 intendentes eleitos. No pleito eleitoral de 1909, uma divisão entre grupos rivais, em razão de ambos julgarem-se no direito de ocupar a direção do Conselho, gerou grave comoção. O Presidente da República, Nilo Peçanha, editou decreto determinando que o Prefeito do Distrito Federal assumisse a administração e o governo de toda a capital e, então, sucederam-se várias impetrações[10].

A ordem de *habeas corpus* que dava permissão a um grupo de intendentes para que ingressassem no edifício-sede do Conselho e continuassem o trabalho de verificação dos poderes dos intendentes eleitos contornava o referido decreto presidencial. O voto condutor da posição da Corte foi proferido pelo Ministro Pedro Lessa. O caso possui nuances interessantes, mas que sobejam o objeto do trabalho. O relevante é que, na sequência, o Presidente Hermes da Fonseca recusou-se a cumprir a decisão do STF e informou, por meio de ofício do Ministério da Justiça e de mensagem ao Congresso Nacional, que a concessão do *habeas corpus* por meio daquela nova doutrina extrapolava as funções do Poder Judiciário.

O Ministro Pedro Lessa, na sessão seguinte ao recebimento do ofício, levou o assunto ao Plenário do Supremo Tribunal Federal, respondeu às críticas contidas na mensagem presidencial e, em seguida, passou a rechaçar a indevida invasão presidencial das competências do Judiciário e o descumprimento de sua decisão. Carlos Horbach informa que o quadro fático não mudou. O Conselho Municipal do Distrito Federal continuou a sofrer os efeitos do decreto editado pelo Marechal Hermes

---

[9] RAMOS, Elival da Silva. *Ativismo Judicial: Parâmetros Dogmáticos*. São Paulo: Saraiva, 2010, p. 228.
[10] HORBACH, Carlos Bastide. *Memória Jurisprudencial: Ministro Pedro Lessa*. Brasília: Supremo Tribunal Federal, 2007, pp. 83 e s.

da Fonseca[11]. E esse foi, ainda na infância da República, um episódio de superação, pelo Presidente da República, por meio da edição de um decreto, de decisão judicial do Supremo Tribunal Federal.

Gilmar Mendes fez importante anotação sobre característica de nossa trajetória constitucional geradora de uma tendência ao diálogo institucional. A Constituição de 1934 previu a participação do Senado no processo de controle de constitucionalidade. O Senado poderia conferir eficácia *erga omnes* a uma decisão do Supremo que declarasse a inconstitucionalidade de lei em caso concreto[12]. Trata-se de um importante instrumento de coordenação de esforços do Legislativo e do Judiciário para conferir uma eficácia maior às decisões da corte. À exceção da Constituição de 1937, todas as outras Cartas brasileiras trouxeram essa cláusula. O Supremo travou debate acerca de possível processo de mutação constitucional por que teria passado o art. 52, X, da CF/88[13].

Tratando ainda da evolução do processo constitucional nacional, Gilmar Mendes informa que o controle abstrato de normas foi introduzido no Brasil em 1965, por meio da EC 16. A legitimidade ativa para arguir a inconstitucionalidade de leis federais ou estaduais incompatíveis com a Constituição foi atribuída ao Procurador-Geral da República. A Constituição de 1988 manteve ambos os sistemas de controle de constitucionalidade e ampliou significativamente o rol de legitimados à propositura das ações de controle abstrato de normas[14] (com as inclusões da EC 45/2004).

O mais relevante, para os propósitos deste trabalho, na evolução constitucional brasileira está em uma previsão da Constituição de 1937 que fazia expressa referência e criava o procedimento para a derrubada de decisão judicial que declarasse inconstitucionalidade de atos normativos. Conforme o relato de Gilmar Mendes:

> Na Constituição de 1937 criou-se a possibilidade de se suspender, mediante ato legislativo, decisão judicial que declarasse inconstitucionalidade do ato normativo. Isso deveria ocorrer através de uma resolução do Parlamento Nacional, aprovada por uma maioria qualificada de dois terços dos

---

[11] HORBACH, Carlos Bastide. *Memória Jurisprudencial: Ministro Pedro Lessa*. Brasília: Supremo Tribunal Federal, 2007, pp. 83 e s.
[12] MENDES, Gilmar Ferreira. *Jurisdição Constitucional*. 3 ed.. São Paulo: Saraiva, 1999, p. 20.
[13] Vide julgamento da Reclamação 4.335, Rel. Min. Gilmar Mendes.
[14] MENDES, Gilmar Ferreira. Jurisdição Constitucional. 3 ed.. São Paulo: Saraiva, 1999, p. 20.

votos (art. 96). Esse instituto deveria cumprir dupla função: *confirmar a validade da lei e cassar a decisão judicial questionada*. A lei *confirmada* ganhava, assim, a força de uma Emenda Constitucional.

A necessidade desse instituto foi justificada com o caráter pretensamente "antidemocrático" da jurisdição, que acabava por permitir a utilização do controle de normas como instrumento aristocrático de preservação do poder ou como expressão de um *Poder Moderador*. Deveria ser criada sobretudo em virtude da *abertura* das normas constitucionais uma instância especial, que estivesse e condições de corrigir eventuais desvios da Constituição. A faculdade confiada ao Parlamento de suspender decisões judiciais acabou por ser exercida diretamente pelo ditador mediante a edição de decretos-leis (Constituição de 1937, art. 180). Confirmada a constitucionalidade da lei, passava o Supremo Tribunal Federal a reconhecer *ipso jure* a sua validade[15].

Esse regime autocrático teve fim com a convocação da Assembleia Nacional Constituinte no mês de novembro de 1945. As peculiaridades, no que concerne ao tema do diálogo institucional, ainda conheceram episódios riquíssimos durante o período do governo militar, bem como nos anos que o antecederam, todavia cumpre estudar diretamente o presente.

O trabalho examinará hipótese de superação legislativa de interpretação constitucional emanada pelo Supremo Tribunal Federal. Há aqueles que negam qualquer possibilidade de superação e há aqueles que a admitem a depender da hipótese em apreço.

2. Diálogo institucional sob a Constituição Federal de 1988: superação de decisões do STF por maiorias legislativas simples (ADI 2.797)

Os casos de reversão de decisões judiciais pela via legislativa ordinária são mais interessantes do que aqueles em que o Congresso Nacional responde a uma decisão da Suprema Corte por meio da edição de emenda

---

[15] MENDES, Gilmar Ferreira. Jurisdição Constitucional. 3 ed.. São Paulo: Saraiva, 1999, pp. 30-33. A justificativa desse dispositivo introduzido à Constituição de 1937 é obra de Francisco Campos. Nas páginas referidas nesta nota de rodapé, Gilmar Mendes faz a transcrição de parte dela, cuja leitura recomenda-se. O autor ainda transcreve voto do ministro Carlos Maximiliano no Mandado de Segurança 623, que aborda o tema de forma bastante interessante.

constitucional, na medida em que podem gerar maior polêmica. Nessas hipóteses, pode-se verificar, na prática, um verdadeiro embate entre defensores das teorias dialógicas e os cultores da supremacia judicial, bem como uma discussão mais acesa entre cortes e parlamentos.

Pouco acima foi descrito o contexto em que se deu a decisão do caso *City of Boerne*, julgado pela Suprema Corte americana, o qual teve características similares ao julgamento da ADI 2.797, pelo Supremo Tribunal Federal. Em ambos os casos, as cortes receberam respostas legislativas diretas às suas decisões. Será interessante agora proceder-se a um exame mais detalhado do caso brasileiro, objeto específico desse breve texto.

O Supremo Tribunal Federal havia editado a Súmula 394, que estendia o foro por prerrogativa de função para o julgamento de processos criminais contra ex-detentores de cargos públicos relativamente aos atos praticados no exercício da antiga função. O Supremo, todavia, sem que houvesse alteração de texto, declarou inconstitucional aquele entendimento e passou a rejeitar o foro por prerrogativa de função de todos os ex-servidores ou ocupantes de cargos públicos.

No final de 2002, foi aprovada a Lei 10.628, que novamente estendia a prerrogativa de foro relativamente aos atos administrativos do ex-agente público, nos termos do voto vencido do Min. Sepúlveda Pertence, proferido na assentada que cancelou a Súmula 394/STF. Essa nova lei foi impugnada por meio da ADI 2.797[16], ocasião em que o STF declarou a inconstitucionalidade da lei, por maioria de votos, registrando que uma lei não poderia dirigir-se a superar uma interpretação constitucional da Corte, sob pena de inconstitucionalidade, inclusive formal. Houve um debate interessante e foram proferidos votos divergentes, que podem esclarecer algo mais sobre o tema[17].

O Min. Sepúlveda Pertence foi o relator e conduziu a corrente vencedora, porém os ministros Eros Grau e Gilmar Mendes apresentaram fundamentações diversas daquela proferida pelo relator e também muito interessantes. Segundo a fundamentação do Min. Sepúlveda Pertence, é admissível que o Congresso edite lei idêntica a uma lei anteriormente declarada inconstitucional pelo STF, uma vez que o efeito vinculante das decisões do Tribunal proferidas no controle abstrato de normas não

---

[16] ADI 2797, Rel. Min. Sepúlveda Pertence, Plenário, DJ 19.12.2006.
[17] Ver: BRANDÃO, Rodrigo. *Supremacia Judicial versus Diálogos Constitucionais: a quem cabe dar a última palavra sobre o sentido da Constituição?* Rio de Janeiro: Lumen Juris, 2012.

alcança o Poder Legislativo. Desse modo, o Min. Pertence prosseguiu e concluiu que a edição de tal lei não caracteriza descumprimento à decisão da Corte, uma vez que o Congresso não está a ela vinculado, incidindo em simples reabertura do debate entre a Corte e o Congresso[18].

Mas o Min. Pertence prosseguiu e afirmou que lei que se destine direta e imediatamente a conferir a texto constitucional exegese diversa daquela exarada pelo Supremo será inescapavelmente inconstitucional. Para o Min. Pertence, tal lei seria formal e materialmente inconstitucional, pois norma inferior não pode ter por objeto imediato a interpretação de norma superior, sob pena de subversão da hierarquia normativa (vício formal) e de desvinculação do Congresso à Constituição (vício material)[19].

O Min. Eros Grau perfilhou a corrente oposta à do relator. Em seu voto, consignou que *"coartar a faculdade do Poder Legislativo, de atuar como intérprete da Constituição, isso nos levaria a supor que nossos braços, como as árvores – na metáfora de Loewenstein –, alcançam os céus"*[20]. Prosseguiu o Min. Eros Grau para afirmar que é possível que a lei manifeste uma interpretação da Constituição diferente daquela oriunda do STF, mas a lei não pode superar uma decisão do STF que declara a inconstitucionalidade de norma anterior. Nesses casos, a última palavra seria da Corte, afirmou Eros[21].

O Min. Gilmar Mendes, por sua vez, acompanhou a divergência aberta pelo Min. Eros Grau, porém com argumentos distintos. Para o Min. Gilmar Mendes, a interpretação constitucional está aberta aos diversos atores sociais, em especial ao legislador, que dispõe da mais ampla liberdade de conformação na concretização da Constituição. Dessa forma, deixou claro o seu ponto de vista no sentido de que *"não é possível presumir a inconstitucionalidade dos dispositivos atacados simplesmente porque eles contrariam a 'última palavra' dada pelo Supremo Tribunal Federal sobre o tema. O que pretendo ressaltar, pelo contrário, é que **se o legislador federal (re)incide, cria ou regula essa matéria constitucional de modo completamente diverso, o diálogo, o debate institucional deve continuar**[22]*". (destaquei)

---

[18] Voto do Min. Sepúlveda Pertence, relator da ADI 2797, Plenário, DJ 19.12.2006.
[19] Voto do Min. Sepúlveda Pertence, relator da ADI 2797, Plenário, DJ 19.12.2006.
[20] Voto do Min. Eros Grau na ADI 2797, Rel. Min. Sepúlveda Pertence, Plenário, DJ 19.12.2006.
[21] Voto do Min. Eros Grau na ADI 2797, Rel. Min. Sepúlveda Pertence, Plenário, DJ 19.12.2006.
[22] Voto do Min. Gilmar Mendes na ADI 2797, Rel. Min. Sepúlveda Pertence, Plenário, DJ 19.12.2006.

3. Análise das posições defendidas por ministros do STF no julgamento da ADI 2.797

Agora que as três posições que surgiram do debate no Supremo Tribunal Federal foram expostas, cumpre analisá-las. A posição adotada pelo Min. Sepúlveda Pertence parece pouco clara, pois afirma que, se o legislador não está vinculado pela decisão do Supremo, pode ele editar as leis que quiser; na linha seguinte, contudo, faz a ressalva de que o legislador não pode editar lei cujo objetivo imediato seja conferir a texto constitucional interpretação diferente da atribuída ao mesmo texto pelo STF. E afirma que norma inferior não pode ter por objeto a interpretação de norma superior (sob pena de vício formal) e que a sua desvinculação da Constituição configuraria vício material.

Pode-se fazer algumas objeções a essa formulação. Primeiro, indique-se a parte em que há consenso: de fato, o legislador não está abarcado pelo efeito vinculante das decisões do Supremo (isso está no parágrafo único do art. 28 da Lei 9.868/99, que rege o processo abstrato de normas no STF, além disso é uma característica típica dos sistemas jurídicos que adotam o modelo de cortes constitucionais[23]). Quanto aos pontos controversos, o primeiro deles está na parte em que afirma que o legislador não pode editar lei interpretativa da Constituição, sob pena de vício formal. Isso porque toda lei pode ser considerada uma interpretação da Constituição. Kelsen ensinava que toda a produção de regra jurídica é, ao mesmo tempo, aplicação de norma superior e criação de norma em nível inferior[24].

Além disso, para se saber se a lei é interpretativa da Constituição, no sentido imediato a que se referiu o Min. Pertence, é preciso interpretá-la. Desse modo, o vício, se existente, seria de fundo, ou seja, seria um vício de inconstitucionalidade material. Quanto à última passagem, nela há

---

[23] Apesar de o Brasil possuir uma Suprema Corte, o modelo de controle de constitucionalidade adotado pelo país pode ser considerado misto, em razão da previsão de ações de controle abstrato de normas. A respeito, consultar: MENDES, Gilmar Ferreira e BRANCO, Paulo Gustavo Gonet. *Curso de Direito Constitucional*. 7 ed. São Paulo: Saraiva, 2012; MARTINS, Ives Gandra da Silva e MENDES, Gilmar Ferreira. *Controle Concentrado de Constitucionalidade: Comentários à Lei n. 9.868, de 10-11-1999*. São Paulo: Saraiva, 2001; MENDES, Gilmar Ferreira. *Direitos Fundamentais e Controle de Constitucionalidade: Estudos de Direito Constitucional*. 3 ed. rev. e amp., 3 tir.. São Paulo: Saraiva, 2007.

[24] KELSEN, Hans. *A garantia jurisdicional da Constituição. In: Jurisdição Constitucional*. São Paulo: Martins Fontes, 2003, pp. 119-194.

afirmação de que o vício material caracterizar-se-ia pela desvinculação da lei interpretativa à Constituição. Parece claro que o ministro está a dizer, em verdade, que há uma incompatibilidade entre a lei nova e a interpretação da Constituição realizada pelo Supremo quando do julgamento da lei anterior. Não se pode confundir o sentido da Constituição com o sentido a ela atribuído por algum intérprete, por mais autorizado que seja.

A interpretação proposta por Eros Grau também encontra dificuldades. O Min. Eros distingue as decisões do STF que meramente veiculam interpretações constitucionais daquelas em que a Corte efetivamente declara a inconstitucionalidade de uma lei. Para ele, então, uma nova lei pode conferir novas interpretações na primeira hipótese, mas, na segunda, quando o STF haja declarado a inconstitucionalidade de lei anterior, o legislador estaria *vinculado* à decisão da Corte.

Foi utilizada a palavra *vinculado* para evidenciar o problema. O Poder Legislativo não se vincula às decisões do STF, sobretudo se veiculadas no controle abstrato de normas, quando terão evidentemente, de uma forma ou de outra, caráter interpretativo. O sistema impede a vinculação e impõe a liberdade ao legislador como ponto central de seu mecanismo de funcionamento, pois é justamente quando a Corte declara a inconstitucionalidade de uma lei com efeito vinculante – do qual fica excluído o Legislativo – que a atuação do Parlamento é potencialmente libertadora.

Quando se chega a esse ponto, somente o Poder Legislativo poderá reabrir o debate constitucional por meio da edição de uma nova lei, já que os outros poderes e órgãos estão vinculados pela decisão do Supremo Tribunal Federal e este não pode agir de ofício e ditar uma lei nova.

Nesse caso, portanto, a única opção do sistema é a atuação do legislador. E foi essa atuação, exatamente nessas circunstâncias, a que se opôs o voto do Min. Eros Grau. É a liberdade de conformação do legislador, salientada pelo Min. Gilmar Mendes em seu voto, que pode impedir certa esclerose do sistema jurídico-político, caso ele chegue a tal ponto de travamento.

Diante dessas colocações, vislumbra-se que mais consentânea com o sistema jurídico-político brasileiro parece ser a posição do Min. Gilmar Mendes, quando dispõe que, diante de nova lei, fruto da liberdade de conformação do legislador, a Suprema Corte só tem uma alternativa: abrir-se ao diálogo institucional e aferir a compatibilidade *material* entre a nova lei e o texto constitucional. Mesmo nessa hipótese, deve o Tribunal estar alerta ao contexto político que circunda a reiteração da legislação pelo Parlamento, de forma a evitar uma declaração de inconstitucionalidade meramente reativa. Antes, mostra-se imperioso bem compreender a motivação do Poder Legislativo, bem como a interpretação da Constituição manifestada na peça legislativa editada. Com esse tipo de compreensão por parte do Supremo Tribunal Federal, a construção dos significados constitucionais tem muito a ganhar.

Considerações Finais

Deve-se anotar que o Supremo, em outros casos, não seguiu a mesma orientação. A Corte admitiu a superação legislativa de decisão sua na ADI 3.772[25]. Nesse julgamento, o STF reconheceu a constitucionalidade de lei nova que alterava a interpretação de jurisprudência pacífica e sumulada da Corte. A Súmula 726 versa o seguinte: *Para efeito de aposentadoria especial de professores, não se computa o tempo de serviço fora de sala de aula.* Foi aprovada a Lei 11.301/2006, que considerou o tempo de trabalho na função de assessoramento pedagógico e de direção escolar para o cômputo da aposentadoria especial dos professores. O STF admitiu, nesse caso, a reversão de decisão por lei ordinária.

As formas de diálogo institucional são múltiplas. Em todos os casos de omissão inconstitucional, a Corte convida o legislador a dialogar sobre o tema. Mesmo quando adota sentença de perfil aditivo, o STF deixa clara a ressalva de que sua decisão de viés normativo valerá apenas até o advento da legislação[26].

Em casos polêmicos como o da união homoafetiva[27] [28] e o das cotas para afrodescendentes nas universidades públicas[29], o voto do Min. Gil-

---

[25] ADI 3.772, Rel. Min. Carlos Britto, Redator para o Acórdão Min. Ricardo Lewandowski, Plenário, DJe 29.10.2009.

[26] Ver, por exemplo: MI 708, Rel. Min. Gilmar Mendes, Plenário, DJe 31.1.2008. Nesse caso, que tratava da regulamentação do direito de greve dos servidores públicos, após assentar os parâmetros normativos que serviriam à normatização requerida, o ministro ressalva a competência, evidente, do Poder Legislativo na matéria. Consta da ementa do julgado: "(...) **DEFINIÇÃO DOS PARÂMETROS DE COMPETÊNCIA CONSTITUCIONAL PARA APRECIAÇÃO NO ÂMBITO DA JUSTIÇA FEDERAL E DA JUSTIÇA ESTADUAL ATÉ A EDIÇÃO DA LEGISLAÇÃO ESPECÍFICA PERTINENTE** (...)"

[27] ADPF 132, Rel. Min. Ayres Britto, Plenário, DJe 14.10.2011.

[28] ADI 4.277, Rel. Min. Ayres Britto, Plenário, DJe 14.10.2011.

[29] Ver, entre outros: ADPF 186, Rel. Min. Ricardo Lewandowski, julgado em 26.4.2012.

mar Mendes fez a ressalva de que a decisão da Corte deveria servir de estímulo para que o legislador conformasse com mais detalhamento as respectivas matérias.

Os julgamentos da ADI 4.430, Rel. Min. Dias Toffolli, e do MS 32.033, Rel. Min. Gilmar Mendes, revelaram não apenas a atualidade do tema, mas a sua relevância. Os casos cuidavam da chamada portabilidade do tempo de rádio e televisão, bem como das cotas do fundo partidário, por parlamentares que deixassem suas respectivas legendas para ingressarem em partido novo. O Congresso Nacional aprovou a Lei 12.875/2013, que dispôs em sentido contrário à decisão plenária da Corte no julgamento da ADI 4.430. Desdobramentos ainda estão por vir.

Seja em que formato for, o diálogo institucional é um fato que precisa ser reconhecido pela academia jurídica e pelos operadores do Direito para ser mais bem entendido e vivenciado. O Congresso Nacional deve ser estimulado a retomar o debate das grandes questões constitucionais. Isso fortalecerá a democracia e enriquecerá o ambiente institucional brasileiro. Nesse contexto, a assimilação dessa realidade pela jurisprudência do Supremo Tribunal Federal é extremamente importante para que o diálogo institucional revele toda a sua potencialidade.

Declaração de inconstitucionalidade de omissão legislativa e da inconstitucionalidade de lei, sem a pronúncia da sua nulidade, com indicação de parâmetro temporal para a atuação do legislador. ADI 2.240 e ADI 3.682

ANDRÉ RUFINO DO VALE*

1. Contexto fático

Com o advento da Constituição de 1988, surgiu uma importante e complexa questão federativa no Brasil, relativa à proliferação de novos Municípios, que passaram a ser reconhecidos no texto constitucional como entes federativos autônomos (artigos 29 e 30). A Constituição, em seu texto originário de 1988, fixou os requisitos para a criação, incorporação, fusão e desmembramento de Municípios, que eram os seguintes: a) lei estadual; b) observância de requisitos previstos em lei complementar

---

* Assessor do Ministro Gilmar Mendes entre os anos de 2005 e 2013. Exerceu o cargo de Assessor-Chefe da Presidência do STF no período 2008-2010. Atualmente é Procurador Federal. Doutorando em Direito pelas Universidades de Brasília (UnB) e de Alicante-Espanha (UA). Mestre em Direito, Estado e Constituição pela Universidade de Brasília. Mestre em Argumentação Jurídica pela Universidade de Alicante. Editor-Chefe do Observatório da Jurisdição Constitucional.

estadual; c) consulta prévia, mediante plebiscito, às populações diretamente interessadas.

A partir de 1988, com a reorganização federativa dos Estados-membros por meio de suas próprias Constituições – a maioria delas promulgadas entre os anos de 1989 e 1990 –, foram também criadas condições propícias para a reorganização dos novos entes federativos, os Municípios, por meio de incorporação, fusão e desmembramento de antigas entidades municipais e outras regiões urbanas. Como os requisitos constitucionais poderiam ser preenchidos no âmbito da autonomia legislativa e administrativa de cada Estado-membro (lei estadual editada de acordo com os requisitos definidos em lei complementar, também estadual, e consulta plebiscitária realizada igualmente pelas autoridades estaduais), cada entidade federativa estadual tratou de proceder à sua própria reorganização territorial. Entre os anos de 1990 e 1995, houve uma intensa proliferação de leis estaduais, nos diversos Estados-membros, com o objetivo de reorganizar as municipalidades. Muitas dessas leis foram contestadas no Supremo Tribunal Federal e muitas foram declaradas inconstitucionais, por ausência de algum dos requisitos exigidos pela Constituição para a criação, incorporação, fusão e desmembramento de Municípios. Na maioria dos casos, as novas entidades municipais formavam-se sem a realização do requisito essencial da consulta plebiscitária às populações diretamente envolvidas.

Ante o quadro de intensa proliferação de novos Municípios ao longo de todo o país, muitas vezes decorrente dos anseios meramente eleitoreiros dos grupos políticos locais, o Congresso Nacional, no bojo do processo de reforma constitucional iniciado em 1994, promulgou a Emenda Constitucional n. 15, de 1996, com o claro intuito de por um ponto final a esse fenômeno da ampliação exacerbada no número de novas entidades federativas municipais. Com a reforma constitucional, o art. 18, § 4º, da Constituição passou a exigir dois novos requisitos para a reorganização territorial dos Municípios: 1) o período em que poderiam ser criadas as novas entidades municipais, fixado por lei complementar federal; 2) apresentação e publicação, na forma da lei, dos Estudos de Viabilidade Municipal, que serviriam para dar o necessário embasamento, sob diferentes perspectivas, à decisão da população mediante o plebiscito.

A Emenda Constitucional 15/96 conseguiu frear o fenômeno da proliferação de novos Municípios, pois os Estados agora precisavam esperar a promulgação de uma lei complementar federal que fixasse o prazo em que poderiam ser criadas novas entidades federativas. Como o Congresso Nacional não editou a referida lei complementar – e essa inação legislativa tinha também o claro viés estratégico de impedir a criação de novos entes federativos –, passou a ser proibida, por violar a Constituição (art. 18, § 4º) qualquer ação estadual no sentido da reorganização territorial municipal. Alguns Estados-membros não respeitaram esse novo quadro normativo constitucional e continuaram a editar leis estaduais criadoras de novos Municípios. A maioria dessas leis estaduais foram impugnadas no Supremo Tribunal Federal e declaradas inconstitucionais. O Tribunal passou a considerar que a norma prevista no art. 18, § 4º, da Constituição, com a redação dada pela Emenda Constitucional 15/96, seria uma *norma de eficácia limitada*, a qual ficaria a depender da promulgação da lei complementar federal para produzir plenos efeitos. De toda forma, ainda que despida de eficácia plena e imediata, essa norma teria o efeito mínimo de inviabilizar a instauração de processos tendentes à criação de novas municipalidades até o advento da referida lei complementar federal. Assim, após a Emenda constitucional 15/96, o Tribunal declarou a inconstitucionalidade de várias leis estaduais criadoras de novos Municípios, por ausência da lei complementar federal exigida pelo art. 18, § 4º, da Constituição[1].

Em 2006, passados dez anos da promulgação da Emenda Constitucional 15/96, o Estado de Mato Grosso, por meio de sua Assembleia Legislativa, ajuizou no Supremo Tribunal Federal uma ação direta de inconstitucionalidade (ADI 3.682), na qual alegava a *omissão* do legislador quanto à edição da lei complementar federal exigida pelo art. 18, § 4º, da Constituição. A ação estava fundada, portanto, não na inconstitucionalidade de uma ação legislativa específica, mas na *inatividade* do legislador no cumprimento de um dever constitucional de legislar imposto pela norma do art. 18, § 4º da Constituição, o que estava a impedir o Estado-membro de efetivar a reorganização territorial de seus Municípios.

No mesmo ano de 2006, o Tribunal iniciava o julgamento da Ação Direta de Inconstitucionalidade 2.240, na qual estava sendo impugnada

[1] ADI-MC nº 2.381/RS, Rel. Min. Sepúlveda Pertence, DJ 14.12.2001; ADI nº 3.149/SC, Rel. Min. Joaquim Barbosa, DJ 1.4.2005; ADI nº 2.702/PR, Rel. Min. Maurício Corrêa, DJ 6.2.2004; ADI nº 2.967/BA, Rel. Min. Sepúlveda Pertence, DJ 19.3.2004; ADI nº 2.632/BA, Rel. Min. Sepúlveda Pertence, DJ 12.3.2004.

a Lei nº 7.619, de 30 de março de 2000, do Estado da Bahia, que criou o Município de Luís Eduardo Magalhães, decorrente do desmembramento do Município de Barreiras. O Ministro Gilmar Mendes, Relator da ADI 3.682, pediu vista da ADI 2.240 e trouxe ambas para julgamento em conjunto em maio de 2007.

2. Fundamentos da decisão

Na ADI 3.682, o Tribunal primeiro verificou que haviam se passado mais de 10 (dez) anos desde a publicação da Emenda Constitucional 15/96, sem que tivesse sido editada a lei complementar federal definidora do período dentro do qual poderiam tramitar os procedimentos tendentes à criação, incorporação, desmembramento e fusão de municípios. Esta comprovada a existência de notório lapso temporal a demonstrar a inatividade do legislador em relação ao cumprimento do dever constitucional de legislar, decorrente do comando normativo do art. 18, § 4º, da Constituição.

Em seu voto, o Relator da ação, Ministro Gilmar Mendes, considerou que, apesar de existirem no Congresso Nacional diversos projetos de lei apresentados visando à regulamentação do art. 18, § 4º, da Constituição, seria possível constatar a omissão inconstitucional quanto à efetiva deliberação e aprovação da lei complementar. Segundo o Ministro, "as peculiaridades da atividade parlamentar que afetam, inexoravelmente, o processo legislativo, não justificam uma conduta manifestamente negligente ou desidiosa das Casas Legislativas, conduta esta que pode pôr em risco a própria ordem constitucional. A *inertia deliberandi* das Casas Legislativas pode ser objeto da ação direta de inconstitucionalidade por omissão". Assim, concluiu que "a omissão legislativa em relação à regulamentação do art. 18, § 4º, da Constituição, acabou dando ensejo à conformação e à consolidação de estados de inconstitucionalidade que não podem ser ignorados pelo legislador na elaboração da lei complementar federal".

Na ADI 2.240, o Tribunal enfrentou difícil dilema, decorrente do fato que a declaração de inconstitucionalidade – e, portanto, da nulidade total (*ex tunc*) – da lei estadual que, há mais de 6 (seis) anos, criara o Município de Luís Eduardo Magalhães, poderia ter efeitos drásticos para a segurança jurídica, pois tornaria imediatamente sem efeitos todos os atos jurídicos praticados no Município, como os registros civis de nascimento e de óbitos e os registros de imóveis, os tributos recolhidos, leis e atos administrativos municipais diversos, etc. Na ocasião, considerou-se que a declaração de inconstitucionalidade e, portanto, da nulidade da lei instituidora de uma nova entidade federativa, o Município, poderia gerar um "verdadeiro caos jurídico", na expressão utilizada pelo Ministro Gilmar Mendes em seu voto condutor. Dessa forma, o Tribunal reconheceu que deveria adotar uma técnica de decisão que, reconhecendo a inconstitucionalidade da lei impugnada – diante de sua consolidada jurisprudência sobre o tema –, resguardasse na maior medida possível os efeitos por ela produzidos.

O Ministro Gilmar Mendes, em voto condutor, levou em consideração que "o princípio da nulidade somente há de ser afastado se se puder demonstrar, com base numa ponderação concreta, que a declaração de inconstitucionalidade ortodoxa envolveria o sacrifício da segurança jurídica ou de outro valor constitucional materializável sob a forma de interesse social". Assim, concluiu que "o princípio da nulidade continua a ser a regra também no direito brasileiro. O afastamento de sua incidência dependerá de um severo juízo de ponderação que, tendo em vista análise fundada no princípio da proporcionalidade, faça prevalecer a ideia de segurança jurídica ou outro princípio constitucional manifestado sob a forma de interesse social relevante".

3. Decisão

As decisões em ambas as ações se singularizaram pelas técnicas de decisão utilizadas pelo Tribunal de forma inovadora naquele momento.

Na ADI 3.682, o Tribunal decidiu no sentido de declarar o estado de mora em que se encontrava o Congresso Nacional, a fim de que, no prazo de 18 (dezoito) meses, adotasse ele as providências legislativas necessárias ao cumprimento do dever constitucional imposto pelo art. 18, § 4º, da Constituição, devendo ser contempladas as situações imperfeitas decorrentes do estado de inconstitucionalidade gerado pela omissão. Na ocasião, a Corte esclareceu que não se tratava de impor um prazo para a atuação legislativa do Congresso Nacional, mas apenas da fixação de um parâmetro temporal razoável, tendo em vista o prazo de 24 meses determinado pelo Tribunal na ADI 2.240 e outras, para que as leis estaduais que criam municípios ou alteram seus limites territoriais continuem vigendo, até que a lei complementar federal seja promulgada contemplando as realidades desses municípios.

Na ADI 2.240, o Tribunal aplicou o art. 27 da Lei n° 9.868/99 e declarou a inconstitucionalidade, sem a pronúncia da nulidade, da lei estadual impugnada, mantendo sua vigência pelo prazo de 24 (vinte e quatro) meses, lapso temporal razoável dentro do qual poderia o legislador estadual reapreciar o tema, tendo como base os parâmetros que deveriam ser fixados na lei complementar federal, conforme decisão da Corte na ADI 3.682.

4. Desenvolvimento jurisprudencial posterior

No mesmo sentido da ADI 2.240, foram decididas as ADI 3.316, 3.689 e 3489[2]. Os precedentes firmados nas ADI 2.240 e 3.682 foram posteriormente levados em conta em outro importante julgamento sobre o tema da reorganização federativa no Brasil (ADI 2.650)[3]. Por ocasião dos debates políticos nacionais em torno do plebiscito realizado para se decidir sobre o desmembramento do Estado do Pará em outros dois Estados (Tapajós e Carajás), o Tribunal enfrentou a controvérsia quanto ao significado da expressão "populações diretamente interessadas", contida na redação do § 4º do art. 18 da Constituição, interpretando-a no sentido de ser necessária a consulta a toda a população afetada pela modificação territorial, o que, no caso de desmembramento, deve envolver tanto a população do território a ser desmembrado, quanto a do território remanescente.

---

[2] SUPREMO TRIBUNAL FEDERAL, Pleno, ADI 3.316, 3.489, 3.689, Rel. Min. Eros Grau, julgadas em 9.5.2007, DJ 268.6.2007.
[3] SUPREMO TRIBUNAL FEDERAL, Pleno, ADI 2.650, Rel. Min. Dias Toffoli, julgado em 24.8.2011, DJ 16.11.2011.

Poder regulamentar na Constituição do Brasil: *o caso da fidelidade partidária* (MS 26.602, 26.603 e 26.604)

MANOEL CARLOS DE ALMEIDA NETO[*]

Sob o ângulo formal, os regulamentos são atos administrativos, conforme reconhece a clássica doutrina do Direito Público, consubstanciada, entre outros, em Hauriou[1], Carré de Malberg[2] e Esmein[3]. A principal marca dos regulamentos é que não são baixados pelo Legislativo, mas, por autoridades administrativas do Poder Público. Para Malberg, em linhas gerais, o regulamento não apresenta diferenças materiais com a lei, concluindo que as suas nuanças estão na forma e no autor.

Com efeito, a diferença entre lei e regulamento somente se tornou importante com o advento do Estado constitucional moderno, uma vez

---

[*] Assessor da Vice-Presidência do Supremo Tribunal Federal, Ministro Ricardo Lewandowski. Foi Secretário-Geral do Tribunal Superior Eleitoral (TSE). Doutor em Direito do Estado pela Universidade de São Paulo (USP). Mestre em Direito Público pela Universidade Federal da Bahia (UFBA/UnB). Advogado (licenciado).

[1] Hauriou, Maurice. *Précis de Droit administratif et de droit public général*. 4. ed. Paris: Recueil Sirey, 1900, p. 40 e ss.

[2] MALBERG, R. Carré. *Contribution à la theorie générale de l'État*. Tome Premier. Paris: Recueil Sirey, 1920, p. 548.

[3] ESMEIN, Adhémar. *Éléments de Droit Constitutionnel*. 5. ed. Paris: Recueil Sirey, 1909. p. 475 e 610.

que, nas monarquias absolutistas não havia nenhum interesse prático nessa questão, pois o monarca acumulava os Poderes executivo, legislativo e judiciário de forma plena e ilimitada. Portanto, pouco importava se o ato normativo baixado era uma lei ou um regulamento. Sobre o ponto, Duguit observou que a existência de ordens regulamentares é absolutamente contrária a toda teoria jurídica da monarquia limitada[4].

Esmein já observava que o poder regulamentar é totalmente distinto do poder legislativo, pois regulamento não é lei. O regulamento na execução da lei é completamente subordinado a esta. Assim, para o autor, o regulamento só pode desenvolver e completar os detalhes das normas postas. Ele não pode revogar, nem contrariar, deve, sim, respeitar a sua letra e seu espírito[5].

Segundo Théóphile Ducrocq, *ancien battonier* francês, assegurar a execução das leis é o único objeto dos regulamentos, pois a autoridade regulamentar do Chefe do Executivo é exercida *"em virtude do direito inerente ao poder Executivo, que compreende o estabelecimento de regras para a execução das leis"*[6].

Assim, para a doutrina tradicional francesa, conforme explica Carré de Malberg, o poder regulamentar é dependente do poder Executivo e decorre da missão que tem o líder do Executivo de assegurar a fiel execução das leis. Desse modo, o seu fundamento deve recair unicamente no conceito de poder Executivo, em seu sentido literal[7].

Na França, entretanto, foi Maurice Hauriou quem primeiro distinguiu a lei do regulamento com maior propriedade, ao assentar que a distinção se faz pelo conteúdo, ou seja, existe ou matéria própria para a lei e outra

---

[4] *"Il semble donc que l'exixtence en fait d'ordonnances réglamentaires soit absolument contraire à toute théorie juridique de la monarchie limitée"* DUGUIT, Léon. *L'État les gouvernants et les agents.* v. II. Paris: Ancienne Librairie Thorin et Fils, 1903, p. 289.

[5] *"le pouvoir réglementaire est pleinement distinct du pouvoir législatif, et le règlement n'est pas la loi. Le règlement fait en exécution de la loi lui est complètement subordonné. Il ne peut que développer et compléter dans le détail les règles qu'elle a posées; il ne peut ni l'abroger, ni la contrarier; il doit la respecter dans sa lettre et dans son esprit"* ESMEIN, Adhémar. *Éléments de Droit Constitutionnel.* 5. ed. Paris: Recueil Sirey, 1909. p. 610-611.

[6] *"en vertu du droit inhérent à la puissance exécutive, comprenant l'établissement des règlements pour l'execution des lois"* DUCROCQ, Théóphile Gabriel Auguste. *Cours de Droit Administratif.* 6.ed. Tome Premier. Paris: Ernest Thorin, 1881. p. 57.

[7] MALBERG, R. Carré. *Contribution à la theorie générale de l'État.* Tome Premier. Paris: Recueil Sirey, 1920, p. 554.

para o regulamento. Ao teorizar sobre a natureza formal dos regulamentos, Hauriou afirmou que as autoridades administrativas possuem um poder regulamentar diretamente da Constituição, pois, sem tal função, seria impossível governar e administrar. Esse raciocínio permitiu que o grande autor francês chegasse à seguinte conclusão: *"on peut dire qu'en principe chacun des grands pouvoirs publics a le pouvoir de régler"*[8], ou seja, em princípio, cada um dos grandes Poderes Públicos possui o poder de regulamentar. Todos os Poderes, inclusive o Judiciário, claro.

Sobre essa doutrina, Carré de Malberg registrava que *"só existe na França um autor que exponha claramente a ideia de que existe um domínio próprio da lei e do regulamento: este é Maurice Hauriou, que adota, a respeito desse ponto, um princípio análogo aos conceitos alemães"*[9].

A propósito, no direito alemão, naquilo que toca ao fundamento do poder regulamentar, a corrente majoritária, cujo expoente maior foi Paul Laband, estabelece que, no sentido formal e material, a diferença entre a lei e o regulamento é exatamente a mesma existente entre uma disposição jurídica criadora de novos direitos e uma disposição administrativa cuja eficácia permanece no âmbito interno, sem inovar em matéria legislativa[10].

De volta à doutrina de Hauriou, verifica-se que ela não passou incólume à crítica do decano (*doyen*) da Faculdade de Direito de Bordeaux, Léon Duguit, o qual anotou que o regulamento é lei em sentido material, desde que este contenha as características da lei, uma vez que, *"sob o ponto de vista material, é lei todo ato que possui em sua caraterística intrínseca de lei, independentemente do indivíduo ou órgão que emane o ato"*[11].

Sob o ângulo formal, no entanto, diferencia que o regulamento é ato administrativo subordinado à lei – toda decisão emanada de um órgão ao

---

[8] HAURIOU, Maurice. *Précis de Droit administratif et de droit public général*. 4. ed. Paris: Recueil Sirey, 1900, p. 42.

[9] "A l'heure présente, il n'y a en France qu'un seul auteur qui dégage nettement l'idée qu'il existe un domaine propre de la loi et du règlement: c'est M. Hauriou, qui adopte sur ce point un principe analogue aux conceptions allemands" MALBERG, R. Carré. *Contribution à la théorie générale de l'État*. Tome Premier. Paris: Recueil Sirey, 1920, p. 561.

[10] LABAND, Paul. *Le Droit Public de L'Empire Allemand*. Tome II, Paris: V. Giard & E. Brière, 1901. p. 308.

[11] "au point de vue matériel, est loi tout acte que possède en soi le caractère intrinsèque de loi, et cela indépendamment de l'individu ou du corps qui fait l'acte" DUGUIT, Léon. *Traité de Droit Constitutionnel*. 3. ed. Tome Deuxiéme. Paris: Ancienne Libraire, 1928. p. 161.

qual a Constituição do País confiou a atribuição de ser um órgão legislativo[12].

Assentadas suas premissas teóricas, Duguit desfere severas críticas ao colega de Toulouse: *"Hauriou diz que a lei deve ser definida do ponto de vista de sua matéria em comparação ao regulamento. Acredito que nesse ponto Hauriou erra e espero mostrar que não há diferença material entre a lei e o regulamento"*. Na sequência, desqualifica o conceito de lei de Hauriou ao registrar que *"não passa sem alguma obscuridade"* [13].

Victor Nunes Leal, ao examinar a posição de Hauriou, compreendeu que *"a distinção entre o critério formal e o critério material é fértil para o jurista, porque a hierarquia existente entre lei e regulamento, assim como entre Constituição e lei, é só de natureza formal. Para que o regulamento seja invalidado é preciso que contrarie disposições de uma lei formal; para que as leis deixem de ser aplicadas é necessário que ofendam disposições do texto constitucional"*[14].

Trilhando linha parecida, a doutrina italiana de Guido Landi e Giuseppe Potenza registra que o poder Executivo possui, como atribuição própria e ordinária, a potestade de editar normas jurídicas por meio de regulamentos, que, consubstanciam lei apenas em sentido material[15].

A convivência entre as leis e os regulamentos revela uma tensão permanente, pois, é atípico que um Chefe de Estado possa, em paralelo ao parlamento, baixar atos normativos, como decretos, resoluções e medidas provisórias, que mais parecem leis. Quando essas normas regulamentares emanam do Judiciário, a situação se torna ainda mais atípica. Por isso é preciso investigar qual o fundamento, o sentido e o alcance do poder regulamentar, que é ato administrativo sob o ponto de vista formal, mas, sob o ângulo material, pode apresentar a natureza de uma lei abstrata.

---

[12] *"au point de vue formel, est loi toute décision émanée de l'organe quim d'après la constitution du pays considerá, a le caractère d'organe législatif"* DUGUIT, Léon. *Traité de Droit Contitutionnel*. 3. ed. Tome Deuxiéme. Paris: Ancienne Libraire, 1928. p. 160.

[13] *"Hauriou dit que la loi doit être définie au point de vue de sa matière en opposition avec le règlement. Je crois que sur ce point Hauriou se trompe, et j'espère montrer qu'il n'y a point de différence matérielle entre la loi et le règlement. (...) qui ne sont pas sans quelque obscurité"* DUGUIT, Léon. *Traité de Droit Contitutionnel*. 3. ed. Tome Deuxiéme. Paris: Ancienne Libraire, 1928. p. 160.

[14] LEAL, Victor Nunes. *Lei e regulamento*. Revista de Direito Administrativo 1/371, Problemas de Direito Público. Rio de Janeiro: Forense, 1960. p. 57.

[15] *"Il potere esecutivo ha, come attribuzione propria e ordinaria, la potestà d'emanare norme giuridiche, dette regolamenti. Il regolamento è legge in senso materiale soltanto"* LANDI, Guido; POTENZA, Giuseppe. *Manuale di Diritto Amministrativo*. 6. ed. Milão: Giuffrè Ed., 1978, p. 38.

Ao examinar o fundamento constitucional do poder regulamentar, J.J. Gomes Canotilho parte da premissa de que os regulamentos são normas emanadas da administração no exercício de uma atividade administrativa, e, em geral, com caráter executivo ou complementar à lei. Para o autor, o ato normativo difere do ato administrativo singular e, mesmo sendo normativo, não possui um valor legislativo, uma vez que os regulamentos não constituem uma manifestação da função legislativa, mas revelam expressões normativas da atividade administrativa.

Canotilho considera que o regulamento está submetido ao princípio da legalidade da Administração pelo fato de se tratar de uma norma jurídica secundária, isto é, condicionada por lei. De outro lado, *"o poder regulamentar, ou seja, o poder de a administração criar normas jurídicas, deve ter um fundamento jurídico-constitucional"*. É que, para o constitucionalista português, *"o poder regulamentar configura-se, pois, como um poder constitucionalmente fundado e não como poder criado por lei"*[16].

Entretanto, quando examina o problema dos regulamentos autônomos, ou seja, aqueles editados à margem de qualquer autorização legislativa, desvinculados de lei prévia para exercer atividade complementar de regulamentação, Canotilho afirma que, se o Governo tiver a necessidade de criar uma disciplina normativa autônoma e originária, dispões do instrumento do decreto-lei. Por isso, conclui que, no Direito luso, *"não existe, pois, um poder regulamentar originário e autônomo, constitucionalmente fundado, como existe na Constituição francesa"* [17].

Sob uma retrospectiva histórica, as constituições brasileiras sempre cuidaram do poder regulamentar. Na Carta do Império brasileiro, de 1824, previam regulamentos *"adequados à boa execução das leis"* (art. 102), embora o fato não mereça maior destaque, em razão do poder ilimitado do Imperador.

Na primeira Constituição Republicana de 1891, e na Constituição de 1934, os regulamentos destinavam-se à *"fiel execução das leis"* (arts. 48 e 56). Já na Carta de 1937, o Presidente da República estava autorizado a *"sancionar, promulgar e fazer publicar as leis e expedir decretos e regulamentos para a sua execução"* (art. 74), mas não de forma "fiel", uma vez que a palavra foi suprimida do Texto Magno, somente retornando com a rede-

---

[16] CANOTILHO, J. J. Gomes. *Direito Constitucional e Teoria da Constituição.* 7. ed. Coimbra: Almedina, 2003. p. 833-834.

[17] CANOTILHO, J. J. Gomes. *Op. Cit.,* p. 839.

mocratização, no art. 87, I, da Constituição de 1946. Essa fórmula foi mantida nas Cartas de 1967 (art. 83, III) e 1969 (art. 81, III) e, finalmente, na Constituição Republicana de 1988, assenta a competência privativa ao Presidente para *"sancionar, promulgar e fazer publicar as leis, bem como expedir decretos e regulamentos para a sua fiel execução"* (art. 84, IV).

Ruy Barbosa, sempre atento aos problemas aparentemente insolúveis do Direito Público, produziu incomparável reflexão, que, não obstante o tempo, permanece atual:

"A Constituição nitidamente separa da função de legislar e de regular, cometendo cada uma, como primitiva, a um só poder. Mas, as duas, verdade seja, não se podem considerar substancialmente distintas e rigorosamente delimitáveis. Do regular ao legislar, do legislar ao regulamentar, nem sempre são claras as raias. Entre as duas competências medeia uma zona de fronteira, indecisa, mista, porventura comum, em que ora as leis regulamentam, ora os regulamentos legislam"[18].

A Constituição Federal de 1988, quando fixou competências para editar atos normativos primários, delegou algumas funções ao Executivo, como o poder extraordinário para baixar medida provisória (art. 62) ou editar leis delegadas (art. 68, *caput*). Além dessa função normativa primária, o Constituinte confiou atribuições normativas secundárias ao Executivo, como, por exemplo, baixar decreto autônomo que disponha sobre a organização e o funcionamento da Administração federal, quando não implicar aumento de despesa nem criação ou extinção de órgãos públicos (art. 84, VI, *a*).

Sobre o ponto, aliás, Marcelo Caetano observa que *"os regulamentos do Poder Executivo não dimanam sempre do Presidente da República sob a forma de decreto. Os ministros de Estado, por força do item II do art. 85 da Constituição, também podem expedir instruções para execução das leis, decretos e regulamentos, que em geral tomam a forma de portaria e, em relação às leis e decretos, são muitas vezes, verdadeiros regulamentos"*[19].

De outro lado, a Lei Maior estabelece competência normativa ao Judiciário para editar os regimentos internos dos tribunais (art. 96, I, *a*) e expedir atos regulamentares, por meio do Conselho Nacional de Justiça

---

[18] BARBOSA, Ruy. *Comentários à Constituição Federal brasileira*. v. I. São Paulo: Saraiva, 1934. p. 409-410.
[19] CAETANO, Marcelo. *Direito Constitucional*. v. II. Rio de Janeiro: Forense, 1978, p. 340-341.

(art. 103-B, § 4º, I), com a finalidade específica de zelar pela autonomia do Poder Judiciário e pelo cumprimento do Estatuto da Magistratura.

Portanto, não se tem dúvida do assento constitucional do poder regulamentar, pois, conforme observou Merlin Clève, *"em nosso País, a* [sua] *justificação formal não pode ser outra senão a previsão Constitucional"* [20].

No Direito brasileiro, segundo o ministro Carlos Mário da Silva Velloso, são atos normativos primários gerais a lei ordinária, a lei complementar, o decreto-lei e a lei delegada; os atos normativos primários particulares: o decreto-legislativo e a resolução legislativa. Em um segundo plano hierárquico, estão os atos normativos secundários, subordinados aos primários, que também podem ser gerais, como os regulamentos, ou particulares, como os atos administrativos e jurisdicionais, *stricto sensu*. Para o jurista, cuja doutrina esteve refletida em seus julgados na Suprema Corte, *"por ato normativo, pois, pode-se conceber o ato legislativo, formalmente e/ou materialmente considerado, ou o ato administrativo com o sentido de lei material, isto é, que enuncia uma norma jurídica (regra jurídica), ou um preceito de direito, ou que explica o sentido do seu conteúdo, marcado de imperatividade e generalidade, assim estabelecendo forma de conduta a pessoas indiscriminadas ou discriminadas"*[21].

Ao comentar o sistema jurídico brasileiro, Pimenta Bueno assentou que, via de regra, o regulamento é um ato normativo secundário e, por essa razão, não pode o Executivo, ao exercer a atividade regulamentar, criar novos direitos ou obrigações que inovem na ordem jurídica[22]. Na prática, contudo, da atividade regulamentar tanto do Executivo quanto do Poder Judiciário, por seus regimentos internos e resoluções, pode dimanar atos normativos primários ou secundários, a partir das características que portem.

Desse modo, se as normas estiverem impregnadas de abstratividade, generalidade e impessoalidade, são atos normativos primários, independentemente da roupagem formal com as quais estejam vestidas. De outro lado, se o ato normativo não possuir essas características, será um ato nor-

---

[20] CLÈVE, Clèmerson Merlin. *Atividade Legislativa do Poder Executivo.* 2. ed. São Paulo: Editora Revista dos Tribunais, 2000. 275-276.

[21] VELLOSO, Carlos Mário da Silva. *Do Poder Regulamentar.* Revista Jurídica LEMI, ano 15, n. 174. maio de 1982. p. 5.

[22] BUENO, José Antônio Pimenta. *Direito Público brasileiro e análise da Constituição do Império.* Brasília: Senado Federal, 1978. p. 236.

mativo secundário, imune ao controle abstrato de constitucionalidade das leis.[23]

A doutrina do poder regulamentar confere inúmeras classificações aos regulamentos, de modo que, neste tópico, cuidar-se-á das mais importantes classificações, para fins de melhor compreender o cerne da questão das espécies normativas e regulamentares.

Para Recaséns Siches, os regulamentos são disposições gerais baixadas por órgãos do Poder Executivo, por meio do chefe de Estado, com apoio de um ministro ou de um secretário, ministros ou secretários, por si mesmos, diretores e demais autoridades da administração local. E, apesar das diferenças hierárquicas de onde possam emanar os regulamentos, estes dividem-se em algumas classes.

Segundo o autor, em primeiro lugar, deve-se registrar que os regulamentos, embora ditados pelo poder Executivo, possuem o mesmo valor de uma lei em sentido estrito. Há aqueles que são emitidos em virtude de uma delegação expressa recebida pelo poder Legislativo para regular determinada matéria com força de lei, e há também os chamados *regulamentos de necessidade*, que podem baixar do Executivo, em circunstâncias especialmente graves, com força de lei, mas que em seu momento, devem ser submetidos ao crivo do Legislativo.

Em segundo lugar, existem os *regulamentos propriamente ditos*, que se encontram em uma classificação inferior à das leis na hierarquia normativa. Estes podem ser: i) uma especificação detalhada das matérias tratadas em lei, e ii) normas supletivas das leis, em pontos não regulamentados por estas e que não se oponham a respectiva lei.

Por fim, há os que poderiam ser chamados de *regulamentos de regulamentos*, ou seja, disposições esclarecedores e concretizadoras de outros regulamentos superiores, baixados por autoridades de menor categoria, como, por exemplo, ordens gerais de subsecretários, de diretores-gerais etc[24].

Na Alemanha, Laband classificou o poder regulamentar em duas ordens ou regulamentos. A primeira, as *ordens jurídicas* (*Rechtsverordnungem* ou *ordonnonces juridiques*), com o objeto de criar novos direitos individuais ou

---

[23] ALMEIDA NETO. Manoel Carlos de. *O Novo Controle de Constitucionalidade Municipal*. Rio de Janeiro: Forense, 2010. p. 124 e ss.
[24] SICHES, Luis Recaséns. *Tratado general de filosofia del derecho*. 6. ed. México: Editorial Porrua, 1978, p. 311.

modificar os existentes. Já as *ordens administrativas* (*Verwaltungsverordnungen* ou *ordonnonces administratives*) se movem dentro dos limites do Direito vigente, ou seja, não podem modificar a situação jurídica dos particulares, pois a sua eficácia permanece estritamente dentro dos limites do órgão administrativo, somente se dirigindo aos funcionários, com o objetivo de lhes disciplinar regras. Assim, as ordens administrativas podem criar um regulamento novo para a autoridade administrativa, mas não constituem uma ordem jurídica para os administrados[25].

Por fim, o autor lembra que essa distinção foi reconhecida quase que por unanimidade pelos escritores contemporâneos alemães e cita, entre outros, Gneist, Gerber, Pröbst, Meyer, Schule, Ulrich, Löning, Gareis, Gaupp, Stengel, Seydel, Hänel, Rosin, Seligmann e Jellinek[26].

No Brasil, Oswaldo Aranha Bandeira de Mello divide os regulamentos da seguinte forma: i) executivos, ou de execução; ii) autorizados ou delegados; iii) independentes ou autônomos[27].

Os regulamentos de execução são aqueles que desenvolvem os textos legais, constituindo os preceitos para a sua melhor eficácia possível, ou seja, são *"regras técnicas de boa execução da lei, para a sua melhor aplicação"*[28].

Já os regulamentos autorizados ou delegados são aqueles que o Executivo edita *"em razão de habilitação legislativa, que lhe é conferida pelo Legislativo, porém nos termos dessa determinação de competência, para desenvolver os preceitos constantes da lei de habilitação, que delimita o seu âmbito a respeito"* [29]. Desse modo, os regulamentos delegados apresentam caráter complementar, sem nenhuma inovação na ordem jurídica, uma vez que apenas completam o texto primário. Nesse sentido, o autor recomenda muita cautela com os regulamentos autorizados e exemplifica a espécie:

"Assim, o Legislativo, ao instituir o tabelamento dos preços de mercadorias, e ao definir as infrações em que incorrem os contraventores, pode incumbir ao Executivo fixar a tabela dos preços máximos das utilidades. Ali-

---

[25] LABAND, Paul. *Le Droit Public de L'Empire Allemand.* Tome II, Paris: V. Giard & E. Brière, 1901, p. 381.
[26] LABAND, Paul. *Op. Cit.*, p. 382.
[27] BANDEIRA DE MELLO, Osvaldo Aranha. *Princípios Gerais do Direito Administrativo.* v. I. 2. ed. Rio de Janeiro: Forense, 1969. p. 342 e ss.
[28] BANDEIRA DE MELLO, Osvaldo Aranha. *Op. Cit.*, p. 352.
[29] BANDEIRA DE MELLO, Osvaldo Aranha. *Princípios Gerais do Direito Administrativo.* v. I. 2. ed. Rio de Janeiro: Forense, 1969, p. 346.

ás, falta ao legislador elementos para dispor a respeito, pois os preços há de sofrer as flutuações do mercado e de outros fatores. Demais, o ato de fixar as tabelas nada tem de legislativo. Ao contrário, constitui ato concreto, específico.

(...)

Igual consideração cabe com referência à lei de zoneamento urbano. Ela distingue as zonas em residências, de uma só residência, e de prédios de apartamentos, industriais e comerciais, e mistas. Contudo, ao Executivo cabe declarar tal rua como residencial ou industrial, tendo em vista o conceito legal desses tipos de vias públicas"[30].

Por fim, os regulamentos independentes ou autônomos, que têm força de lei, e constituem a *"faculdade regulamentar praeter legem e mesmo contra legem para regular qualquer matéria que constitucionalmente não tenha sido reservada aos órgãos legislativos, pertinentes às relações do Estado-poder com terceiros"* [31], e subdividem-se em orgânicos e regimentais (como regulamentos internos), além dos policiais (como externos).

O Supremo Tribunal Federal brasileiro tem encontrado dificuldades em processar e julgar representações de inconstitucionalidade contra atos regulamentares, por entender, reiteradamente, que se cuida de conflito entre ato normativo secundário e a lei regulamentada, isto é, um conflito de legalidade imune à jurisdição constitucional da Suprema Corte[32].

Entretanto, determinados atos regulamentares emanados do Executivo e também do Judiciário, por meio de resoluções baixadas pelo Conselho Nacional de Justiça[33], pela Justiça Eleitoral[34] e por tribunais[35], desbordam do poder meramente regulamentar e ingressam em matéria

---

[30] BANDEIRA DE MELLO, Osvaldo Aranha. *Op. Cit.*, p. 347-348.
[31] BANDEIRA DE MELLO, Osvaldo Aranha. *Op. Cit.*, p. 343.
[32] Nesse sentido, entre outros: Rp 1.492/DF, Rel. Min. Octavio Gallotti, de 3/8/1988; ADI 147-MC/DF, Rel. Min. Carlos Madeira, de 24/11/1989; ADI 2.423-MC/DF, Rel. Min. Carlos Velloso, de 6/12/2001; ADI 129/SP, Redator para o acórdão Min. Celso de Mello, de 7/2/1992.
[33] Cf. ADC 12/DF, Rel. Min. Ayres Britto, de 20/8/2008; ADI 3.854-MC/DF, Rel. Min Cezar Peluso.
[34] Cf. ADI 4.018-MC/GO, Rel. Min. Eros Grau.
[35] Cf. ADI 3.976-MC/SP, Rel. Min. Ricardo Lewandowski, de 14/11/2007; ADI 3.508/MS, Rel. Min. Sepúlveda Pertence, de 27/6/2007.

reservada ao Congresso Nacional, inovando na criação e restrição de direitos e, muitas vezes, violando a Constituição[36]

Nessa linha, um dos mais paradigmáticos exemplos de utilização do poder regulamentar pelo Judiciário foi o julgamento da infidelidade partidária como causa de perda de mandato parlamentar.

O caso da fidelidade partidária ora examinado, nasceu da Consulta 1.398/DF, Rel. Min. Asfor Rocha, formulada pelo Partido da Frente Liberal ao Tribunal Superior Eleitoral para saber se os partidos e as coligações teriam o direito de preservar a vaga obtida pelo sistema eleitoral proporcional *"quando houver pedido de cancelamento de filiação ou de transferência do candidato eleito por um partido para outra legenda"*.

O Tribunal Superior Eleitoral, na sessão de 27/3/2007, respondeu afirmativamente à consulta, em acórdão que recebeu a seguinte ementa: *"Consulta. Eleições Proporcionais. Candidato Eleito. Cancelamento de Filiação. Transferência de Partido. Vaga. Agremiação. Resposta Afirmativa"*. Ocorre que, em razão da antiga redação do art. 25, § 3°, do regimento interno do TSE, a resposta recebeu o título de "resolução", sob o número 22.526/2010, sem, contudo, veicular nenhum caráter normativo.

Ante o teor da resposta e o título de "resolução" conferido à consulta, o Partido Popular Socialista, o Partido da Social Democracia Brasileira e o Democratas – antigo PFL, decidiram impetrar mandados de segurança no Supremo Tribunal Federal contra ato do então Presidente da Câmara dos Deputados, Arlindo Chinaglia, que indeferiu requerimentos administrativos formulados pelas referidas agremiações nos quais postulavam fosse declarada a vacância dos mandatos dos parlamentares que haviam mudado de legenda por infidelidade partidária (Mandados de Segurança 26.602, Rel. Min. Eros Grau; 26.603, Rel. Min. Celso de Mello; 26.604, Rel. Min. Cármen Lúcia; e 26.890, Rel. Min. Celso de Mello).

Os Mandados de Segurança receberam os números 26.602, Rel. Min. Eros Grau, 26.603, Rel. Min. Celso de Mello, 26.604, Rel. Min. Cármen Lúcia e 26.890, Rel. Min. Celso de Mello. Colho da ementa do acórdão, na parte que interessa, o seguinte trecho:

"MANDADO DE SEGURANÇA – QUESTÕES PRELIMINARES REJEITADAS – O MANDADO DE SEGURANÇA COMO PROCESSO DOCUMENTAL E A NOÇÃO DE DIREITO LÍQUIDO E CERTO – NECESSIDADE

---

[36] ALMEIDA NETO, Manoel Carlos de. *Direito Eleitoral Regulador*. São Paulo: Editora RT, 2014.

DE PROVA PRÉ-CONSTITUÍDA – A COMPREENSÃO DO CONCEITO DE AUTORIDADE COATORA, PARA FINS MANDAMENTAIS – RESERVA ESTATUTÁRIA, DIREITO AO PROCESSO E EXERCÍCIO DA JURISDIÇÃO – INOPONIBILIDADE, AO PODER JUDICIÁRIO, DA RESERVA DE ESTATUTO, QUANDO INSTAURADO LITÍGIO CONSTITUCIONAL EM TORNO DE ATOS PARTIDÁRIOS "INTERNA CORPORIS" – COMPETÊNCIA NORMATIVA DO TRIBUNAL SUPERIOR ELEITORAL – O INSTITUTO DA "CONSULTA" NO ÂMBITO DA JUSTIÇA ELEITORAL: NATUREZA E EFEITOS JURÍDICOS – POSSIBILIDADE DE O TRIBUNAL SUPERIOR ELEITORAL, EM RESPOSTA À CONSULTA, NELA EXAMINAR TESE JURÍDICA EM FACE DA CONSTITUIÇÃO DA REPÚBLICA – CONSULTA/TSE Nº 1.398/DF – FIDELIDADE PARTIDÁRIA – A ESSENCIALIDADE DOS PARTIDOS POLÍTICOS NO PROCESSO DE PODER – MANDATO ELETIVO – VÍNCULO PARTIDÁRIO E VÍNCULO POPULAR – INFIDELIDADE PARTIDÁRIA – CAUSA GERADORA DO DIREITO DE A AGREMIAÇÃO PARTIDÁRIA PREJUDICADA PRESERVAR A VAGA OBTIDA PELO SISTEMA PROPORCIONAL – HIPÓTESES EXCEPCIONAIS QUE LEGITIMAM O ATO DE DESLIGAMENTO PARTIDÁRIO – POSSIBILIDADE, EM TAIS SITUAÇÕES, DESDE QUE CONFIGURADA A SUA OCORRÊNCIA, DE O PARLAMENTAR, NO ÂMBITO DE PROCEDIMENTO DE JUSTIFICAÇÃO INSTAURADO PERANTE A JUSTIÇA ELEITORAL, MANTER A INTEGRIDADE DO MANDATO LEGISLATIVO – NECESSÁRIA OBSERVÂNCIA, NO PROCEDIMENTO DE JUSTIFICAÇÃO, DO PRINCÍPIO DO "DUE PROCESS OF LAW" (CF, ART. 5º, INCISOS LIV E LV) – APLICAÇÃO ANALÓGICA DOS ARTS. 3º A 7º DA LEI COMPLEMENTAR Nº 64/90 AO REFERIDO PROCEDIMENTO DE JUSTIFICAÇÃO – ADMISSIBILIDADE DE EDIÇÃO, PELO TRIBUNAL SUPERIOR ELEITORAL, DE RESOLUÇÃO QUE REGULAMENTE O PROCEDIMENTO DE JUSTIFICAÇÃO – MARCO INICIAL DA EFICÁCIA DO PRONUNCIAMENTO DESTA SUPREMA CORTE NA MATÉRIA: DATA EM QUE O TRIBUNAL SUPERIOR ELEITORAL APRECIOU A CONSULTA Nº 1.398/DF – OBEDIÊNCIA AO POSTULADO DA SEGURANÇA JURÍDICA – A SUBSISTÊNCIA DOS ATOS ADMINISTRATIVOS E LEGISLATIVOS PRATICADOS PELOS PARLAMENTARES INFIÉIS: CONSEQÜÊNCIA DA APLICAÇÃO DA TEORIA DA INVESTIDURA APARENTE – O PAPEL DO SUPREMO TRIBUNAL FEDERAL NO EXERCÍCIO DA JURISDIÇÃO CONSTITUCIONAL E A

RESPONSABILIDADE POLÍTICO-JURÍDICA QUE LHE INCUMBE NO PROCESSO DE VALORIZAÇÃO DA FORÇA NORMATIVA DA CONSTITUIÇÃO – O MONOPÓLIO DA "ÚLTIMA PALAVRA", PELA SUPREMA CORTE, EM MATÉRIA DE INTERPRETAÇÃO CONSTITUCIONAL – MANDADO DE SEGURANÇA INDEFERIDO. PARTIDOS POLÍTICOS E ESTADO DEMOCRÁTICO DE DIREITO.

(...)

A INSTAURAÇÃO, PERANTE A JUSTIÇA ELEITORAL, DE PROCEDIMENTO DE JUSTIFICAÇÃO. – O Tribunal Superior Eleitoral, no exercício da competência normativa que lhe é atribuída pelo ordenamento positivo, pode, validamente, editar resolução destinada a disciplinar o procedimento de justificação, instaurável perante órgão competente da Justiça Eleitoral, em ordem a estruturar, de modo formal, as fases rituais desse mesmo procedimento, valendo-se, para tanto, se assim o entender pertinente, e para colmatar a lacuna normativa existente, da 'analogia legis', mediante aplicação, no que couber, das normas inscritas nos arts. 3º a 7º da Lei Complementar nº 64/90. – Com esse procedimento de justificação, assegura-se, ao partido político e ao parlamentar que dele se desliga voluntariamente, a possibilidade de demonstrar, com ampla dilação probatória, perante a própria Justiça Eleitoral – e com pleno respeito ao direito de defesa (CF, art. 5º, inciso LV) –, a ocorrência, ou não, de situações excepcionais legitimadoras do desligamento partidário do parlamentar eleito (Consulta TSE nº 1.398//DF), para que se possa, se e quando for o caso, submeter, ao Presidente da Casa legislativa, o requerimento de preservação da vaga obtida nas eleições proporcionais.

(...)

REVISÃO JURISPRUDENCIAL E SEGURANÇA JURÍDICA: A INDICAÇÃO DE MARCO TEMPORAL DEFINIDOR DO MOMENTO INICIAL DE EFICÁCIA DA NOVA ORIENTAÇÃO PRETORIANA. – Os precedentes firmados pelo Supremo Tribunal Federal desempenham múltiplas e relevantes funções no sistema jurídico, pois lhes cabe conferir previsibilidade às futuras decisões judiciais nas matérias por eles abrangidas, atribuir estabilidade às relações jurídicas constituídas sob a sua égide e em decorrência deles, gerar certeza quanto à validade dos efeitos decorrentes de atos praticados de acordo com esses mesmos precedentes e preservar, assim, em respeito à ética do Direito, a confiança dos cidadãos nas ações do Estado. – Os postulados da segurança jurídica e da proteção da confiança, enquanto expressões do Estado Democrático de Direito, mostram-se impregnados de elevado conteúdo ético, social e jurídico, projetando-se sobre as relações jurídicas, inclusive as de direito público, sempre que se registre alteração substancial de diretrizes hermenêuticas, impondo-se à observância de qualquer dos Poderes do Estado e, desse modo, permitindo preservar situações já consolidadas no passado e anteriores aos marcos temporais definidos pelo próprio Tribunal. Doutrina. Precedentes. – A ruptura de paradigma resultante de substancial revisão de padrões jurisprudenciais, com o reconhecimento do caráter partidário do mandato eletivo proporcional, impõe, em respeito à exigência de segurança jurídica e ao princípio da proteção da confiança dos cidadãos, que se defina o momento a partir do qual terá aplicabilidade a nova diretriz hermenêutica. – Marco temporal que o Supremo Tribunal Federal definiu na matéria ora em julgamento: data em que o Tribunal Superior Eleitoral apreciou a Consulta nº 1.398/DF (27/03/2007) e, nela, respondeu, em tese, à indagação que lhe foi submetida" (MS 26.603, Rel. Min. Celso de Mello, de 4/10/2007).

Assim, o plenário da Suprema Corte confirmou, em sede de mandado de segurança, o quanto decidido pelo Tribunal Superior Eleitoral em resposta à consulta desprovida de efeito vinculante ou obrigatório. Na prática, a Consulta 1.398/DF foi publicada com o título de Resolução 22.526/DF, sem caráter normativo abstrato; entretanto, o STF estabeleceu o dia 27/3/2007 (data da resposta à consulta) como marco temporal para observância da nova regra de fidelidade partidária.

Com todas as devidas vênias, considerando que o plenário do STF posicionava-se no sentido de que a infidelidade partidária não causava perda de mandato, por ausência de previsão no artigo 55 da Constituição, na linha dos precedentes firmados dos Mandados de Segurança 20.927/DF, Rel. Min. Moreira Alves, de 11/10/1989, e 23.405/GO, Rel. Min. Gilmar Mendes, de 22/3/2004, o ponto de partida para a observância da nova orientação jurisprudencial deveria coincidir com a data da sua mudança, ou seja, o dia 4/10/2007, e não a data do julgamento da Consulta-TSE 1.398/DF, 27/3/2007, como determinado pela Suprema Corte.

É que o Supremo Tribunal Federal, ao fixar esses precedentes, assentou, na linha do voto condutor proferido pelo Ministro Moreira Alves, o seguinte:

"em que pese o princípio da representação proporcional e a representação parlamentar federal por intermédio dos partidos políticos, não perde a condição de suplente o candidato diplomado pela Justiça Eleitoral que, posteriormente, se desvincula do partido ou aliança partidária pelo qual se elegeu. A inaplicabilidade do princípio da fidelidade partidária aos parlamentares empossados se estende, no silencio da Constituição e da lei, aos respectivos suplentes" (MS 20.927/DF).

Em seguida, o Ministro Gilmar Mendes, no segundo precedente citado, assentou que,
"embora a troca de partidos por parlamentares eleitos sob regime da proporcionalidade revele-se extremamente negativa para o desenvolvimento e continuidade do sistema eleitoral e do próprio sistema democrático, é certo que a Constituição não fornece elementos para que se provoque o resultado pretendido pelo requerente" (MS 23.405/GO).

Assim, ao fixar o dia 27/3/2007 como data de início para a nova regra de fidelidade partidária, o STF conferiu à consulta administrativa do TSE, respondida na mesma data, uma força maior do que o ulterior pronunciamento do STF na sessão de 4/10/2007, o qual mudou a jurisprudência da Suprema Corte. Portanto, o marco temporal desta decisão somente poderia valer a partir da nova orientação jurisprudencial do STF, quando vigorariam as novas regras de fidelidade partidária e não, como decidido, por razões mínimas de segurança jurídica.

Em razão da atipicidade dessa nova decisão sobre a fidelidade partidária, e logo na via estreita do mandado de segurança, o então Presidente do Supremo Tribunal Federal, Ministro Gilmar Mendes, em conferência proferida no Rio de Janeiro em 30/5/2008, asseverou que *"o STF produziu uma sentença que também está a reclamar um esclarecimento em termos da tipologia constitucional"*[37].

Com a decisão do Supremo Tribunal Federal reconhecendo a infidelidade partidária como causa geradora de perda de mandato, o plenário do Tribunal Superior Eleitoral baixou a Resolução 22.610/2007, com caráter normativo abstrato, na observância do que decidiu o STF nos citados *writs*, para disciplinar o processo de perda de cargo eletivo, bem como de jurisdição de desfiliação partidária.

---

[37] MENDES, Gilmar Ferreira. *A atividade normativa da Justiça Eleitoral no Brasil*. Direito e Democracia: debates sobre Reforma Política e Eleições. Rio de Janeiro: EJE/TRE-RJ, 2008, p. 54.

É curioso examinar que consta da Resolução 22.610/2007, que esta foi baixada pelo Tribunal Superior Eleitoral no uso das atribuições que lhe confere o art. 23, XVIII, do Código Eleitoral e, especialmente, *"na observância do que decidiu o Supremo Tribunal Federal nos Mandados de Segurança nº 26.602, 26.603 e 26.604"*. Assim, com base em decisão do STF a Corte Eleitoral resolveu disciplinar o processo de perda de cargo eletivo, bem como de justificação de desfiliação partidária, nos seguintes termos:

"Art. 1º – O partido político interessado pode pedir, perante a Justiça Eleitoral, a decretação da perda de cargo eletivo em decorrência de desfiliação partidária sem justa causa.

§ 1º – Considera-se justa causa:
I) incorporação ou fusão do partido;
II) criação de novo partido;
III) mudança substancial ou desvio reiterado do programa partidário;
IV) grave discriminação pessoal.

§ 2º – Quando o partido político não formular o pedido dentro de 30 (trinta) dias da desfiliação, pode fazê-lo, em nome próprio, nos 30 (trinta) subseqüentes, quem tenha interesse jurídico ou o Ministério Público eleitoral.

§ 3º – O mandatário que se desfiliou ou pretenda desfiliar-se pode pedir a declaração da existência de justa causa, fazendo citar o partido, na forma desta Resolução.

Art. 2º – O Tribunal Superior Eleitoral é competente para processar e julgar pedido relativo a mandato federal; nos demais casos, é competente o tribunal eleitoral do respectivo estado.

Art. 3º – Na inicial, expondo o fundamento do pedido, o requerente juntará prova documental da desfiliação, podendo arrolar testemunhas, até o máximo de 3 (três), e requerer, justificadamente, outras provas, inclusive requisição de documentos em poder de terceiros ou de repartições públicas.

Art. 4º – O mandatário que se desfiliou e o eventual partido em que esteja inscrito serão citados para responder no prazo de 5 (cinco) dias, contados do ato da citação.

Parágrafo único – Do mandado constará expressa advertência de que, em caso de revelia, se presumirão verdadeiros os fatos afirmados na inicial.

Art. 5º – Na resposta, o requerido juntará prova documental, podendo arrolar testemunhas, até o máximo de 3 (três), e requerer, justificadamente, outras provas, inclusive requisição de documentos em poder de terceiros ou de repartições públicas.

Art. 6º – Decorrido o prazo de resposta, o tribunal ouvirá, em 48 (quarenta e oito) horas, o representante do Ministério Público, quando não seja requerente, e, em seguida, julgará o pedido, em não havendo necessidade de dilação probatória.

Art. 7º – Havendo necessidade de provas, deferi-las-á o Relator, designando o 5º (quinto) dia útil subseqüente para, em única assentada, tomar depoimentos pessoais e inquirir testemunhas, as quais serão trazidas pela parte que as arrolou.

Parágrafo único – Declarando encerrada a instrução, o Relator intimará as partes e o representante do Ministério Público, para apresentarem, no prazo comum de 48 (quarenta e oito) horas, alegações finais por escrito.

Art. 8º – Incumbe aos requeridos o ônus da prova de fato extintivo, impeditivo ou modificativo da eficácia do pedido.

Art. 9º – Para o julgamento, antecipado ou não, o Relator preparará voto e pedirá inclusão do processo na pauta da sessão seguinte, observada a antecedência de 48 (quarenta e oito) horas. É facultada a sustentação oral por 15 (quinze) minutos.

Art. 10 – Julgando procedente o pedido, o tribunal decretará a perda do cargo, comunicando a decisão ao presidente do órgão legislativo competente para que emposse, conforme o caso, o suplente ou o vice, no prazo de 10 (dez) dias.

Art. 11 – São irrecorríveis as decisões interlocutórias do Relator, as quais poderão ser revistas no julgamento final, de cujo acórdão cabe o recurso previsto no art. 121, § 4º, da Constituição da República.

Art. 12 – O processo de que trata esta Resolução será observado pelos tribunais regionais eleitorais e terá preferência, devendo encerrar-se no prazo de 60 (sessenta) dias.

Art. 13 – Esta Resolução entra em vigor na data de sua publicação, aplicando-se apenas às desfiliações consumadas após 27 (vinte e sete) de março deste ano, quanto a mandatários eleitos pelo sistema proporcional, e, após 16

(dezesseis) de outubro corrente, quanto a eleitos pelo sistema majoritário.

Parágrafo único – Para os casos anteriores, o prazo previsto no art. 1º, § 2º, conta--se a partir do início de vigência desta Resolução.

Marco Aurélio – Presidente. Cezar Peluso – Relator. Carlos Ayres Britto. José Delgado. Ari Pargendler. Caputo Bastos. Marcelo Ribeiro.

Brasília, 25 de outubro de 2007" (Resolução-TSE 22.610, de 25 outubro de 2007, republicada por determinação do art. 2º da Resolução-TSE 22.733, de 11 de março de 2008).

Por veicular regras de conteúdo abstrato, inovando em matéria legislativa e criando prazos processuais, a referida resolução eleitoral teve a sua constitucionalidade questionada pelo Partido Social Cristão (ADI 3.999) e pelo Procurador-Geral da República (ADI 4.086) perante no Supremo Tribunal Federal.

Os requerentes argumentavam, em síntese, que a resolução violou reserva de lei complementar para definição das aptidões de Tribunais, Juízes e Juntas Eleitorais (art. 121 da Constituição), usurpou competência do Legislativo e do Executivo para dispor sobre matéria eleitoral (art. 22, I, 48 e 84, da Constituição) e, por estabelecer regras de caráter processual, como o modelo de petição inicial e das provas, o prazo para resposta e as consequências para a revelia, os requisitos do direito de defesa, o julgamento antecipado da lide, a disciplina e o ônus da prova, a resolução do TSE afrontou a reserva prevista nos arts, 22, I, 48 e 84, IV da Constituição, bem como invadiu competência legislativa, desgastando o princípio da separação dos Poderes (arts. 2º, 60, § 4º, III, da Constituição).

Entretanto, ao julgar as duas representações de inconstitucionalidade, o Relator, Min. Joaquim Barbosa, levou em conta o que disse o Min. Celso de Mello no MS 22.603:

> "Nada impedirá que o E. Tribunal Superior Eleitoral, à semelhança do que se registrou em precedente firmado no caso de Mira Estrela/SP (RE 197.917/SP), formule e edite resolução destinada à regulamentar o procedimento (materialmente) administrativo de justificação em referência, instaurável perante o órgão competente da própria Justiça Eleitoral, em ordem a estruturar, de modo formal, as fases rituais desse mesmo procedimento, valendo-se, para tanto, se assim o entender pertinente, e para colmatar a lacuna normativa existente, da 'analogia legis', mediante aplicação, no que couber, das normas inscritas nos arts. 3º a 7º da Lei Complementar 64/90".

Ao final, as ações direta de inconstitucionalidade foram julgadas improcedentes, *"considerando, pois válidas as resoluções adotadas pelo TSE até que o Congresso Nacional disponha sobre a matéria".*

Desse modo, embora a Resolução-TSE 22.610/2007 não seja uma consulta formal, o fato é que referido ato normativo emana de uma resposta a Consulta 1.398/DF, Rel. Min. Asfor Rocha, publicada sob o título de Resolução-TSE 22.526, de 27/3/2007, que, por força de acórdão do STF nos *writs* sobre fidelidade partidária, logrou receber uma força normativa de verdadeira emenda constitucional ao art. 55 da Carta Maior.

A questão é mais séria e complexa do que essas despretensiosas linhas poderiam demonstrar e, por essa razão, é preciso vigilância permanente da Suprema Corte, inclusive para a maior aplicação de *self-restraint* em sua jurisprudência. Na obra "Juízes Legisladores?", Mauro Cappelletti ressalta a conveniência – em certas Cortes de Justiça – de se tomar *"maior dose de 'self-restraint'"*, a auto-contenção, e de *"maior cuidado em tornar manifesta essa atitude de reserva e prudente abstenção dos juízes"*[38]. A doutrina do poder regulamentar e a sua evolução no Direito Constitucional brasileiro revelam a importância desse instituto para assegurar a governabilidade e garantir equilíbrio entre os poderes da República.

Referências Bibliográficas

ALMEIDA NETO. Manoel Carlos de. *O Novo Controle de Constitucionalidade Municipal*. Rio de Janeiro: Forense, 2010.

_____. *Direito Eleitoral Regulador*. São Paulo: Editora RT, 2014.

BANDEIRA DE MELLO, Osvaldo Aranha. *Princípios Gerais do Direito Administrativo*. v. I. 2. ed. Rio de Janeiro: Forense, 1969.

BARBOSA, Ruy. *Comentários à Constituição Federal brasileira*. v. I. São Paulo: Saraiva, 1934.

BUENO, José Antônio Pimenta. *Direito Público brasileiro e análise da Constituição do Império*. Brasília: Senado Federal, 1978.

CAETANO, Marcelo. *Direito Constitucional*. v. II. Rio de Janeiro: Forense, 1978.

CANOTILHO, J. J. Gomes. *Direito Constitucional e Teoria da Constituição*. 7. ed. Coimbra: Almedina, 2003.

CAPPELLETTI, Mauro. *Juízes Legisladores?*. Porto Alegre: Fabris Editor, 1999.

CLÈVE, Clèmerson Merlin. *Atividade Legislativa do Poder Executivo*. 2. ed. São Paulo: Editora Revista dos Tribunais, 2000.

DUCROCQ, Théophile Gabriel Auguste. *Cours de Droit Administratif*. 6.ed. Tome Premier. Paris: Ernest Thorin, 1881.

DUGUIT, Léon. *L'État les gouvernants et les agents*. v. II. Paris: Ancienne Librairie Thorin et Fils, 1903.

_____. *Traité de Droit Contitutionnel*. 3. ed. Tome Deuxiéme. Paris: Ancienne Libraire, 1928.

ESMEIN, Adhémar. *Éléments de Droit Constitutionnel*. 5. ed. Paris: Recueil Sirey, 1909.

HAURIOU, Maurice. *Précis de Droit administratif et de droit public général*. 4. ed. Paris: Recueil Sirey, 1900.

LABAND, Paul. *Le Droit Public de L'Empire Allemand*. Tome II, Paris: V. Giard & E. Brière, 1901.

---

[38] CAPPELLETTI, Mauro. *Juízes Legisladores?*. Porto Alegre: Fabris Editor, 1999, p. 133.

LANDI, Guido; POTENZA, Giuseppe. *Manuale de Diritto Amministrativo*. 6. ed. Milão: Giuffrè Ed., 1978.

LEAL, Victor Nunes. *Lei e regulamento*. Revista de Direito Administrativo 1/371, Problemas de Direito Público. Rio de Janeiro: Forense, 1960.

MALBERG, R. Carré. *Contribution à la theorie générale de l'État*. Tome Premier. Paris: Recueil Sirey, 1920.

MENDES, Gilmar Ferreira. *A atividade normativa da Justiça Eleitoral no Brasil*. Direito e Democracia: debates sobre Reforma Política e Eleições. Rio de Janeiro: EJE/TRE-RJ, 2008.

SICHES, Luis Recaséns. *Tratado general de filosofia del derecho*. 6. ed. México: Editorial Porrua, 1978.

VELLOSO, Carlos Mário da Silva. *Do Poder Regulamentar*. Revista Jurídica LEMI, ano 15, n. 174. maio de 1982.

Prescrição e decadência em matéria tributária: inafastabilidade da regulação via lei complementar e efeitos da decisão de inconstitucionalidade. Breves comentários sobre a decisão do Supremo Tribunal Federal nos Recursos Extraordinários 559.882-9/RS, 556.664-1/RS e 560.626-1/RS

TAÍS SCHILLING FERRAZ[*]

Introdução

Um dos primeiros julgamentos do Supremo Tribunal Federal em questão constitucional de repercussão geral, no regime introduzido pela Emenda Constitucional 45/2004 e incorporado ao Regimento Interno através da Emenda Regimental 21/2007, direcionou-se ao exame da constitucionalidade de algumas normas que versavam sobre os institutos da decadência e da prescrição em matéria tributária.

Cuidou-se da análise da validade, em face da Constituição Federal, dos artigos 45 e 46 da Lei 8.212/91 e do parágrafo único do art. 5º do

---

[*] Juíza auxiliar da Presidência do Supremo Tribunal Federal de 2008 a 2010. Juíza Federal, mestranda em Direito pela PUCRS.

Decreto-lei 1.569/77, os dois primeiros definiam prazos de decadência e prescrição do crédito tributário diferenciados e mais largos que os previstos no Código Tributário Nacional, e o último dispositivo dispunha sobre causa de suspensão.

Concluiu nessa oportunidade a Suprema Corte que referidas disposições normativas, todas de natureza ordinária, padeciam do vício da inconstitucionalidade por versarem sobre normas gerais de direito tributário, matéria reservada pela Constituição à disciplina das leis complementares.

Na mesma ocasião, com base em requerimento formulado a partir da tribuna pela Fazenda Nacional, os eminentes julgadores concluíram pela modulação dos efeitos do decreto de inconstitucionalidade, reconhecendo que os recolhimentos de tributos efetuados nos prazos declarados inválidos e não impugnados até a conclusão do julgamento não poderiam ser objeto de repetição do indébito.

Os apontamentos que se seguem dirigem-se a uma análise sobre a importância e o alcance do julgado, bem como a provocar a reflexão sobre as substanciais alterações que vêm ocorrendo no sistema de julgamento dos recursos extraordinários, pelo forte influxo dos mecanismos de objetivação do julgamento, que acompanharam a introdução da repercussão geral no âmbito do controle de constitucionalidade.

1. A questão constitucional objeto dos recursos

Os Recursos Extraordinários 559.882-9/RS, 556.664-1/RS e 560.626-1//RS, decididos na mesma assentada pelo Supremo Tribunal Federal, tiveram origem em julgados do Tribunal Regional Federal da 4ª Região[1], que, tendo observado a cláusula da reserva de Plenário[2], concluiu pela inconstitucionalidade dos artigos 45 e 46 da Lei 8.212/91 e do parágrafo único do art. 5º do Decreto-lei 1.569/77.

As duas primeiras normas consideradas inválidas estabeleciam prazo de 10 anos de decadência e prescrição para constituição e cobrança do

---

[1] AC 199771060006680 ; AC 199971080093644; AC 199571000236725
[2] TRF4, INAG 2000.04.01.092228-3, Corte Especial, Relator Des. Federal Amir José Finocchiario Sarti, DJ 05/09/2001; TRF4, INAC 2004.04.01.026097-8, Corte Especial, Relator Des. Federal Wellington Mendes de Almeida, DJ 01/02/2006; e TRF4, INAC 2002.71.11.002402-4, Corte Especial, Relator Des. Federal Antônio Albino Ramos de Oliveira, D.E. 07/03/2007

crédito de contribuições de seguridade social (arts. 45 e 46 da Lei 8.212/90) e a última acrescentava ao regime da prescrição do crédito tributário uma causa de suspensão do respectivo curso, consistente no arquivamento administrativo das execuções fiscais de pequeno valor (parágrafo único do art. 5º do DL 1.569/77).

A Corte Regional concluiu pela inconstitucionalidade em todos os casos sob o mesmo fundamento: a obrigatoriedade de lei complementar para regular prescrição e decadência de contribuições previdenciárias, diante do que estabelece o art. 146, III, *b* da Constituição de 1988 e do que ditava o art. 18, § 1º da Constituição de 1967, na vigência da EC 01/69.

Com fundamento no art. 102, III, *b,* da Constituição, a Fazenda Nacional interpôs os recursos extremos, sustentando a presença de repercussão geral da questão constitucional suscitada em cada um deles e, no mérito, a constitucionalidade das normas.

2. Repercussão geral

Por trazerem os três recursos extraordinários idêntica questão constitucional, foram apresentados conjuntamente pelo relator, Ministro Gilmar Mendes, para exame de repercussão geral. A decisão deu-se através de questão de ordem submetida ao Tribunal Pleno em 12 de setembro de 2007, ocasião em que a Suprema Corte, porque a questão discutida nos autos estava *"entre aquelas suscetíveis de reproduzirem-se em múltiplos feitos[3]"*, reconheceu a presença do novel pressuposto de admissibilidade e ordenou o sobrestamento de recursos extraordinários e agravos que versavam sobre o mesmo tema, bem como e a devolução aos tribunais e turmas recursais de origem daqueles que ainda não estivessem distribuídos aos ministros.

Tratou-se de uma das primeiras oportunidades em que o STF decidiu sobre a repercussão geral de questão constitucional; antes, ainda, da criação do Plenário Virtual como forma de instrumentalização da admissibilidade dos recursos extraordinários. Pouco tempo depois entrou em funcionamento este sistema eletrônico, com o que nele se concentraram as decisões sobre a existência ou não de relevância social, jurídica, polí-

---

[3] Trecho constante da manifestação do relator, na questão de ordem suscitada no RE 556664 sobre a presença de repercussão geral na questão constitucional suscitada nos recursos extraordinários paradigma.

tica ou econômica nas questões constitucionais suscitadas em recursos extraordinários, passando a ser exceção, para este fim, o julgamento presencial.

3. O julgamento da questão constitucional

O Plenário apreciou, quanto ao mérito, a questão constitucional suscitada nos recursos em referência nas sessões dos dias 11 e 12 de junho de 2008. Pela Fazenda Nacional sustentou oralmente o Procurador Fabrício da Soller e pela manutenção do entendimento da Corte de origem falou o Dr. Daniel Lacasa Maya, advogado de uma das empresas recorridas.

A decisão, que confirmou o entendimento adotado pelo TRF da 4ª Região, reconheceu a inconstitucionalidade dos arts. 45 e 46 da lei 8.212//90 e do parágrafo único do art. 5º do Decreto-lei 1.569/77, os primeiros por afronta ao art. 146, III, *b* da Constituição atual e o último por violar o disposto no art. 18 º §1º da Constituição de 1967, na redação da EC 01/69.

Na esteira do voto do Ministro Gilmar Mendes, relator, o Plenário reafirmou a necessidade de lei complementar para regular prescrição e decadência em matéria tributária, seja quanto aos prazos, seja quanto às correspondentes causas de suspensão e interrupção.

O julgamento desses *leading cases*, segundo demonstra o relator em seu voto, não foi a primeira oportunidade em que o STF examinou a questão constitucional da necessidade de lei complementar para regular prazos e fluência de decadência e prescrição em matéria tributária. Decisões monocráticas dos ministros da Corte já vinham tratando de forma direta da validade dos próprios dispositivos legais examinados, mas tendo por fundamento precedente anterior do Plenário, o RE 106.217-7/SP, sobre norma diversa: o art. 40 da Lei 6.830/80, e sua incompatibilidade com o parágrafo único do art. 174 do Código Tributário Nacional. Também esse precedente, relatado pelo Ministro Octávio Gallotti, referia-se à controvérsia sobre a exigência de lei complementar para a disciplina de prazos e hipóteses de suspensão da prescrição, e a decisão da Corte foi pela prevalência do CTN.

Após discorrer sobre a origem das "Normas Gerais de Direito Tributário" e sobre a necessidade, estabelecida expressamente nos textos constitucionais examinados, de que sejam veiculadas por lei complementar, o voto condutor dos acórdãos em análise reconstitui, historicamente, as razões pelas quais o Código Tributário Nacional ganhou o *status* que até hoje ostenta no contexto normativo brasileiro.

Posto isso, demonstra o enquadramento das normas sobre prescrição e decadência na categoria de "Normas Gerais de Direito Tributário", inclusive no que respeita aos prazos e causas de interrupção e suspensão, afastando tese suscitada pela Fazenda Nacional de que deveriam ser separadas das normas gerais sobre prescrição e decadência, para fins de exigência de lei complementar, as disposições pertinentes aos respectivos prazos e fluência, as quais não dependeriam de lei complementar, mas apenas de lei da própria entidade tributante, porque seriam assuntos de peculiar interesse das pessoas políticas.

A interpretação pretendida pela recorrente, afirmou o relator, subtrairia a própria efetividade da reserva constitucional, porque prazos e forma de fluência da prescrição e da decadência são o núcleo das normas sobre extinção temporal do crédito tributário. Citando Konrad Hesse[4], asseverou o Ministro Gilmar Mendes, relator:

Na realidade, a restrição do alcance da norma constitucional expressa defendida pela Fazenda Nacional fragiliza a própria força normativa e concretizadora da Constituição, que claramente pretendeu a disciplina homogênea e estável da prescrição, da decadência, da obrigação e do crédito tributário.

Na sequência foram recuperados precedentes da Corte[5], que assentaram que as contribuições sociais submetem-se às normas gerais de direito tributário, dentre elas as que tratam de decadência e prescrição, institutos já reconhecidos como próprios de lei complementar, e que a circunstância de terem seu regime em parte regulado no art. 195 da Carta, não as exclui do regime tributário. Nas palavras do Ministro relator,

(...) a norma matriz das diversas espécies de contribuição é o art. 149 da Constituição Federal, que estabelece que as contribuições de Seguridade Social estão sujeitas, também – e não exclusivamente –, às regras definidas no art. 195.

Não há incompatibilidade entre os dispositivos, que não são excludentes, mas complementares.

Concluiu-se que se a Constituição não determinou de forma exata o conceito de "Norma Geral de Direito Tributário", no mínimo fixou-lhe a função: estabelecer preceitos que devam ser seguidos em âmbito nacional,

---

[4] HESSE, Konrad. A Força Normativa da Constituição. Trad. MENDES, Gilmar. Porto Alegre: Fabris, 1991.
[5] RE 138.284-8/CE e RE 396.266-3/SC.

que ultrapassem a competência do Congresso Nacional para ditar o direito positivo federal.

Quanto ao papel da lei complementar no ordenamento jurídico-constitucional brasileiro, após discorrer sobre as teorias que ganharam espaço na doutrina, o voto condutor concluiu que se o texto do § 1º do art. 18 da Constituição de 1967 ensejava algum questionamento acerca do alcance da função da lei complementar sobre normas gerais, a Constituição atual o eliminou ao esclarecer que, dentre as normas gerais, a lei complementar teria que tratar especialmente de obrigação, crédito tributário, prescrição e decadência, com o que, *"segundo o atual texto constitucional as normas gerais têm papel próprio e função concretizadora do Direito Tributário"*.

Continuando a analisar os argumentos trazidos nos recursos paradigmas, o relator afirma a importância do tratamento uniforme, em âmbito nacional, de institutos que versam sobre segurança jurídica, como prescrição e decadência, daí a necessidade de que sejam reguladas por lei complementar. Demonstrando que a lei ordinária, no sistema jurídico brasileiro não se destina a agir como norma supletiva da lei complementar, atuando, isto sim, nas áreas não demarcadas pelo constituinte a essa espécie normativa, concluiu que não há espaço para normatização de norma geral por lei ordinária, já que *"o que é geral não pode ser específico"*.

Quanto ao ponto, acrescentou o Ministro Joaquim Barbosa, em seu voto, que *"assumir que a União pudesse estabelecer norma geral de caráter nacional, vinculando todos os entes federados, ao mesmo tempo em que autorizada a dispor em sentido diferente, em lei ordinária, sobre tributos federais, implicaria reconhecer a própria ineficiência da norma geral e a fragilidade do pacto federativo"*.

O Ministro Cezar Peluso, seguindo na mesma linha, ponderou que se o art. 174 do Código Tributário Nacional, que estabelece o prazo de cinco anos para a cobrança do crédito tributário e as hipóteses de suspensão da prescrição, não servisse como norma de caráter geral, *"não serviria de norma para coisa alguma, não teria nenhuma finalidade, nenhuma aplicação, porque teria fixado o princípio de que cada ente poderia estabelecer prazos diferenciados(...)"*.

Ainda sobre a natureza das normas sobre prescrição e decadência, o Ministro relator afasta a alegação de que disposições sobre suspensão e interrupção da prescrição teriam natureza processual, o que lhes colocaria a salvo da reserva da lei complementar. Assevera que são de natureza substantiva e que alcançam o próprio direito material, seja estabelecendo situações de extinção de direitos, sendo definindo casos de inexigibilidade.

Além disso, lembra que a suspensão do curso do prazo prescricional, prevista no parágrafo único do art. 5º do Decreto-lei 1.569/77 para os créditos fiscais de pequeno valor, ainda que tivesse sido contemplada em lei complementar, não poderia conduzir à imprescritibilidade do crédito fiscal, matéria já reconhecida pela Corte no julgamento do RE 106.217-7//SP. O princípio da economicidade não abriga tamanho efeito. *"Apenas a Constituição poderia fazê-lo".*

Ao final, o voto assenta a inconstitucionalidade dos artigos legais em referência, que, versando sobre normas gerais de Direito Tributário, invadiram conteúdo material sob a reserva constitucional de lei complementar. Com isso, aplicáveis voltaram a ser, relativamente às contribuições de seguridade social e as hipóteses de suspensão e interrupção, as normas de decadência e prescrição contidas no Código Tributário Nacional, em especial os arts. 173 e 174.

O Ministro Marco Aurélio acompanhou, quanto ao resultado de mérito, as conclusões contidas nos votos do relator e dos demais Ministros, assentando, entretanto, seu entendimento no sentido de que a questão constitucional em debate não era apenas de reserva legal, mas de hierarquia entre lei complementar e lei ordinária[6].

Solucionada a questão de fundo, passou a Corte ao exame da possibilidade, suscitada da Tribuna, da modulação dos efeitos do reconhecimento da inconstitucionalidade.

4. Modulação de efeitos

Em sua sustentação oral, formulou o representante da Fazenda Nacional pedido de modulação dos efeitos de eventual reconhecimento da inconstitucionalidade dos dispositivos legais que foram objeto de julgamento.

O pleito foi acolhido nos termos do voto proferido pelo Ministro relator, que, invocando o princípio da segurança jurídica e as repercussões que adviriam do julgamento, decidiu que da decisão decorreria o

---

[6] Fazendo referência ao RE 106.217-7/SP, Rel. Min. Octávio Gallotti, o Ministro Marco Aurélio registrou a impossibilidade de uma lei ordinária revogar uma lei complementar, "quer abranja – esta última – matéria que deva necessariamente ser tratada mediante lei complementar, portanto, tema submetido, sob o ângulo material à lei complementar, quer tema que poderia ser tratado por lei ordinária, mas não o foi, o foi por lei complementar, como à semelhança ocorreu em 1988, em que se chegou a transportar, por exemplo, para a Carta preceito da Consolidação das Leis do Trabalho sobre prescrição trabalhista".

impedimento ao Fisco de exigir contribuições de seguridade social para além dos prazos de decadência e prescrição reconhecidos como válidos. Entretanto, e aqui firmou-se a modulação, não teriam os contribuintes que houvessem recolhido valores nestas condições o direito à repetição de indébito, salvo se já houvesse sido ajuizada ação correspondente ou formulado pedido administrativo antes do julgamento de inconstitucionalidade. Em outras palavras, assentou o Ministro relator, *"são legítimos os recolhimentos efetuados nos prazos previstos nos arts. 45 e 46 e não impugnados antes da conclusão deste julgamento".*

Tratou-se de um pedido formulado da Tribuna por por ocasião do início do julgamento, que não constava das razões dos recursos extraordinários interpostos pela União e que foram eleitos como paradigmas para fins de repercussão geral.

Não se poderia sequer esperar que constasse. Em matéria de controle difuso de constitucionalidade não se cogitava, até pouco tempo atrás, da possibilidade de modulação de efeitos, ao menos com a abrangência pretendida e que foi obtida no julgamento em exame. É que o julgamento dos recursos extraordinários, antes do regime da repercussão geral, era voltado à solução individual das questões suscitadas, com efeitos exclusivos sobre os casos apreciados.

A repercussão geral introduziu modificações profundas no julgamento dos recursos extraordinários. Diversos elementos antes apenas aplicáveis ao controle concentrado de constitucionalidade passaram a ter incidência no novo sistema instaurado com a Emenda Constitucional 45/2004, e regulamentado pela Lei 11.418/2006 e pela Emenda 21/2007 ao RISTF.

Dentre as principais transformações, ao lado do alcance dos efeitos da decisão de mérito proferida em *leading case* sobre os casos múltiplos que tratam da mesma questão constitucional, está o grau de abstração desta questão frente ao recurso de onde se originou, que foi escolhido pelo STF como paradigma.

Exemplo disso é que uma vez reconhecida a existência de repercussão geral de questão constitucional objeto de determinado recurso extraordinário, nada obsta a que o mérito seja decidido em outro recurso extraordinário que trate do mesmo tema. E assim vem ocorrendo[7]. A repercussão geral é da questão constitucional e não do recurso que a veicula.

---

[7] A questão da constitucionalidade da revogação da isenção da COFINS para as sociedades civis de prestação de serviços teve repercussão geral reconhecida no RE 575.093, tendo

Mais do que isso, em grande parte das questões constitucionais de repercussão geral já levadas a julgamento de mérito pelo STF, houve ampliação do *thema decidendum* trazido no recurso paradigma a partir da iniciativa de terceiros, admitidos à apresentação de memoriais e sustentações orais. Os *amici curiae*, de regra titulares ou representando os titulares de interesses jurídicos ou econômicos comuns aos que informaram o recurso paradigma, vêm contribuindo sobremaneira para introduzir na discussão de mérito fundamentos variados, muitos deles não apresentados no recurso, o que, sob os contornos do prequestionamento, seria antes impensável.

A modulação dos efeitos proclamada nestes recursos extraordinários, porém, foi um marco neste processo de mudança por que passa o controle difuso de constitucionalidade. Através dessa decisão, em que prevaleceu o voto do Ministro Gilmar Mendes após amplo debate em Plenário, o STF, além de admitir a modulação de efeitos de uma decisão de inconstitucionalidade em controle difuso, por proposição surgida na tribuna e sem que tenha havido pedido expresso na peça jurídica em apreciação, deliberou por acolher a proposta modulatória *sem alcançar com seu pronunciamento o próprio titular do recurso extraordinário paradigma*.

Este possibilidade de abstrair-se a tese do próprio resultado do caso concreto adotado como *leading case*, e julgado no mesmo momento, rompe com todo o sistema até então vigente para o julgamento dos recursos extraordinários. Permite que se indague se, atualmente, estamos diante de causa *petendi aberta* nessa espécie de recurso.

Conclusão

As mudanças provocadas pelo surgimento da repercussão geral, como pressuposto de admissibilidade dos recursos extraordinários, vêm permitindo ao Supremo Tribunal Federal, com maior amplitude, o exercício de sua missão enquanto Corte Constitucional, liberando-o, consideravelmente, de suas competências revisionais costumeiras e racionalizando o

---

sido, porém, julgada no mérito através dos REs 377.457 e 381.964. Já o tema da constitucionalidade da prisão civil do depositário infiel teve repercussão geral reconhecida no RE 562.051, vindo a ser apreciado, no mérito, nos REs 349.703 e 466.343. Em ambas as situações os recursos em que formado o julgamento paradigma eram inclusive anteriores ao regime da repercussão geral, mas seus temas tiveram a repercussão geral reconhecida, em recursos mais novos, já na vigência do novo sistema.

processo de decisão das grandes questões constitucionais. Além disso, tais transformações introduziram forte componente objetivo no contexto do controle difuso de constitucionalidade, exigindo dos operadores do direito espírito aberto para compreensão do novo instituto, em especial da extensão dos fundamentos e dos efeitos das decisões em recurso extraordinário.

Procurou-se, na análise do julgamento destes recursos extraordinários, trazer à luz, ao lado dos principais fundamentos que conduziram a solução, em definitivo, de uma questão constitucional-tributária que se reproduzia em milhares de processos tributários e em discussões na esfera administrativa, em todo o país, algumas das profundas mudanças provocadas pelo ainda recente regime de julgamento dos recursos extraordinários com repercussão geral.

Estes paradigmas foram importantíssimos instrumentos na pavimentação do caminho que vem trilhando o Supremo Tribunal Federal em matéria de controle difuso de constitucionalidade. Um caminho em que vão ficando cada vez mas para trás as competências meramente revisionais, abrindo-se espaço para que o STF possa desempenhar, de forma desimpedida e natural sua missão de Corte Constitucional.

Trata-se, evidentemente, de um processo ainda fortemente desafiado pela sobrecarregada pauta do Plenário e pelas naturais resistências de um sistema processual construído sobre bases privatísticas, mas que que tem se revelado como um movimento contínuo na busca de tornar efetiva a supremacia das normas constitucionais, especialmente em matéria de direitos individuais homogêneos.

Fundamental que se alerte, porém, para os riscos da introdução deste sistema peculiar de formação de precedentes em um paradigma essencialmente racionalista e dogmático, que tende à busca de soluções em preceitos abstratos. Os efeitos ultra partes gerados pelos julgados com repercussão geral são persuasivos e tendem a tornar-se vinculantes por seus fundamentos, pelos princípios de direito que encerram, muito mais que por seus provimentos finais.

O papel dos juízos ordinários não é simples neste novo modelo. Cabe-lhes o exame aprofundado dos fatos e dos fundamentos de cada causa que dependa do exame de uma questão constitucional levada a julgamento pelo STF, refreando qualquer tendência ao enquadramento automático e genérico de situações singulares, nos enunciados colhidos dos julgamentos-paradigma, evitando, em última análise, a geometrização do Direito, da qual a História soube se afastar, ao reconhecer que a lei não possui sentido unívoco e que o processo é instância hermenêutica. Este o relevante espaço que o novo modelo de controle difuso está a reservar para os tribunais e juízos de origem.

A expectativa é de que os apontamentos aqui feitos, sem qualquer pretensão de esgotamento do tema, sirvam como provocação dos profissionais do Direito, que diuturnamente movimentam a jurisdição constitucional, à reflexão quanto às peculiaridades do sistema de precedentes em construção no país.

Referências Bibliográficas

DANTAS, Bruno. *Repercussão Geral – Perspectivas histórica, dogmática e de direito comparado*. Questões processuais. São Paulo: RT, 2009.

FERRAZ, Taís. *Repercussão Geral: Muito mais que um pressuposto de admissibilidade*, 2011. *In* PAULSEN, Leandro (Org.). Repercussão Geral no Recurso Extraordinário. Porto Alegre: Livraria do Advogado, 2011.

HESSE, Konrad. *A Força Normativa da Constituição*. Trad. Gilmar Ferreira Mendes. Porto Alegre: Sérgio Fabris, Editor, 1991.

MACEDO, Elaine Harzheim. *Repercussão geral das questões constitucionais: nova técnica de filtragem do recurso extraordinário*. Revista Direito e Democracia, v.6, n.1, Canoas, Editora Ulbra, 2005.

MARINONI, Luiz Guilherme; MITIDIERO, Daniel. *Repercussão Geral no Recurso Extraordinário*. São Paulo: RT, 2007.

MENDES, Gilmar. *Estado de Direito e Jurisdição Constitucional*. São Paulo: Saraiva, 2011.

PAULSEN, Leandro (Org.). *Repercussão Geral no Recurso Extraordinário*. Porto Alegre: Livraria do Advogado, 2011.

SILVA, Ovídio Baptista da. *Processo e Ideologia*. 2 ed. Rio de Janeiro: Forense, 2006.

ZAVASCKI, Teori Albino. *Eficácia das Sentenças na Jurisdição Constitucional*. 2.ed. São Paulo: Revista dos Tribunais, 2012.

A ADPF 130 e a democracia de antíteses no contexto do Estado Cooperativo de direitos fundamentais

CHRISTINE OLIVEIRA PETER DA SILVA*

1. Por que a ADPF 130?

A ADPF 130 constitui um dos precedentes mais emblemáticos da jurisprudência do Supremo Tribunal Federal, no que diz respeito à concretização dos direitos fundamentais. A liberdade de imprensa é o direito fundamental mais evidente da causa, porém a definição de seu âmbito de proteção no julgamento foi intrinsecamente associada ao cometimento do âmbito de proteção de outros direitos fundamentais correlatos, tais como, liberdade de manifestação do pensamento, de informação e de expressão artística científica, intelectual e comunicacional[1]

---

* Ex-Assessora de Ministro Gilmar Mendes (2005-2010) e do Ministro Cezar Peluso (2010--2012). Doutora em Direito, Estado e Constituição pela UnB Professora de Direito Constitucional do UniCeub.

[1] Aqui devo fazer um agradecimento expresso à prestimosa colaboração de Raquel Negreiros para o presente trabalho, pois o que aqui será exposto só foi possível graças aos nossos diálogos, em que compartilhamos as idéias esboçadas no trabalho de Raquel Negreiros apresentado para a disciplina "Direitos Fundamentais", ministrada pelo Professor Gilmar Mendes, no 2º Semestre de 2013, no programa de Mestrado em Direito, Estado e Constituição da Universidade de Brasília, cujo título provisório é *"Criminalização dos mascarados: um prognóstico do hipotético julgamento da ADI contra lei federal que vede o uso de máscaras em manifestações públicas"*, bem como pelo apoio incondicional que ela sempre me deu, embalado pela sus-

A ADPF 130 ganhou notoriedade na imprensa por pertencer ao grupo de assuntos que têm repercussão na mídia. A ação versava sobre a recepção da Lei de Imprensa (Lei nº 5.250/1967) pela Constituição Federal de 1988 e, nela decidiu-se, em 30.4.2009, por maioria de votos, pela incompatibilidade da referida lei com a atual ordem jurídico-constitucional brasileira.

Fixou-se, com fundamento no art. 220 da Constituição, a plena liberdade de imprensa como categoria jurídica proibitiva de qualquer tipo de censura prévia, afirmando-se que a liberdade de imprensa estava intrinsecamente relacionada aos direitos da personalidade, emanações diretas do princípio da dignidade humana.

Da leitura da decisão, percebe-se que a Suprema Corte destacou a posição de precedência do bloco dos direitos fundamentais constantes da Constituição de 1988 que dão conteúdo à liberdade de imprensa, em face daquele outro bloco que protege os direitos à imagem, honra, intimidade e vida privada. Isso tudo sob a justificativa de que, por haver conexão direta e relevante entre a imprensa livre e o estímulo de pensamento crítico no meio social, seria necessário pensar o âmbito de proteção da liberdade de imprensa como garantia institucional mais relevante para a democracia brasileira[2].

Este precedente chama a atenção por múltiplos aspectos. O que mais me interessou foi o fato de ser, ao lado de outros poucos[3], um dos julgados em que a grande maioria dos magistrados do Supremo Tribunal Federal fez referências a precedentes estrangeiros como tópicos argumentativos de suas decisões para o problema posto. Além disso, trata-se de precedente em que a conformação do direito fundamental à liberdade de imprensa ganhou contornos delineados por tradições jurídicas das mais diversas linhagens históricas e epistemológicas.

---

tentável amizade entre uma ex-aluna e sua professora, atualmente colegas na Assessoria do Procurador-Geral da República, Ministério Público Federal.

[2] Democracia esta que tenho convicção de que deve convolar-se em uma democracia de antíteses, ou seja, aquela informada pela dialogicidade, pluralidade e provisoriedade das decisões políticas fundamentais. Daí o destaque dado ao tema no título do presente trabalho, bem como no olhar crítico que será transversal em todo o texto.

[3] Além da ADPF 130 também são relevantes pelo mesmo critério o HC 40910; a RP 1150; o HC 82424; e o MS 25647.

2. Do Estado de direitos fundamentais e a da democracia de antíteses

A ideia de um Estado de direitos fundamentais[4] surge inevitavelmente associada à comunidade constitucional que prestigia tais direitos como a ordem geral objetiva do complexo de relações da vida[5]. Diante das múltiplas e possíveis visões que se possa ter do Estado, como organização política e social, a que adjetiva este modelo com a alcunha de 'Estado de direitos fundamentais' apresenta-se como uma opção hermenêutica comprometida com o dirigismo concretizador (efeito dirigente) de tais direitos em todos os âmbitos de atuação dos seus agentes (efeitos irradiante e horizontal), sejam eles políticos, públicos e também os quase--públicos, ou seja, os particulares que atuam legitimamente nos espaços públicos.

Por Estado de direitos fundamentais, portanto, entenda-se aquele vinculado objetivamente aos direitos fundamentais, ou seja, o Estado em que a supremacia da Constituição e todas as relações entre as funções de Poder submetem-se à dogmática dos direitos fundamentais. Em tal modelo, o exercício democrático do poder implica irrestrita vinculação aos direitos fundamentais, que se concretizam de forma irradiante (para todos os ramos da ciência jurídica), de forma dirigente (para todos os atos estatais) e de forma horizontal (para todos os atos da vida privada)[6].

---

[4] A expressão não é inédita, podendo ser encontrada nos trabalhos dos professores portugueses: Rui Medeiros (O Estado de direitos fundamentais português: alcance, limites e desafios, in Anuário Português de Direito Constitucional, II, 2002, p. 41 e SS) e Paulo Otero (A crise do "Estado de Direitos Fundamentais", in Lições de direito constitucional: em homenagem ao jurista Celso Bastos, São Paulo: Saraiva, 2005, p. 179-197). No Brasil, a expressão está presente nos trabalhos do Professor Willis Santiago Guerra Filho (Estado Democrático de Direito Como Estado de Direitos Fundamentais com Múltiplas Dimensões, Disponível em: http://sisnet.aduaneiras.com.br/lex/doutrinas/arquivos/300807.pdf; Acessado em 15.12.13).

[5] Este é o conceito de Constituição de Konrad Hesse, de forma que aqui, propositadamente, confundimos a própria ordem constitucional com a ordem de direitos fundamentais, de modo que Constituição e Direitos Fundamentais são, nesta perspectiva, considerados sinônimos. Sobre o conceito de constituição de Konrad Hesse vide: HESSE, Konrad. **A força normativa da Constituição**, trad. Gilmar Ferreira Mendes. Porto Alegre: Sergio Fabris Editor, 1999, p. 18.

[6] Sobre a múltipla irradiação dos direitos fundamentais vide o primeiro capítulo de minha tese de doutorado: SILVA, Christine O. Peter da. **Transjusfundamentalidade: diálogos judiciais transnacionais sobre direitos fundamentais**. 2013, 274 f. Tese (Doutorado) – Pós-Graduação em Direito, Estado e Constituição da Faculdade de Direito da Universidade

No que diz respeito à democracia de antíteses: "o caminho estará em sustentar a construção do sistema da democracia nas antíteses, e não em procurar desesperadamente o repouso restaurativo da síntese."[7] Nesse contexto, propõe-se o aprofundamento das premissas do chamado de Estado de direitos fundamentais, fundado na perspectiva democrática, dialógica[8] e dinâmica de concretização desses direitos.

É preciso pensar em democracia, no modelo de antíteses, a partir dos critérios da dinamicidade, provisoriedade, alternatividade, concorrência e diversidade, ou seja, é chegado o tempo de pensar em uma teoria geral do Estado democrático enredada em tensões dialéticas[9]. Desse modo, e tendo em consideração o princípio da eticidade oriundo da cultura ocidental – o de que qualquer ser humano deve ser tratado com igual respeito e consideração –, deve-se ter em mente que a ideia básica legitimadora de um Estado é a dignidade da pessoa humana.[10]

3. ADPF 130: o caso e a decisão do Supremo Tribunal Federal[11]

A ADPF 130 ficou famosa por sua repercussão midiática e social. A ação versava sobre a recepção da Lei de Imprensa (Lei 5.250/1967) pela Constituição Federal de 1988 e, nela decidiu-se, em 30.4.2009, por maioria de votos, pela incompatibilidade da referida lei com a atual ordem jurídico-constitucional brasileira.

---

de Brasília – UnB. Disponível em http://repositorio.unb.br/bitstream/10482/13876/1/2013_ChristineOliveiraPeterdaSilva.pdf

[7] CANOTILHO, J. J. Gomes. **Brancosos e interconstitucionalidade: itinerários dos discursos sobre a historicidade constitucional**, 2ª ed. Coimbra : Almedina, 2008, p.174.

[8] Sobre tal perspectiva como opção metodológica para enfrentar os problemas constitucionais vide: BATEUP, Christine. The Dialogic Promise: Assessing the Normative Potential of Theories of Constitutional Dialogue, **Brooklyn Law Review**, vol. 71, 2006; NYU Law School, Public Law Research Paper n. 05-24. Disponível em: http://ssrn.com/abstract=852884; Acessado em 10.12.2013.

[9] CANOTILHO, J. J. Gomes. **Brancosos e interconstitucionalidade: itinerários dos discursos sobre a historicidade constitucional**, 2ª ed. Coimbra : Almedina, 2008, p. 175.

[10] CANOTILHO, J. J. Gomes. **Brancosos e interconstitucionalidade: itinerários dos discursos sobre a historicidade constitucional**, 2ª ed. Coimbra : Almedina, 2008, p.178-179.

[11] Este tópico, na sua parte descritiva, foi elaborado por Raquel Negreiros, mestranda em Direito pela Universidade de Brasília, que contribuiu imensuravelmente com o presente trabalho, disponibilizando seu resumo do caso e autorizando sua reprodução parcial aqui no texto.

Na referida ação, o direito fundamental à comunicação social foi lido como instituidor de uma imprensa absolutamente livre, por colocar as liberdades de pensamento, criação, expressão e informação acima de qualquer restrição de seu exercício, até para viabilizar o controle social sobre o poder do Estado nessa seara. Nesses termos, estabeleceu-se que "o Poder Público somente pode dispor sobre matérias lateral ou reflexamente de imprensa, respeitada sempre a ideia-força de que quem quer que seja tem o direito de dizer o que quer que seja"[12].

O voto do relator, Ayres Britto, deu a tônica ao debate e encaminhou as conclusões apontadas. Preocupou-se em garantir "espaço de irrupção do pensamento crítico em qualquer situação ou contingência"[13]. Isso para, aliado à proibição da concentração do poder sobre os meios de comunicação social, alimentar o pluralismo que fundamenta a democracia em dupla frente: no campo político e, ainda, nos campos cultural e social.

Interessante destacar o argumento também presente no debate acerca da autorregulação da imprensa como resultado natural do ajuste de limites com o "sentir-pensar da sociedade civil de que ela, imprensa, é simultaneamente porta-voz e caixa de ressonância"[14]. Nesse particular, mencionou-se, de forma enfática, uma oposição à possibilidade de antecipação de controle da imprensa pelo legislador:

> É no desfrute da total liberdade de manifestação do pensamento e de expressão lato sensu que se pode fazer de qualquer dogma um problema. Um objeto de reflexão e de intuição, para ver até que ponto o conhecimento tido por assente consubstancia, ou não, um valor em si mesmo. Para se perquirir, como o fizeram Galileu Galilei e Giordano Bruno, se determinado experimento ou uma dada teoria não passam de condicionamentos mentais, ou sociais, que nada têm a ver com as leis da natureza ou com a evolução espiritual da humanidade[15].

---

[12] ADPF nº 130/DF, Relator Ministro Ayres Britto, julgamento em 30/04/2009, DJ de 06/11/2009, voto do Ministro Ayres Britto.
[13] ADPF nº 130/DF, Relator Ministro Ayres Britto, julgamento em 30/04/2009, DJ de 06/11/2009, voto do Ministro Ayres Britto.
[14] ADPF nº 130/DF, Relator Ministro Ayres Britto, julgamento em 30/04/2009, DJ de 06/11/2009, voto do Ministro Ayres Britto.
[15] ADPF nº 130/DF, Relator Ministro Ayres Britto, julgamento em 30/04/2009, DJ de 06/11/2009, voto do Ministro Ayres Britto, fl. 52.

Por fim, Carlos Ayres Britto enfatizou que os eventuais abusos deveriam ser detectados caso a caso, na via jurisdicional, em prol da manutenção da regra geral de liberdade.

Cármen Lúcia acompanhou integralmente o voto de Carlos Britto. Salientou que a liberdade de imprensa não se contrapõe à dignidade da pessoa humana, mas, muito pelo contrário, coloca-se a serviço dela, enfatizando sua faceta de meio de libertação do ser humano por meio do domínio da informação. Ricardo Lewandowski seguiu o mesmo caminho, manifestando-se, por sua vez, pela impossibilidade de o legislador ordinário "graduar, de antemão, de forma minudente, os limites materiais do direito de retorção"[16].

Celso de Mello, de sua parte, atestou que não há "nada mais nocivo, nada mais perigoso do que a pretensão do Estado de regular a liberdade de expressão, pois o pensamento há de ser livre"[17]. Por isso, a Constituição asseguraria ao jornalista o direito de criticar, ainda que de maneira contundente, pessoas ou autoridades, não se permitido a ilícita interferência do Estado nesse campo.

Ainda Celso de Mello destacou, contudo, que a Constituição legitima a intervenção normativa do Poder Legislativo, dentro dos parâmetros do art. 220, parágrafo 1º, da Constituição de 1988, para proteger a integridade moral e preservar a intimidade, a vida privada e a imagem das pessoas[18]. Retomou, no ponto, a afirmação já posta no julgamento do HC 82.424, de que as publicações que se degradassem ao nível primário do insulto e da ofensa não mereceriam a dignidade da proteção constitucional, tendo em vista que "a liberdade de expressão não pode amparar comportamentos delituosos que tenham, na manifestação do pensamento, um de seus meios de exteriorização"[19].

No debate, Celso de Mello afirmou que o direito de resposta não ficaria a descoberto com o juízo de revogação global da lei de imprensa, pois

---

[16] ADPF nº 130/DF, Relator Ministro Ayres Britto, julgamento em 30/04/2009, DJ de 06/11/2009, voto do Ministro Ricardo Lewandowski, fl. 103.
[17] ADPF nº 130/DF, Relator Ministro Ayres Britto, julgamento em 30/04/2009, DJ de 06/11/2009, voto do Ministro Celso de Mello, fl. 147.
[18] ADPF nº 130/DF, Relator Ministro Ayres Britto, julgamento em 30/04/2009, DJ de 06/11/2009, voto do Ministro Celso de Mello, fl. 157-158.
[19] ADPF nº 130/DF, Relator Ministro Ayres Britto, julgamento em 30/04/2009, DJ de 06/11/2009, voto do Ministro Celso de Mello, fl. 160.

que, apesar de desnecessária regulação pelo legislador do direito de resposta para que se faça possível a aplicação do art. 5º, V, da Constituição de 1988, inexiste vedação à intervenção concretizadora do legislador comum quanto ao ponto. Reconheceu, por fim, ao Poder Judiciário o poder de exercer juízo de ponderação diante da colisão da liberdade de imprensa com outros direitos da personalidade, o que, para Ayres Britto, já estava resolvido diante da declarada preferência pela liberdade de imprensa[20].

Menezes Direito, por sua vez, endossou as razões do relator apenas para alertar que "a liberdade de imprensa não se compraz com uma lei feita com a preocupação de restringi-la, de criar dificuldade ao exercício dessa instituição política"[21]. Pontuou, entretanto, que a liberdade de expressão vista como instituição e não como direito deve ser ponderada no cotejo com o postulado da dignidade da pessoa humana, que lhe precede em relevância. Aduziu que, por essas razões, não se poderia vedar a mediação do Estado na regulação do tema, possibilidade advinda da reserva qualificada dos parágrafos 1º e 2º do art. 220 da Constituição.

Joaquim Barbosa ponderou que nem sempre o Estado influencia de forma prejudicial as liberdades de expressão e comunicação. Isso por ter o poder de desobstruir "canais de expressão vedados àqueles que muitos buscam, conscientemente, o não, silenciar e marginalizar"[22]. Por isso, afirmou entender recepcionados os artigos da lei que disciplinavam penalmente os abusos veiculados pela imprensa, em razão da maior intensidade do dano provocado nos meios de comunicação à imagem da pessoa ofendida.

As observações restritivas feitas por Joaquim Barbosa e Menezes Direito foram referendadas por Cezar Peluso, embora ele considerasse ser pouco prático manter alguns parcos dispositivos da lei vigentes, após a exclusão de parte considerável da lei por incompatibilidade com o texto constitucional brasileiro.

Ellen Gracie juntou-se aos divergentes e tampouco concordou que as liberdades de pensamento e expressão fossem imunes a toda e qual-

---

[20] ADPF nº 130/DF, Relator Ministro Ayres Britto, julgamento em 30/04/2009, DJ de 06/11/2009, voto do Ministro Celso de Mello, fl. 204.

[21] ADPF nº 130/DF, Relator Ministro Ayres Britto, julgamento em 30/04/2009, DJ de 06/11/2009, voto do Ministro Menezes Direito, fl. 88.

[22] ADPF nº 130/DF, Relator Ministro Ayres Britto, julgamento em 30/04/2009, DJ de 06/11/2009, voto do Ministro Joaquim Barbosa, fl. 119.

quer atuação legiferante do Estado em matéria de imprensa. Consignou apenas que, ao asseverar que nenhum diploma legal contivesse dispositivo que pudesse constituir embaraço à plena liberdade dos veículos de comunicação social, a Constituição "quis enunciar que a lei, ao tratar das garantias previstas nesses mesmos incisos, esmiuçando-as, não poderá nunca ser interpretada como empecilho, obstáculo ou dificuldade ao pleno exercício da liberdade de informação".[23]

Marco Aurélio opinou pela total improcedência da ação, para que se abrisse espaço a que os legisladores substituíssem aquela lei por outra, evitando o vácuo legislativo. O seu entendimento foi embasado no fato de que a norma estava em vigor por todos estes anos e que, nos mais de vinte anos de sua vigência concomitante com a Constituição, a Lei 5.250/67 já vinha sendo purificada em seus excessos pelo próprio Judiciário e trazia o benefício de conter também preceitos que protegiam a atividade jornalística e o cidadão no que tange à privacidade e à honra.

Gilmar Mendes prosseguiu na discussão. Pontuou que, embora a Constituição vedasse qualquer restrição às liberdades de expressão e de imprensa, obrigou, por meio de reserva qualificada, a intervenção legislativa para promover e efetivar as liberdades em si. Assim "as restrições legislativas são permitidas e até exigidas constitucionalmente quanto têm o propósito de proteger, garantir e efetivar tais liberdades[24]. E continuou "(...) o constituinte não pretendeu instituir aqui um domínio inexpugnável à intervenção legislativa. Ao revés, essa formulação indica ser inadmissível, tão somente, a disciplina letal que crie embaraços à liberdade de informação"[25].

Como conclusão, Gilmar Mendes afirmou que a revogação completa da lei geraria insegurança quanto aos mecanismos de contenção dos abusos e de disciplinamento do direito de resposta, pelo que apenas parcialmente acatava a demanda.

Em síntese, o Supremo Tribunal Federal ficou dividido em relação aos argumentos fundamentadores da decisão pela incompatibilidade da

---

[23] ADPF nº 130/DF, Relator Ministro Ayres Britto, julgamento em 30/04/2009, DJ de 06/11/2009, voto da Ministra Ellen Gracie, fl. 128.
[24] ADPF nº 130/DF, Relator Ministro Ayres Britto, julgamento em 30/04/2009, DJ de 06/11/2009, voto do Ministro Gilmar Mendes, fl.217.
[25] ADPF nº 130/DF, Relator Ministro Ayres Britto, julgamento em 30/04/2009, DJ de 06/11/2009, voto do Ministro Gilmar Mendes, fl.227.

lei com a Constituição de 1988. Salvo o voto de Marco Aurélio, todos os demais julgadores entenderam, por diferentes motivos, que a lei de imprensa não fora recepcionada, reconhecendo a liberdade irrestrita dos meios de comunicação.

Não obstante, é preciso destacar que parte considerável dos julgadores afirmou viável e necessária a interferência legislativa na conformação do âmbito de proteção de tal direito, isso para regular abusos, chegando, alguns deles, a defender a permanência da regulação existente até que sobreviesse novo diploma emanado do legislador infraconstitucional.

4. Sobre as referências estrangeiras presentes nos votos da ADPF 130

4.1 Os precedentes estrangeiros nos votos da Medida Cautelar da ADPF 130

No que diz respeito aos argumentos de precedentes estrangeiros utilizados pelos ministros no julgamento da ADPF 130, destacam-se no voto de Celso de Mello, já por ocasião do julgamento da medida cautelar, a referência às Sentenças nº 6/1981, nº 12/1982, nº 104/1986 e nº 171/1990 do Tribunal Constitucional Espanhol, bem como aos casos *Handyside* (Sentença de 07/12/1976) e *Lingens* (Sentença de 08/07/1986) da Corte Europeia de Direitos Humanos, como reforço da tese de que a liberdade de informação representa um suporte axiológico indispensável do regime democrático[26]. Note-se que foi esta a primeira vez[27] que a Corte Europeia

---

[26] Eis um síntese do pensamento do Ministro Celso de Mello sobre o tema: "A liberdade de expressão representa, dentro desse contexto, uma projeção significativa do direito, que a todos assiste, de manifestar, sem qualquer possibilidade de intervenção estatal 'a priori', o seu pensamento e as suas convicções, expondo as suas ideias e fazendo veicular as suas mensagens doutrinárias." Cfr. voto do Ministro Celso de Mello na ADPF-MC nº 130/DF, Relator Ministro Ayres Britto, julgamento 27/02/2008, DJ 07/11/2008, p. 154-155.

[27] Considerando o universo de precedentes em que foi anotada, pela seção de jurisprudência e documentação do Supremo Tribunal Federal, a referência a precedentes estrangeiros. No relatório feito por ocasião de minha pesquisa de doutorado, este resultado aparece em um universo de 179 precedentes como total. Vide: SILVA, Christine Oliveira Peter da. Transjusfundamentalidade: diálogos judiciais transnacionais sobre direitos fundamentais. 2013, 274 f. Tese (Doutorado) – Pós-Graduação em Direito, Estado e Constituição da Faculdade de Direito da Universidade de Brasília – UnB. Disponível em http://repositorio.unb.br/bitstream/10482/13876/1/2013_ChristineOliveiraPeterdaSilva.pdf

de Direitos Humanos aparece registrada em uma referência de voto no Supremo Tribunal Federal.

O voto de Gilmar Mendes, com fundamento na jurisprudência do Tribunal Constitucional alemão[28], lembrou que a liberdade de imprensa é vista por aquela corte tanto como um direito subjetivo, quanto como uma garantia institucional, de modo que a liberdade de imprensa ganha, naquele ordenamento constitucional, dimensão indissociável da garantia do próprio Estado Democrático de Direito[29].

Tais referências constituíram pontos de partida fundamentadores das decisões dos referidos ministros, no caso sob a análise do colegiado da Suprema Corte brasileira, porém não foram objeto de maiores debates entre os demais membros da Corte. É preciso advertir, entretanto, que apesar de a Corte não ter estado, por ocasião deste julgamento da medida cautelar, muito comprometida com a jurisprudência estrangeira, que é farta sobre este tema, isso foi revertido no julgamento do mérito, analisado a seguir.

4.2 Os precedentes estrangeiros nos votos da decisão de mérito da ADPF 130

No final de abril de 2009, o julgamento da ADPF nº 130/DF, sob a relatoria do de Ayres Britto, chamou a atenção pela riqueza dos debates e pela quantidade de referências a precedentes estrangeiros feitas pelos ministros da Corte. Nos registros oficiais do sítio do Supremo Tribunal Federal é o caso da Corte que tem o maior número de decisões estrangeiras referenciadas[30].

---

[28] Caso Spiegel: BVerfGE 12, 113 (1961); Caso Blinkfüer: BVerfGE 25, 256 (1969); Caso *Solidaridatsadrese:* BVerfGE 44, 197 (1977).

[29] Esta ideia também foi defendida pelo Ministro Gilmar Mendes em seu voto no julgamento do mérito da ADPF nº 130/DF, Relator Ministro Ayres Britto, julgamento em 30/04/2009, DJ de 06/11/2009, p. 220-223.

[30] Ao todo são 24 decisões, a saber: Caso Patterson vs. Colorado (1907) da Suprema Corte dos Estados Unidos; Caso Abrams vs. United States (1919) da Suprema Corte dos Estados Unidos; Caso Whitney vs. Califórnia (1927) da Suprema Corte dos Estados Unidos; Caso United States vs. Williams (2008) da Suprema Corte dos Estados Unidos; Caso New York Times vs. Sullivan (1964) da Suprema Corte dos Estados Unidos; Sentenças nº 6/1981, nº 12/1982, nº 104/1986 e nº 171/1990 do Tribunal Constitucional da Espanha; Caso Handyside: Sentença do Tribunal Europeu de Direitos Humanos de 07/12/1976; Caso Schenck v. United States (1919) da Suprema Corte dos Estados Unidos; Caso Virginia v. Black (2003)

Os primeiros casos, vindos da jurisprudência da Suprema Corte americana[31], foram lembrados no voto de Menezes Direito com o objetivo de dar exemplos comparados da concretização da liberdade de expressão, lembrando que tal liberdade integra, necessariamente, o conceito de democracia política, porquanto significa uma plataforma de acesso ao pensamento e à livre circulação de ideias.

A jurisprudência do Tribunal Constitucional espanhol[32] foi trazida no voto de Celso de Mello, que como já havia registrado no julgamento da medida cautelar desse mesmo processo, confirmou sua tese de que a liberdade de informação revela-se como um dos suportes axiológicos do regime democrático[33].

---

da Suprema Corte dos Estados Unidos; Caso Abrams v. United States (1919) da Suprema Corte dos Estados Unidos; Caso Lüth (BverfGE 7, 198, 1958) do Tribunal Constitucional da Alemanha; Caso Pierce v. United States (1920) da Suprema Corte dos Estados Unidos; Gitlow v. New York (1925) da Suprema Corte dos Estados Unidos; Rosenblatt v. Baer (1966) da Suprema Corte dos Estados Unidos; Curtis Publishing Co. v. Butts (1967) da Suprema Corte dos Estados Unidos; Associated Press v. Nalker (1967) da Suprema Corte dos Estados Unidos; Rosenblooin v. Metromedia (1971) da Suprema Corte dos Estados Unidos; Caso Spiegel (BVerfGE 20, 62, 1966) Tribunal Constitucional da Alemanha; Schmid-Spiegel (BVerfGE 12, 113, 1961) do Tribunal Constitucional da Alemanha; Blinkfüer (BVerfGE, 25, 256, 1969) do Tribunal Constitucional da Alemanha; Solidaritätsadrese (BVerfGE 44, 197, 1977) do Tribunal Constitucional da Alemanha; Caso Mephisto (BVerfGE 30, 173, 1971) do Tribunal Constitucional da Alemanha; Caso Lebach (BVerfGE 35, 202) do Tribunal Constitucional da Alemanha; Caso Factortame Ltd. v. Secretary of State for Transport (93 ILR, p. 652).

[31] São eles: Caso Patterson vs. Colorado (1907) da Suprema Corte dos Estados Unidos; Caso Abrams vs. United States (1919) da Suprema Corte dos Estados Unidos; Caso Whitney vs. Califórnia (1927) da Suprema Corte dos Estados Unidos; Caso United States vs. Williams (2008) da Suprema Corte dos Estados Unidos; Caso New York Times vs. Sullivan (1964) da Suprema Corte dos Estados Unidos. Cfr. voto do Ministro Menezes Direito na ADPF nº 130//DF, Relator Ministro Ayres Britto, julgamento em 30/04/2009, DJ de 06/11/2009, p. 89-90; 94. O caso New York Times vs. Sullivan (1964) também foi referenciado pelo Ministro Gilmar Mendes em seu voto, vide p. 211.

[32] Vide: Sentenças nº 6/1981, nº 12/1982, nº 104/1986 e nº 171/1990 do Tribunal Constitucional da Espanha; caso *Handyside* (Sentença de 07/12/1976) e caso *Lingens* (Sentença de 08/07/1986) da Corte Européia de Direitos Humanos. Cfr. voto do Ministro Celso de Mello na ADPF nº 130/DF, Relator Ministro Ayres Britto, julgamento em 30/04/2009, DJ de 06/11/2009, p. 152-153.

[33] Essas referências estão reproduzidas no voto do Ministro Celso de Mello na RCL nº 9428//DF, Relator Ministro Cezar Peluso, julgamento em 10/12/2009, DJ de 25/06/2010, p. 262 e ss.

Para ressaltar a importância da liberdade de expressão, porém anotando que não se trata de direito de caráter absoluto, com fundamento na jurisprudência comparada, Celso de Mello valeu-se também de precedentes da Suprema Corte americana, especialmente do Caso Virginia v. Black (2003), em que aquela Corte considerou constitucional norma que punia, como crime, o ato de queimar uma cruz.

Em seu voto, Gilmar Mendes fez referência aos pronunciamentos de *Oliver Wendell Holmes Jr.* em julgados da Suprema Corte americana[34] sobre o mercado de ideias, que foi um primeiro modelo de interpretação da 1ª Emenda à Constituição dos Estados Unidos. Segundo Gilmar Mendes, "defendia Holmes, em verdade, a diversidade, a concorrência e o livre intercâmbio de ideias como o único modo idôneo de se buscar a verdade."[35]

Também outros casos da jurisprudência constitucional norte-americana[36] foram referidos por Gilmar para sustentar a tese de que o direito de criticar e discutir as condutas públicas constitui um princípio fundamental da forma democrática e republicana de governo na América[37].

O famoso Caso *Lüth* (BVerfGE 7, 198, 1958) da Corte Constitucional alemã foi lembrado por Gilmar Mendes como um marco na definição do significado da liberdade de expressão nas democracias contemporâneas[38]. Já o Caso Spiegel (BVerfGE 20, 62, 1966) foi registrado para corroborar a tese de que o direito fundamental à liberdade de imprensa tem também uma dimensão objetiva ou institucional.[39]

---

[34] São eles: Caso Schenck v. United States (1919) e Caso Abrams v. United States (1919), ambos da Suprema Corte dos Estados Unidos. Registre-se, por importante, que o primeiro caso tambem foi referenciado por Celso de Mello em seu voto, p. 158.

[35] Cfr. voto do Ministro Gilmar Mendes na na ADPF nº 130/DF, Relator Ministro Ayres Britto, julgamento em 30/04/2009, DJ de 06/11/2009, p. 211-212.

[36] São eles: Caso Pierce v. United States (1920); Gitlow v. New York (1925), Whitney v. California (1927); Rosenblatt v. Baer (1966); Curtis Publishing Co. v. Butts (1967) e Associated Press v. Nalker (1967), Rosenblooin v. Metromedia (1971).

[37] Cfr. voto do Ministro Gilmar Mendes na na ADPF nº 130/DF, Relator Ministro Ayres Britto, julgamento em 30/04/2009, DJ de 06/11/2009, p. 214-215.

[38] Cfr. voto do Ministro Gilmar Mendes na ADPF nº 130/DF, Relator Ministro Ayres Britto, julgamento em 30/04/2009, DJ de 06/11/2009, p. 218.

[39] Cfr. voto do Ministro Gilmar Mendes na na ADPF nº 130/DF, Relator Ministro Ayres Britto, julgamento em 30/04/2009, DJ de 06/11/2009, p. 220-221. Vide também o voto do Ministro Gilmar Mendes na ADPF-MC nº 130/DF, Relator Ministro Ayres Britto, julgamento 27/02/2008, DJ 07/11/2008.

Por fim, as referências aos Casos *Mephisto* (BVerfGE 30, 173, 1971) e *Lebach* (BVerfGE 35, 202) do Tribunal Constitucional alemão serviram como suporte à tese de que a liberdade de imprensa e expressão não são absolutas, podendo ceder, principalmente em face dos direitos da personalidade (direito à honra e à imagem).[40] O Caso *Factortame Ltd. V. Secretary of State for Transport* (93 ILR, p. 652) da Câmara dos Lordes da Inglaterra foi lembrado por causa do fato de a proteção à liberdade de expressão, constante do *Human Rights Act* de 1998, que constitui norma comunitária, prevalecer no ordenamento jurídico inglês em virtude desse precedente da década de 70.[41]

Como se vê, a abundância de referências a precedentes estrangeiros e internacionais, no presente caso, deu-se em virtude de ser a liberdade de imprensa e de expressão temas da maior relevância para os países democráticos, de forma que o fato de a discussão ter sido enriquecida, principalmente em virtude dos votos dos ministros que se utilizaram do método comparativo para construírem seus argumentos, pelos fundamentos de decisões de cortes de outras nações, revela-se digno de destaque no presente trabalho.

5. Considerações finais: por uma visão dinâmica de democracia na concretização cooperativa dos direitos fundamentais

A concretização dos direitos fundamentais deve realizar-se a partir de metodologias que consideram os fenômenos de transnacionalização, da cooperação e da globalização como pontos de partida para diálogos e discursos jurídicos justificados para além dos ordenamentos jurídicos e constitucionais nacionais.

Longe de ser uma decisão coerente, homogênea e definitiva, a decisão de mérito tomada na ADPF 130, se olhada com alguma acuidade e crítica, revela as vicissitudes de um Tribunal que se coloca à disposição de temas tortuosos e que enfrenta, nos limites, sua missão institucional de órgão de cúpula do Poder. O resultado pode ser frágil, incompleto e até superficial sob alguns aspectos, mas convida os demais poderes e a sociedade

---

[40] Cfr. voto do Ministro Gilmar Mendes na ADPF nº 130/DF, Relator Ministro Ayres Britto, julgamento em 30/04/2009, DJ de 06/11/2009, p. 231-232.

[41] Cfr. voto do Ministro Gilmar Mendes na ADPF nº 130/DF, Relator Ministro Ayres Britto, julgamento em 30/04/2009, DJ de 06/11/2009, p. 242.

brasileira em geral para o debate, fomentando a conformação plural e multifacetada da discussão sobre os direitos fundamentais entre nós.

Se a decisão não resolve de forma definitiva a conformação do âmbito de proteção do direito fundamental à liberdade de imprensa no Brasil – até porque esta construção numa sociedade democrática tende a ser dialética e permanente – ela inaugura o debate institucional, potencializa e oficializa os argumentos presentes, abrindo caminhos para as novas perspectivas que a concretização desse direito fundamental pode ganhar entre nós.

E não é só isso, a ADPF 130 apresenta-se como uma das decisões do Supremo Tribunal Federal que trouxe o maior número de referências a precedentes de outras cortes constitucionais e internacionais, representando um modelo decisão que, apesar de estar longe de ser o protótipo da transjusfundamentalidade no Supremo Tribunal Federal, pode ser o início de uma profícua caminhada em direção a um Estado cooperativo de direitos fundamentais[42].

A escolha pelo método comparativo, como parâmetro interpretativo para destacar os casos relevantes sobre direitos fundamentais, é uma decorrência natural da minha particular opção de investigar a atividade institucional do Supremo Tribunal Federal sob a perspectiva da transjusfundamentalidade[43].

As referências às decisões de cortes constitucionais, supremas e internacionais, segundo tenho averiguado, demonstra tendência para a prática compartilhada, plural, relativa e evolutiva da concretização dos direitos fundamentais, evidenciando que o Direito não mais se apresenta como o substituto das religiões e ideologias, nem como a panaceia para

---

[42] O Estado Constitucional Cooperativo é um conceito desenvolvido principalmente por Peter Haberle, segundo o qual o Estado constitucional cooperativo é aquele modelo político que se alimenta de redes de cooperação econômica, social, humanitária e antropológica, de forma que há necessidade de desenvolvimento de uma cultura e consciência de cooperação (no sentido da internacionalização da sociedade, da rede de dados, da esfera pública mundial, de legitimação da política externa). Cfr. HÄBERLE, Peter. *El estado constitucional*, trad. Hector Fix-Fierro. México : Universidad Nacional Autônoma de México, 2003, p. 68-69.

[43] Sobre o que seja a transjusfundamentalidade vide minha tese de doutorado: Transjusfundamentalidade: diálogos judiciais transnacionais sobre direitos fundamentais. 2013, 274 f. Tese (Doutorado) – Pós-Graduação em Direito, Estado e Constituição da Faculdade de Direito da Universidade de Brasília – UnB. Disponível em http://repositorio.unb.br/bitstream/10482/13876/1/2013_ChristineOliveiraPeterdaSilva.pdf

as mazelas humanas, mas, sim, como um elemento de integração dialógica dos diversos sistemas, que deverá seguir uma metodologia alternativa: a lógica de "pensar o múltiplo, sem com isso reduzi-lo à alternativa binária", ou seja, como uma fórmula que admite alternativas para além do "excluir ou impor identidades"[44].

Acredito que a concretização dos direitos fundamentais somente ocorre de forma potencializada a partir de metodologias que consideram os fenômenos de transnacionalização, da cooperação e da globalização como pontos de partida para diálogos e discursos jurídicos justificados para além dos ordenamentos jurídicos e constitucionais nacionais. A rede de instituições dialogantes desafia a inteligência organizatória tradicional, pois a democracia dialógica passa a ser exigida num ambiente de sistemas formados com base na interdependência e no pluralismo e não mais na divisão de competências e múltiplos controles.

Não temo dizer que a missão institucional da Suprema Corte brasileira não mais se confina às práticas jurisdicionais que o caracterizam como Tribunal da federação, pois há muito mais a ser reinventado e repensado na missão institucional da Corte, principalmente porque ser o guardião da Constituição, como define expressamente o texto constitucional brasileiro de 1988, parece não significar ser esta instituição a dona da última palavra, nem o oráculo constitucional máximo[45], como fizeram crer os estudiosos de outros tempos entre nós.

Nesse contexto, não é demais alertar para a importância dos diálogos judiciais transnacionais no processo de concretização dos direitos fundamentais realizado pelo Supremo Tribunal Federal, pois esta concretização deve ocorrer num ambiente de cooperação com os demais poderes e as forças sociais das comunidades culturais brasileira, estrangeiras e internacionais.

---

[44] DELMAS-MARTY, Mireille. **Por um direito comum**. Trad. Maria Ermantina de Almeida Prado Galvão. São Paulo : Martins Fontes, 2004, prefácio, p. VIII a XII.
[45] Aqui fica evidenciada a ideia de democracia de antíteses, ou seja, de que mesmo sendo a última instância do Judiciário brasileiro, a Corte Suprema sempre apresentar-se-á historicamente como a penúltima interprete, pois há inevitavelmente a possibilidade latente de algum outro poder do Estado, ou mesmo de a sociedade civil organizada, promover novas e variadas interpretações da Constituição, forçando o Supremo Tribunal Federal a mudar ou dispor-se novamente ao debate de seu ponto de vista.

A atividade da Corte deve estar naturalmente fundada na premissa de que, se estamos no rumo de um Estado Constitucional e de Direito[46], verdadeiramente comprometido com os direitos fundamentais, a alternativa metodológica da transjusfundamentalidade apresenta-se como essência do seu afazer concretizador, ou seja, a alteridade constitucional na construção dos direitos fundamentais passa a ser uma exigência e a própria força da democracia de antíteses para o Estado cooperativo de direitos fundamentais.

---

[46] Essa é a visão clássica e da qual partem todos os autores de Direito Constitucional do século XX. Para um maior aprofundamento sobre o confronto e o encontro entre Estado de Direito e Estado Constitucional vide primeiro capítulo de minha tese de doutorado: Transjusfundamentalidade: diálogos judiciais transnacionais sobre direitos fundamentais. 2013, 274 f. Tese (Doutorado) – Pós-Graduação em Direito, Estado e Constituição da Faculdade de Direito da Universidade de Brasília – UnB. Disponível em http://repositorio.unb.br/bitstream/10482/13876/1/2013_ChristineOliveiraPeterdaSilva.pdf

O direito à saúde e ao meio ambiente equilibrado como preceitos fundamentais: a ADPF 101 – proibição de importação de pneus usados

MARCO TÚLIO REIS MAGALHÃES*

O julgamento da Arguição de Descumprimento de Preceito Fundamental 101 pelo Supremo Tribunal Federal em 2009 pode ser qualificado como um caso emblemático, seja em relação à discussão de mérito (proibição da atividade de importação de pneus usados em razão de impactos à saúde e ao meio ambiente), seja em relação à discussão de aspectos procedimentais e processuais do controle de constitucionalidade no âmbito do STF.[1]

Nesse sentido, busca-se apontar aqui alguns aspectos centrais e interessantes a seu respeito.

1. Descrição do caso

O Presidente da República Federativa do Brasil ajuizou a Arguição de Descumprimento de Preceito Fundamental nº 101, com pedido liminar,

---

* Assessor do Ministro Gilmar Mendes. Bacharel em Direito e Mestre em Direito, Estado e Constituição pela Universidade de Brasília (UnB). Doutorando em Direito do Estado pela Universidade de São Paulo (USP). Procurador Federal.

[1] ADPF 101, Rel. Min. Cármen Lúcia, Pleno, DJe 4.6.2012. Inteiro teor do acórdão disponível no sítio do Supremo Tribunal Federal: <http://www.stf.jus.br>.

objetivando *"evitar e reparar lesão a preceito fundamental resultante de ato do Poder Público, representado por decisões judiciais que violam o mandamento constitucional previsto no art. 225 da Constituição Federal de 1988."*

Em síntese, constava da petição inicial que, desde 1991, o Poder Executivo Federal buscou proibir a importação de bens de consumo usados, entre os quais se incluiriam os pneus usados.[2] A proibição de importação de pneus usados teria sido gradativamente reforçada por meio de outros atos normativos subsequentes[3] e guardaria sintonia com precedente do próprio STF, segundo a Advocacia-Geral da União.[4]

O problema é que esse posicionamento do Governo Federal não era considerado válido por grandes empresas do ramo de pneus e por importadores e exportadores em geral, os quais ingressavam com ações judiciais e obtinham medidas liminares e decisões definitivas de mérito em favor da manutenção da importação de pneus usados.

Outro desafio que colocava em xeque a intenção de proibição pelo Estado brasileiro foi a perda de uma disputa comercial em favor do Uruguai, decidida à época pelo Tribunal Arbitral ad hoc do Mercosul, que reconheceu em 9.1.2002 o direito de os países integrantes do Mercosul continuarem a exportar pneus usados (remoldados) para o Brasil. Com isso, o Brasil teve que editar regulamentação que permitia, por exceção, a importação, em certas condições, dos países integrantes do Mercosul.[5]

Ocorre que, segundo o Presidente da República, uma série de decisões judiciais estaria autorizando a importação de pneus usados oriundos de países não integrantes do MERCOSUL, o que colocaria em grave risco a saúde pública e o meio ambiente sadio e ecologicamente equilibrado. A manutenção dessa situação permissiva colocaria em perigo *"a proteção ao preceito fundamental representado pelo direito à saúde e a um meio ambiente*

---

[2] Artigo 27 da Portaria DECEX 08, de 14.5.1991, do Departamento de Comércio Exterior.

[3] Por exemplo: Decreto nº 875, de 19.07.1993 (adesão à Convenção de Basiléia sobre o Controle de Movimentos Transfronteiriços de Resíduos Perigosos e seu Depósito); Resoluções do CONAMA (Resolução nº 23, Resolução 235/98, resolução 258/99); Portaria nº 08, de 25.09.2000 (da Secretária de Comércio Exterior – SECEX); Decreto nº 3.919/01 (que incluiu art. 47-A no Decreto nº 3.179/1999)

[4] RE 203.954/CE, Rel. Min. Ilmar Galvão, Pleno, DJ 07.02.1997.

[5] Conforme: Portaria SECEX nº 02, de 08.03.2012; Resolução CONAMA 301/02; Art. 47-A, §2º, do Decreto 3.179/1999 (com redação dada pelo Decreto nº 4.592/2003); Portaria DECEX nº 17/2003; Portaria SECEX nº 14/2004

ecologicamente equilibrado"[6], pois os custos públicos sanitários e ambientais para controle da destinação final dos pneus usados seriam extremamente elevados e de difícil realização pelo Estado.

Nesse sentido, ele apresentou os seguintes argumentos: não há método eficaz de eliminação completa dos resíduos desses produtos que não representem riscos ao meio ambiente; mesmo a incineração (método mais aceito) produz gases tóxicos nocivos à saúde pública e ao meio ambiente; outros métodos são economicamente inviáveis e conseguem tratar apenas de uma fração pequena de resíduos; assim como a União Européia, o Brasil não admite o aterro de pneus em razão de sua nocividade (risco de liberação de resíduos e líquidos tóxicos no solo); o acúmulo de pneus ao ar livre serve como criadouro ideal de mosquitos transmissores de doenças tropicais (malária e febre amarela) e como foco de incêndios de difícil controle.

Nesse emaranhado de questões, outro complicador seria o fato de que a União Europeia teria questionado como indevida a atitude do Brasil de permitir apenas a importação de pneus usados de países-membros do MERCOSUL.

Além disso, o passivo brasileiro de pneus usados a demandar destinação final ambientalmente adequada giraria em torno de 40 milhões de unidades (sem contar aqueles que ingressariam por força de decisões judiciais) e existiriam à época por volta de 100 milhões de pneus usados abandonados no país. Outro problema seria que a aceitação de pneus usados inservíveis de outros países (aqueles não passíveis de reaproveitamento pelos métodos de recauchutagem, recapagem e remoldagem) funcionaria como mecanismo barato de eliminação de pneus usados do território de outros países, com a transposição de todo o ônus de controle e destinação final ambientalmente adequada para o Brasil.

Dadas essas razões, o Presidente da República requereu medida liminar para suspender *"os efeitos das decisões judiciais que autorizavam a importação de pneus usados e sustar a tramitação dos feitos em que se discute a matéria, impedindo que novas decisões sejam proferidas nesse sentido, até o julgamento definitivo."*

No mérito, o autor pugnou pela procedência da ADPF para reconhecer a existência de lesão *"ao preceito fundamental consubstanciado no direito*

---

[6] Conforme petição inicial da ADPF 101, p. 8.

à saúde e ao meio ambiente ecologicamente equilibrado, nos termos dos arts. 196 e 225 da Constituição" e requereu:

(1) a declaração da ilegitimidade e inconstitucionalidade das decisões judiciais que autorizam a importação de pneus usados de qualquer espécie, inclusive de decisões judiciais transitadas em julgado;

(2) a declaração da inconstitucionalidade e ilegitimidade da interpretação judicial utilizada para viabilizar a importação de pneus usados de qualquer espécie, com efeito *ex tunc*, a incidir inclusive sobre ações já transitadas em julgado;

(3) a declaração da constitucionalidade e da legalidade de todos os atos normativos apresentados na petição inicial que fundamentam a proibição de importação de pneus usados com efeito *ex tunc*.

Houve realização de audiência pública no STF para debate do tema da referida ADPF, com participação de diversos interessados e especialistas.

O Procurador-Geral da República manifestou-se pela procedência da ADPF.

O julgamento se estendeu por mais de uma sessão em razão de pedido de vista do Ministro Eros Grau. O STF, preliminarmente, por maioria, conheceu a arguição de descumprimento de preceito fundamental, e, no mérito, também por maioria, deu parcial provimento à ADPF, nos termos do voto da Ministra Relatora Cármen Lúcia.[7]

2. A primeira audiência pública sobre questões ambientais e sanitárias no STF

Ao dispor sobre o processo e julgamento da ADPF, nos termos do art. 102, §1º, da Constituição, a Lei 9.882/99 previu a possibilidade de convocação de audiência pública pelo STF, para melhor análise e debate de uma dada questão, com auxílio de pessoas com experiência e autoridade na matéria (art. 6º, §1º). Tal possibilidade também está prevista na Lei

---

[7] A Ministra Cármen Lúcia acolheu os pedidos enumerados na descrição do caso, à exceção do pedido de desconstituição de decisões transitadas em julgado – embora tenha determinado que os efeitos da coisa julgada, em alguns casos, fossem limitados à data da decisão do STF. O conteúdo do voto da referida Ministra é esclarecido no tópico deste artigo que trata da questão da coisa julgada. Dada a extensão tanto do dispositivo do voto, quanto da ementa de julgamento da ADPF 101, recomenda-se a sua consulta no sítio do Supremo Tribunal Federal.

9.868/99, que dispôs sobre o processo e julgamento da ação direta de inconstitucionalidade e da ação declaratória de constitucionalidade (art. 9º, §1º).

O STF regulamentou essa hipótese de participação na Suprema Corte por meio da Emenda Regimental 29/2009, que atribuiu competência ao Presidente ou ao Relator, nos termos dos arts. 13, XVII, e 21, XVII, do Regimento Interno, para convocá-la, dispondo sobre seu procedimento no art. 154, parágrafo único.

Ocorrida em 27 de junho de 2008, a audiência pública convocada pela Ministra Cármen Lúcia foi importante para fortalecer a discussão constitucional da proteção ambiental e sanitária no STF. Foi a primeira audiência pública realizada na Corte a tratar com profundidade problemas e questões ambientais e sanitários.[8]

A Audiência Pública permitiu a participação de especialistas e de empresas e de pessoas envolvidas com a matéria. Dividiram-se as exposições em dois grandes grupos: (1) aqueles contrários à importação de pneus usados e remoldados[9] e (2) aqueles favoráveis à importação de pneus usados e remoldados[10].

É interessante notar que os dados colhidos em audiência pública estão refletidos no voto da Ministra Relatora Cármen Lúcia. É louvável e digno de nota a decisão (da referida Ministra) de juntar ao seu voto, em forma de anexo (ADPF 101 – Anexo III), uma síntese das teses apresentadas pelos especialistas. Tal medida permite a todos aqueles que se debruçam na análise do caso verificar, com facilidade, as principais teses e debates ocorridos no âmbito da audiência pública, potencializando os resultados

---

[8] Embora não tenha sido a primeira audiência pública, em termos cronológicos, realizada pelo STF. A primeira audiência desse tipo foi convocada pelo Min. Ayres Britto, Relator da ADI 3510, que impugnava dispositivos da Lei de Biossegurança (Lei 11.105/2005) realizada em 20.4.2007, relativa à constitucionalidade do uso de células tronco embrionárias em pesquisas científicas para fins terapêuticos.

[9] Ministério do Meio Ambiente; Ministério do Desenvolvimento, Indústria e Comércio Exterior; Ministério das Relações Exteriores; Ministério da Saúde; Instituto Brasileiro do Meio Ambiente e dos Recursos Naturais Renováveis; Conectas Direitos Humanos, Justiça Global e Apromac.

[10] Pneus Hauer e BS Colway; Associação Brasileira da Indústria de Pneus Remoldados – Abip; Pneuback; Pneus Hauer Brasil Ltda; Tal Remoldagem de Pneus Ltda.

desse meio de participação. É um exemplo que poderia servir como modelo para casos em que tenha sido convocada audiência pública.[11]

É possível também verificar em votos de outros ministros, de forma geral, referências aos dados e informações colhidos na audiência pública. Na ementa do julgado em questão, os itens 3 e 8 parecem ter relação direta com as informações e dados colhidos na audiência pública, pois trazem um conjunto de elementos (fáticos, técnicos, econômicos, sociais e políticos) que parecem ter sido essenciais no convencimento da Corte acerca da repercussão negativa da manutenção da atividade de importação de pneus usados sobre a saúde pública e o meio ambiente sadio e equilibrado.

3. O cabimento da ADPF 101: a expressão "resultante de ato do Poder Público" e o princípio da subsidiariedade

O presente caso gerou um debate interessante e importante para a consolidação da jurisprudência do STF acerca do cabimento da ADPF. Segundo o art. 1º da Lei 9.882/99, a "argüição prevista no § 1º do art. 102 da Constituição Federal será proposta perante o Supremo Tribunal Federal, e terá por objeto evitar ou reparar lesão a preceito fundamental, **resultante de ato do Poder Público**" (grifo nosso).[12]

A questão preliminar discutida pela Corte consistia em saber se decisões judiciais (transitadas em julgado ou não), que estariam a firmar posicionamentos divergentes sobre a questão de importação de pneus usados, poderiam ser objeto de impugnação por meio de uma ADPF; e se estaria cumprido o requisito da subsidiariedade.

Segundo a Ministra Cármen Lúcia, o autor da ADPF demonstrou a inegável importância da matéria discutida (a relevância do interesse público como suporte para o ajuizamento da ADPF), a possibilidade de descumprimento de preceitos fundamentais e a inexistência de outro meio

---

[11] Isso porque não há essa exigência no Regimento Interno do STF, que apenas determina que "os trabalhos da audiência pública serão registrados e juntados aos autos do processo, quando for o caso, ou arquivados no âmbito da Presidência" (art. 154, parágrafo único, inciso IV, RISTF).

[12] O parágrafo único do referido artigo também prevê que caberá ADPF "quando for relevante o fundamento da controvérsia constitucional sobre lei ou ato normativo federal, estadual ou municipal, incluídos os anteriores à Constituição". Porém, esse não era o cerne da questão discutida na ADPF 101.

judicial eficaz (art. 4º, §1º, da Lei 9.882/99). Destacou, ainda, a importância de uma interpretação mais compreensiva da expressão "ato do Poder Público", com apoio na jurisprudência daquela Corte (ADPF 33, Rel. Ministro Gilmar Mendes, DJ 27.10.2006) e na doutrina – quanto à possibilidade de incongruências hermenêuticas e confusões jurisprudenciais decorrentes dos pronunciamentos de múltiplos órgãos poderem configurar uma ameaça a preceito fundamental.[13]

Nesse ponto, houve divergência apenas do Ministro Marco Aurélio, que votou pelo não cabimento da ADPF, pois defendia que a expressão "ato do Poder Público" não poderia abarcar atos de jurisdição, bem como defendia inexistir demonstração da lesividade exigida no art. 4º, §1º, da Lei 9.882/99. Segundo ele, a ADPF não seria sucedâneo recursal nem ação rescisória. Logo, não teria o condão de rever a adequação de atos jurisdicionais.

O Ministro Joaquim Barbosa também acentuou o caráter peculiar do pedido desta ADPF, que se voltava contra decisões judiciais proferidas em diferentes graus e esferas de jurisdição. Contudo, ele entendeu cabível a ADPF, asseverando o seu relevante papel em casos como o que estava em análise, pois era necessário conferir segurança jurídica e resposta judicial célere ao cumprimento de princípios caros ao modelo constitucional brasileiro, que ultrapassavam interesses de partes eventualmente identificáveis.

Essas simples referências permitem evidenciar a importância do entendimento fixado neste julgamento acerca da discussão dos termos amplos do art. 1º da Lei 9.882/99, bem como a importância da compreensão do requisito da subsidiariedade. Esse caso ilustra a hipótese de a ADPF poder abranger lesão a preceito fundamental decorrente de mera interpretação judicial, situação em que "a controvérsia não tem por base a legitimidade ou não de uma lei ou de um ato normativo, mas se assenta simplesmente na legitimidade ou não de uma dada interpretação constitucional."[14]

Nesse sentido, destaca Gilmar Mendes que o ato judicial de interpretação direta de uma norma constitucional pode conter uma lesão a preceito fundamental (a exemplo do que comumente ocorre no âmbito do controle de constitucionalidade difuso). Além disso, essa hipótese parece

---

[13] Vide item 1 da ementa de julgamento da ADPF 101.
[14] MENDES, Gilmar Ferreira. **Argüição de descumprimento de preceito fundamental**: comentários à Lei n. 9.882, de 3.12.1999. 2 ed. São Paulo: Saraiva, 2011, p. 132.

demonstrar uma aproximação interessante e possível dos institutos da ADPF e do recurso extraordinário, assegurando ao STF a possibilidade de apreciar uma determinada questão posta pela perspectiva de um ou de outro meio processual. A esse respeito, ele destaca que:

> Nesse passo, vislumbra-se, de *lege ferenda*, a possibilidade de conjugação dos institutos da arguição de descumprimento e do recurso extraordinário.
>
> Assim, o legislador poderia atribuir ao recorrente, no recurso extraordinário, o direito de propor simultaneamente a arguição, assegurando ao STF a possibilidade de apreciar a controvérsia posta, exclusivamente, no recurso ou, também, na ação especial.
>
> (...)
>
> Essa ADPF destinada à impugnação de decisão judicial assume características de uma ação especial de impugnação de decisões judiciais, tal como a *Verfassungsbeschwerde* alemã e o recurso de amparo espanhol.[15]

4. O meio ambiente ecologicamente equilibrado e a saúde pública como preceitos fundamentais

A doutrina costuma afirmar ser tormentosa a tarefa de identificação de um preceito fundamental, ou melhor, de "preceitos fundamentais da Constituição passíveis de lesão tão grave que justifique o processo e julgamento da arguição de descumprimento."[16]

Ainda que alguns preceitos fundamentais estejam explicitamente enunciados no texto constitucional e ainda que seja possível vislumbrar a possibilidade de atribuição dessa qualificação a determinadas categorias jurídicas (direitos e garantias fundamentais, cláusulas pétreas, princípios sensíveis, etc.), fato é que uma definição mais precisa deve ser dada a partir de um caso específico, considerados o contexto de determinada ordem jurídica e a necessidade de uma interpretação sistemática da Constituição:

> Nessa linha de entendimento, a lesão a preceito fundamental não se configurará apenas quando se verificar possível afronta a um princípio fundamental, tal como assente na ordem constitucional, mas também a disposições que confiram densidade normativa ou significado específico a esse princípio.

---

[15] MENDES, *op. cit.*, 2011, p. 133-134.
[16] MENDES, *op. cit.*, 2011, p. 148.

Tendo em vista as interconexões e interdependências dos princípios e regras, talvez não seja recomendável proceder-se a uma distinção entre essas duas categorias, fixando-se um conceito extensivo de preceito fundamental, abrangente das normas básicas contidas no texto constitucional.[17]

No caso em questão, a Ministra Cármen Lúcia identificou o direito ao meio ambiente ecologicamente equilibrado, previsto em nossa Constituição, como preceito fundamental passível de lesão e que deveria ser resguardado. Para tanto, buscou interpretar as normas constitucionais que determinam a proteção do meio ambiente, a legislação infraconstitucional anterior e posterior a 1988, o princípio da precaução, os princípios do desenvolvimento sustentável e da equidade e responsabilidade intergeracional, os princípios constitucionais da ordem econômica, bem como a jurisprudência do STF sobre o tema.

Da mesma forma, identificou a importância de efetiva proteção à saúde pública como preceito fundamental, assentando que o direito à saúde não pode ter tratamento omisso ou insuficiente do Estado e nem representa apenas o combate a doenças e endemias, mas deve constituir meio de garantia de bem-estar físico, psíquico e social. A perspectiva de proteção pode ser individual, coletiva e difusa – em conexão à ideia de um meio ambiente sadio e ecologicamente equilibrado.

Vale ressaltar que o esforço dos Ministros em identificar e delimitar os preceitos fundamentais é bem interessante, pois exige uma reconstrução da percepção jurisprudencial, normativa e doutrinária daqueles temas, em sintonia com as normas constitucionais e com a ordem jurídica.

O entendimento firmado pela Suprema Corte no sentido da existência desses preceitos fundamentais, que não necessariamente se confundem com a categoria de direitos constitucionalmente previstos, é relevante como fundamento jurídico de proibição de omissão ou de atuação insuficiente do Estado em assuntos ligados à proteção ambiental e à saúde pública, bem como repercute de forma positiva para explicitar deveres fundamentais do Estado nessas áreas temáticas.

---

[17] MENDES, *op. cit.*, 2011, p.. 133-134.

5. A questão da ponderação de princípios constitucionais como método de decisão

De forma geral, o voto vencedor da Ministra Cármen Lúcia resolveu a questão a partir da idéia de ponderação entre princípios constitucionais, observados os dados e informações colhidos em audiência pública e nos autos e com base na legislação de regência e nas referências internacionais relativas ao caso (OMC e MERCOSUL).[18] Os demais ministros que acompanharam seu voto não fizeram maiores objeções a essa forma de decisão.

Contudo, o Ministro Eros Grau, em seu voto-vista, embora dissesse estar de acordo com o voto da Ministra Cármen Lúcia no que tange a sua conclusão (dispositivo), fez questão de ressaltar sua divergência quanto ao modo de decidir (fundamentação da afirmação da inconstitucionalidade das interpretações judiciais impugnadas), ressaltando a inadequação e os perigos da utilização da idéia de ponderação de princípios no caso em questão:

7. A Ministra Relatora afirma que, "[a]pesar da complexidade dos interesses e dos direitos envolvidos, a **ponderação** dos princípios constitucionais demonstra que a importação de pneus usados ou remoldados afronta os preceitos constitucionais da saúde e do meio ambiente ecologicamente equilibrado e, especificamente, os princípios que se expressam nos arts. 170, inc. I e VI e seu parágrafo único, 196 e 225, da Constituição do Brasil" (negrito meu).

8. Tenho porém que a ponderação entre princípios é operada *discricionariamente*, à margem da interpretação/aplicação do direito, e conduz à *incerteza jurídica*.

9. Interpretar o direito é formular juízos de legalidade, ao passo que a discricionariedade é exercitada mediante a formulação de juízos de oportunidade.

(...)

19. Juízes, especialmente os chamados juízes constitucionais, lançam mão intensamente da técnica da ponderação entre princípios quando diante do que a doutrina qualifica como conflito entre direitos fundamentais. Como contudo inexiste, no sistema jurídico, qualquer regra ou princípio a orientá-

---

[18] Vide item 8 da ementa de julgamento da ADPF 101. Vide, ainda, ilustrativamente, os itens 27, 28 e 31 do voto da Ministra Cármen Lúcia.

-los a propósito de qual dos princípios, no conflito entre eles, deve ser privilegiado, essa técnica é praticada à margem do sistema, subjetivamente, de modo discricionário, perigosamente. A opção por um ou outro é determinada subjetivamente, a partir das pré-compreensões de cada juiz, no quadro de determinadas ideologias. Ou adotam conscientemente certa posição jurídico-teórica, ou atuam à mercê dos que detêm o poder e do espírito do seu tempo, inconscientes dos efeitos de suas decisões, em uma espécie de "vôo cego", na expressão de RÜTHERS. Em ambos os casos essas escolhas são perigosas.

Esse é um tema importante na discussão teórica, doutrinária e jurisprudencial da atuação das cortes constitucionais. Ele reflete a preocupação em se distinguir juízos de adequação e juízos de justificação no discurso jurídico, que a depender do contexto (judicial, legislativo, executivo) deve tomar diferentes formas de fundamentação. O voto do referido Ministro se destaca por colocar no centro do problema o aspecto da técnica de decisão adotada para a solução do caso, apontando os perigos e fragilidades que, a seu juízo, a utilização da ponderação poderia trazer (insegurança jurídica, subjetivismo excessivo e perigo de sobreposição de valores a direitos) em casos como o que estava em análise.[19]

6. A parcial procedência da ação e a problemática da coisa julgada

Um dos aspectos mais interessantes do presente caso diz respeito à delimitação do alcance de incidência da decisão judicial proferida em sede de ADPF, levando-se em conta a garantia constitucional da coisa julgada. Assim constou do item 9 da ementa de julgamento do caso:

9. Decisões judiciais com trânsito em julgado, cujo conteúdo já tenha sido executado e exaurido o seu objeto não são desfeitas: efeitos acabados. **Efeitos cessados de decisões judiciais pretéritas, com indeterminação**

---

[19] Essa discussão se remete às distinções feitas por autores que normalmente acentuam a preocupação com a racionalidade, a correção e o controle do discurso jurídico (em especial do judicial), bem como a preocupação com a definição de uma adequada teoria das normas jurídicas – questão hoje muito debatida a partir de visões que trabalham com a distinção entre regras e princípios (e, para alguns, também postulados). Por exemplo: Ronald Dworkin (em sua obra "Uma questão de princípio", 2005); Jürgen Habermas (em sua obra "Direito e democracia: entre facticidade e validade", Vol. 1, 1999); Robert Alexy (em sua obra "Teoria de los derechos fundamentales", 1993).

temporal quanto à autorização concedida para importação de pneus: proibição a partir deste julgamento por submissão ao que decidido nesta arguição. (grifo nosso)

Desde a discussão da preliminar de cabimento da ADPF, o Ministro Marco Aurélio apontava preocupação com a garantia da coisa julgada. A proposta trazida pela Ministra Cármen Lúcia e acolhida pela maioria do Plenário do STF, conforme se verifica do dispositivo de seu voto, contém as seguintes premissas:

– Declaram-se válidas e constitucionais todas as normas proibitivas de importação de pneus usados (legais e infralegais), com efeitos *ex tunc*;

– Declaram-se inconstitucionais, com efeitos *ex tunc*, todas as interpretações, incluídas as judiciais, que apontem em sentido contrário, ressalvadas aquelas fundadas na decisão do Tribunal a*d hoc* do Mercosul (por que não foram objeto da ADPF);

– Excluem-se da incidência dos efeitos *ex tunc* da decisão tomada na ADPF todas as decisões judiciais transitadas em julgado, que não estejam sendo objeto de ação rescisória;

– Incluem-se na incidência dos efeitos proibitivos decorrentes da procedência parcial da ADPF, contados a partir da data de decisão da ADPF pelo STF, todas as decisões judiciais transitadas em julgado, que contenham conteúdo aberto na parte dispositiva, no sentido de uma autorização ilimitada para futuras importações.

Nesse ponto, reconhece-se a complexidade e o dinamismo da decisão tomada nesta ADPF. Em primeiro lugar, dado o seu efeito vinculante e eficácia *erga omnes*, exigiu-se a partir do julgamento da ADPF que as decisões do Poder Executivo e do Poder Judiciário (não transitadas em julgado) passassem a se conformar com o entendimento ali fixado.

Assim, todas as decisões judiciais não transitadas em julgado deveriam ser revistas para se adequarem ao novo entendimento fixado pelo STF, inclusive, segundo a Ministra Cármen Lúcia, aquelas decisões transitadas em julgado que fossem objeto de ação rescisória ainda não transitada em julgado.[20]

---

[20] A afirmação de que casos impugnados por ações rescisórias não transitadas em julgado podem sofrer os efeitos da decisão da ADPF 101 levanta a curiosa indagação – não claramente respondida no acórdão – acerca da possível incidência da ADPF também sobre decisões

Entretanto, o nó da questão seria lidar com as decisões transitadas em julgado – preocupação explícita no debate dos Ministros. A Ministra Cármen Lúcia resolveu essa questão no dispositivo do seu voto (como visto acima), no que foi acompanhada pela maioria dos Ministros.

Uma leitura apressada do teor do referido dispositivo poderia dar a falsa impressão de que se estaria, ainda que de forma sútil, reformando a coisa julgada via ADPF. Contudo, como esclareceu o Ministro Gilmar Mendes em seu voto, não se tratava "de abolir a garantia constitucional da coisa julgada, nem de torná-la absoluta temporalmente."

Segundo ele, o problema a ser enfrentado não diria respeito à reforma de uma coisa julgada, mas tão-somente ao alcance de seus efeitos. Nesse sentido, não se desconsideraria a decisão judicial transitada em julgado (considerada válida), mas poderia haver uma limitação dos efeitos futuros de qualquer comando judicial aberto ou indeterminado (no sentido de uma autorização irrestrita e ilimitada de importação no tempo, independente de qualquer variável a ser observada), a fim de compatibilizá-los com a decisão tomada pelo STF, sendo a data de julgamento da ADPF o limite temporal:

Assim, **a solução desta questão perpassa a consideração de que os efeitos da coisa julgada**, quanto à autorização judicial de operações de importação de pneus em um determinado processo judicial transitado em julgado, **prevalecem tão somente para aquela determinada operação de importação relacionada a determinados bens e realizada num determinado momento.**

Dessa forma, **aplica-se ao caso, de forma analógica, o entendimento jurisprudencial firmado por esta Corte na Súmula 239**, também considerado na doutrina que trata da peculiaridade do alcance da coisa julgada em matéria tributária, de que **se preserva a coisa julgada em relação à determinada operação temporalmente identificada, mas não necessariamente a todas as outras possíveis operações futuras de importação de pneus, que podem vir a ser reguladas de forma distinta**, diante de eventual modificação da orientação jurídica segura sobre a matéria, em que

---

transitadas em julgado que ainda pudessem vir a ser impugnadas por ação rescisória (em razão de não ter decorrido o prazo do art. 495 do CPC). Ao que parece, essa questão demandaria uma interpretação do próprio dispositivo do voto vencedor, em sentido restritivo ou não.

se assenta a legitimidade e conformidade de uma exclusiva interpretação constitucional como adequada.

Mutatis mutandis, **a resolução da questão assemelha-se também à discussão de inexistência de direito adquirido a determinado regime jurídico** (v.g. RE 540819 AgR/PR, Rel. Min. Ellen Gracie, DJ 22.5.2009; RE 593711 AgR/PE, Rel. Min. Eros Grau, DJ 17.3.2009; RE 563965/RN, Rel. Min. Carmen Lucia, DJ 20.3.2009; AI 609997 AgR/DF, Rel. Min. César Peluso, DJ 12.3.2009), ante o entendimento de que **não se pode alegar, eternamente, direito adquirido a uma determinada forma de regulação estatal de operações de importação** (de pneus), que podem mudam[sic] conforme as diretrizes político-jurídicas do Estado brasileiro.

Assim, **ressaltam-se no presente caso apenas os limites objetivos da coisa julgada em casos judiciais transitados em julgado**, referentes à autorização de importação de pneus, de forma a compatibilizá-los com a declaração de constitucionalidade *ex tunc* proferida na presente ADPF.[21] (grifo nosso)

Assim, a parcial improcedência consistiria na impossibilidade de desfazimento de decisões transitadas em julgado com efeitos exauridos quanto ao objeto da ação naqueles casos (importações já realizadas e consumadas, por exemplo).

7. A Constituição como fundamento imediato de normas infralegais e o princípio da legalidade

Também merece destaque a discussão relativa à observância do princípio da legalidade. Segundo o Ministro Marco Aurélio (voto vencido), inexistiria lei em sentido formal a dar suporte à proibição de importação de pneus usados. Contudo, prevaleceu o entendimento da Ministra Cármen Lúcia, que assentou que:

> Não se tem, no caso, ofensa ao princípio da legalidade, pois é expresso o *"fundamento no Decreto 99.240/90, editado em face do art. 237 da Constituição"*, o que, de resto, já foi examinado por este Supremo Tribunal que, no julgamento do Recurso Extraordinário n. 202.313, Relator o Ministro Carlos Velloso (Plenário, DJ 19.12.1996) e do Recurso Extraordinário n. 203.954, Relator o Ministro Ilmar Galvão (Plenário, DJ 7.2.1997), decidiu pela cons-

---

[21] Conforme voto do Ministro Gilmar Mendes no julgamento da ADPF 101.

titucionalidade das Portarias Decex n. 8/91 e Secex n. 8/00, que vedam a importação de bens de consumo usados, tendo aquelas normas fundamento direto na Constituição.[22]

Como visto, esse caso retoma uma discussão importante, presente em outros precedentes do STF,[23] quanto à possibilidade de determinados atos infralegais terem como fundamento ou suporte imediato as normas da própria Constituição. Vale mencionar ainda que, segundo o voto do Ministro Gilmar Mendes, as portarias que proibiram a licença de importação de pneus usados de qualquer espécie estariam ainda em conformidade com a Convenção de Basiléia[24], com a Lei da Política Nacional do Meio Ambiente e com a Constituição.

8. A repercussão de decisões do MERCOSUL e da OMC no julgamento da ADPF

Outro destaque da relevância deste caso está no fato de que a decisão do STF teve que levar em consideração uma decisão do Tribunal Arbitral *ad hoc* do Mercosul e decisões tomadas no âmbito da Organização Mundial do Comércio.

O Presidente da República – autor da ADPF – não se insurgiu quanto à continuidade do cumprimento do Laudo Arbitral do Tribunal Arbitral *ad hoc* do Mercosul.[25] Assim, o acórdão do STF deixou consignado que não havia pretensão de revisão ou reforma da decisão ali tomada. Contudo, isso não impediu uma série de considerações a seu respeito: sobre a necessidade de sua manutenção; sobre a sua validade no âmbito do comércio internacional; sobre os seus fundamentos não serem absolutos e não ter a referida decisão arbitral analisado a questão da importação

---

[22] Vide item 6 da ementa de julgamento da ADPF 101.

[23] Vide, por exemplo, a discussão sobre o fundamento normativo da vedação do nepotismo, que, segundo o STF, inexigiria lei em sentido formal, dada a incidência direta de normas constitucionais: RE 579951, Rel. Min. Ricardo Lewandowski, Pleno, DJe 24.10.2008; ADC 12, Rel. Min. Carlos Britto, Pleno, DJe 18.12.2009. Essa discussão também se apresenta sob o ângulo da discussão da existência de decretos autônomos.

[24] Consta no voto do Ministro Gilmar Mendes que "a Convenção de Basiléia sobre o Controle de Movimentos Transfronteiriços de Resíduos perigosos e seu Depósito foi internalizada no ordenamento jurídico brasileiro pelo Decreto Presidencial n.o 875, de 19 de julho de 1993, anteriormente aprovado pelo Decreto Legislativo n.o 34, de 16 de junho de 1992."

[25] Vide páginas 38-40 da petição inicial da ADPF 101.

sobre o prisma ambiental e sanitário, ou seja, sobre sua compatibilidade com a ordem constitucional nesses aspectos.

Interessa notar que, como a decisão arbitral limitava-se à importação de pneus usados remoldados, o julgamento da ADPF teve repercussão proibitiva, no âmbito do Mercosul, quanto a todas as outras formas de importação de pneus usados (recauchutados, recapados ou carcaças ainda não submetidas a qualquer processo de reutilização).[26]

Vale destacar que o contencioso provocado pela União Europeia contra o Brasil perante a OMC também teve forte repercussão no julgamento do caso.[27] Isso se verifica no debate da Corte acerca da preliminar de cabimento da ADPF (relevância do interesse público envolvido) e do mérito do caso (fundamentos constitucionais proibitivos e uniformidade do tratamento da matéria pelo Poder Judiciário brasileiro), bem como acerca da preocupação explicitada em diversos votos no sentido de se dar uma resposta contundente, firme e fundamentada à comunidade internacional (sobretudo à OMC), quanto à posição do Brasil sobre o tema.[28] É o que se constata, ilustrativamente, do excerto abaixo transcrito do voto da Ministra Cármen Lúcia:

> Em 17.12.2007, o *Órgão de Solução de Controvérsias (DSB)* adotou o relatório do *Órgão de Apelação e o relatório do Painel e, no encontro ocorrido em 15.1.2008, o Brasil comprometeu-se a implementar as recomendações e as regras do Órgão de Solução*

---

[26] As carcaças ainda não submetidas a qualquer processo de reutilização podem ser ainda servíveis a alguma finalidade (após algum processo de reutilização) ou definitivamente inservíveis (insuscetíveis de qualquer tipo de reutilização como pneu ou insumo para outras finalidades).

[27] A União Européia formulou Consulta ao Brasil em 2005, conforme as regras da OMC, sobre a proibição de importação de pneus usados da UE e a manutenção de importação do Mercosul, A falta de acordo resultou na abertura de Painel em 2006, seguido de recursos de apelação por parte do Brasil e da UE. Em 2007, a OMC decidiu que, a despeito de ser possível restringir importações por motivos de saúde pública e proteção ao meio ambiente, a postura e atuação brasileiras (considerada a exceção do Mercosul, a concessão de inúmeras decisões judiciais conflitantes e a falta de uma postura uniforme do país) foram vistas como discriminatórias, arbitrárias e injustificáveis, em violação às regras da OMC. Estipulou-se prazo (17.12.2008) para o Brasil tomar as providências recomendadas. Para análise do caso no sítio da OMC, intitulado *DISPUTE DS332 Brazil – Measures Affecting Imports of Retreaded Tyres*, consultar: <http://www.wto.org/english/tratop_e/dispu_e/cases_e/ds332_e.htm>.

[28] Sobretudo nos votos da Ministra Cármen Lúcia e dos Ministros Gilmar Mendes e Joaquim Barbosa.

de Controvérsias, de maneira consistente com as obrigações da Organização Mundial do Comércio.

Aquela decisão convida o Judiciário nacional, em especial este Supremo Tribunal, a examinar e julgar a matéria no que concerne às providências, incluídas as normativas, adotadas no sentido de garantir a efetividade dos princípios constitucionais. Enfoque especial há de ser dado à questão das decisões judiciais contraditórias, realce àquelas listadas na peça inicial desta Argüição, mas que têm caráter meramente exemplificativo, à luz das obrigações internacionais do Brasil, mas, principalmente e em razão da competência deste Supremo Tribunal, dos preceitos constitucionais relativos à saúde pública e à proteção ao meio ambiente ecologicamente equilibrado.

Nesse sentido, essa decisão pode ser destacada como exemplo de caso em que o diálogo e a interação entre órgãos decisórios nacionais e internacionais podem se manifestar – ainda que os órgãos internacionais envolvidos não sejam cortes de direitos humanos.[29]

Considerações finais

Como visto, os aspectos destacados do julgamento da ADPF 101 permitem realçar a importância do caso quanto ao mérito debatido e a sua repercussão prática para a coletividade e para a ordem econômica e administrativa. Contribuem, ainda, para o desenvolvimento do processo de controle de constitucionalidade no âmbito do STF, ao aprofundar tanto aspectos processuais e procedimentais em sede de ADPF, como a discussão da própria racionalidade das decisões tomadas por cortes constitucionais.

---

[29] A OMC pode ser entendida dentro do contexto de uma administração transnacional ou global, considerada como um tipo de regulação administrativa globalizada de (1) administração de organizações internacionais formais, tipicamente interestatais que atuam por meio de tratados e acordos executivos. Cfe. KINGSBURY, Benedict, KRISCH, Nico, and STEWART, Richard B. *The Emergence of Global Administrative Law*. In: **Law and Contemporary Problems**. Durham. Vol. 68. Nº 1, 2005, p. 20-21. Sobre os dilemas de interação entre cortes domésticas e internacionais e ordens jurídicas subjacentes, no plano dos direitos humanos, vide: RAMOS, André de Carvalho. *O diálogo das cortes: o Supremo Tribunal Federal e a Corte Interamericana de Direitos Humanos*. In: AMARAL JÚNIOR, Alberto do; JUBILUT, Liliana Lyra. **O STF e o direito internacional dos direitos humanos**. São Paulo: Quartier Latin, 2009, p. 805-850.

É um caso emblemático quanto à manifestação direta e aprofundada da Suprema Corte em relação a temas ligados ao meio ambiente ecologicamente equilibrado e à saúde pública, que cada vez mais tomam parte nos seus julgamentos e que, inevitavelmente, acabam por exigir a consideração de repercussões internacionais dessas questões.

ADI 875: a inconstitucionalidade dos critérios de rateio do Fundo de Participação dos Estados

CELSO DE BARROS CORREIA NETO[*]

1. Introdução

O caso em análise refere-se ao julgamento conjunto de quatro ações diretas de inconstitucionalidade – ADI 1.987, ADI 875, ADI 2.727 e ADI 3.243 – ajuizadas contra dispositivos da Lei Complementar 62, de 1989, que estabelece normas sobre o cálculo, a entrega e o controle das liberações dos recursos do Fundo de Participação dos Estados – FPE.

Estava em questão uma omissão legislativa parcial, em face do descumprimento do art. 161, II, da Constituição Federal, norma que impõe ao legislador complementar o dever de estabelecer critérios para rateio dos recursos do fundo, a fim de "promover o equilíbrio socioeconômico entre Estados".

Três aspectos do julgamento merecem destaque: (1) a fungibilidade dos instrumentos processuais empregados, ADI e ADO; (2) os fundamentos utilizados para justificar a declaração de inconstitucionalidade da lei e (3) a técnica de decisão adotada pelo Tribunal. Analisaremos cada um desses pontos nos itens que se seguem.

---

[*] Assessor do Ministro Gilmar Mendes desde 3.2013. Doutor em Direito pela USP. Professor do Instituto Brasiliense de Direito Público.

2. Caso

O julgamento teve por objeto o art. 2º, incisos I e II, §§ 1º, 2º e 3º, e Anexo Único da LC 62/89. Discutia-se a constitucionalidade dos coeficientes de repasse fixados pela lei para a divisão, entre os Estados e o Distrito Federal, dos recursos do FPE, fundo constitucional formado por parcela do produto da arrecadação do Imposto sobre Renda e Proventos de Qualquer Natureza (IR) e do Imposto sobre Produtos Industrializados (IPI).

Dois fundamentos foram determinantes para a declaração de inconstitucionalidade dos dispositivos impugnados. O primeiro foi o descompasso entre os coeficientes de rateio previstos na lei complementar e a finalidade redistributiva imposta pelo art. 161, II, da Constituição Federal. O segundo foi o fato de a LC 62/89 ter estabelecido coeficientes individuais fixos para a divisão dos recursos do FPE, em vez de "critérios de rateio", capazes de evoluir conforme a alteração das circunstâncias socioeconômicas dos Estados e das regiões brasileiras.

O Tribunal julgou procedentes as ações diretas de inconstitucionalidade, no sentido do voto do relator, Ministro Gilmar Mendes, e aplicou o art. 27 da Lei n. 9.868/99 para declarar a inconstitucionalidade, sem a pronúncia da nulidade, do art. 2º, incisos I e II, §§ 1º, 2º e 3º, e do Anexo Único, ambos da LC n. 62/1989, mantendo sua vigência até 31 de dezembro de 2012. Ficou vencido parcialmente o Ministro Marco Aurélio, que votou pela procedência apenas da Ação Direta de Inconstitucionalidade 1.987 e pela não aplicação do art. 27 da Lei n. 9.868/99.

3. Fungibilidade entre ADI e ADO

O primeiro aspecto a ser destacado no julgamento diz respeito aos instrumentos processuais utilizados. O conjunto das ações julgadas contava com ações diretas de inconstitucionalidade por ação e também por omissão. Sem prejuízo de algumas diferenças de objeto e argumentação, todas elas discutiam a constitucionalidade dos critérios de rateio do FPE estabelecidos na LC 62/89, tendo como principal parâmetro o art. 161, II, da Constituição Federal.

A ADI 1.987, proposta pelos Governadores dos Estados do Mato Grosso e de Goiás, pedia a declaração da omissão legislativa e, por conseguinte, da mora do Congresso Nacional em relação à fixação de critérios de partilha condizentes com a finalidade constitucional do FPE. A ADI 875, ajuizada pelos Governadores do Rio Grande do Sul, Paraná e Santa Catarina, e a ADI 2.727, formalizada pelo Governador do Mato Grosso do Sul, impugnavam o art. 2º, §§ 1º, 2º e 3º, da referida lei, bem como seu Anexo Único, no qual constavam os coeficientes individuais de repasse. A ADI 3.243, por sua vez, atacava especificamente o § 3º do art. 2º da mencionada lei, disposição que prorrogava, por prazo indeterminado, a vigência dos coeficientes de rateio.

A diferença de objeto das ADIs em relação à ADO explica-se pela natureza do vício em questão: a inconstitucionalidade por omissão parcial. Como se sabe, os estados de omissão inconstitucional caracterizam-se pela inação do Poder Público em situações específicas nas quais há norma constitucional impondo a adoção de certa providência, notadamente a prática de ato administrativo (pelo Executivo) ou edição de lei (pelo Legislativo).[1] Na omissão parcial, todavia, não há rigorosamente uma inação do Poder Público; não falta a providência normativa exigida pelo texto constitucional. Nessas hipóteses, há uma ação desconforme, ou seja, a lei existe sim, mas seu conteúdo não atende perfeitamente aos parâmetros traçados pela norma constitucional.

Foi essa a situação examinada na ADI 875. O caso da LC 62/1989 seria de inconstitucionalidade por omissão parcial, porque os parâmetros estabelecidos na lei complementar não seriam suficientes para realizar integralmente a norma constitucional do art. 161, II, da Constituição Federal. Haveria, desse modo, um ato legislativo imperfeito, que atenderia apenas parcialmente ao mandamento constitucional e, portanto, poderia ser impugnado tanto pelo que dispôs (ação), quanto pelo que deixou de dispor (omissão).

Sendo assim, coube ao STF enfrentar, em preliminar, a questão do cabimento das ações diretas por ação e por omissão quanto a um mesmo objeto, no caso, a omissão legislativa parcial, consubstanciada na LC 62/89.

---

[1] "A omissão parcial, por sua vez, envolve a execução parcial ou incompleta de um dever constitucional de legislar, que se manifesta tanto em razão do atendimento incompleto do estabelecido na norma constitucional como do processo de mudança das circunstâncias fático-jurídicas que venha a afetar a legitimidade da norma (inconstitucionalidade superveniente), ou, ainda, em razão de concessão de benefício de forma incompatível com o princípio da igualdade (exclusão de benefício incompatível com o princípio da igualdade)." MENDES, Gilmar. O Mandado de Injunção e a Necessidade de sua Regulação Legislativa. IN: MENDES, Gilmar; VALE, André Rufino do; QUINTAS, Fábio Lima (Orgs). **Mandado de Injunção**: estudos sobre sua regulamentação. São Paulo: Saraiva, 2013.

A orientação até então assentada na jurisprudência do STF era no sentido de recusar a tese da fungibilidade, ante a diferenciação rígida entre as ações diretas de inconstitucionalidade por ação e por omissão. Acolheram tal orientação, por exemplo, as decisões proferidas na ADI 526, de relatoria do Ministro Sepúlveda Pertence; na ADI 986, de relatoria do Ministro Néri da Silveira; e na ADI 1.442, de relatoria do Ministro Celso de Mello.

No julgamento da ADI 875, no entanto, o Tribunal adotou interpretação oposta. Prevaleceu o entendimento do relator, Ministro Gilmar Mendes, que defendia a necessidade de relativizar a rígida distinção entre os instrumentos processuais da ADI e da ADO, nas situações de omissão parcial, nas quais é "imprecisa a distinção entre ofensa constitucional por ação ou por omissão". Afirmou o relator em seu voto o seguinte:

"Tem-se, pois, aqui, uma relativa, mas inequívoca, fungibilidade entre a ação direta de inconstitucionalidade (da lei ou do ato normativo) e o processo de controle abstrato da omissão, uma vez que os dois processos – o de controle de normas e o de controle de omissão – acabam por ter o mesmo objeto, formal e substancialmente, isto é, a inconstitucionalidade de norma em razão de sua incompletude".

Para o Ministro relator, a questão central estaria, na verdade, menos no instrumento processual escolhido pelo autor do que na técnica de decisão a ser adotada pelo Tribunal. Vale dizer, mais importante do que saber qual o meio mais adequado para levar o tema ao conhecimento do Tribunal – se pela impugnação da ação ou da omissão – seria definir a forma de superar o estado de inconstitucionalidade instalado, diante do fato de que "a declaração de nulidade não configura técnica adequada para a eliminação da situação inconstitucional nesses casos" e pode aprofundar a violação constitucional perpetrada.

A tese da fungibilidade amparou o conhecimento das quatro ações – ADIs 875, 1.987, 2.727 e 3.243 –, a despeito da diferença dos pleitos formulados. A orientação acolhida nesse julgamento supera, em grande medida, a posição anteriormente adotada pelo Tribunal na matéria.

4. Fundamentação
O debate travado no julgamento da ADI 875 chama atenção para a natureza jurídica do Fundo de Participação dos Estados e o papel que lhe cabe no contexto da Constituição Federal de 1988.

O FPE é anterior à Carta de 1988. Foi instituído na década de 1960 pela Emenda Constitucional n. 18/1965[2] e, desde então, permanece na ordem constitucional brasileira como importante instrumento de cooperação entre União e Estados-membros, tendo se verificado considerável ampliação dos seus percentuais de repasse no curso do processo de descentralização fiscal que marca a década de 1980.[3]

Na Constituição Federal de 1988, o FPE está previsto no art. 159. A disposição determina que a União *entregará* aos Estados e Municípios 48% do produto da arrecadação do IR e do IPI, sendo 21,5% para o FPE; 23,5% para o FPM e 3% para aplicação em programas de financiamento do setor produtivo das Regiões Norte, Nordeste e Centro-Oeste, por meio de instituições financeiras de caráter regional.

O emprego do verbo "entregar" não é aleatório. A regra do art. 159 da Constituição – como, aliás, também a do art. 158 – estabelece mecanismo de divisão obrigatória do resultado da arrecadação tributária.[4] Assim, apesar de a União deter a competência relativa aos dois impostos mencionados, ela não faz jus à integralidade das receitas que esses tributos produzem. Parte desses recursos é de titularidade dos Estados, dos Muni-

---

[2] EC n. 18/1965: "Art. 21. Do produto da arrecadação dos impostos a que se referem o artigo 8º, nº II, e o art. 11, 80% (oitenta por cento) constituem receita da União e o restante distribuir-se-á à razão de 10% (dez por cento) ao Fundo de Participação dos Estados e do Distrito Federal, e 10% (dez por cento) ao Fundo de Participação dos Municípios. § 1º A aplicação dos Fundos previstos neste artigo será regulada por lei complementar, que cometerá ao Tribunal de Contas da União o cálculo e a autorização orçamentária ou de qualquer outra formalidade, efetuando-se a entrega, mensalmente, através dos estabelecimentos oficiais de crédito. § 2º Do total recebido nos termos do parágrafo anterior, cada entidade participante destinará obrigatoriamente 50% (cinquenta por cento), pelo menos, ao seu orçamento de capital. § 3º Para os efeitos de cálculo da percentagem destinada aos Fundos de Participação exclui-se, do produto da arrecadação do imposto a que se refere o art. 8º, nº II, a parcela distribuída nos termos do art. 20, nº II."

[3] Cf. LOPREATO, Francisco Luiz Cazeiro. **O colapso das finanças estaduais e a crise da federação**. São Paulo: Unesp, Unicamp, 2002, p. 53, 102-107, *et passim*.

[4] Sobre as diferentes estratégias normativas de repartição de receitas entre os entes federados, Cf. CORREIA NETO, Celso de Barros. Repartição de Receitas Tributárias e Transferências Intergovernamentais. In: José Maurício Conti; Fernando Facury Scaff; Carlos Eduardo Faraco Braga. (Org.). **Federalismo Fiscal**: questões contemporâneas. Florianópolis: Conceito Editorial, 2010, p. 197-216.

cípios e do Distrito Federal, que os recebem, por meio dos fundos, como participação sobre a arrecadação de impostos alheios[5].

A finalidade dos fundos de participação, FPE e FPM, na Constituição Federal de 1988 é dúplice: garantir autonomia financeira aos entes subnacionais e promover a equalização entre as diferentes regiões do país. Trata-se de assegurar aos Estados e ao Distrito Federal, no caso do FPE, recursos próprios e, na medida do possível, suficientes ao desempenho das competências constitucionais que lhes foram atribuídas[6], além de proporcionar equilíbrio socioeconômico entre Estados e Municípios, na forma do art. 161, II, da Constituição.[7]

---

[5] Cf. RUBINSTEIN, Flávio. A repartição de competências tributárias no Brasil sob a ótica da teoria normativa do federalismo fiscal. IN: VASCONCELLOS, Roberto França. **Direito Tributário: política fiscal**. São Paulo: Saraiva, 2009, p. 221.

[6] "Ao prescrever as competências de cada membro da federação a própria Constituição lhe atribui as rendas. [...] A só atribuição de competência – encargo – sem a designação dos recursos tornaria impossível a aplicação da norma de competência, em face da impossibilidade jurídica de integração de seu conteúdo por ato de interpretação". IVO, Gabriel. **Constituição Estadual**: competência para elaboração da Constituição do Estado-membro. São Paulo: Max Limonad, 1997, p.89.

[7] Sérgio Prado explica que as transferências intergovernamentais têm papel importante no enfrentamento de duas espécies problemas recorrentes nas federações: o que diz ao "equilíbrio vertical" e o que se refere ao "equilíbrio horizontal". O primeiro decorre do fato de que é mais apropriado – leia-se: eficiente – atribuir os principais tributos aos governos de nível superior, especialmente ao governo central, que, no caso brasileiro, é representado pela União. Isso se justifica "tanto por motivos de eficiência na arrecadação como, principalmente, para evitar que impostos sobre fatores econômicos não fixos sejam utilizados como instrumentos de políticas regionais, gerando a chamada 'guerra fiscal'". Já as responsabilidades – os encargos administrativos – de prestar os principais serviços e desempenhar as funções públicas tendem a ser concentradas nos governos regionais (estados) e locais (municípios) também por razões de eficiência. Tal circunstância favorece o surgimento de um "gap vertical", uma assimetria estrutural, na medida em que as receitas estão concentradas nos entes "acima" e as despesas – e as atribuições – nos entes "abaixo". O problema do desequilíbrio horizontal, por sua vez, é resultado dos diferentes níveis de desenvolvimento encontrados nas diversas regiões do país. A maior ou menor riqueza da uma região influencia, diretamente, sua capacidade fiscal, ou seja, a capacidade de arrecadar recursos com base nos seus próprios tributos. O exemplo do ISS, no Brasil, é particularmente ilustrativo. Somente nos municípios mais ricos é que esse imposto pode ser devidamente aproveitado. As transferências intergovernamentais apresentam-se, assim, como instrumentos para o enfrentamento de ambos os problemas. Servem para descentralizar receitas, transferindo-as do governo central para os governos regionais e locais – equilíbrio vertical –, e também para carrear recursos das regiões mais desenvolvidas para as mais carentes – equilíbrio horizontal –, fazendo com que recebam "recursos que elas mesmas não podem arrecadar, dadas

No julgamento em comento, ganhou destaque o segundo objetivo: a função redistributiva, de equalização regional. A questão da omissão apresentou-se porque, embora a Constituição Federal de 1988 estabeleça as frações da arrecadação do IPI e do IR que cabem aos Estados e ao Distrito Federal, não traz previsão de percentuais individuais a que tem direito cada um dos entes subnacionais beneficiados pelo fundo. O estabelecimento da fórmula de rateio dos recursos do FPE cabe à lei complementar, observado o objetivo previsto no art. 161, II, da Constituição.

A decisão em análise discutiu precisamente as normas sobre o cálculo do rateio do FPE previstas na LC 62/1989. O art. 2º determinava que 85% dos recursos do fundo fossem destinados às unidades da federação integrantes das regiões Norte, Nordeste e Centro-Oeste e 15% às regiões Sul e Sudeste. Quanto à divisão dos recursos entre os diversos entes individualmente considerados, a lei dispunha que deveriam ser observados os coeficientes individuais fixos previstos no Anexo Único que dela fazia parte.

Inicialmente os coeficientes deveriam vigorar apenas nos exercícios de 1990 e 1991. O art. 2º, § 2º, determinava que, a partir de 1992, novos critérios de rateio do fundo deveriam ser fixados em lei específica, com base na apuração do censo de 1990. A nova lei, contudo, não chegou a ser editada e, dessa forma, os coeficientes, que eram a princípio temporários, permaneceram em vigor por mais de vinte anos.

Aqui está o cerne da questão constitucional discutida. A forma de rateio dos recursos do FPE prevista na LC 62/1989, com base em índices fixos, estaria em desacordo com a missão constitucional do FPE. A fórmula de partilha prevista na lei não seria apta a produzir o efeito redistributivo que lhe foi designado pelo constituinte: transferir recursos dos entes mais prósperos para os mais necessitados. Essa conclusão no julgamento, no entanto, não decorreu do mero cotejo entre o texto da lei e o da Constituição. A fundamentação adotada na ADI 875 deu particular importância à mudança de contexto social e econômico pela qual passou a federação brasileira nas últimas duas décadas.

---

a suas bases tributárias". (PRADO, Sérgio. **FPE – Equalização Estadual no Brasil – Alternativas e Simulações para a Reforma**. Vol. 1. S/l.: FGV Projetos/IDP, 2012, p. 15-18). Ver também: TER-MINASSIAN, Teresa. Intergovernmental Fiscal Relations in a Macroeconomics Perspective: an overview. In: TER-MINASSIAN, Teresa. **Fiscal Federalism in Theory and Pratice**. Washington: International Monetary Fund, 1997.

Entendeu o Tribunal que os coeficientes individuais que foram estabelecidos na LC 62/1989, por meio de acordo político, há praticamente duas décadas, não mais refletiam a realidade socioeconômica vivenciada pelos Estados brasileiros hoje e, portanto, não seriam capazes de realizar o objetivo institucional do FPE, que é reduzir as desigualdades entre as diferentes unidades federadas. O cenário econômico inicialmente retratado pela lei complementar deixou de existir, alterou-se. Por isso, se um dia os coeficientes estiveram em consonância com o texto constitucional, a alteração do quadro fático os teria tornado inconstitucionais, porque incapazes de atender ao escopo redistributivo da lei.

Essa forma de argumentar não prescinde da análise do contexto em que se insere a lei impugnada, nem do escopo constitucional a que se volta. Em rigor, a conclusão a que chegou o STF, na ADI 875, foi que, no cenário atual, a LC 62/1989 não poderia atingir, em termos concretos, o objetivo constitucional que justificou sua edição. E essa foi a razão pela qual a lei foi declarada inconstitucional.

5. Técnica de decisão

O terceiro aspecto destacado é a solução adotada no acórdão. Constatado o descompasso entre as disposições impugnadas e a norma constitucional, restou ao Tribunal definir o caminho a ser adotado para a superação do estado de inconstitucionalidade, visto que a mera declaração de nulidade da LC 62/1989 tornaria ainda mais grave o problema.

A saída foi declarar a inconstitucionalidade da lei sem pronúncia de nulidade. O Tribunal usou da prerrogativa que lhe confere o art. 27 da Lei n. 9.868/1999, que lhe permite, ao declarar a inconstitucionalidade de lei ou ato normativo, diante de razões de segurança jurídica ou de excepcional interesse social, restringir "os efeitos daquela declaração ou decidir que ela só tenha eficácia a partir de seu trânsito em julgado ou de outro momento que venha a ser fixado". Nesse caso, o momento fixado foi 31 de dezembro de 2012. Somente a partir dessa data a declaração de nulidade surtiria seus efeitos.

A dificuldade enfrentada pelo Tribunal para solucionar o estado de inconstitucionalidade com que deparou é típica das situações de omissão parcial, nas quais o Tribunal Constitucional vê-se diante do risco de que determinado provimento judicial conduza ao "vácuo legislativo" e, assim, acabe agravando o vício de inconstitucionalidade que se propõe a combater.[8]

No caso da Lei Complementar n. 62/89, a nulidade dos coeficientes de repasse nela previstos deixaria o FPE sem critério de rateio e inviabilizaria, por conseguinte, o repasse dos recursos que formam o fundo. Não caberia, por outro lado, ao Tribunal criar novos critérios para substituir os previstos na Lei Complementar n. 62, de modo a atuar como legislador positivo, em lugar do Congresso Nacional. Daí a opção pela declaração de inconstitucionalidade sem pronúncia de nulidade, mediante a fixação de prazo para que o Poder Legislativo sanasse a omissão.

Técnica de decisão semelhante foi adotada, por exemplo, no julgamento da ADI 2.240, de relatoria do Ministro Eros Grau. No caso, a ação direta foi julgada procedente para declarar a inconstitucionalidade, mas não pronunciar a nulidade pelo prazo de 24 meses, da Lei n. 7.619, de 30 de março de 2000, do Estado da Bahia, que criou o Município de Luís Eduardo Magalhães.

6. Consequências do julgamento

Apesar dos esforços por parte do Congresso Nacional, o prazo fixado pelo STF expirou em 31 de dezembro de 2012 sem que a nova lei complementar fosse editada.

Diante da iminência de interrupção dos repasses do FPE, em 21 de janeiro de 2013, os Governadores dos Estados da Bahia, do Maranhão, de Minas Gerais e de Pernambuco ajuizaram ação direta de inconstitucionalidade por omissão – ADO 23 – a fim de requerer, em sede de liminar, que o Tribunal mantivesse provisoriamente a vigência dos dispositivos da Lei Complementar n. 62/89 anteriormente declarados inconstitucionais, até que o órgão omisso adotasse as providências necessárias para disciplinar a matéria.

---

[8] A propósito da inconstitucionalidade por omissão no ordenamento português, afirma Carlos Blanco de Morais: "De acordo com o n. 1º do art. 283º da CRP, a inconstitucionalidade por omissão ocorre quando o legislador não aprova leis tidas como necessárias para dar exequibilidade a normas constitucionais não exequíveis por si próprias, de carácter preceptivo ou programático. Trata-se de *uma inconstitucionalidade sem sanção*, pois o Tribunal Constitucional limita-se a verificar o não cumprimento omissivo da Constituição e dar, desse facto, conhecimento ao órgão legislativo competente." MORAIS, Carlos Blanco de. **Justiça Constitucional**. Tomo I. Coimbra: Coimbra editora, 2002, p. 135 (grifos originais).

A liminar foi deferida, monocraticamente, pelo Ministro Ricardo Lewandowski, no exercício da presidência, em 24 de janeiro de 2013. A decisão garantiu, *ad referendum* do Plenário, aos Estados e ao Distrito Federal o repasse, pela União, das verbas do FPE, em conformidade com os critérios anteriormente vigentes, por mais 150 dias.

Em 18 de julho de 2013, foi editada a Lei Complementar n. 143/2013, que alterou a LC 62/89 e trouxe nova disposição sobre os critérios do FPE, ao incluir a fixação de coeficientes individuais de participação dos Estados e do Distrito Federal, aplicáveis até 31 de dezembro de 2015.

A partir de 2016, cada entidade beneficiária receberá valor igual ao que foi distribuído no correspondente decêndio do exercício de 2015, corrigido pela variação acumulada do IPCA e pelo percentual equivalente a 75% da variação real do PIB do ano anterior ao ano considerado para base de cálculo. Também a partir do mesmo ano a parcela que superar o montante especificado no inciso II será distribuída proporcionalmente a coeficientes individuais de participação obtidos a partir da combinação de fatores representativos da população e do inverso da renda domiciliar *per capita* da entidade beneficiária, nos termos definidos na lei.

A nova lei, no entanto, também não ficou livre de questionamentos judiciais. Em 25 de novembro de 2013, o Governador do Estado de Alagoas ajuizou a ADI 5.069, contra as alterações promovidas pela LC 143/2013 na LC 62/1989. Os fundamentos jurídicos utilizados na ação são, em parte, similares àqueles que justificaram a declaração de inconstitucionalidade da legislação anterior.

Na inicial, afirma-se que a nova lei prorrogou, até 31.12.2015, a vigência dos coeficientes individuais já declarados inconstitucionais pelo STF, no julgamento da ADI 875, e acabou por transformá-los em piso para os repasses, a partir de 2016. Ademais, a nova fórmula de rateio, a ser implementada também a partir de 2016, ficou subordinada à realização de evento futuro e, até certo ponto, incerto, que é o crescimento econômico.

Com base nesses fundamentos, pede o Estado autor que a ação seja julgada procedente para declarar a inconstitucionalidade do art. 2º, incisos I, II e III, primeira parte, isto é, a expressão "também a partir de 1º de janeiro de 2016, a parcela que superar o montante especificado no inciso II", bem como do § 2º e o Anexo Único da Lei Complementar 62/1989, com redação dada pela LC 143/2013.

A ação é de relatoria do Ministro Dias Toffoli, que aplicou o procedimento abreviado do art. 12 da Lei n. 9.868/99. O caso não foi ainda julgado pelo STF.

7. Conclusão

O julgamento da ADI 857 apontou três diretrizes importantes para a jurisprudência do STF. A primeira está na superação da rígida divisão entre ADI e ADO pela adoção da tese da fungibilidade. Foi isso que permitiu, no caso analisado, o conhecimento de todas as ações propostas e seu julgamento em conjunto, a despeito das relativas diferenças de objeto e fundamentação.

A segunda diretriz está nos fundamentos adotados pelo Tribunal para a declaração de inconstitucionalidade. Não se limitou a decisão ao cotejo entre o texto da lei complementar e o da Constituição Federal. A fundamentação adotada abriu-se ao exame do contexto socioeconômico da lei impugnada em contraste com o objetivo jurídico que a Constituição atribuiu ao FPE. Considerou que a norma tornou-se inconstitucional pela alteração do substrato socioeconômico sobre o qual deveria incidir.

A terceira está na técnica de decisão. A opção pela declaração de inconstitucionalidade sem pronúncia de nulidade justificou-se diante da natureza do vício atacado, a inconstitucionalidade por omissão parcial. O Tribunal teve, então, que constituir uma solução que, de um lado, não agravasse a questão constitucional apresentada – como seria a pura cassação dos critérios do FPE – e, de outro, não avançasse sobre as competências do Congresso Nacional. E foi a decisão que impulsionou a edição da LC 143/2013, hoje vigente.

Esses três aspectos fazem do julgamento da ADI 875 um precedente importante quando se trata de compreender a atual jurisprudência do Supremo Tribunal Federal.

8. Referências Bibliográficas

BERCOVICI, Gilberto. **Desigualdades Regionais, Estado e Constituição**. São Paulo: Max Limonad, 2003.

CORREIA NETO, Celso de Barros. Repartição de Receitas Tributárias e Transferências Intergovernamentais. In: José Maurício Conti; Fernando Facury Scaff; Carlos Eduardo Faraco Braga. (Org.). **Federalismo Fiscal**: questões contemporâneas. Florianópolis: Conceito Editorial, 2010.

LOPREATO, Francisco Luiz Cazeiro. **O colapso das finanças estaduais e a crise da federação**. São Paulo: Unesp, Unicamp, 2002.

IVO, Gabriel. **Constituição Estadual**: competência para elaboração da Constituição do Estado-membro. São Paulo: Max Limonad, 1997.

MENDES, Gilmar. O Mandado de Injunção e a Necessidade de sua Regulação Legislativa. IN: MENDES, Gilmar; VALE, André Rufino do; QUINTAS, Fábio Lima (Orgs). **Mandado de Injunção**: estudos sobre sua regulamentação. São Paulo: Saraiva, 2013.

MORAIS, Carlos Blanco de. **Justiça Constitucional**. Tomo I. Coimbra: Coimbra editora, 2002.

PRADO, Sérgio, **FPE – Equalização Estadual no Brasil – Alternativas e Simulações para a Reforma**, vol. 1, S/l.: FGV Projetos/IDP, 2012.

RUBINSTEIN, Flávio. A repartição de competências tributárias no Brasil sob a ótica da teoria normativa do federalismo fiscal. IN: VASCONCELLOS, Roberto França. **Direito Tributário**: política fiscal. São Paulo: Saraiva, 2009.

TER-MINASSIAN, Teresa. Intergovernmental Fiscal Relations in a Macroeconomics Perspective: an overview. In: TER-MINASSIAN, Teresa. **Fiscal Federalism in Theory and Pratice**. Washington: International Monetary Fund, 1997.

Judicialização do direito à saúde – STA-AGR 175

ANA PAULA CARVALHAL[*]

Com a Constituição de 1988, a saúde pública no Brasil foi estruturada por meio do Sistema Único de Saúde, de acesso universal, igualitário e gratuito, de responsabilidade da União, dos Estados e dos Municípios. Não apenas o art. 6º da Constituição tratou o direito à saúde como um direito fundamental, como o Sistema Único de Saúde foi regulamentado nos artigos 196 e seguintes.

Na prática, esse ambicioso sistema público de saúde enfrenta grande dificuldade para concretizar todas as medidas de saúde prometidas aos cidadãos, o que tem levado muitos a procurarem o Poder Judiciário para verem atendidas as mais variadas prestações de saúde pelo poder público em um prazo razoável.

A procura pelo Judiciário como forma de concretização do direito fundamental à saúde tem suscitado grande polêmica doutrinária e jurisprudencial. Os entes federados buscam suspender as liminares concedidas muitas vezes perante o Presidente do Supremo Tribunal Federal.

Assim, embora o mérito ainda não tenha sido examinado pelo plenário do Supremo, a questão foi analisada no âmbito do Agravo Regimental no pedido de Suspensão de Tutela Antecipada n. 175.

---

[*] Ex-Assessora do Ministro Gilmar Mendes (2008-2009). Advogada. Professora de Direito Constitucional da FMU. Mestre em Direito Constitucional pela Universidade de Coimbra.

Sabe-se que a Presidência do Supremo tem competência para analisar os pedidos de suspensão de tutela antecipada (STA), liminar (SL) e segurança (SS). Da decisão monocrática do Presidente, cabe Agravo Regimental para o Plenário. Dessa forma, as milhares de ações ajuizadas em todo o país, tanto na Justiça Federal como na Estadual, solicitando o fornecimento de medicamentos e variados tratamentos médicos acabam chegando ao Supremo Tribunal Federal.

De tão representativa, a matéria suscitou a realização de Audiência Pública, convocada pelo Presidente do Supremo de então, Ministro Gilmar Mendes, para os dias 27, 28 e 29 de abril e 04, 06, 07 de maio de 2009. O objetivo era buscar subsídios para o julgamento de processos que discutem a concretização do direito à saúde (art. 196 da Constituição). O resultado da Audiência Pública foi utilizado pelo Ministro Gilmar Mendes para proferir sua decisão no pedido de Suspensão de Tutela Antecipada n. 175.

1. A Decisão

O pedido de suspensão de tutela havia sido apresentado pela União e pelo Município de Fortaleza (STA 178) contra a decisão proferida pela 1ª. Turma do Tribunal Regional Federal da 5ª. Região que, nos autos da Apelação Cível n. 408729/CE, havia deferido a antecipação de tutela recursal para determinar que a União, o Estado do Ceará e o Município de Fortaleza fornecessem o medicamento Miglustat (Zavesca) a portadora de doença neurodegenerativa rara (Niemann-Pick Tipo C), por um custo estimado em R$ 52.000,00 por mês. O pedido foi feito pelo Ministério Público Federal nos autos de ação civil pública.

União e Município alegaram ilegitimidade ativa do Ministério Público para ajuizar ação civil pública em favor de maior de 18 anos e ilegitimidade passiva da União e do Município para fornecer medicamentos de alta complexidade, além de grave lesão à ordem pública e à economia pública, uma vez que o medicamento em questão não havia sido aprovado pela ANVISA, não constava na lista de medicamentos fornecidos pelo SUS e tinha um custo muito elevado.

Buscando estabelecer parâmetros para solução judicial dos casos concretos que envolvem direito à saúde, o Ministro Relator proferiu uma decisão memorável, analisando os diversos pontos que envolvem a questão. Concluiu por indeferir o pedido de suspensão. Contra a decisão, a

União interpôs agravo regimental, levando a questão ao plenário que, por unanimidade, nos termos do voto do Relator, negou provimento ao recurso.

No voto, o Ministro Gilmar Mendes destaca a variedade de teses que buscam definir "se, como e em que medida o direito constitucional à saúde se traduz em um direito subjetivo público", possibilitando que as prestações positivas devidas pelo Estado sejam buscadas no Poder Judiciário. Lembrou que a elaboração de políticas públicas voltadas aos direitos sociais implicam escolhas alocativas, que seguem critérios de justiça distributiva, configurando-se como típicas opções políticas, pautadas por critérios de macrojustiça.

Destacou a complexa fórmula adotada pelo artigo 196 da Constituição Federal, que garante o direito à saúde como um **direito de todos**, um **dever do Estado**, a ser prestado por meio de **políticas sociais e econômicas**, com o objetivo de **redução do risco** de doenças, pautadas pelo princípio do **acesso universal e igualitário**, e que busquem a **promoção**, **proteção** e **recuperação** da saúde.

Do dispositivo, extrai que "a garantia judicial da prestação individual de saúde, *prima facie,* estaria condicionada ao não comprometimento do funcionamento do Sistema Único de Saúde", a ser demonstrado caso a caso.

Destaca, a partir dos dados colhidos na Audiência Pública, que os problemas de efetividade do direito à saúde, no Brasil, estão mais ligados à implementação e execução das políticas públicas existentes e não tanto de ausência de regulamentação legislativa e administrativa da garantia fundamental. Dessa forma, a judicialização da matéria, na maioria das vezes, apenas determina o efetivo cumprimento das políticas públicas existentes, não configurando intromissão de um poder em outro.

Disso se conclui que o primeiro dado a ser considerado em uma demanda judicial relativa ao direito à saúde é se a prestação pretendida está abrangida ou não por uma política pública já existente.

Caso a prestação pedida não esteja prevista entre as políticas do SUS, o magistrado deverá identificar se a não prestação deve-se a uma simples omissão do legislativo ou da administração; se trata-se de uma decisão embasada pelo não fornecimento ou se há uma vedação legal para a sua dispensação.

O fármaco não registrado na ANVISA é um exemplo de vedação legal de dispensação pelo SUS. Isso porque a Lei Federal n. 6.360, de 1976, em seu art. 12, estabelece que "nenhum dos produtos de que trata esta Lei, inclusive os importados, poderá ser industrializado, exposto à venda ou entregue ao consumo antes de registrado no Ministério da Saúde. Os medicamentos importados, inclusive, deverão ter registro no país de origem nos termos do art. 18 da mesma Lei.

Outro fator a ser considerado é a existência de motivação para o não fornecimento da prestação de saúde por parte da administração. Nesse caso, pode ser que o SUS forneça tratamento alternativo ou que não tenha nenhum tratamento disponível.

Pode-se pensar, em um primeiro momento, que o art. 196 apenas garante o direito fundamental a saúde por meio das políticas públicas existentes no âmbito do SUS. O sistema, inclusive, ao ser regulamentado, filiou-se à corrente da "Medicina baseada em evidências", com a adoção de "Protocolos Clínicos e Diretrizes Terapêuticas". Como forma de alocação de recursos escassos, o SUS estabelece como condição para dispensação de algum tratamento que o mesmo seja comprovadamente eficaz a partir de estudos conclusivos realizados pelo próprio sistema.

Assim, desde que não haja motivo suficiente para afastar a política escolhida pelo sistema, especialmente considerando as condições específicas do caso concreto, deve-se privilegiar o tratamento fornecido pelo SUS em detrimento do escolhido pelo paciente. Apenas em casos específicos, comprovada a ineficácia do tratamento fornecido pelo SUS para o paciente e a eficácia e legalidade do tratamento alternativo, poderá o Poder Judiciário determinar à Administração Pública o fornecimento do tratamento específico.

No entanto, nos casos em que inexiste qualquer forma de tratamento para a doença na rede pública, deve-se questionar se o tratamento pedido apenas não foi testado e incluído ainda nos Protocolos Clínicos ou se configura-se tratamento puramente experimental.

Inexistindo Protocolo Clínico, O Ministro Relator destacou que sua ausência "não pode significar violação ao princípio da integralidade do sistema, nem justificar a diferença entre as opções acessíveis aos usuários da rede privada". Aqui pode o Poder Judiciário ser chamado a se manifestar, tanto em ações coletivas quanto individuais.

Considerando a complexidade das questões envolvidas e todas as diferentes situações que envolvem o não-fornecimento de determinada prestação de saúde pelo sistema ao cidadão, a decisão do Supremo deixa clara a necessidade de instrução das demandas de saúde de modo a possibilitar que o Judiciário tome a decisão mais apropriada para o caso concreto em exame.

Por fim, ressaltou que "o alto custo do medicamento não é, por si só, motivo para o seu não fornecimento", uma vez que o próprio SUS conta com uma Política de Dispensação de Medicamentos Excepcionais para atendimento da população que sofre com doenças raras.

Interessante notar que, após a realização da Audiência Pública sobre o direito à saúde, em 2009, e a decisão do Plenário do Supremo na STA 175, em 2010, o Congresso Nacional editou a Lei n. 12.401, de 2011, que, ao alterar a Lei n. 8.080, de 1990, dispôs sobre a assistência terapêutica e a incorporação de novas tecnologias em saúde. O art. 19-P, inclusive, prevê diretrizes para o tratamento no caso de ausência de Protocolo Clínico e o art. 19-T, II, veda a dispensação, o pagamento, o ressarcimento ou o reembolso de medicamento e produto, nacional ou importado, sem registro na ANVISA.

Quanto à questão da responsabilidade solidária entre os entes federados, destacou a necessidade de construção de "um modelo de cooperação e de coordenação de ações conjuntas", de modo a melhor estruturar e racionalizar o sistema.

Conclusão

A importância desse julgamento se refletiu no Conselho Nacional de Justiça. Após constituir grupo de trabalho para analisar a judicialização da saúde, emitiu a Recomendação n. 31, de 30 de março de 2010, que recomendou aos tribunais a adoção de medidas para subsidiar os magistrados e assegurar maior eficiência na solução das demandas judiciais envolvendo a assistência à saúde. Ainda, a Resolução n. 107, de 06 de abril de 2010, criou o Fórum Nacional do Judiciário para monitoramento e resolução das demandas de assistência à saúde.

É claro que a questão, extremamente complexa, será novamente analisada pelo Plenário do STF quando da apreciação de Recursos Extraordinários sobre o tema. Já tiveram repercussão geral reconhecida, e aguardam julgamento, os seguintes feitos: RE n. 566.471, da relatoria do Ministro Marco Aurélio, Tema 006 – Dever do Estado de fornecer medicamento de alto custo a portador de doença grave que não possui condições financeiras para comprá-los; RE n. 607.582, da relatoria da Ministra

Rosa Weber, Tema 289 – Bloqueio de verbas públicas para garantia de fornecimento de medicamentos; RE n. 597.064, da relatoria do Ministro Gilmar Mendes, Tema 345 – Ressarcimento ao SUS das despesas com atendimento a beneficiários de planos privados de saúde; RE n. 657.718, da relatoria do Ministro Marco Aurélio, Tema 500 – Dever do Estado de fornecer medicamento não registrado pela ANVISA; RE n. 581.488, da relatoria do Ministro Dias Toffoli, Tema 579 – Melhoria do tipo de acomodação de paciente internado pelo SUS mediante o pagamento da diferença respectiva.

Também tramita na Corte a Proposta de Súmula Vinculante n. 04, apresentada pela Defensoria Pública-Geral da União, que propõe súmulas com o seguinte teor:

1) a *"responsabilidade solidária dos Entes Federativos no que concerne ao fornecimento de medicamento e tratamento médico ao carente, comprovada a necessidade do fármaco ou da intervenção médica, restando afastada, por outro lado, a alegação de ilegitimidade passiva corriqueira por parte das Pessoas Jurídicas de Direito Público"* e

2) *"a possibilidade de bloqueio de valores públicos para o fornecimento de medicamento e tratamento médico ao carente, comprovada a necessidade do fármaco ou da intervenção médica, restando afastada, por outro lado, a alegação de que tal bloqueio fere o artigo 100, caput e § 2º da Constituição de 1988".*

A proposta, no entanto, está sobrestada, aguardando o julgamento do RE n. 566.471 que trata do mesmo tema.

ADI 3.421: releitura da "guerra fiscal do ICMS"

CARLOS ALEXANDRE DE AZEVEDO CAMPOS*

1. A ADI 3.421

A Associação de Assessores e Ex-Assessores de Ministros do Supremo Tribunal Federal – AASTF completa 10 anos. Para comemorar, assim como os 25 anos da Carta de 1988, os brilhantes diretores da entidade, Luciano Felício Fuck e Beatriz Bastide Horbach, coordenam coletânea de textos dos associados versando decisões paradigmáticas do Supremo. O propósito é reunir apontamentos de acórdãos relevantes e destacar a importância da conclusão do Tribunal para a ordem constitucional vigente. Colaborando com a iniciativa, escolhi ação direta de inconstitucionalidade sobre tema de alto relevo jurídico, federativo, político, econômico e institucional – a denominada "guerra fiscal do ICMS". Meu objetivo é provocar discussão sobre o alcance do papel que o Supremo pode e deve cumprir neste campo. O julgamento a ser destacado é o da **Ação Direta de Inconstitucionalidade nº 3.421/PR**, relator ministro Marco Aurélio, julgada em 5 de maio de 2010, DJ 28/5/2010.

Nesta ação direta, proposta por Governador do Paraná em face de norma do próprio estado, estava em jogo a validade da Lei nº 14.586, de 22 de dezembro de 2004, aduzida violação ao artigo 155, § 2º, inciso XII,

---

* Assessor do Ministro Marco Aurélio Mello – Supremo Tribunal Federal. Mestre e Doutorando em Direito Público – UERJ. Professor – UCAM/FDC.

"g", da Constituição. O Diploma estadual exclui a cobrança do ICMS em contas de serviços públicos de fornecimento de água, luz, telefone e gás quando consumidos ou adquiridos por "igrejas e templos de qualquer crença, desde que o imóvel esteja comprovadamente na propriedade ou posse das igrejas ou templos e sejam usados para a prática religiosa" (artigo 1º). O requerente acusou a inconstitucionalidade da isenção em razão de concessão unilateral pelo estado, ressaltando a inexistência de convênio interestadual prévio – Convênio CONFAZ. Salientou ser a celebração do convênio exigência indispensável da Lei Complementar nº 24/1975, norma que cumpre a função disciplinadora das relações entre os estados da Federação em matéria de outorga e revogação de benefícios fiscais relativos ao ICMS, consoante previsto no aludido artigo 155, § 2º, inciso XII, "g". Segundo a inicial, tratar-se-ia de apenas mais um caso de "guerra fiscal do ICMS".

A Assembleia Legislativa defendeu a norma, alegando, para tanto, que esta atribui efetividade à regra constitucional de imunidade do artigo 150, inciso VI, "b", o que dispensaria o requisito de convênio interestadual prévio. Ressaltando a condição de "contribuinte de fato" das igrejas e dos templos de qualquer culto, o Advogado-Geral da União se manifestou pela constitucionalidade do ato,[1] tendo apontado vínculo entre os serviços públicos consumidos e a difusão da religiosidade. O Procurador-Geral da República, despreocupado com a distinção entre contribuinte de direito e de fato, também opinou pela validade da lei. Segundo o parecer, ela realiza o direito das igrejas e templos à imunidade tributária vinculada à liberdade fundamental de culto.

O ministro Marco Aurélio abriu o voto ressaltando não se tratar de mais um caso de "guerra fiscal", mas de controvérsia que apresenta peculiaridades e, por isso, exige reflexões para saber ter-se configurado o vício de ordem constitucional e federativa. O relator, considerado o propósito de cooptação de empresas e investimentos, próprio de normas reveladoras de "guerra fiscal", indagou se poderia cogitar-se desse objetivo no caso presente tendo em conta a norma impugnada beneficiar igrejas e templos de qualquer culto. O próprio ministro respondeu

---

[1] No caso, ante a jurisprudência pacífica do STF sobre a aplicação do artigo 155, § 2º, XII, "g", da Carta, o Advogado-Geral estaria até dispensado de cumprir a literalidade da regra constitucional do artigo 103, § 3º e acusar a inconstitucionalidade da norma impugnada – ADI 1.616/PE, relator ministro Maurício Corrêa, j. 24/5/2001, DJ 24/8/2001.

pela negativa. Destacou que a disciplina estabelece isenção alusiva aos consumidores dos serviços públicos envolvidos, contribuintes de fato do imposto, de modo que não se poderia concluir por competição federativa em torno da atração de entes religiosos.

Para o ministro, tratando-se de imposto indireto cuja desoneração alcança contribuintes de fato, não seria adequado assentar a existência de conflito federativo sem que fossem perquiridas e valoradas as especificidades próprias dos beneficiários. No caso, como os alvos da isenção são as igrejas e os templos de qualquer culto, o relator concluiu pela inexistência lógica de "competição entre as unidades da Federação". O Pleno, por unanimidade, seguiu o voto para julgar improcedente o pedido e assentar a constitucionalidade do ato. A reflexão, pedida pelo ministro Marco Aurélio, resultou, ao final, em orientação pela inaplicabilidade mecânica ou formalista da regra do artigo 155, § 2º, inciso XII, "g", da Carta da República, tendo prevalecido análise fática, contextual e teleológica das pessoas e normas envolvidas.

A importância do julgado está no fato de sugerir um olhar distinto para uma controvérsia que, ante o volume de leis e atos normativos estaduais acusados de inconstitucionalidade por transgressão ao artigo 155, § 2º, inciso XII, "g", tem sido solucionada muitas vezes de maneira irrefletida, automática, mesmo por atacado.[2] A forma mais ou menos ortodoxa de aplicação deste preceito constitucional, a partir das lições que a ADI 3.421 oferece, diz com o papel que o Supremo deve cumprir, em particular, no tocante a tema tão sensível para a desejada reforma tributária e, em geral, na solução dos conflitos federativos. Diz com o espaço de atuação do Supremo como "árbitro da Federação". Este breve texto busca refletir esse papel e divide-se em 5 partes – além desta introdução **(I)**, apresentarei um panorama de como o Supremo soluciona a chamada "guerra fiscal do ICMS" **(II)**, fixarei lições de ordem metodológica e institucional que podem ser extraídas da ADI 3.424 **(III)**, problematizarei as repercussões dessas lições **(IV)** e, por fim, apresentarei conclusões **(V)**.

---

[2] Refiro-me à pauta de julgamentos do dia 1º de junho de 2011, quando o STF examinou um conjunto de quatorze ADIs e declarou a inconstitucionalidade de diversas leis e decretos de seis Estados-membros e do Distrito Federal que concederam benefícios fiscais. Cf. Informativo STF nº 629, de 30 de maio a 3 de junho de 2011.

2. Guerra Fiscal do ICMS segundo o STF

Desde o início da vigência da Constituição de 1988, o Supremo tem enfrentado controvérsias contínuas envolvendo a interpretação e aplicação do artigo 155, § 2º, XII, "g", que dispõe que os estados e o Distrito Federal deverão deliberar sobre a forma de concessão de isenções, incentivos e benefícios fiscais relativos ao ICMS e na forma em que dispuser lei complementar. Ausente nova lei da espécie, vêm sendo aplicados dispositivos da Lei Complementar nº 24, de 1975. O artigo 1º do Diploma legal previu a exigência de celebração e ratificação de convênios (CONFAZ) pelos estados e o Distrito Federal para a concessão e revogação de isenção, de redução da base de cálculo, de créditos presumidos, de devolução total ou parcial, direta ou indireta, condicionada ou não, do imposto, ao contribuinte, a responsável ou a terceiros, e de quaisquer outros incentivos ou favores fiscais ou financeiro-fiscais dos quais resulte redução ou eliminação, direta ou indireta, do respectivo ônus. O artigo, 2º, § 2º, estabelece que a formulação desses convênios dependerá sempre de decisão unânime dos estados representados.

Com base nessas normas, o Supremo vem atuando como arena destacada para solução de conflitos tanto entre os estados como entre os poderes de um mesmo estado[3] em torno da concessão unilateral de benefícios fiscais relativos ao ICMS. O Tribunal tem delimitado as hipóteses em que configurada "guerra fiscal" – concessão de benefícios em geral,[4] de crédito presumido,[5] de redução de alíquota,[6] de prazo especial para pagamento do imposto,[7] de diferimento impróprio (em operação de importação

---

[3] Importante destacar que elevado número de ADIs julgadas não foram propostas por governadores de um estado em face de norma de outra unidade federativa. Além de algumas propostas pelo Procurador-Geral da República e por associações, muitos foram deflagrados por governadores em face de normas de seus próprios estados, formuladas por iniciativa dos legisladores locais. Inicialmente, questionavam, com base no artigo 61, § 1º, II, "b", da Carta, a inconstitucionalidade em razão da iniciativa parlamentar, defendendo a reserva do Executivo em matéria tributária. Consolidada a jurisprudência do Supremo quanto à inexistência dessa reserva, os governadores passaram a fundar a arguição na inconstitucionalidade da concessão dos benefícios sem convênio interestadual prévio. Cf., entre outras, STF – Pleno, ADI 2.357, relator ministro Ilmar Galvão, j. 18/4/2001, DJ 7/11/2003.

[4] STF – Pleno, ADI 2.548, relator ministro Gilmar Mendes, j. 10/11/2006, DJ 15/6/2007.

[5] STF – Pleno, ADI 2.352, relator ministro Sepúlveda Pertence, j. 19/12/2000, DJ 9/3/2001.

[6] STF – Pleno, ADI 3.664, relator ministro Cezar Peluso, j. 1º/6/2011, DJ 21/9/2011.

[7] STF – Pleno, ADI 2.357, relator ministro Ilmar Galvão, j. 18/4/2001, DJ 7/11/2003.

de ativos),[8] previsão de dispensa de multa e juros relativos a créditos exigidos em razão de anterior declaração de inconstitucionalidade,[9] de não incidência do imposto sobre encargos financeiros incorporados ao valor da operação na hipótese de venda a prazo,[10] de cancelamento de notificações fiscais e devolução do indébito.[11]

Não obstante algumas exceções em que verificada uma abordagem qualitativa da configuração,[12] na maior parte das vezes o Tribunal deu como garantida a presença de "guerra fiscal" apenas em razão de benefícios terem sido concedidos sem celebração prévia de convênio interestadual. Faltou, nessas diferentes oportunidades, debate mais aprofundado, na linha do que foi desenvolvido na ADI 3.421, a respeito dos fundamentos e dos objetivos sociais e políticos que pretenderam alcançar os estados quando do estabelecimento desses "favores fiscais". Faltou abandonar a aplicação mecânica e literal do preceito constitucional envolvido por um exame sistêmico-teleológico da prática legislativa questionada.

Um interessante ensaio de abordagem mais sofisticada ocorreu no julgamento da Medida Cautelar na ADI 2.021, relatada pelo ministro Maurício Corrêa, ocorrido em 4 de agosto de 1999, tendo por objeto lei paulista que reduziu, pelo período de 90 dias, a alíquota interna do ICMS para 9,5% quanto às operações de venda de veículos automotores. A norma buscava enfrentar a então grave crise econômica do setor e o risco social de iminente desemprego. Em minucioso voto, o ministro Nelson Jobim, partindo da premissa de ser o propósito de atração de empreendimentos e investimentos elemento imprescindível para caracterizar a conduta de "guerra fiscal", concluiu que esta não se fazia presente haja vista a norma impugnada, além de não viabilizar ganho de novo mercado

---

[8] STF – Pleno, ADI 3.702, relator ministro Dias Toffoli, j. 1º/6/2011, DJ 30/8/2011.
[9] STF – Pleno, ADI 2.906, relator ministro Marco Aurélio, j. 1º/6/2001, DJ 29/6/2011.
[10] STF – Pleno, ADI 1.179, relator ministro Carlos Velloso, j. 13/11/2002, DJ 19/12/2002.
[11] STF – Pleno, ADI 2.345, relator ministro Cezar Peluso, j. 30/6/2011, DJ 5/8/2011.
[12] Na ADI 3.576, relatora ministra Ellen Gracie, j. 22/11/2006, DJ 2/2/2007, a ausência de convênio não foi suficiente para afirmar inconstitucionalidade de norma que previa compensação do imposto com valores depositados em fundo criado para combate a desigualdades sociais. A previsão foi declarada inválida apenas por violação ao artigo 167, IV, da Carta. Na ADI 2.056, relator ministro Gilmar Mendes, j. 30/5/2007, DJ 17/8/2007, o Tribunal distinguiu caso de "diferimento" que revela autêntica isenção do imposto, daquele que encerra técnica de arrecadação e fiscalização, assentando a constitucionalidade da previsão do segundo sem convênio prévio por não caracterizar espécie de benefício fiscal.

consumidor ao estado de São Paulo, ter sido formulada em meio a uma situação emergencial de crise econômica setorial e de virtual desemprego, o que dispensaria autorização prévia por Convênio CONFAZ. O ministro construiu sua fundamentação dialogando direito com economia.[13]

O ministro Celso de Mello também assentou que o enfrentamento de uma questão social – desemprego – não cria "a anômala situação de guerra tributária entre os Estados-membros da Federação". O decano ressaltou que a noção de "guerra fiscal" não se funda simplesmente na transgressão à reserva constitucional de convênio, mas deve envolver a consideração de fatores de ordem social como, no caso concreto, "os valores sociais do trabalho" – artigo 1º, inciso IV, da Carta –, e a obrigação do Poder Público consistente na "busca do pleno emprego" – artigo 170, VIII, da Constituição. A destinação social da lei questionada e seus efeitos, concluiu o ministro, impediriam sua caracterização como promotora de "guerra fiscal". A maioria, contudo, conjugando os incisos VI e XII, "g", do § 2º do artigo 155, da Carta, vislumbrou propósito de "guerra fiscal" e a obrigatoriedade do convênio prévio por estar envolvida redução de alíquota a patamar inferior a 12% – percentual geral aplicável às operações interestaduais. As finalidades sociais da lei impugnada não impressionaram a todos.

A avaliação menos formalista da presença de "guerra fiscal" não prevaleceu no julgado acima, mas foi vencedora na ação direta objeto deste texto. A necessidade de inserir elementos econômicos e sociais para a definição da ocorrência ou não do conflito deve ser a tônica do debate e esta é a grande lição da ADI 3.421.

3. Lições da ADI 3.421

Como já descrito, o Supremo, na ADI 3.421, conduzido pelo voto do ministro Marco Aurélio, afastou a exigência de convênio prévio presente benefício fiscal concedido pelo estado do Paraná. O Tribunal desvinculou a prática legislativa questionada do propósito comum de "guerra fiscal" entre os estados – atrair investimentos e empreendimentos –, destacando a singularidade dos destinatários – igrejas e templos de qualquer culto

---

[13] O ministro Nelson Jobim já havia formulado a mesma tese na ADI 1.978/SP, de sua relatoria, tendo por objeto a mesma norma. Embora tivesse sido iniciado o exame desta ação anteriormente ao da ADI 2.021, o mesmo foi interrompido por pedido de vista do ministro Ilmar Galvão, vindo depois a ser julgada prejudicada por perda de objeto.

– dos bens e serviços tornados isentos – serviços públicos concedidos –, para concluir pela impossibilidade de deflagração de competição fiscal entre os entes da Federação. Apesar de a aplicação literal do inciso XII, "g", do § 2º do artigo 155, da Carta, apontar a exigência de convênio no caso concreto, a Corte afastou-a, promovendo exame contextualizado da medida legal e prestigiando a finalidade político-normativa diante da natureza toda própria dos consumidores alcançados e dos valores sociais representados por estes. O Supremo privilegiou o uso extrafiscal do ICMS no campo social em detrimento da aplicação formal e irrefletida do preceito constitucional envolvido.

A decisão excluiu a incidência automática e absoluta do inciso XII, "g", do § 2º do artigo 155, da Constituição, mesmo presente concessão unilateral de benefício fiscal, para favorecer o exercício de autonomia política do estado em buscar a realização, por meio da atividade de imposição tributária, de valores constitucionais relevantes. O Tribunal identificou hipótese de isenção do imposto que não reflete propósito de atrair investimentos e, por esse motivo, não requer deliberação anterior entre os estados e o Distrito Federal que a autorizasse. Não basta, segundo o raciocínio assentado, a formulação unilateral do incentivo fiscal para que a respectiva norma estadual seja declarada inconstitucional por afronta ao artigo 155, § 2º, XII, "g", da Carta, mas é necessária também a configuração fática de um quadro de competição interestadual – de "guerra fiscal". Essa é a lição relevante, de repercussão metodológica – forma de interpretar a norma constitucional –, institucional – papel do Supremo em identificar essa configuração – e política – autonomia normativa dos entes federativos envolvidos –, que se extrai do julgamento e que apenas pode ser cumprida se levado a efeito debate mais qualitativo em torno da norma concessiva, de suas circunstâncias e propósitos.

4. Problematizações possíveis

A conclusão na ADI 3.421 sugere problematizações em torno da interpretação do artigo 155, § 2º, inciso XII, "g". Sugere reflexões quanto à renúncia de sua aplicação literal e genérica. Quais situações legitimam um corte teleológico da norma, a redução de seu campo de incidência? Quando se faz possível e necessário, contra o sentido literal do aludido preceito constitucional, mas de acordo com a teleologia a ele imanente, impor uma restrição, que se "mostra" oculta, ao seu alcance? Trata-se aqui de se buscar a redução teleológica da norma constitucional como "imperativo de justiça de tratar desigualmente o que é desigual, quer dizer, de proceder às diferenciações requeridas pela valoração".[14] A aplicação generalista da regra constitucional não faz justiça às particularidades dos casos e dos propósitos legislativos em diferentes situações, deixando o Supremo de ser o árbitro adequado que deve conciliar a harmonia do pacto federativo com a autonomia política e de finalidade dos entes que realizaram esse pacto. Essa "harmonia" não pode ser alcançada ao custo muito pesado à liberdade de conformação e atuação política dos estados.

Por outro lado, critérios objetivos devem ser fixados sob o risco de favorecer o arbítrio interpretativo do Supremo. Refletindo sobre essas possibilidades, tendo por base a ADI 3.421, o professor Ricardo Lodi aponta a dispensa de convênio "em relação aos benefícios fiscais vinculados à exploração de atividade que, pelas suas características, não poderia ser efetivada em outro Estado", de modo que a concessão de benefícios por outros entes não seria suficiente para "afastar o empreendedor do local onde a operação precisa ser desenvolvida", revelada a inexistência de competição fiscal. O autor também alega a dispensa para benefícios "destinados ao consumidor final em razão da sua hipossuficiência econômica", conferidos "em razão da especial tutela a determinados segmentos, como aos deficientes físicos, incentivos à preservação do patrimônio histórico, cultural, artístico e paisagístico, à educação, à cultura, à ciência, à preservação do meio ambiente, ao combate à pobreza, ao desenvolvimento da habitação popular e a outros interesses" constitucionais relevantes cuja realização cabe também aos estados no âmbito de nosso federalismo cooperativo.[15]

Concordo com as propostas do professor carioca e acrescento duas outras. Como decorrência direta da ADI 3.421, poder-se-ia afirmar a ausência de "guerra fiscal" sempre que os destinatários dos benefícios fossem as demais pessoas públicas e privadas mencionadas nas alíneas do inciso VI do artigo 150 da Constituição – União, municípios e os próprios estados e o Distrito Federal, respectivas autarquias e fundações, os

---

[14] LARENZ, Karl. **Metodologia da Ciência do Direito.** 3ª ed. Trad. de José Lamego. Lisboa: Fundação Calouste Gulbenkian, 1997, p. 555-556.

[15] RIBEIRO, Ricardo Lodi. Paternalismo federativo e a competência para a concessão de benefícios fiscais no ICMS e no ISS. **Revista Fórum de Direito Tributário – RFDT** nº 59, 2012, p. 145.

partidos políticos, inclusive suas fundações, as entidades sindicais dos trabalhadores, as instituições de educação e de assistência social sem fins lucrativos. A relevância estaria na qualidade constitucional desses "contribuintes de fato".[16] Igualmente, não haveria competição fiscal, na linha do que foi debatido na ADI – MC 2.021, quando o benefício fosse transitório e emergencial, voltado exclusivamente para remediar crise setorial de inevitáveis efeitos sistêmicos bastante prejudiciais para a população local. O Tribunal deve enfrentar o ônus de identificar, sob o ângulo econômico, a configuração dessa última hipótese, sob pena de extrair dos estados a capacidade de enfrentar, com armas próprias, problemas que lhes são direta e imediatamente impactantes.

Partindo dessas construções, é de se criticar o resultado ao qual chegou o Supremo na conclusão de julgamento da aludida ADI-MC 2.021. Os contornos da norma impugnada e as circunstâncias fáticas envolvidas, já descritos no tópico II deste texto, revelam inequívoco quadro de ausência de competição fiscal, restando justificar a invalidação apenas por critérios formais. Da mesma forma, merece reparos a decisão do Tribunal, na ADI-MC 2.599, em declarar a inconstitucionalidade de lei de Mato Grosso que concedeu isenção, sem prévio convênio, de ICMS na venda de veículos, máquinas e equipamentos novos destinados às prefeituras municipais, associações de pequenos produtores rurais e sindicatos de trabalhadores rurais do estado.[17]

Na ADI 2.376, o Supremo, julgando pedido do estado de Minas Gerais, declarou a inconstitucionalidade de norma fluminense que, sem deliberação interestadual anterior, desonerou "do ICMS as operações internas e de importação de insumos, materiais e equipamentos destinados à construção, ampliação, reparo, conserto, modernização, transformação e reconstrução de plataformas de petróleo e de embarcações utilizadas no comércio externo e interno, na prestação de serviços marítimos, na

---

[16] O tema da extensão da imunidade do artigo 150, inciso VI, a pessoas nele previstas, quando são contribuintes de fato em relação ao ICMS, teve a repercussão geral reconhecida relativa às entidades de assistência social da alínea "c" no RE 608.872/MG, relator ministro Dias Toffoli. A decisão futura, que poderá, tendo a doutrina de fundo, alcançar a todas as pessoas do mencionado preceito constitucional, tem efeito direto sobre a presente proposta haja vista a desoneração adquirir status constitucional, dispensada em absoluto a celebração de convênio prévio.

[17] STF – Pleno, ADI-MC 2.599, relator ministro Moreira Alves, j. 1º/11/2002, DJ 13/12/2002.

navegação de cabotagem e de interior, no apoio 'offshore' e no apoio de serviços portuários". Considerada a produção de petróleo pelo Estado do Rio de Janeiro, as vantagens estruturais e ambientais, com proveito para toda a população brasileira, de atrair esses fornecedores para próximo de onde estão localizadas as plataformas de petróleo e as embarcações, e a impossibilidade natural do Estado de Minas Gerais de possuir esse tipo de mercado consumidor, não é de se questionar a legitimidade do requerimento deste último ente, inclusive sob a óptica da pertinência temática? Acredito que essa é uma reflexão para casos futuros.

Penso não terem sido corretas também as soluções adotadas nas ADIs nº 930[18] e nº 1.467[19], nas quais foram declaradas inconstitucionais normas, respectivamente, do Maranhão e do Distrito Federal, que excluíram, sem convênio prévio, da incidência do ICMS sobre os serviços de transmissão, retransmissão e geração de som e imagem – rádio e televisão. Parece difícil, tendo em conta o alcance geográfico desses serviços e a necessidade permanente e mercadológica de programações locais, que se possa cogitar de "guerra fiscal" envolvendo emissoras de rádio e televisão. A questão se mostra ainda mais evidente no caso da lei do Maranhão que condicionou o benefício, no tocante às emissoras de rádio, à apresentação, no patamar de 25% da programação diária, "de manifestações culturais genuinamente maranhenses em suas mais variadas formas de expressões". O propósito cultural da norma foi completamente ignorado pelo Tribunal, faltando uma interpretação constitucional que ressalvasse os perfis locais e regionais das emissoras e implicasse um exame mais qualitativo, favorecedor do contexto cultural em detrimento do quadro imaginário e improvável de "guerra fiscal".

Merecem dúvidas também as declarações de inconstitucionalidade de atos estaduais claramente destinadas a atingir transformações sociais. Na ADI-MC 2.357, o Supremo invalidou lei de Santa Catarina que concedeu isenção do imposto na venda de medicamentos genéricos.[20] Ainda que tal previsão legal pudesse induzir investimentos do setor para o estado, a norma impugnada realizava em maior extensão a própria razão de ser da política dos remédios genéricos – a redução do custo e o melhor acesso da população a esses bens –, o que justificaria, ao menos,

---

[18] STF – Pleno, ADI-MC 930, relator ministro Celso de Mello, j. 25/11/1993, DJ 31/10/1997.
[19] STF – Pleno, ADI 1.467, relator ministro Sydney Sanches, j. 20/11/1996, DJ 14/3/1997.
[20] STF – Pleno, ADI-MC 2.357, relator ministro Ilmar Galvão, j. 18/4/2001, DJ 7/11/2003.

um debate mais sofisticado em torno do tema. Porém, o assunto foi reduzido a uma mera menção feita pelo ministro Nelson Jobim. O cunho social dos benefícios fiscais voltou a ser ignorado na ADI 3.809,[21] declarada inconstitucionalidade de incentivo fiscal para empresas que contratassem apenados e egressos. Parece improvável que o quadro de "guerra fiscal" pudesse ser instaurado ante benefício da espécie, e o formalismo adotado pelo Supremo acabou por impedir que o estado do Espírito Santo conduzisse política humanística de ressocialização de presos.

5. Conclusões

Depois das decisões de 1º de junho de 2011, quando o Supremo julgou em série um conjunto de quatorze ADIs e declarou a inconstitucionalidade de diversas leis e decretos de seis estados membros e do Distrito Federal que concederam benefícios fiscais sem convênio prévio,[22] o Telejornal da própria Câmara dos Deputados falou em um "começo de Reforma Tributária [que] parece surgir pelas mãos do Supremo Tribunal Federal".[23] Em um desses julgados – a ADI 3.664 –, o ministro Gilmar Mendes, ante o "controle de constitucionalidade por atacado" realizado, manifestou preocupação com a prática dos estados que chamou de "estranha teoria dos jogos" e alertou a necessidade de o Supremo adotar uma nova dinâmica de julgamento que proporcionasse respostas mais rápidas e "estimula[sse] o ambiente político" a fazer a tal "reforma tributária". Em 29 de março do ano seguinte o ministro encaminhou a Proposta de Súmula Vinculante nº 69 cuja redação ampla e genérica torna ilegítima qualquer prática estadual de concessão de benefício sem convênio prévio.

Os exemplos problematizados do tópico anterior revelam a necessidade de o Tribunal empregar exame mais atento das acusações de "guerra fiscal" do ICMS quanto aos aspectos econômicos e sociais das normas tributárias indutoras. O papel não pode ser, como pretende o ministro Gilmar Mendes por meio da súmula proposta, puramente o de eliminar conflitos por meio da aplicação formalista e irrestrita do artigo 155, § 2º, XII, "g", da Carta, mas o de assegurar a harmonia do federalismo fiscal sem amesquinhar a possibilidade de os estados promoverem, quando

---

[21] STF – Pleno, ADI 3.809/ES, relator ministro Eros Grau, j. 14/6/2007, DJ 14/9/2007.
[22] Sobre a lista dessas ações, cf. Informativo STF nº 629, de 30 de maio a 03 de junho de 2011.
[23] http://www2.camara.gov.br/tv/materias/CAMARA-HOJE/198106-REFORMA-TRIBUTA RIA-E-ASSUNTO-DE-COMISSAO-E-DO-STF.html

do uso da função extrafiscal do imposto, valores políticos e sociais que a ordem constitucional reconheça relevantes. A ADI 3.421 é o melhor exemplo dessa conduta institucional e prova irrefutável que a PSV nº 69 e julgamentos por atacado não são o modelo de solução adequado.

Intervenção Federal n. 5.179 – Distrito Federal: princípios constitucionais sensíveis, federação e Supremo Tribunal Federal

FABRÍCIO MURARO NOVAIS[*]

1. Breves notas introdutórias

A decisão prolatada na Intervenção Federal nº 5.179/DF integra, inegavelmente, o rol dos grandes julgamentos do E. Supremo Tribunal Federal, não somente pela relevância histórica e jurídica do acórdão que a veicula para o Estado Democrático de Direito, mas, sobretudo, porque explicita que a missão da mais alta Corte brasileira de guardiã da Carta da República de 1988 vem sendo cumprida, na lídima realização do Direito, com a responsabilidade dos probos, a coragem dos fortes e a sensibilidade dos justos.

Com efeito, o entendimento do Supremo Tribunal Federal firmado no julgamento da representação interventiva em comento evidencia, a um só tempo, a importância dos princípios constitucionais sensíveis à Ordem

---

[*] Assessor do Ministro Cezar Peluso (Presidência 2010-2011). Doutor e Mestre em Direito Constitucional pela PUC/SP. Pós-Graduado em Direito Constitucional pela *Università di Pisa* – Itália. Professor permanente dos programas de Doutorado e Mestrado em Direito da FADISP. Membro fundador da Associação Brasileira de Direito Processual Constitucional – ABDPC.

Jurídico-Constitucional brasileira e da higidez do Estado Federal, como concebido pelo poder originário, reafirmando o caráter excepcional do instituto da intervenção federal.

Feitas essas primeiras considerações, passa-se, nos tópicos subsequentes, à análise pontual do suporte fático-jurídico do acórdão acima referido e assim ementado. *Verbis*:

> **EMENTA:** Intervenção Federal. Representação do Procurador-Geral da República. Distrito Federal. Alegação da existência de largo esquema de corrupção. Envolvimento do ex-governador, deputados distritais e suplentes. Comprometimento das funções governamentais no âmbito dos Poderes Executivo e Legislativo. Fatos graves objeto de inquérito em curso no Superior Tribunal de Justiça. Ofensa aos princípios inscritos no art. 34, inc. VII, "a", da CF. Adoção, porém, pelas autoridades competentes, de providências legais eficazes para debelar a crise institucional. Situação histórica consequentemente superada à data do julgamento. Desnecessidade reconhecida à intervenção, enquanto medida extrema e excepcional. Pedido julgado improcedente. Precedentes. Enquanto medida extrema e excepcional, tendente a repor estado de coisas desestruturado por atos atentatórios à ordem definida por princípios constitucionais de extrema relevância, não se decreta intervenção federal quando tal ordem já tenha sido restabelecida por providências eficazes das autoridades competentes.

Como se depreende da leitura da ementa, a existência de *largo esquema de corrupção* no Governo do Distrito Federal ensejou a propositura da ação, fato este que será, a seguir, melhor apresentado nos seus detalhes.

2. Síntese necessária da controvérsia

Em meados de novembro de 2009, a partir da operação *Caixa de Pandora* deflagrada pela Polícia Federal e acompanhada pelo Ministério Público do Distrito Federal e Territórios, cuja finalidade era investigar a distribuição de recursos ilegais entre os Poderes Executivo e Legislativo do Distrito Federal, consubstanciada na prática de ilícitos penais – tais como fraude a procedimentos licitatórios, formação de quadrilha e desvio de verbas públicas – supostamente cometidos pelo então Governador do Distrito Federal, José Roberto Arruda, e por parlamentares da base aliada do governo, evidenciou-se indisfarçada prática de atos de corrupção que causaram a desmoralização de instituições públicas e de gestores do Distrito Federal.

Com base nestes elementos, o Procurador-Geral da República (PGR) formulou pedido de intervenção federal no Distrito Federal, com fundamento na Lei nº 8.038/1990 e no art. 350, IV, do Regimento Interno do Supremo Tribunal Federal, por alegada violação aos princípios republicano e democrático, bem como ao sistema representativo, nos termos do art. 34, inciso VII, alínea "a", da Constituição da República.

Dentre os substratos da causa de pedir, merece destaque o argumento do PGR, – reconhecendo sempre o caráter excepcional do decreto de intervenção federal –, no sentido que estavam esgotadas as tentativas de recomposição da *ordem* que poderiam elidir a medida de exceção requerida, e, em reforço, que a legitimidade das decisões da Câmara Legislativa para apurar as responsabilidades encontrava-se sob suspeita.

3. Aspectos e peculiaridades procedimentais

Quando da propositura da representação interventiva, o então Presidente do E. Supremo Tribunal Federal, Ministro Gilmar Mendes, solicitou informações ao Governo do Distrito Federal acerca dos fundamentos fático-jurídicos manejados, e, entrementes, o Procurador-Geral da República requereu o aditamento da exordial para explicitar que o pedido de intervenção também alcançaria o Poder Legislativo distrital.

O Governo do Distrito Federal alegou nas informações prestadas, dentre outras preliminares suscitadas, que o autor da ação deveria especificar as medidas que entendesse necessárias ao restabelecimento dos princípios constitucionais, "para viabilizar o exercício do contraditório e da ampla defesa pela entidade federada, com a indicação do 'poder e/ou órgãos a serem submetidos ao processo interventivo, qual modelo a ser adotado, os atos a serem perpetrados, tampouco o prazo estabelecido para o encerramento de todo o procedimento' ". No mérito, em síntese, argumentou que a intervenção é medida extrema e excepcional, incabível, no caso, pois não havia convulsão administrativa ou comprometimento da prestação dos serviços públicos essenciais ou daqueles prestados aos Poderes Federais sediados em Brasília.

O Ministro Gilmar Mendes, ainda no exercício da Presidência da Corte, reconhecendo a competência do Presidente do Supremo Tribunal Federal para relatar os processos de intervenção federal, conforme o

RISTF[1], "determinou a especificação do pedido[2] quanto à amplitude, ao prazo e às condições nas quais a decretação se processaria, pois a especificação dos termos da intervenção 'não caberia apenas ao Presidente da República, mas a todos os participantes do processo'".

Em razão do aditamento da inicial, o Ministro Cezar Peluso, agora como Presidente da Corte, solicitou, em atenção aos princípios do contraditório e da ampla defesa, informações complementares à Câmara Legislativa e ao Poder Executivo distrital.

A Câmara Legislativa repisou em suas informações adicionais que vinha adotando medidas para apurar a responsabilidade das autoridades investigadas no Inquérito n° 650[3] do STJ e instaurando processos por quebra de decoro parlamentar contra alguns deputados envolvidos no esquema de corrupção.

Sucintamente, o Distrito Federal ainda sustentou que o pedido inicial encontrava-se prejudicado em razão da drástica modificação da realidade fática observada na política distrital, e que, inclusive, os fatos denunciados pela *Operação Caixa de Pandora* eram objeto de criteriosas auditorias de controle interno e externo da administração distrital.

4. Análise do mérito: a. intervenção federal como medida extrema e excepcional; b. desnecessidade de decreto de intervenção federal na hipótese dos autos

Segundo o relator, Ministro Cezar Peluso, uma vez que o processo da representação interventiva é tipicamente subjetivo, com o aditamento promovido pelo Procurador-Geral da República, todos os elementos necessários à observância e ao pleno exercício do contraditório estavam descritos na petição inicial, enquanto as demais questões suscitadas como preliminares, inclusive a referente à perda do objeto da representação,

---

[1] Regimento Interno do Supremo Tribunal Federal.
[2] Esclareço, por oportuno, que na ocasião do processo e julgamento da representação interventiva, o procedimento dessa ação era disciplinado por obsoletos dispositivos do Regimento Interno do Supremo Tribunal Federal e subsidiariamente pela legislação processual ordinária. Atualmente, a Lei n. 12.562, de dezembro de 2011, ao regulamentar o inciso III do art. 36 da Constituição Federal, para dispor sobre o processo e julgamento da representação interventiva perante o Supremo Tribunal Federal, prevê expressamente no seu art. 3º, inciso IV, que a petição inicial deverá conter o pedido, com suas especificações.
[3] Segundo o relatado nesse inquérito, o então Governador do Distrito Federal liderava um grupo de autoridades que se valiam de suas funções para desviar dinheiro público.

confundiam-se com o mérito da causa, razão por que foram analisadas *congruo tempore*.

Recordando-se que, no julgamento da IF nº 114 – MT (Rel. Min. Néri da Silveira, DJ de 27.09.1996), a E. Corte, por maioria de votos, conheceu da ação com apoio no voto do Ministro Sepúlveda Pertence o qual admitia o remédio da representação interventiva não apenas em caso de violação de princípios constitucionais, ditos sensíveis, mas também por "atos formais, normativos ou não, quanto por *ação material*, ou *omissão* de autoridade estadual" (sem grifo no original), firmou-se o entendimento que os fatos narrados pelo PGR denunciavam ofensa *à forma republicana*, ao *sistema representativo* e ao *regime democrático*, daí o cabimento do pedido de intervenção federal ora analisado. Ressaltou-se que "eventuais ofensas a esses *princípios constitucionais* deveras comprometem, não só a estabilidade da ordem jurídica do Estado Federal, como também a sua consolidação como Estado Democrático de Direito, na forma do art. 1º, *caput*, da Constituição de 1988".

Em arremate dessa questão, ponderou-se que "Abstraindo-se a ampla abertura semântica que comportaria o enunciado desses *princípios constitucionais* e a diversidade das construções teóricas acerca do tema, é evidente que, ao se conjugarem a objetividade dos fatos narrados com as visões dogmáticas até aqui desenvolvidas, as autoridades acusadas de engendrar esquema de corrupção na gestão da coisa pública macularam a *representatividade* e a *responsabilidade* que os titulares dos Poderes Legislativo e Executivo distritais devem inexoravelmente preservar no exercício de suas atribuições institucionais. Nesses limites, seria de rigor o conhecimento da representação interventiva".

Diante, portanto, do incontroverso caráter excepcional inerente à intervenção federal[4], reconheceu o E. Supremo Tribunal Federal que sua decretação apenas estaria autorizada se as circunstâncias concretas, ainda quando teoricamente graves, que ensejaram o pedido interventivo, acaso não fossem combatidas, nem debeladas eficientemente por outros Poderes e por instituições que também sustentam o Estado Democrático de Direito, ou se, perdurando, ainda exigissem decretação da medida extrema

---

[4] Nesse sentido, fez-se referência ao voto do Min. Gilmar Mendes, no pedido de IF nº 2.915-6/SP.

como condição de estabilidade do Estado Federal[5]. Asseverou ainda a E. Corte que o remédio da intervenção federal deveria ser concebido como medida política de maior *excepcionalidade* e *gravidade*, sobretudo nas Federações que se formaram mediante desagregação artificial de um Estado soberano originariamente unitário.

Então, no caso em exame, a eventual procedência do pedido de intervenção federal dependeria da prova da continuidade da "crise institucional" tal como descrita e comprovada pelo Procurador-Geral da República no momento de sua propositura.

Quanto a esta prova de (des) continuidade da "crise institucional", entendeu-se que havia elementos nos autos que indicavam, desde a deflagração da *Operação Caixa de Pandora*, a atuação diligente e efetiva das instituições públicas e dos Poderes constituídos, no sentido de apurar os fatos e responsabilizar os envolvidos no esquema de corrupção com o intuito de restabelecer a normalidade institucional do Distrito Federal; e que, a propósito, eram de conhecimento público e notório ações promovidas pelo Ministério Público do Distrito Federal e Territórios para afastar deputados distritais suspeitos no processo de *impeachment* que havia sido instaurado contra o então governador José Roberto Arruda, bem como para responsabilizá-los criminalmente, dentre outras providências para apuração dos ilícitos adotadas no âmbito dos Poderes Executivo e Legislativo distritais.

O E. Supremo Tribunal Federal, por fim, reconheceu que "eventual morosidade de um processo de *impeachment* ou de perda de mandato parlamentar, ou o mero indeferimento de pedido para sua instauração não denotam, necessariamente, vulneração da *forma representativa*, nem do (sic.) *sistema republicano*, em termos aptos a legitimar o emprego excepcional do remédio interventivo". Ademais, restou consignado: "Se ainda há, efetivamente, alguma 'omissão' do Poder Legislativo distrital na apuração dos fatos ilícitos narrados, como faz crer a Procuradoria-Geral da República, trata-se de subalterna questão de deficiência que não transpõe os contornos do atual estágio da própria *democracia representativa* no País, e já não, um problema singularmente anômalo ou atípico, capaz de

---

[5] Aproximando-se desse entendimento, invocou-se o precedente IF nº 114 – MT, Rel. Min. Néri da Silveira, D.J. de 27.09.1996.

ser apenas solucionado mediante intervenção na autonomia do Distrito Federal.".

Ante o exposto, reconhecendo fundamentalmente a E. Corte que a "metástase da corrupção", anunciada na representação interventiva em análise, havia sido controlada por outros mecanismos institucionais menos gravosos ao funcionamento autônomo do Distrito Federal, o decreto de intervenção federal já se apresentava como "antídoto" extremo e desnecessário, considerando-se as novas circunstâncias num outro momento histórico.

5. Resultado do julgamento

Em Sessão Plenária realizada em 30 de junho de 2010, sob a Presidência do Ministro CEZAR PELUSO, o Supremo Tribunal Federal, por maioria de votos, rejeitou, preliminarmente, requerimento do Procurador-Geral da República no sentido de adiar o julgamento da causa, contra os votos dos Ministros Marco Aurélio e Celso de Mello.

No mérito, o Tribunal, por maioria e nos termos do voto do Relator, julgou improcedente o pedido de Intervenção Federal no Distrito Federal, requerido pelo Procurador-Geral da República, Dr. Roberto Monteiro Gurgel Santos, em fevereiro de 2010, contra o voto do Ministro Ayres Britto. Ausentes da sessão encontravam-se a Ministra Ellen Gracie, em representação do Tribunal no exterior, o Ministro Joaquim Barbosa, licenciado, e, justificadamente, o Ministro Eros Grau.

A inconstitucionalidade da vedação abstrata à substituição da pena de prisão por pena restritiva de direitos em crimes de tráfico de drogas e naqueles a ele equiparados pela Lei 11.343/2006

CARLA RAMOS MACEDO DO NASCIMENTO*

No presente artigo, pretende-se, em breves linhas, desenvolver uma síntese do entendimento firmado pelo Supremo Tribunal Federal no julgamento do HC 97.256, Rel. Min. Ayres Britto, no qual foi declarada a inconstitucionalidade da parte final do art. 44 da Lei 11.343/2003[1], que vedava a substituição da pena privativa de liberdade por pena alternativa, nos delitos de tráfico de drogas ou a ele equiparados.

A riqueza argumentativa do acórdão selecionado pode ser atribuída a quatro fontes fundamentais: 1) a interpretação restritiva das vedações

---

* Assessora do Ministro Joaquim Barbosa desde 2007. Artigo apresentado para composição de obra contendo julgados relevantes do Supremo Tribunal Federal, por ocasião da celebração dos 10 anos de atividades da AASTF e dos 25 anos da Constituição Federal. Brasília, 30 de novembro de 2013.

[1] Dispõe o art. 44 da Lei de Drogas: "*Art. 44. Os crimes previstos nos arts. 33, caput e § 1o, e 34 a 37 desta Lei são inafiançáveis e insuscetíveis de sursis, graça, indulto, anistia e liberdade provisória, vedada a conversão de suas penas em restritivas de direitos*".

de direitos impostas pela Constituição Federal aos que pratiquem delitos considerados hediondos pelo legislador (art. 5º, XLIII, da Constituição Federal[2]); 2) a interpretação ampliativa do alcance do princípio constitucional da individualização da pena (art. 5º, XLVI, da Constituição Federal[3]); 3) a atribuição de força normativa supralegal à Convenção Contra o Tráfico Ilícito de Entorpecentes e de Substâncias Psicotrópicas, incorporada ao direito interno pelo Decreto 154, de 26 de junho de 1991, que estabelece a possibilidade de alternativas ao encarceramento em casos de tráfico de entorpecentes de menor potencial ofensivo (art. 3º, n. 4º, alínea "*c*"[4]), funcionando como elemento de contenção do poder de legislar; 4) a jurisprudência do Supremo Tribunal Federal, tanto sobre o cabimento da substituição da pena privativa de liberdade por pena restritiva de direitos, em momento anterior à alteração promovida pela Lei 11.343/2006, como também a respeito da declaração da inconstitucionalidade da norma que proibia a progressão de regime em crimes hediondos.

Além desses quatro pilares argumentativos que fundamentam todo o acórdão, e que logo serão detalhados, foram acrescentadas outras vigas de sustentação, como, por exemplo, uma análise topográfica dos dispositivos constitucionais em jogo, que funcionou de auxílio interpretativo

---

[2] Estabelece o art. 5º, inciso XLIII, da Constituição Federal: *"Art. 5º Todos são iguais perante a lei, sem distinção de qualquer natureza, garantindo-se aos brasileiros e aos estrangeiros residentes no País a inviolabilidade do direito à vida, à liberdade, à igualdade, à segurança e à propriedade, nos termos seguintes:*
[...]
XLIII – a lei considerará crimes inafiançáveis e insuscetíveis de graça ou anistia a prática da tortura, o tráfico ilícito de entorpecentes e drogas afins, o terrorismo e os definidos como crimes hediondos, por eles respondendo os mandantes, os executores e os que, podendo evitá-los, se omitirem;".

[3] Eis o teor do dispositivo constitucional mencionado: *"XLVI – a lei regulará a individualização da pena e adotará, entre outras, as seguintes:*
a) privação ou restrição da liberdade;
b) perda de bens;
c) multa;
d) prestação social alternativa;
e) suspensão ou interdição de direitos;".

[4] O texto da norma citada é o seguinte: *"c) Não obstante o disposto nos incisos anteriores, nos casos apropriados de infrações de caráter menor,* **as Partes poderão substituir a condenação ou a sanção penal pela aplicação de outras medidas** *tais como educação, reabilitação ou reintegração social, bem como, quando o delinquente é toxicômano, de tratamento e de acompanhamento posterior".*

do princípio da individualização da pena, a estender-se, na plenitude de seu texto, aos crimes hediondos e equiparados, cuja previsão está inscrita no inciso XLIII, antecedendo, na ordem do art. 5º, a da garantia constitucional da individualização da pena, da qual, portanto, não estariam excluídos, nos exatos termos do inciso XLVI. Destacou-se, ainda, o prestígio dado pela Constituição à *"liberdade física das pessoas, fazendo do aprisionamento uma exceção"*, e entendeu-se que a disciplina legal da substituição da pena de prisão, por meio da Lei 9.714/98, densificou a garantia constitucional da individualização da pena.

Como se percebe, o voto condutor costurou seus principais argumentos com apoio na doutrina da eficácia irradiante dos direitos fundamentais, que se estende a todas as normas estabelecidas na Constituição e na legislação infraconstitucional e que, no caso, conduziu ao entendimento de que compete ao juiz conferir a máxima efetividade possível no caso concreto a tais direitos, dentre os quais a liberdade corporal, a ser protegida, na maior medida permitida pelo sistema jurídico-constitucional, contra os *"efeitos certamente traumáticos, estigmatizantes e onerosos do cárcere"*, nas precisas palavras do Relator, que se apoiou na doutrina e, em especial, no denominado *"mandado de otimização"*, cujo conteúdo teórico foi construído por Ronald Dworkin.

Quanto aos quatro pilares fundamentais, o voto condutor do acórdão principiou lembrando que, antes de entrar em vigor a Lei 11.343/2006, a jurisprudência da Corte admitia a conversão da pena privativa de liberdade por restritiva de direitos, em casos de crimes hediondos, quando observados os pressupostos do art. 44 do Código Penal, tendo em vista a ausência de proibição expressa na Lei 8.072/1990 e a impossibilidade de ampliar o sentido da norma que proibia a progressão de regime (e que, atualmente, obriga o condenado a cumprir a pena de reclusão no regime inicial fechado). Porém, ante à proibição expressa contida na nova lei, que vedou a substituição da pena privativa de liberdade por restritiva de direitos, reconheceu-se a necessidade de maior elaboração teórica para decidir a matéria, sobretudo quando à *"perfeita compreensão da natureza e do alcance da garantia constitucional da individualização da pena"*.

Dito isso, o Relator, antes de passar propriamente à análise deste princípio constitucional, concentrou-se sobre o tratamento que a Lei Maior conferiu aos crimes hediondos, aos quais o constituinte originário equiparou o crime de tráfico de drogas.

Fazendo referência ao disposto no art. 5º, XLIII, da Constituição, o Supremo Tribunal Federal apresentou seu primeiro argumento inovador: o de que aquele dispositivo estabeleceu um limite material ao legislador ordinário: a não-concessão dos benefícios da fiança, da graça e da anistia para os que incidirem em tais delitos. E complementou: "*Não incluindo nesse catálogo restrições à vedação à conversão da pena privativa de liberdade em restritiva de direitos*".

Assim, para a maioria do Plenário do Supremo Tribunal Federal, as vedações de direitos impostas no art. 5º, XLIII, devem ser interpretadas restritivamente e, mais do que isso, funcionam como **única distinção possível** entre o tratamento penal ordinário e aquele a ser conferido aos crimes hediondos. Nos termos expressos do voto condutor do acórdão aqui selecionado, a Constituição "*[s]ubtraiu do legislador comum a possibilidade de fazer constrições sobejantes daquelas já preestabelecidas pelo próprio legislador constituinte. É como penso, atento ao postulado de que a norma constitucional restritiva de direitos ou garantias fundamentais é de ser contidamente interpretada [...]*".

Pois bem, este foi o primeiro alicerce argumentativo construído para afastar a constitucionalidade da vedação legal à substituição da pena de prisão por penas alternativas, nos crimes de tráfico de drogas e naqueles aos quais a Lei 11.343/2006 conferiu tratamento idêntico (financiamento ao tráfico; associação para o tráfico).

Na sequência, o Relator, acompanhado pela maioria, passou a observar a natureza e a extensão do princípio da individualização da pena estabelecido no art. 5º, XLVI, da Constituição Federal.

Cumpre, desde logo, destacar que o dispositivo em questão, ao menos no texto positivo (escrito), traz um **mandado de regulação** da individualização da pena **pelo legislador**. Com efeito, nesta norma (que se encontra transcrita na nota-de-rodapé nº 3), previu-se que "*a lei regulará a individualização da pena*".

Assim, o Supremo Tribunal Federal empregou esta regra para reduzir o espectro de liberdade do próprio legislador na regulação da individualização da pena, estabelecendo, como seu limite, o respeito à individualização a ser concretizada pelo juiz, na sentença condenatória.

É nesse sentido que se pode afirmar que a Corte adotou uma interpretação ampliativa da garantia da individualização da pena, indo além do texto positivado para, à luz de outros dispositivos constitucionais, da doutrina e da jurisprudência, delimitar a atividade normativa do legislador ordinário no estabelecimento de restrições à análise individualizada da pena pelo juiz – no momento da condenação e, também, da execução penal.

Inicialmente, o acórdão recuperou a construção da dogmática jurídica quanto à natureza da pena e da sua individualização[5]. Neste ponto, o voto condutor guiou-se por uma divisão analítica do conceito de individualização da pena, divisado em seus *"três momentos individuados e complementares: o legislativo, o judicial e o executório ou administrativo"*.

O Relator, em seu denso voto acompanhado pela maioria, também decidiu fazer uma opção: entre o "razoável" e o "racional", escolheu *"a opção jurídico-positiva pela prevalência do razoável"*. Enquanto o "racional" trabalharia apenas no plano abstrato, com categorias universais, o razoável, no entendimento do Relator, *"toma em linha de conta o contexto ou a contingência das protagonizações humanas"*. Este posicionamento parece ter se dirigido não somente a afastar a possibilidade de vedações abstratas à atuação judicial pelo legislador, mas, também, a responder à crítica da divergência que se estabeleceu pelos votos dos Ministros Joaquim Barbosa, Cármen Lúcia, Ellen Gracie e Marco Aurélio, cujos argumentos serão apresentados de modo sucinto adiante, mas que se pode adiantar que estiveram muito pautados pelo plano da interpretação lógica e abstrata da legislação penal sobre o tema.

O acórdão proferido no HC 97.256 sedimentou o entendimento de que o legislador não pode *"proibir ao julgador, pura e secamente, a convolação da pena supressora da liberdade em pena restritiva de direitos"*. Entenda-se: consolidou-se a decisão de que essa vedação não pode ser feita com base tão-somente no rótulo da hediondez ou da gravidade abstrata do delito. O Relator ponderou esse entendimento com a sinalização de que a vedação é inconstitucional, mas não o seria (caso houvesse) uma lei que estabelecesse *"condições mais severas para a concreta incidência da alternatividade; severidade jurisdicionalmente sindicável tão-só pelos vetores da razoabilidade e da proporcionalidade"*.

O terceiro principal fundamento do acórdão ora resenhado foi construído por meio da interpretação da legislação ordinária à luz de Conven-

---

[5] Na linguagem poética que tão bem caracteriza o estilo do Relator, a individualização constitui-se como *"um caminhar no rumo da personalização da resposta punitiva do Estado"*.

ção Internacional aprovada e promulgada pelo Estado brasileiro, à qual se conferiu plena eficácia supralegal.

Cuida-se, como já mencionado na introdução deste artigo, da Convenção Contra o Tráfico Ilícito de Entorpecentes e de Substâncias Psicotrópicas, incorporada ao direito interno pelo Decreto 154, de 26 de junho de 1991, que estabeleceu a possibilidade de substituição da condenação ou da sanção penal por *"outras medidas tais como educação, reabilitação ou reintegração social"*.

Sobre essa Convenção, o Relator assim resumiu seu entendimento: *"Norma supralegal de hierarquia intermediária, portanto, que autoriza cada Estado soberano a adotar norma comum interna que viabilize a aplicação da pena substitutiva (a restritiva de direitos) no aludido crime de tráfico ilícito de entorpecentes"*.

Por fim, o voto condutor do acórdão, ao conferir interpretação ampliativa à garantia constitucional da individualização a pena, também procurou fincar suas bases na jurisprudência recente do Supremo Tribunal Federal. Primeiramente, na jurisprudência que já havia se firmado, por maioria, na Corte, para admitir a substituição da pena privativa de liberdade pela restritiva de direitos no crime de tráfico de drogas, ainda no momento anterior à vedação expressa contida na Lei 11.343/2006. Entendia-se que a Lei 8.072/90, por não prever qualquer proibição na matéria, não poderia ser interpretada do modo como vinha prevalecendo nos Tribunais brasileiros, inclusive no STJ, cujo entendimento era o de que, uma vez imposto por lei o regime integralmente fechado de cumprimento das penas pelos condenados por crimes hediondos, automaticamente não seria possível permitir-lhes a substituição da pena de prisão (a ser cumprida no regime fechado) por pena alternativa.

Para a maioria dos ministros do STF, porém, o regime de cumprimento da pena privativa de liberdade não interferiria na prévia necessidade de análise da possibilidade de substituição desta pena, cuidando-se de momentos distintos da dosimetria da pena (HC 96.149, rel. min. Eros Grau; HC 93.857, rel. min. Cezar Peluso; HC 91.600, rel. min. Sepúlveda Pertence; HC 90.871, rel. min. Cármen Lúcia).

O reforço jurisprudencial ao argumento da possibilidade de substituição da pena adveio, em especial, da decisão que, quatro anos antes, havia declarado a inconstitucionalidade, *incidenter tantum*, da vedação legal à progressão de regime em crimes hediondos (HC 82.959, Rel. Min. Marco Aurélio). Esse apoio jurisprudencial tornou possível conferir maior segurança no caminho argumentativo construído para decidir o HC 97.256, tendo em vista que o acórdão prolatado sobre a possibilidade da progressão de regime em crimes hediondos já vinha produzindo plenos efeitos práticos, sem retrocessos sistêmicos e com plena adesão de todos os ministros da Corte, mesmo daqueles que haviam ficado vencidos no julgamento de mérito, além de ter conduzido, por fim, à alteração da lei pelo legislador.

Com base nesses fundamentos (que, no acórdão, encontram rico apoio na doutrina especializada), a Corte declarou *"incidentalmente inconstitucional, com efeito ex nunc (na linha do entendimento firmado no HC 82.959//SP, julg. cit.), a proibição de substituição da pena privativa de liberdade pela pena restritiva de direitos"*, contida na parte final do art. 44 da Lei 11.343/2006.

Antes da conclusão deste artigo, cumpre destacar, como já se antecipou, que ficaram vencidos os ministros Joaquim Barbosa, Cármen Lúcia, Ellen Gracie e Marco Aurélio.

A corrente vencida, que considerou constitucional a vedação legal da substituição da pena de prisão no crime de tráfico de drogas, apoiou-se, fundamentalmente, nos seguintes argumentos: 1) a possibilidade de substituição da pena privativa de liberdade pela pena restritiva de direitos não está presente para todo e qualquer crime em nosso ordenamento jurídico-penal, já que a própria Lei 9.714/98, ao disciplinar os limites do seu cabimento, no art. 44 do Código Penal, estabeleceu várias proibições à substituição da pena pelo órgão julgador; 2) a própria Constituição conferiu liberdade ao legislador para, ao regular a individualização das penas, impor qualquer das sanções previstas no art. 5º, XLVI, vedando, somente, as sanções constitucionalmente proscritas; 3) a Constituição também determinou que o legislador impusesse tratamento mais gravoso para o crime de tráfico de drogas e outros equiparados constitucionalmente aos crimes hediondos, razão pela qual a parte final do art. 44 da Lei 11.343/2006 não violaria o mandamento constitucional, o qual não funcionaria como limite máximo das restrições que deveriam ser impostas para os praticantes desses delitos; 4) a definição da política criminal destinada a coibir a prática de delitos cabe ao legislador, e não ao Poder Judiciário.

Estes os principais fundamentos da minoria que se formou na corrente divergente.

Feito este rápido balanço, cumpre ressaltar que esta decisão proferida no HC 97.256 se revelou extremamente relevante, além de ter alçado o Supremo Tribunal Federal à vanguarda da definição do tratamento político-criminal do crime de tráfico de drogas no país.

Em lugar de funcionar como mais uma peça na engrenagem voltada ao encarceramento obrigatório de todo e qualquer indivíduo envolvido neste crime, cuja prática por jovens moradores das periferias e favelas é tão numerosa em nossa sociedade ainda miserável e excludente, o Supremo assumiu um protagonismo na diminuição do número de prisões decorrentes deste delito e apontou para o legislador a possibilidade de se buscar a recuperação, por via alternativa à da prisão, dos que venham a ser condenados pela prática de tráfico que sejam primários, de bons antecedentes, não estejam envolvidos com organizações criminosas nem se dediquem a atividades criminosas. Isso porque é somente nessas hipóteses que se tornará possível a substituição da pena privativa de liberdade por pena alternativa, com a aplicação da causa de diminuição prevista no art. 33, §4º, da Lei 11.343/2006. Nos demais casos, a pena mínima de 5 anos não permite o benefício estabelecido no art. 44 do Código Penal.

Assim, o Supremo Tribunal Federal se mostrou uma Corte Constitucional profundamente mergulhada na realidade social brasileira, em que a prisão não recupera, não ressocializa e, por isso, não deve ser a primeira das penas, nem de ser sempre a regra, por força da simples rotulação de um delito como hediondo ou grave em abstrato, ainda que se reconheça a gravidade e disseminação dessa prática delitiva.

Segundo o entendimento do Plenário do Supremo Tribunal Federal, o caso concreto pode revelar gravidade muito menor do que o discurso do legislador previa no momento da definição da política criminal. E os fatos estão aí para demonstrar que esta decisão não foi desacertada. Nenhuma consequência sobre o número de praticantes desse delito parece ter se seguido à possibilidade de substituição da pena consagrada pela Corte Suprema.

Ademais, além da busca de fundamentos jurídico-constitucionais para firmar o sentido e o alcance da garantia da individualização da pena, e muito acima da lógica racional, vale atentar para o que Claus Roxin definiu como seu objetivo, na importante obra *Política Criminal e Sistema Jurídico Penal*: opor aos esforços causalistas e finalistas – teorias de base ôntica –, uma concepção normativa, que orientasse o sistema do Direito Penal, por meio de princípios (orientações reitoras) de caráter político--criminal.

Ao contrário do que o rótulo pode simbolizar, o tráfico de drogas não é uma atividade tão bem definida (basta observar a quantidade de verbos que compõem o núcleo típico); não é praticada de forma linear, homogênea, uniforme; não é tratada da mesma maneira nos diferentes locais em que se desenvolve no mundo; tampouco atinge igualmente os diferentes atores que se envolvem nessa prática delitiva. Basta pensar que a própria figura do "traficante de drogas", por exemplo, pode ser atribuída a toda uma série de personagens, das zonas urbanas e também rurais (o produtor, no caso de algumas drogas), embora apenas alguns sejam selecionados pelo sistema penal e por ele punidos, controlados e/ou vigiados, como é bem sabido. O tratamento da notícia pela mídia também varia imensamente de acordo com a origem social, étnica, racial, do autor do delito.

Por fim, parece extremamente saudável para o sistema jurídico-penal brasileiro e mundial a observância de normas celebradas em tratados e convenções internacionais. Cuida-se de uma oxigenação do nosso ordenamento, que em muito contribui para a nossa evolução e adaptação aos novos tempos.

Nesse aspecto, pode-se afirmar que a referência, no acórdão do HC 97.256, à Convenção de Viena de 1988, promulgada no Brasil por meio do Decreto 154/1991, confere sentido à internacionalização e uniformização da política criminal contra as drogas, que costuma ser um problema transnacional e que, por isso, deve aproximar cada vez mais os ordenamentos dos países que pretendam contribuir para um controle mais racional, efetivo e humano do tráfico de entorpecentes.

Não é demais lembrar que, desde o início da criminalização deste delito, os diálogos internacionais sempre ditaram a tônica das legislações internas, especialmente a partir da Guerra às Drogas declarada por Richard Nixon. Naquele período de guerra fria e de dificuldades no Vietnã, fazia sentido que o discurso do Presidente dos Estados Unidos da América, proferido em 17 de junho de 1971, em mensagem ao Congresso dos Estados Unidos (NIXON, 1971), evocasse a figura linguística da *guerra* para o fim de envolver a população no esforço e unificação do país em torno de um objetivo comum: derrotar um inimigo[6]. Em seu pronunciamento, o então Presidente norte-americano afirmou que *"o inimigo público número um nos Estados Unidos é o abuso de drogas. A fim de combater e derrotar esse inimigo, é necessário empreender uma nova ofensiva total"*[7]. Naquele momento, os Estados Unidos da América estavam sendo derrotados no Vietnam. A crescente reprovação da opinião pública à atuação do país obrigaria o então Presidente norte-americano a retirar suas tropas, depois de uma série de atrocidades cometidas.

Passados mais de quarenta anos desde então, o saldo dessa guerra não parece positivo. Ao contrário, a violência advinda dessa política, que conflagrou centros urbanos e tornou inabitáveis determinadas regiões, em especial do Rio de Janeiro, serve de alerta para a necessidade de se reverter a forma como o controle desse delito vem sendo feito.

A busca de alternativas políticas à penalização profunda que o sistema atual produz, especialmente nas favelas e periferias, deve, sim, ter sua diretriz firmada pelo legislador, mas também deve ter uma releitura e reinterpretação pelo Poder Judiciário no momento de julgar os casos concretos, ocasião em que há a possibilidade de analisar, com maior correção, quem deve cumprir a pena de prisão e quem faz jus a medidas alternativas, nos termos da legislação comum a todos os delitos.

Assim, independentemente de a Constituição Brasileira ter ou não permitido ao legislador a vedação da substituição da pena privativa de liberdade por restritiva de direitos – e a corrente minoritária que se formou no julgamento do HC 97.256 pelo Supremo Tribunal Federal parece convincente para demonstrar que não houve propriamente uma restrição constitucional nesse ponto –, a tomada de posição do Supremo Tribunal Federal deve produzir muito mais efeitos positivos sobre a realidade social e carcerária brasileira do que problemas no controle da prática delitiva organizada que preocupa não apenas a nossa sociedade como todo o mundo, que hoje parece seguir o caminho de um novo olhar lan-

---

[6] Nas palavras do então Presidente dos Estados Unidos da América, *"We have fought together in war, we have worked together in hard times, and we have reached out to each other in division--to close the gaps between our people and keep America whole"* (NIXON, 1971).

[7] No original em ingles: *"America's public enemy number one in the United States is drug abuse. In order to fight and defeat this enemy, it is necessary to wage a new, all-out offensive"* (Disponível em: http://www.shroomery.org/forums/showflat.php/Number/14628667. Acesso em: 25 nov. 2013).

çado sobre a questão das drogas, iniciando pela descriminalização do seu uso para, quem sabe, restringir, em alguma medida, a punição também da venda, especialmente em casos como os que observamos no Brasil, em que a pena substitutiva vem se revelando eficaz na diminuição das consequências criminogênicas no cárcere sobre a população jovem do nosso país.

Referências Bibliográficas

BRASIL. Supremo Tribunal Federal. *Habeas Corpus* nº 97.256. Relator: Ministro Ayres Britto. Órgão julgador: Tribunal Pleno. Brasília, 1º de setembro de 2010.

NIXON, R. **Special Message to the Congress on Drug Abuse Prevention and Control**. 17 jun. 1971. Online by Gerhard Peters and John T. Woolley, The American Presidency Project. Disponível em: http://www.presidency.ucsb.edu/ws/?pid=3048. Acesso em: 25 nov. 2013.

ROXIN, Claus. **Política Criminal e Sistema Jurídico-Penal**. Trad.: Luís Greco. Rio de Janeiro: Renovar, 2000.

Contraditório e ampla defesa no controle externo exercido pelo Tribunal de Contas. Uma análise do MS nº 25.116

VALTER SHUENQUENER DE ARAÚJO[*]

1. Breve Introito

O tema gravitante em torno da necessidade de observância do contraditório e da ampla defesa previamente a decisões das Cortes de Contas brasileiras é daqueles que tem suscitado profundas controvérsias e originado decisões judiciais das mais conflitantes. Nesse contexto, o enquadramento de alguns atos estatais como complexos, haja vista que se aperfeiçoariam tão-somente após o seu registro pelo Tribunal de Contas, é medida que, por sua vez, tem legitimado a inobservância do contraditório no controle exercido pela referida Corte. Ocorre que, em muitos casos, o ato administrativo favorável ao administrado já subsistiu por longos anos e sua desconstituição, na ocasião do registro, pode revelar-se inviável, o que deveria assegurar ao administrado o direito de, ao menos, ser previamente ouvido.

---

[*] Juiz Federal com atuação no gabinete do Min. Luiz Fux Professor Adjunto de Direito Administrativo da UERJ. Doutor em Direito Público pela UERJ. Doutorado-Sanduíche na Ruprecht-Karls Universität Heidelberg-Alemanha. Professor Conferencista da EMERJ Autor do livro: O Princípio da Proteção da Confiança

Na decisão judicial escolhida para análise, qual seja o acórdão proferido no Mandado de Segurança nº 25.116, o STF demonstrou uma detida preocupação com o respeito ao contraditório e à ampla defesa, tendo condicionando a atuação da Corte de Contas à prévia oitiva do particular a ser afetado pela manifestação de vontade estatal.

2. Da Anulação de Aposentadoria de Agentes Públicos e a necessidade de observância do direito à ampla defesa

O Supremo Tribunal Federal tem classificado o ato de aposentadoria de servidores públicos como ato complexo. Ato complexo é, em breve síntese, aquele resultante de manifestações de vontade emanadas de vários órgãos, vontades que se conjugam para a sua formação e aperfeiçoamento. O órgão ou entidade em que o servidor exerce sua atividade concede sua aposentadoria e, em seguida, o Tribunal de Contas com atribuição procede ao seu registro.[1]

Partindo-se da premissa de que se está diante de um ato complexo, o ato de aposentadoria ainda não se aperfeiçoou previamente ao seu registro, isto é, ainda não se incorporou definitivamente ao patrimônio do aposentado. Nesse seguimento, o STF editou a Súmula Vinculante nº 3 para deixar incontroverso que o Tribunal de Contas poderá, antes do registro da aposentadoria do servidor público, determinar a anulação do benefício independentemente da observância do contraditório e da ampla defesa. Sua redação é a seguinte:

Nos processos perante o tribunal de contas da união asseguram-se o contraditório e a ampla defesa quando da decisão puder resultar anulação ou revogação de ato administrativo que beneficie o interessado, excetuada a apreciação da legalidade do ato de concessão inicial de aposentadoria, reforma e pensão.

Contudo, a aplicação da súmula acima transcrita em todos os casos analisados pelo Tribunal de Contas não se revela razoável. Há situações – e não são poucas – em que o aludido órgão fica inerte por vários anos

---

[1] Não compartilhamos o entendimento de que o ato de aposentadoria de servidor público represente um exemplo de ato complexo. É que, antes mesmo do seu registro, a aposentadoria já produz efeitos isolados e relevantes no patrimônio do aposentado, tendo se aperfeiçoado de maneira a permitir sua impugnação judicial e a impedir seja considerada um ato complexo. No mesmo sentido, PONDÉ, Lafayette. Controle dos Atos da Administração Pública. **Revista do Direito Administrativo**, São Paulo, n. 212, p. 41- 47, 1998.

e apenas aprecia a legalidade do benefício previdenciário do servidor longo período após a sua concessão. A excessiva inação para o exercício da função de registro pode gerar uma situação fática de difícil reversão. O princípio da legalidade, vetor axiológico inspirador da atribuição de registro da Corte de Contas, não tem força absoluta e merece ser sopesado com outros princípios constitucionais, em especial com o princípio da proteção da confiança, dimensão subjetiva do princípio da proteção da segurança jurídica.

O STF já teve a oportunidade de se manifestar sobre a incidência da Súmula Vinculante nº 3 em hipóteses de inércia excessiva da Corte de Contas e o precedente mais rememorado sobre este tema é o Mandado de Segurança nº 25.116, relator Min. Ayres Britto, julgado pelo Plenário em setembro de 2010.

No referido julgamento, os ministros do STF dividiram-se em três correntes distintas. Uma primeira, defendida pelos ministros Marco Aurélio, Ellen Gracie e Sepúlveda Pertence, votou no sentido da denegação da segurança, na medida em que a Súmula Vinculante nº 3 deveria ser empregada na íntegra, vale dizer, a anulação da aposentadoria não teria de ser precedida do contraditório e da ampla defesa. Uma segunda corrente, defendida pelos ministros Celso de Mello e Cezar Peluso, sustentou a irreversibilidade da situação fática sempre que a inércia do Tribunal de Contas superasse o prazo de cinco anos. A posição vencedora, todavia, foi capitaneada pelo ministro Ayres Britto. Em seu voto, o referido ministro entendeu que, se o Tribunal de Contas demorar mais de cinco anos para avaliar a legalidade do benefício, a sua desconstituição por suposta ilegalidade deverá ser precedida do contraditório e da ampla defesa.

Segue a ementa do julgado da relatoria do Min. Ayres Britto:

EMENTA: MANDADO DE SEGURANÇA. ATO DO TRIBUNAL DE CONTAS DA UNIÃO. COMPETÊNCIA DO SUPREMO TRIBUNAL FEDERAL. NEGATIVA DE REGISTRO A APOSENTADORIA. PRINCÍPIO DA SEGURANÇA JURÍDICA. GARANTIAS CONSTITUCIONAIS DO CONTRADITÓRIO E DA AMPLA DEFESA.

1. O impetrante se volta contra o acórdão do TCU, publicado no Diário Oficial da União. Não exatamente contra o IBGE, para que este comprove o recolhimento das questionadas contribuições previdenciárias. Preliminar de ilegitimidade passiva rejeitada.

2. Infundada alegação de carência de ação, por ausência de direito líquido e certo. Preliminar que se confunde com o mérito da impetração.

3. A inércia da Corte de Contas, por mais de cinco anos, a contar da aposentadoria, **consolidou afirmativamente a expectativa do ex-servidor quanto ao recebimento de verba de caráter alimentar.** *Esse aspecto temporal diz intimamente com: a) o princípio da segurança jurídica, projeção objetiva do princípio da dignidade da pessoa humana e elemento conceitual do Estado de Direito; b) a lealdade, um dos conteúdos do princípio constitucional da moralidade administrativa (caput do art. 37).* São de se reconhecer, portanto, certas situações jurídicas subjetivas ante o Poder Público, mormente quando tais situações se formalizam por ato de qualquer das instâncias administrativas desse Poder, como se dá com o ato formal de aposentadoria.

4. *A manifestação do órgão constitucional de controle externo há de se formalizar em tempo que não desborde das pautas elementares da razoabilidade.* Todo o Direito Positivo é permeado por essa preocupação com o tempo enquanto figura jurídica, para que sua prolongada passagem em aberto não opere como fator de séria instabilidade inter-subjetiva ou mesmo intergrupal. A própria Constituição Federal de 1988 dá conta de institutos que têm no perfazimento de um certo lapso temporal a sua própria razão de ser. Pelo que existe uma espécie de tempo constitucional médio que resume em si, objetivamente, o desejado critério da razoabilidade. Tempo que é de cinco anos (inciso XXIX do art. 7º e arts. 183 e 191 da CF; bem como art. 19 do ADCT).

5. *O prazo de cinco anos é de ser aplicado aos processos de contas que tenham por objeto o exame de legalidade dos atos concessivos de aposentadorias, reformas e pensões.* **Transcorrido in albis o interregno quinquenal, a contar da aposentadoria, é de se convocar os particulares para participarem do processo de seu interesse, a fim de desfrutar das garantias constitucionais do contraditório e da ampla defesa (inciso LV do art. 5º).**

6. *Segurança concedida.*

Decisão: *O Tribunal, por maioria e nos termos do voto do Relator, concedeu a segurança para anular o acórdão – TCU nº 2.087/2004 –, tão-somente no que se refere ao impetrante e para o fim de se lhe assegurar a oportunidade do uso das garantias constitucionais do contraditório e da ampla defesa, vencidos, em parte, os Senhores Ministros Celso de Mello e Cezar Peluso (Presidente), que concediam a segurança em maior extensão, e os Senhores Ministros Marco Aurélio, Ellen Gracie e Sepúlveda Pertence, que a denegavam. Não votou o Senhor Ministro Dias Toffoli. Ausentes, com votos proferidos em assentada anterior, a Senhora Ministra Ellen Gracie, justificadamente, e o Senhor Ministro Gilmar Mendes, neste julgamento. Plenário, 08.09.2010.*

Prestigiou-se, após o decurso de cinco anos, o princípio da proteção da confiança na sua dimensão procedimental, garantindo-se, assim, a prévia oitiva do cidadão a ser afetado pela mudança de comportamento estatal. Sobre o tema, transcrevo comentário que fiz em outro trabalho sobre o tema:

Independentemente da existência do direito material à proteção da confiança, o particular deve ter, em princípio, direito a ser ouvido e a se manifestar previamente à supressão de uma expectativa que possua. Esse direito deriva do que a doutrina alemã denomina de dimensão processual dos direitos fundamentais (verfahrensrechtliche Dimension der Grundrechte).[2] (...) A proteção procedimental demanda a adoção de um procedimento específico em que o particular possa se insurgir contra a alteração estatal pretendida. O particular deve ter o direito de ser ouvido, de se manifestar e de se defender. Além disso, os atos devem ser publicados para que haja transparência, e a autoridade estatal que julgará o conflito deve ser imparcial. A proteção procedimental não deve ser garantida apenas do ponto de vista formal. As manifestações apresentadas pelo particular devem ser efetivamente consideradas, ainda que, ao final, nenhuma proteção substancial seja concedida.

Sem embargo do avanço decorrente do reconhecimento pontual do direito ao contraditório previamente à anulação do benefício previdenciário do servidor, a posição defendida pelo Min. Celso de Mello ressoa mais harmônica com o nosso ordenamento jurídico. Se a Corte de Contas recebeu, há mais de cinco anos, um processo administrativo em que a aposentadoria já foi concedida a um servidor, não é razoável que o benefício possa ser desconstituído, mormente quando não se está diante de qualquer fraude ou má-fé por parte do aposentado. Esse mesmo entendimento foi defendido pelo Min. Cezar Peluso consoante se extrai do trecho de seu voto no MS 25.116 abaixo transcrito:

Tenho que a invalidação, aqui, insultaria os princípios da segurança jurídica e da boa-fé, na exata medida em que tende a desconstituir situação jurídico-subjetiva estabilizada por prazo razoável e de vital importância para a servidora, a qual se aposentou na sólida presunção de validez do ato administrativo. Frustrar-lhe, hoje, a justa expectativa de manutenção do benefício,

---

[2] ARAUJO, Valter Shuenquener de. O Princípio da Proteção da Confiança. Uma nova forma de tutela do cidadão diante do Estado. Niterói: Impetus, 2009, p. 213 e 219.

que percebe há mais de 10 (dez) anos, é restabelecer, na matéria, a concepção de poder absoluto do Estado, contra toda a racionalidade do discurso normativo, e confirmar, na prática, que summum ius pode ser summa iniuria!

Por fim, estou convicto de que esta evolução no meu modo de ver o tema implica revisão do texto da súmula vinculante nº 3, em cuja redação já não caberia a ressalva contida na segunda parte do seu enunciado. Compreendo os argumentos daqueles que se preocupam com seu enfraquecimento, à vista de que é recente a aprovação das três primeiras súmulas. Mas somos todos reféns de nossas reflexões e da honestidade intelectual que lhes devemos emprestar, quando convencidos pela força dos argumentos.

5. Do exposto, ajusto o meu voto e concedo a segurança, para, pronunciando a decadência do ato administrativo de concessão da aposentadoria da impetrante, cassar, no que lhe toca, os efeitos do Acórdão nº 2.087/2004, do TCU.

Assim, a despeito da ilegalidade do benefício concedido ao servidor, a sua manutenção é um imperativo quando a hipótese não indicar má-fé e ficar configurada a longa inércia da Corte de Contas deflagradora da irreversibilidade da situação fática, porquanto não é crível que uma pessoa que está aposentada há mais de cinco anos tenha condições de retornar ao seu antigo trabalho.

Conclusões

1) O Supremo Tribunal Federal tem revelado uma nítida e correta preocupação com a preservação do direito dos administrados ao devido processo legal. Não se tem adotado uma interpretação reducionista que esvazie a densidade normativa do texto constitucional. Ao revés, o STF tem, ao longo dos anos, ampliado os casos em que o contraditório e a ampla defesa devem ser assegurados aos cidadãos, o que denota a adoção, pela jurisprudência da Corte Suprema, de um modelo de administração dialógica, uma administração que ouve antes de decidir, por se considerar dialético o processo de criação da manifestação de vontade estatal.

2) O ato de concessão de aposentadoria de servidor público tem sido considerado pelo Supremo Tribunal Federal como ato complexo que se inicia com a concessão do benefício e se ultima e aperfeiçoa com o registro perante o Tribunal de Contas. Esse enquadramento teórico repercute no prazo que o Tribunal de contas possui para anular uma aposentadoria, que é de cinco anos a partir do seu registro, e não da concessão do

benefício. Sob outro enfoque, o fato de ser ato complexo, e de apenas se aperfeiçoar após o seu registro pela Corte de Contas, facilita a tese de que a sua anulação antes do registro não depende do contraditório e da ampla defesa, consoante anunciado pela Súmula Vinculante nº 3 do STF.

3) A Súmula Vinculante nº 3 do STF predica que não há necessidade de observância ao contraditório e à ampla defesa previamente à anulação da aposentadoria do servidor ainda não registrada pelo Tribunal de Contas. Contudo, no julgamento do Mandado de Segurança nº 25.116 o STF atenuou o rigor do referido verbete e assegurou o contraditório e a ampla defesa previamente à anulação de aposentadoria ainda não registrada na Corte de Contas quando o referido órgão ficar inerte por mais de cinco anos. Por essa razão, o texto da Súmula Vinculante nº 3 deve ser corrigido pelo próprio STF, a fim de que possa retratar fielmente o seu atual entendimento a respeito da anulação de benefícios previdenciários de servidores públicos concedidos há muitos anos.

4) Em posição que se tornou vencida no MS nº 25.116, os ministros Celso de Mello e Cezar Peluso sustentaram um ponto de vista que melhor se amolda aos ditames de um Estado de Direito, porquanto invocaram a correta tese da necessidade de permanência do benefício previdenciário do servidor concedido ilegalmente nos casos de demora injustificada do Tribunal de Contas na sua atividade de registro. A irreversibilidade da situação fática resulta da própria inércia estatal que não pode frustrar expectativas legítimas dos cidadãos.

5) A substituição da administração pública imperativa, que se legitima primordialmente pelo exercício da autoridade, por um modelo de administração consensual e dialógica é fenômeno recente e que impõe a necessária observância do princípio do contraditório e da ampla defesa. A atuação do Tribunal de Contas revela interferência no campo dos interesses individuais hábil a justificar e a exigir a instauração de um prévio processo administrativo em que sejam garantidos o contraditório e a ampla defesa, sob pena de abandono irresponsável ao Estado Democrático de Direito.

O humorismo político levado a sério pelo Supremo Tribunal Federal: análise do julgamento da ADI 4451-MC

SÍLVIA PORTO BUARQUE DE GUSMÃO*

I. Introdução

Em 2 de setembro de 2010, a poucas semanas das eleições gerais, o Supremo Tribunal Federal foi levado a se manifestar sobre a constitucionalidade de dispositivos da Lei n. 9.504/97, a Lei das Eleições, os quais cuidam de vedações impostas às emissoras de rádio e televisão durante o período eleitoral.

A Ação Direta de Inconstitucionalidade n. 4451, ajuizada pela Associação Brasileira das Emissoras de Rádio e Televisão – Abert, tinha como alvo o inciso II e a parte final do inciso III do art. 45 da Lei n. 9.504/97, que determinam:

"*Art. 45. A partir de 1º de julho do ano da eleição, é vedado às emissoras de rádio e televisão, em sua programação normal e noticiário:*

(...)

II- usar trucagem, montagem ou outro recurso de áudio ou vídeo que, de qualquer forma, degradem ou ridicularizem candidato, partido ou coligação, ou produzir ou veicular programa com esse efeito;

---

* Ex-assessora da Ministra Cármen Lúcia. Mestre em Direito Constitucional pela Pontifícia Universidade Católica de Minas Gerais.

III- veicular propaganda política ou difundir opinião favorável ou contrária a candidato, partido, coligação, a seus órgãos ou representantes".

O Relator, Ministro Ayres Britto, deferiu monocraticamente a cautelar para suspender os efeitos do inc. II do art. 45 da Lei 9.504/97, ao argumento de que ele inviabilizaria a veiculação de sátiras, charges e programas humorísticos envolvendo questões ou personagens políticos durante o período eleitoral.

Quanto ao inciso III, deu interpretação conforme a Constituição a sua parte final (*difundir opinião favorável ou contrária a candidato, partido, coligação, a seus órgãos ou representantes*), considerando-se a distinção estabelecida pela Constituição da República entre os veículos de radiodifusão e a imprensa escrita.

Destacou que os meios de comunicação de televisão e rádio dependem de outorga do Poder Público e concluiu existir um *"dever de imparcialidade"* dessas emissoras, ao qual não se submete a imprensa escrita, o que fundamentaria a sobrevivência da norma do inciso III do art. 45 da Lei das Eleições. Alegou ser necessária a verificação caso a caso de eventual *"descambamento para propaganda política"*, acentuando a vedação a qualquer tipo de censura prévia.

Adotou, portanto, posição já externada pelo Tribunal Superior Eleitoral no sentido da distinção entre meios comunicativos em razão da necessidade de licença, estabelecida no julgamento da Medida Cautelar n. 1.241, de relatoria do Ministro Sepúlveda Pertence:

"*A diversidade de regimes constitucionais aos quais submetidos, de um lado, a imprensa escrita – cuja atividade independe de licença ou autorização (CF, art. 220, § 6º) –, e, de outro, o rádio e a televisão – sujeitos à concessão do poder público – se reflete na diferença marcante entre a série de restrições a que estão validamente submetidos os últimos, por força da legislação eleitoral, de modo a evitar-lhes a interferência nos pleitos, e a quase total liberdade dos veículos de comunicação escrita*".

A decisão monocrática do Ministro Ayres Britto foi levada a referendo do Plenário, que o acompanhou por maioria.

Neste estudo, são elencados os seguintes aspectos para demonstrar a singularidade desse julgamento: a reafirmação do controle concentrado de constitucionalidade como mecanismo de proteção de direitos fundamentais; a possibilidade de suspensão cautelar dos efeitos de norma inconstitucional vigente há vários anos; a proteção da liberdade de expressão em sua dupla dimensão e o humorismo político como modalidade de discurso assegurado pela liberdade de imprensa.

II. Aspectos relevantes do julgamento

Há algumas razões para o destaque desse julgado. Inicialmente, vale acentuar que se cuida de ação de controle concentrado de constitucionalidade cujo objeto envolve o conteúdo e os limites do direito fundamental à liberdade de expressão em período de agitação no espaço político.

Apesar de sua aparente obviedade, essa consideração merece ser feita em razão de recentes questionamentos quanto à efetiva utilização pelo Supremo Tribunal Federal do controle concentrado de constitucionalidade como instrumento voltado à proteção de direitos e garantias fundamentais e a alegação de que seria, na realidade, mecanismo mais utilizado para assegurar a manutenção das competências dos entes políticos.

Diferentemente do que sustentam alguns autores[1], o julgado ora analisado demonstra não haver distanciamento entre a prática do controle concentrado de constitucionalidade pelo Supremo Tribunal Federal e a sua finalidade de proteção de direitos fundamentais. Tampouco corrobora a idéia de ameaça ao controle difuso como consequência da sugerida prevalência do mecanismo abstrato afastado dos debates sociais. Isso porque a provocação do Supremo Tribunal Federal deu-se, nesse caso, a partir de manifestações populares de artistas e humoristas em defesa de suas liberdades.

Não há assim o alardeado prejuízo à amplitude do debate constitucional pela suposta ênfase no controle abstrato, sendo possível responder positivamente à pergunta *"será que o controle concentrado de constitucionalidade, de fato, tem se apresentado como um instrumento para a defesa dos direitos e garantias fundamentais?"*[2].

---

[1] CARVALHO NETTO, Menelick. "A Hermenêutica Constitucional e os Desafios Postos aos Direitos Fundamentais". In: SAMPAIO, José Adércio Leite (ed.). Jurisdição Constitucional e Direitos Fundamentais. Belo Horizonte: Del Rey, 2003, p. 163.

[2] ARAÚJO, Alexandre Costa; BENVINDO, Juliano Zaiden; ALVES, André Gomes. "A Quem Interessa o Controle Concentrado de Constitucionalidade?: O Descompasso entre Teoria e Prática na Defesa dos Direitos Fundamentais" . Artigo publicado nos anais do 7º Encontro Nacional da Associação Brasileira de Ciência Política (ABCP), em 2010 .

Quanto aos debates havidos e as posições divergentes adotadas pelos Ministros nesse julgamento, pode-se fazer análise de dois pontos importantes. O primeiro diz respeito à necessidade de se afastar cautelarmente dispositivos da Lei das Eleições em vigor há mais de dez anos e questionados durante o período eleitoral. O segundo refere-se ao afastamento absoluto das normas pela impossibilidade de aproveitamento de interpretação que lhe tornasse compatível com a Constituição da República.

No voto condutor da ADI 4451-MC, o Ministro Ayres Britto ponderou a necessidade de decisão cautelar imediata do Supremo Tribunal Federal, pois estavam em período eleitoral, pelo que a demora na decisão poderia acarretar prejuízo às liberdades de expressão e de imprensa em momento de grande valorização do acesso à informação.

Por outro lado, o Ministro Ricardo Lewandowski asseverou não ter encontrado, na jurisprudência do Tribunal Superior Eleitoral, nenhum caso de condenação por veiculação de sátira, charge ou programa de humor e mostrou-se surpreso com o surgimento da questão pouco antes do término das eleições, sem que houvesse fato novo.

Contudo, a maioria do Supremo Tribunal Federal considerou como fato modificativo suficiente o advento da Lei n. 12.034/2009, que, ao acrescentar os parágrafos 4º e 5º ao art. 45, da Lei n. 9.504/1997, promoveu a integração do conteúdo das vedações contidas no inciso II daquele artigo, conceituando trucagem e montagem nos seguintes termos:

"*§ 4º Entende-se por trucagem todo e qualquer efeito realizado em áudio ou vídeo que degradar ou ridicularizar candidato, partido político ou coligação, ou que desvirtuar a realidade e beneficiar ou prejudicar qualquer candidato, partido político ou coligação. (Incluído pela Lei nº 12.034, de 2009)*

§ 5º Entende-se por montagem toda e qualquer junção de registros de áudio ou vídeo que degradar ou ridicularizar candidato, partido político ou coligação, ou que desvirtuar a realidade e beneficiar ou prejudicar qualquer candidato, partido político ou coligação. (Incluído pela Lei nº 12.034, de 2009)".

Rechaçou-se, assim, a necessidade de comprovação de concreto perigo às relações jurídicas reguladas pela norma questionada para que seus efeitos fossem cautelarmente afastados, pois como advertiu o Ministro Gilmar Mendes: *"a dinâmica da vida não impõe que haja aí um tipo de usucapião da legalidade. Pelo fato de a lei ficar em vigor por muito tempo, ela não se torna constitucional".*

Quanto ao conteúdo da decisão da ADI 4451-MC em si, houve divergência sobre a possibilidade de se dar interpretação conforme à parte final do inciso III do dispositivo impugnado. Para a maioria, à qual também aderiu o Relator, a proibição a emissoras de rádio e televisão de *"difundir opinião favorável ou contrária a candidato, partido, coligação, a seus órgãos ou representantes"* contraria a liberdade de imprensa e de expressão, pois impossibilita o posicionamento crítico inclusive em espaços editoriais.

Duas considerações devem ser feitas quanto a esse tópico do julgamento. Primeiro, nota-se que foi abandonada a distinção inicialmente feita pelo Relator quanto aos meios de comunicação de radiodifusão, que dependem de concessão, autorização ou permissão do poder público, e a imprensa escrita, garantindo-lhes o mesmo âmbito de proteção, o que parece razoável. As empresas de radiodifusão devem gozar das mesmas prerrogativas de liberdade de expressão, imprensa e informação de que dispõem os demais meios de comunicação social.

Segundo, o Supremo Tribunal Federal deixou claro que a lisura do processo eleitoral e a preocupação com o equilíbrio de oportunidades aos candidatos já estaria refletida no inciso IV do art. 45 da Lei das Eleições, que veda o tratamento privilegiado a candidatos, partidos ou coligações.

III. O humor e a liberdade de imprensa

O ponto central do julgamento da ADI 4451-MC foi o reconhecimento do humorismo político como atividade de imprensa protegido pelo art. 220, § 1º, da Constituição da República.

Essa conclusão foi alcançada a partir das seguintes premissas: 1) a liberdade de expressão é elemento estruturante da democracia, havendo prevalência de suas normas sobre os demais direitos fundamentais; 2) os dispositivos impugnados não apenas restringiam e censuravam a liberdade de imprensa manifestada pelo humor, como expressão de arte e de opinião crítica, mas também atingiam os programas de humor e o humor em qualquer programa; 3) o período eleitoral é o momento em que o cidadão mais precisa de plenitude de informação proporcionada pelos meios de comunicação social por radiodifusão.

A ideia da liberdade de expressão vinculada à democracia corresponde, no plano teórico, a uma das duas dimensões que lhe é reconhecida: a dimensão instrumental. Segundo essa perspectiva, a liberdade de expressão deve ser protegida não como direito individual, mas como instrumento essencial ao autogoverno e à realização de outros direitos fundamentais[3].

Tal premissa já havia sido posta no julgamento da ADPF 130, quando reconhecida a não recepção da Lei da Imprensa pela Constituição da República, e no qual o Supremo Tribunal Federal afirmou que *"a imprensa passa a manter com a democracia a mais entranhada relação de mútua dependência e retroalimentação"*.

Foi nesse amplo e preferencial leque de proteções que o Supremo Tribunal Federal inseriu os programas humorísticos, sátiras e charges. Tais modalidades de discurso são capazes de transmitir elevado grau de informação crítica, junto à sua finalidade de entretenimento.

Estabeleceu-se que a proibição de utilização por emissoras de radiodifusão de todo e qualquer efeito em áudio ou vídeo ou toda e qualquer junção de registros de áudio ou vídeo, que degrade ou ridicularize candidato, partido político ou coligação, aproximava-se da censura ao humorismo político.

Isso porque o humor vale-se de mecanismos extralingüísticos, que vão além do simples discurso, não lhe podendo ser vedados meios aptos a plena expressão artística e de opinião crítica como a trucagem e a montagem. Ele também pressupõe um contexto sócio-cultural comum ou um pano de fundo compartilhado. Sua essência não está no ineditismo do conteúdo da informação veiculada, atributo de outras modalidades de discurso, mas no olhar diferente, irreverente e crítico sobre algo já conhecido, ainda que de modo a ridicularizá-lo.

Nesse ponto, merece atenção a seguinte ressalva feita pela Ministra Cármen Lúcia:

"Afirma-se, na norma legal questionada, que não se pode degradar. Parece o óbvio: não apenas candidatos, não se pode degradar qualquer pessoa, pois a obrigação de respeitar a dignidade da pessoa humana não é apenas do artista ou do jornalista, é de todo ser humano em relação ao outro. E é para que tanto não ocorra ou, se vier a ocorrer, se responsabilize o autor da degradação que se tem o Poder Judiciário a guardar a Constituição.

E neste caso, não há novidade nem privilégio a candidato. O que se haverá de garantir é a responsabilidade de todos em relação a todos. Candidato ou não

---

[3] Shreiber, Simone. "Liberdade de expressão: Justificativa teórica e a doutrina da posição preferencial no ordenamento jurídico". A reconstrução democrática do direito público no Brasil, org. Luis Roberto Barroso, 2007, p. 220.

o direito a não ser degradado é conteúdo do próprio princípio da dignidade humana. Não se contém, não se configura e não se resguarda por causa da norma eleitoral suspensa. Mas por ser de todos, não se pode, em primeiro lugar, cogitar de que haveria uma irresponsabilidade apriorística das emissoras em relação ao processo eleitoral e àqueles que nele concorrem, de modo a se ter como medida legal necessária a imposição de norma censurada prévia de seus comportamentos e proibitiva de determinadas operações. E acho que não pode em face dos termos taxativos das normas constitucionais: "É vedada toda e qualquer censura de natureza política, ideológica e artística".

Falar em liberdade com responsabilidade é tautologia. Elas são interdependentes, conforme assentou o Supremo Tribunal Federal quando fixou as balizas da liberdade de imprensa no julgamento ADPF 130, ressaltando a previsão na ordem jurídico-constitucional de mecanismo de responsabilização, entre eles: direitos de resposta e de indenização proporcionais ao agravo e responsabilidade penal por calúnia, injúria e difamação.

Por fim, quanto ao aspecto temporal da limitação imposta a partir de 1º de julho do ano eleitoral, o Tribunal concluiu que a provável intenção de não interferência na vontade do eleitor não pode servir de amparo ao cerceamento da liberdade de imprensa no período em que o acesso à informação ganha especial importância. Considerou indevida e desarrazoada tal restrição, pois "*seria até paradoxal falar que a liberdade de imprensa mantém uma relação de mútua dependência com a democracia, mas sofre contraturas justamente na época em a democracia mesma atinge seu clímax ou ponto mais luminoso (na democracia representativa, obviamente). Período eleitoral não é estado de sítio*", como ressaltou o Ministro Ayres Britto.

III. Conclusão

No julgamento da medida cautelar na ADI 4451, o Supremo Tribunal Federal afastou as vedações à veiculação do discurso humorístico por emissoras de radiodifusão durante o período eleitoral. O ineditismo do tema do humorismo político na pauta do Tribunal e a perspectiva de confirmação das balizas estabelecidas no julgamento da ADPF 130 quanto à liberdade de expressão caracterizaram a relevância desse julgado. Reafirmou-se que não cabe ao Poder Público determinar o que pode ou não ser dito. Esse "dever de omissão" é refletido na impossibilidade de controle do conteúdo da comunicação, pois se acredita que a maior dose de liberdade trará mais benefícios no decorrer dos anos do que eventuais ganhos que hoje se possa ter com sua restrição em favor de outros bens jurídicos. Como receitou John Milton, há mais de trezentos anos, em defesa da liberdade de expressão: "deixemos que a verdade e a falsidade se batam. Quem jamais viu a verdade levar a pior num combate livre e franco?"

Referências Bibliográficas

ARAÚJO, Alexandre Costa; BENVINDO, Juliano Zaiden; ALVES, André Gomes. **A Quem Interessa o Controle Concentrado de Constitucionalidade?: O Descompasso entre Teoria e Prática na Defesa dos Direitos Fundamentais**. Artigo publicado nos anais do 7º Encontro Nacional da Associação Brasileira de Ciência Política (ABCP), em 2010.

CALAZANS, Paulo Murillo. **A liberdade de expressão como expressão da liberdade**. In: temas de constitucionalismo e Democracia. Org. José Ribas Vieira, 2003, p. 67-116.

CARVALHO NETTO, Menelick. **A Hermenêutica Constitucional e os Desafios Postos aos Direitos Fundamentais**. In: SAMPAIO, José Adércio Leite (ed.). Jurisdição Constitucional e Direitos Fundamentais. Belo Horizonte: Del Rey, 2003, p. 163.

CHEMERINSKY, Erwin. **Content neutrality as a central problem of freedom of speech: problems in the Supreme Court's application**. S. Cal. L. Rev., v. 74, p. 49, 2000.

SHREIBER, Simone. **Liberdade de expressão: Justificativa teórica e a doutrina da posição preferencial no ordenamento jurídico**. A reconstrução democrática do direito público no Brasil, org. Luis Roberto Barroso, 2007, p. 217-258.

HC 97.261: análise da (a)tipicidade penal da interceptação ou recepção não autorizada dos sinais de TV a cabo à luz do princípio constitucional da reserva legal

CESAR LUIZ DE OLIVEIRA JANOTI[*]

Contextualização

O desenfreado desenvolvimento tecnológico contemporâneo impõe à sociedade uma súbita assimilação de novas experiências e costumes quase sempre desacompanhada de tempestivas reflexões sobre a licitude de determinados comportamentos.

Os benefícios advindos da evolução técnico-científica são irrefutáveis. No entanto, o ineditismo circunstancial oriundo das inovações constitui cenário propício à prática de condutas potencialmente transgressoras de princípios morais e éticos, assim como de tipos penalmente determinados.

Ao Direito, ciência de natureza eminentemente social, incumbe o acompanhamento permanente dessa "evolução" e o pronto oferecimento

---

[*] Assessor do Ministro Joaquim Barbosa entre 2008 e 2012. Atualmente Assessor Especial da Presidência do Supremo Tribunal Federal. Especialista em Direito Penal e Processual Penal.

de respostas destinadas à promoção da segurança e estabilidade jurídicas necessárias à boa convivência em estado gregário.

Desse cenário, exsurgem-se relevantíssimas questões inerentes à interpretação e aplicação das normas penais, sobretudo no tocante à possibilidade de subsunção das "novas condutas" a determinados tipos legais vetustos, porém vigentes. Uma delas foi submetida ao Supremo Tribunal Federal no **Habeas Corpus 97.261**[1], no qual se perscrutou a tipicidade da subtração, interceptação ou recepção não autorizada dos sinais de TV a cabo.

1. Controvérsia

Julgadores e doutrinadores têm sustentado entendimentos divergentes acerca da tipicidade criminal da conduta de subtrair, interceptar ou receptar sinal de TV a cabo de forma não autorizada. Para alguns, a receptação ou interceptação de sinais enquadra-se no **delito de furto** tipificado no art. 155, § 3º, do Código Penal, ao fundamento de que o sinal de TV a cabo equipara-se à energia com valor econômico. Para outros, o desvio de sinal de TV é **fato atípico**, cuja prática configura mero ilícito civil.

Esta inconveniente divergência ocasiona execrável situação de injustiça, haja vista que a prática de uma mesma conduta não pode resultar na condenação de uns e na absolvição de outros.

A Ciência Jurídica tolera a existência de certo grau de indeterminação nos textos normativos, sobretudo porque a polissemia de cada um dos termos utilizados pelo legislador permite que várias interpretações sejam extraídas das normas. Todavia, essa indeterminação ganha contornos preocupantes quando uma lei imprecisa deixa de proteger o cidadão ao não impor uma autolimitação do *ius puniendi* estatal.

Daí a importância do julgamento do HC 97.261 pelo Supremo Tribunal Federal, que analisou a suficiência e adequação da descrição hipotética do comportamento reputado proibido (interceptação ou receptação não autorizada de sinal de TV a cabo) com o objetivo de impedir a atribuição a alguém de punição oriunda de tipos vagos, imprecisos e incompletos.

---

[1] BRASIL. Supremo Tribunal Federal. Habeas Corpus 97.261/RS. Rel. Ministro Joaquim Barbosa, Segunda Turma. Publicado no DJE nº 81 em: 02 mai. 2011.

2. Princípio da reserva legal e norma penal incriminadora

O relator do *writ*, Ministro Joaquim Barbosa, adotou o princípio penal constitucional da reserva legal (art. 5º, XXXIX, CF e art. 1º CP) como diretiva cardeal e iniciou a análise do feito com a definição da norma penal incriminadora a incidir no caso.

Como se sabe, as normas penais incriminadoras possuem a finalidade precípua de enunciar com precisão as infrações penais, vedando ou exigindo a prática de determinadas condutas, sob a ameaça inequívoca de pena. É por meio das ditas normas incriminadoras que se dá concretude ao princípio da reserva legal, essencial à limitação do poder punitivo estatal e à conscientização coletiva – com máxima certeza – daquilo que é ou não considerado crime.

Nesse contexto, o Ministro-relator afastou a possibilidade de incidência do disposto no § 3º do art. 155 do Código Penal e asseverou que a ilicitude da conduta de interceptar ou receptar sinais de TV a cabo sem autorização está prevista expressamente no art. 35 da Lei nº 8.977/95 – norma específica que dispõe sobre o serviço de TV a cabo. Para tanto, aduziu sólidos fundamentos alicerçados principalmente em métodos e critérios cronológicos, de especialidade normativa e de interpretações literal e teleológica.

De princípio, o relator confrontou os núcleos de cada um dos artigos em análise, diferenciando-os. Elucidou que o art. 35 da Lei de TV a cabo prevê as condutas de "interceptar" e "receptar", que se referem à interrupção do curso natural de algo e à guarda ou escondimento de coisa furtada por outrem, respectivamente, ao passo que o § 3º do art. 155 do Código Penal tem como núcleo o verbo "subtrair", cujo significado diz respeito a "tirar, retirar ou surrupiar".

Por consequência das distinções evidenciadas, o Ministro Joaquim Barbosa foi enfático em suas primeiras conclusões:

"Ora, quem intercepta o sinal de televisão a cabo não o tira, nem retira e tampouco dele se apossa. Logo, não há que se falar em **subtração**, que, aliás, acarreta prejuízo patrimonial, o que certamente não se verificou na hipótese dos autos.

(...)

Assim, ao contrário da forma capitulada na denúncia, verifica-se que **o paciente não cometeu furto,** pois, como ficou demonstrado, **interceptar ou receptar nunca será igual subtrair,** uma vez que são tipos penais distintos".

Prosseguindo na análise com o objetivo de afastar qualquer dúvida concernente à adequação típica da conduta imputada ao paciente, o Ministro Joaquim Barbosa avaliou tecnicamente se o sinal de TV a cabo enquadrar-se-ia ou não no conceito de coisa móvel por equiparação, enunciado pela expressão "qualquer outra [energia] que tenha valor econômico" (CP, art. 155, § 3º).

Por relevante, frise-se que, embora admissível a utilização de interpretação teleológica com o fim de que um texto normativo alcance às novas exigências sociais, não se pode olvidar que a norma incriminadora é essencialmente incompatível com vaguezas e imprecisões que acarretem incertezas aos seus destinatários.

Seguindo essa linha de pensar, o Juiz-relator entendeu que o sinal de TV a cabo não pode ser equiparado à energia, seja por não ser "fonte capaz de gerar força, potência, energia para determinados equipamentos", seja por não poder se "transformar em outras formas de energia", ou, ainda, por não poder "ser armazenado, retido e transportado como *res furtivae*".

Como argumento de reforço, salientou que o item 56 da Exposição de Motivos da Parte Especial do Código Penal – que oferece parâmetros à correta compreensão da extensão do disposto no § 3º do art. 155 do Código Penal mediante a apresentação de um rol exemplificativo de energias equiparadas, tais como a radioativa e a genética dos reprodutores – é insuficiente para equiparar o sinal de TV a cabo à energia.

Por fim, reconheceu que a aplicação da Lei nº 8.977/95 também decorre da incidência dos princípios da especialidade e da sucessividade, haja vista tratar-se de norma que dispõe especificamente sobre os serviços de TV a cabo (*lex specialis derogat generali*) e cronologicamente posterior ao furto previsto no art. 155, § 3º, do Código Penal (*lex posterior derogat priori*).

Nesse ponto, o relator inferiu que, "por não ser energia e não ser suscetível de subtração, não pode o sinal de televisão a cabo constituir-se em objeto material do delito previsto no art. 155, § 3º, do Código Penal".

3. Taxatividade e norma penal em branco
Afastada a incidência do § 3º do art. 155 do Código Penal e firmado o entendimento quanto à aplicação do art. 35 da Lei nº 8.977/95, o relator passou a examinar este último dispositivo.

De saída, constatou-se que o art. 35 da Lei nº 8.977/95 é uma norma penal em branco inversa, desprovida de preceito secundário, ou seja, que não determina a sanção penal a ser imposta ao agente que incidir no referido tipo penal.

Diante dessa constatação, algumas considerações são relevantes.

Primeiro, não basta que haja uma lei em sentido estrito para que haja um crime. Em razão do princípio da taxatividade, que é decorrência lógica do princípio da reserva legal, é imprescindível que a norma incriminadora seja precisa, inequívoca, clara e certa não apenas no tocante à conduta a ser repreendida, mas também no que concerne à sanção a ser imposta por sua violação.

Ademais, a máxima certeza sobre o conteúdo da proibição e da correspondente sanção configura um imperativo de segurança das relações jurídicas e destina-se à proteção do indivíduo contra eventuais arbitrariedades advindas do poder punitivo estatal.

Conforme os ensinamentos de Feuerbach, a quem se imputa a formulação latina *nullun crimen, nulla poena sine praevia lege*, a possibilidade jurídica de uma pena somente se justifica com a cominação do mal pela lei.

Seguindo esse raciocínio, Heleno Fragoso sustenta com veemência que a norma penal que não possui preceito secundário nem indica precisamente outra norma que poderá completá-la é inexistente. Por conseguinte, o fato relativo a tal norma é atípico.

Nessa mesma orientação de ideias, o Relator Joaquim Barbosa afirmou em seu voto que a prática do desvio de sinal de TV a cabo, embora ilícita, não é fato penalmente típico, ressaltando, ainda, que a ausência de previsão estritamente legal da sanção penal correspondente não pode ser suprida mediante a mera aplicação de normas consideradas congêneres e tampouco pela jurisprudência ou pelo costume, tudo sob o risco de inaceitável violação do princípio da reserva legal.

Nesse ponto, ressaltou o Ministro-relator:

"No caso, **não se admite o uso da analogia para preencher a lacuna decorrente da mencionada lei,** e, assim, é inadmissível impor ao paciente a pena fixada em abstrato para o delito de furto. **Do contrário, estaríamos adotando o recurso da analogia *in malam partem*, vedada no sistema penal**".

De fato, não se pode admitir a aplicação da analogia para abarcar hipótese gravosa não mencionada no dispositivo legal incriminador (analogia *in malam partem*). Conforme já mencionado, o fundamento constitucional do princípio da estrita legalidade na esfera penal resulta no estabelecimento de parâmetros à relação entre indivíduo e Estado, salvaguardando liberdades individuais ao mesmo tempo em que limita o poder punitivo estatal.

Por mais reprovável que seja determinada conduta, não se pode tolerar nenhuma manobra interpretativa ou integrativa, seja pela doutrina, seja pela jurisprudência, destinada à instauração de persecução penal desprovida do atendimento mínimo aos direitos e garantias constitucionais vigentes em nosso Estado Democrático de Direito.

Ao final do julgamento, o Ministro Joaquim Barbosa rememorou sinteticamente que, "à luz do princípio da reserva legal ou da estrita legalidade, previsto expressamente tanto em nossa Constituição Federal (art. 5º, XXXIX) quanto no Código Penal (art. 1º), não há crime sem lei anterior que o defina, nem pena sem prévia cominação legal *(nullum crimen nulla poena sine lege praevia)*", e votou pela **concessão da ordem** por não reconhecer a existência de "previsão legal suficiente à manutenção da pena aplicada ao paciente, uma vez que a conduta a ele imputada não encontra adequação típica no art. 155, § 3º, do Código Penal", no que foi acompanhado à unanimidade pelos Ministros da Segunda Turma do Supremo Tribunal Federal.

4. Conclusão

O princípio da reserva legal, oriundo dos ideais Iluministas e fundamental na composição da superestrutura do sistema jurídico, exige que a criação de tipos penais incriminadores e a fixação das correspondentes consequências jurídicas decorram necessariamente de lei. Com isso, busca-se a máxima certeza das normas punitivas e, ao mesmo tempo, impede-se que o poder legiferante delegue ao judiciário matéria de sua competência exclusiva, preservando-se a vigente repartição de poderes.

O Supremo Tribunal Federal, firme no exercício de sua missão precípua de guardião da Constituição e com seu costumeiro desvelo, interpretou e aplicou adequadamente os princípios constitucionais reguladores do controle punitivo-penal para impor limites à intervenção estatal nas liberdades individuais.

O enfrentamento técnico e exauriente conduzido pelo Ministro-relator Joaquim Barbosa e ratificado unanimemente pelos Ministros da

Segunda Turma do Supremo Tribunal Federal constitui relevantíssimo marco jurisprudencial para obstar a persistência de situações de injustiça emanadas de entendimentos divergentes sobre tema de grande interesse da sociedade contemporânea.

Dentre inúmeros méritos, a solução jurídica alcançada pela Corte Suprema no julgamento do HC 97.261 (i) sedimentou a defesa do sistema de garantias próprias do Estado Democrático e Social de Direito, (ii) asseverou a necessidade de autolimitação da autoridade punitiva do Estado e (iii) orientou a formulação de política legislativa criminal com observância aos critérios de interpretação e aplicação da norma penal conforme a Constituição.

Assim, visando à máxima efetividade do disposto no inciso XXXIX do art. 5º da Constituição, o Supremo Tribunal Federal ratificou a ampla abrangência do princípio da legalidade estrita e exigiu, quando do desempenho da função hermenêutica de tornar o ordenamento jurídico compreensível e coerente, a prevalência do sentido da norma incriminadora que seja mais adequado à Constituição Federal.

5. Referências Bibliográficas

ÁVILA, Humberto. **Teoria dos Princípios: da definição à aplicação dos princípios jurídicos**. 9 ed. ampl. e rev. São Paulo: Malheiros, 2009.

FRAGOSO, Cláudio Heleno. **Lições de direito penal: parte geral**. ed. rev. por Fernando Fragoso. Rio de Janeiro: Forense, 2003.

MARINHO, Alexandre Araripe, e FREITAS, André Guilherme Tavares. **Manual de Direito Penal, parte geral**. Rio de Janeiro: Lumen Juris, 2009.

ROXIN, Claus. **Estudos de direito penal**. Tradução de Luís Greco. Rio de Janeiro: Renovar, 2006.

ADI nº 2.650: o STF como Tribunal da Federação e a realização de plebiscito para desmembramento de estados e municípios

DAIANE NOGUEIRA DE LIRA[*]

I. Introdução

O sistema constitucional brasileiro define o papel essencial que a jurisdição constitucional tem na construção e na concretização do federalismo no país. Dessa perspectiva, como guardião da Constituição, o Supremo Tribunal Federal exerce a função de controle da compatibilidade das leis e dos atos normativos com a Carta da República e, em consequência, o próprio controle da autonomia constitucional dos entes federados. De forma explícita, o texto constitucional, no seu art. 102, I, f, confere, ainda, à Corte – na condição de Tribunal da Federação – a função de dirimir os conflitos entre as unidades federadas.

Hans Kelsen já ressaltava a importância da jurisdição constitucional nos estados federativos, tendo em vista a necessidade de se ter uma instância objetiva e neutra de decisão dos conflitos entre os entes federados.

---

[*] Chefe de Gabinete do Ministro Dias Toffoli (Assessora do período de dezembro de 2009 a janeiro de 2013 e Chefe de Gabinete a partir de fevereiro de 2013). Advogada da União. Mestre em Direito e Políticas Públicas (UniCeub). Professora do Curso de Direito do Centro Universitário de Brasília – UniCeub.

Nas palavras do grande jurista austríaco, "[n]ão é excessivo afirmar que a ideia política do Estado federativo só é plenamente realizada com a instituição de um tribunal constitucional"[1].

Nesse mesmo sentido, anota Charles Durand que, para a existência de um verdadeiro federalismo, a Constituição deve fixar as relações entre os entes federativos. Além disso, como, para se aplicar a Constituição, com certa frequência, é preciso interpretá-la, também se faz necessária a existência de um tribunal imparcial, com juízes independentes, que resolva os conflitos entre a Federação e os estados-membros[2].

Desse modo, compete ao STF o dever político-institucional de zelar pelo equilíbrio do pacto federativo, oscilando as interpretações constitucionais e os julgados da Suprema Corte, de acordo com os momentos e os processos históricos, entre a descentralização – a favor dos entes estaduais e municipais – ou a centralização – a favor da Federação. Esse embate entre tendências centralizadoras e descentralizadoras, unidade e diversidade, centralismo e localismo, ao mesmo tempo em que tem presença constante na história das federações, constitui o maior desafio das experiências federativas. Como adverte Raul Machado Horta,

> [a] técnica de coexistência nem sempre consegue sobrepujar o que *Garcia Pelayo* qualificou da 'unidade dialética de duas tendências contraditórias: a tendência à unidade e a tendência à diversidade' pela permanência no Estado Federal desses dois momentos contraditórios – a coesão e o particularismo –, os quais dependem de uma série de fatores extraordinários de índole natural, econômico, social.[3]

Sob essa óptica, tema dos mais importantes na organização política de um estado federal é o regramento das alterações territoriais dos entes federativos, em especial mediante a criação de novas unidades políticas autônomas[4], uma vez que tais mudanças no quadro federativo podem repercutir na integridade territorial, política, econômica e social da Federação.

---

[1] KELSEN, Hans. **Jurisdição constitucional**. São Paulo: Martins Fontes, 2003. p. 182.
[2] DURAND, Charles. *El Estado Federal em El derecho positivo*. In: BERGER, Gastor et. al. **Federalismo y federalismo europeo**. Madrid: Tecnos, 1965. p. 207-208.
[3] HORTA, Raul Machado. **Direito Constitucional**. 4. ed., Belo Horizonte: Del Rey, 2003. p. 306.
[4] DALLARI, Dalmo de Abreu. Criação de Estados Federados. In: DELUCCA, Newton (org.). **Direito Constitucional Contemporâneo**. São Paulo: Quartier Latin, 2012. p. 148.

Esse tema foi objeto de discussão no STF, em 2011, no julgamento da ADI nº 2.650, ocasião em que a Corte decidiu que, nas hipóteses de desmembramento de estados e municípios, o plebiscito previsto no art. 18, §§ 3º e 4º, da Constituição Federal deve abranger a população tanto da área que deseja se desmembrar quanto da área remanescente.

A presente análise tem, portanto, como objetivo realçar o papel fundamental do STF no delineamento dos contornos da federação brasileira, tendo como ponto de partida o julgamento da ADI nº 2.650 e os seus efeitos nos movimentos reivindicatórios de alterações territoriais na Federação.

II. ADI nº 2.650: desmembramento de estados e municípios e "a população diretamente interessada"

Em maio de 2002, a Mesa da Assembleia Legislativa do Estado de Goiás ajuizou ação direta de inconstitucionalidade, autuada como ADI nº 2.650, tendo por objeto a primeira parte do art. 7º da Lei nº 9.709, de 18 de novembro de 1998, pretendendo fixar a interpretação do termo "população diretamente interessada" como "aquela que tem domicílio na área desmembranda".

A Lei nº 9.709/98 propôs-se a regulamentar o art. 14 da Constituição, o qual dispõe sobre as formas de exercício da soberania popular direta (plebiscito, referendo e iniciativa popular). No caso da ADI nº 2.650, era objeto de questionamento a regulamentação do plebiscito nas hipóteses de desmembramento de estados e municípios – prevista nos §§ 3º e 4º do art. 18 da Constituição Federal – e o alcance da interpretação da expressão "população diretamente interessada" contida no § 3º do referido artigo. De acordo com o art. 7º da Lei nº 9.709/98, questionado na ADI nº 2.650,

> [n]as consultas plebiscitárias previstas nos arts. 4º e 5º entende-se por população diretamente interessada tanto a do território que se pretende desmembrar, quanto a do que sofrerá desmembramento; em caso de fusão ou anexação, tanto a população da área que se quer anexar quanto a da que receberá o acréscimo; e a vontade popular se aferirá pelo percentual que se manifestar em relação ao total da população consultada.

A Mesa da Assembleia Legislativa do Estado de Goiás sustentava, em apertada síntese, que a definição de "população diretamente interessada", ao exigir a manifestação da população da área remanescente, i) impediria o desmembramento de estados-membros, uma vez que essa parte da população, via de regra, "não quer[eria] a separação", e ii) afrontaria julgados anteriores do Tribunal – ADI nº 478/SP e ADI nº 733/MG –, além de violar o art. 18, § 3º, da Constituição Federal, a soberania popular (arts. 1º, **caput**, e 14, CF/88) e o exercício da cidadania (art. 1º, II, CF/88).

No dia 24 de agosto de 2011, o STF, por unanimidade[5] e nos termos do voto do Relator da ação, Ministro Dias Toffoli, julgou improcedente o pedido formulado na ADI nº 2.650 (DJe 17/11/2011), declarando que, nas hipóteses de desmembramento de estados e municípios, toda a população diretamente interessada, tanto da área que se deseja desmembrar quanto da área remanescente, deve estar contida no âmbito da consulta plebiscitária prevista no art. 18, §§ 3º e 4º, da Constituição Federal.

Conforme esclareceu o Ministro Dias Toffoli, o art. 7º da Lei nº 9.709//98, questionado na ação, limitou-se a explicitar significado já contido no próprio texto constitucional, sendo típico caso de abertura vertical da Constituição. Como bem explicitado pelo eminente Ministro,

[r]estringir a consulta plebiscitária apenas à população da área a ser desmembrada é deixar de revelar a vontade de todos aqueles que sofrerão com os efeitos do desmembramento, privilegiando, apenas, uma fração desses. No meu entender, o desmembramento de um estado da Federação afeta uma multiplicidade de interesses, que, como ressaltado pela Presidência da República, "não podem ser atribuídos, exclusivamente, à população da área que pretende desmembrar-se". (...)

(...)

O desmembramento dos entes federativos, além de reduzir seu espaço territorial e sua população, pode resultar ainda na cisão da unidade sociocultural, econômica e financeira do estado, razão pela qual a vontade da população do território remanescente não deve ser simplesmente desconsiderada.

---

[5] Em seu voto, o Ministro Marco Aurélio defendeu que a interpretação da expressão "população diretamente interessada" deveria ser a população de todo o território brasileiro. Nas palavras do eminente Ministro, "se há possibilidade de vir à balha (...) um novo município ou um novo estado, haverá prejuízo para as populações dos demais estados e dos demais municípios. E a razão é muito simples: aumentará o divisor do fundo alusivo aos estados e do referente aos municípios. Já não estou nem cogitando de despesas federais, considerado o surgimento de estados, não de municípios, e não são poucas, alusivas ao funcionamento das duas Casas do Congresso: a Câmara dos Deputados e o Senado da República".

Sob essa perspectiva, concluiu que

o art. 7º da Lei nº 9.709, de 18 de novembro de 1998, conferiu adequada interpretação ao art. 18, § 3º, da Constituição, sendo, desse modo, plenamente compatível com os postulados da Carta Republicana. A previsão normativa, em verdade, concorre para concretizar, com plenitude, os princípios da soberania popular, da cidadania e da autonomia dos estados-membros. Dessa forma, contribui para que o povo exerça suas prerrogativas de cidadania e de autogoverno de maneira bem mais enfática.

O julgamento da ADI nº 2.650, teve, como era de ser esperar, bastante repercussão nos movimentos reivindicatórios de alterações territoriais na Federação brasileira, conforme se verá a seguir. Trata-se de debate que, em relação aos municípios, insere-se tanto no contexto do reconhecimento constitucional do município como peça de vital importância na formação do Estado brasileiro, como no da multiplicação indiscriminada de novas municipalidades pós-Constituição de 1988. No que toca aos estados-membros, o julgado teve repercussão direta no primeiro movimento emancipacionista de estado-membro após a Constituição Federal – o desmembramento do Estado do Pará e a criação dos Estados de Tapajós e Carajás.

III. O município como peculiaridade da Federação brasileira e os processos emancipatórios pós-Constituição de 1988

O Estado Federal caracteriza-se pela existência de esferas governamentais autônomas num mesmo território relativas à mesma população. Na maioria das federações, essa distribuição é dual, formando-se duas órbitas de governo: a da União e a dos estados-membros. Mas a Federação brasileira, com a Constituição Federal de 1988, elevou o município também à categoria de entidade autônoma, dotada de capacidade de autogoverno, auto-organização, competência legislativa e autonomia financeira. Com isso, o modelo federal brasileiro adquiriu a peculiaridade de possuir três esferas de entes federativos: a União, os estados-membros e os municípios, o que, segundo Horta, "confere singular eficácia a esse princípio universal da organização federativa"[6].

---

[6] HORTA, Raul Machado. p. 620.

Segundo Bonavides,

> em todos os sistemas constitucionais, de natureza federativa ou unitária, a história da autonomia municipal é uma crônica política de oscilações, que variam pendularmente do alargamento à contração, conforme haja ocasiões mais propícias para concretizar o princípio da liberdade na organização das estruturas estatais.

O mestre cearense afirma, ainda, que essa tensão entre as municipalidades e o ordenamento estatal tem "profundas raízes históricas. Em verdade, o município, tanto quanto a família ou a tribo, antecede o Estado: é um *prius*; um valor de mais ancianidade"[7].

De fato, é preciso ressaltar que o municipalismo como peculiaridade da Federação brasileira não é questão unicamente jurídica, pois, na verdade, sua raiz mais profunda remonta às tradições históricas das municipalidades na formação política e cultural do País e é resultado de uma reação à própria adoção do Federalismo no Brasil.

Com efeito, os municípios precederam "ao próprio Estado, no Brasil, daí ser o fundamento de nossa nação"[8]. Nas palavras de Bastos, foram "os grandes centros de decisão política do Brasil-Colônia", "um centro revitalizado e regurgitante de independência na condução da coisa pública".[9] Os municípios, por intermédio de suas câmaras municipais, exerceram um relevante papel político na história brasileira e tiveram uma atuação libertadora no processo político da emancipação nacional. Conforme ressalta Castro:

> O fenômeno de absorção do vigor das Câmaras Municipais, já no Brasil-Colônia, reflete a identidade do homem com seu torrão natal, o sentimento nativista, a relação de vizinhança a demonstrar a necessidade de se proverem os interesses locais em consonância com as aspirações de emancipação de um povo, revelando, as Câmaras Municipais, o fundamento de nossa nacionalidade, de nossa independência.[10]

---

[7] BONAVIDES, Paulo. **Curso de Direito Constitucional**. 19. ed. São Paulo: Malheiros, 2006. p. 346.

[8] CASTRO, José Nilo. **Direito Municipal Positivo**. 6. ed. Belo Horizonte: Del Rey, 2006. p. 12.

[9] BASTOS, Celso Ribeiro. **Comentários à Constituição do Brasil**. São Paulo: Saraiva, 1988. p. 216.

[10] CASTRO, José Nilo. p. 12-13.

De fato, durante todo o período colonial e parte do primeiro reinado, os municípios demonstraram força em relação às capitanias hereditárias e às províncias. Dialogavam diretamente com a Coroa, a ponto de a Constituição do Primeiro Império ter sido ratificada pelas câmaras municipais.

Assim, os três séculos de força e autonomia das municipalidades brasileiras firmaram uma tradição municipalista no Brasil de efeitos duradouros e fortes o suficiente para provocar uma reação ao fortalecimento dos recém-criados estados, antigas províncias, em detrimento dos municípios quando da adoção do federalismo como forma de Estado pela Constituição de 1891.

Enquanto se concedeu aos novéis estados-membros maior autonomia e o título de entes da República Federativa do Brasil, os municípios, que foram, durante séculos, o eixo da política brasileira, passaram a ser da competência estadual. As municipalidades, que antes tratavam diretamente com o Poder Central, além de serem, historicamente, insubordinadas às capitanias hereditárias e às províncias, passaram a depender dos estados.

Verifica-se, portanto, que a consagração dos municípios como entidades federativas, no texto constitucional de 1988 é decorrência dessa tradição nacional que o federalismo não conseguiu apagar: a vitalidade das instituições municipais antes mesmo da própria formação nacional. Daí ter sido sempre forte a corrente municipalista no Brasil.

Ainda em consequência desse reconhecimento constitucional do município, após a promulgação da Constituinte de 1988, observou-se um surto de processos emancipatórios, resultando em fortes alterações nas bases territoriais dos municípios do país.

Ressalte-se que a decisão do STF proferida na referida ADI nº 2.650 resultou na alteração de jurisprudência anterior firmada no Tribunal. O STF já havia apreciado o significado do termo "população diretamente interessada" nas hipóteses de desmembramento de municípios, tendo, então, estabelecido que "diretamente interessada no objeto da consulta popular [seria] apenas a população da área desmembrada, única, portanto, a participar dela" (ADI nº 733/MG, Relator o Ministro Sepúlveda Pertence, DJ de 30/6/95)[11]. Esse também era o entendimento do Tribu-

---

[11] Esse precedente serviu de fundamento para o julgamento da ADI nº 478/SP: "CONSTITUCIONAL. MUNICÍPIOS: CRIAÇÃO: PLEBISCITO: ÂMBITO DA CONSULTA PLEBISCITÁRIA: C.F., art. 18, § 4º. DISTRITOS: CRIAÇÃO, ORGANIZAÇÃO E SUPRESSÃO:

nal Superior Eleitoral, expresso em vários mandados de segurança (MS nº 690/DF, MS nº 942/RJ, MS nº 936/RJ, MS nº 1.479/RS, MS 2425/GO e MS 1474/SP), os quais buscavam abranger no conceito de "populações diretamente interessadas" a população de todo o município envolvido.

Como bem lembrado pelo Ministro Dias Toffoli, a interpretação jurisprudencial firmada anteriormente "restringia a participação popular nessas consultas plebiscitárias e a magnitude desse importante processo democrático, tendo, consequentemente, facilitado sobremaneira os excessos emancipacionistas que presenciamos após a Constituição de 1988, no que tange aos municípios".

Essa multiplicação de novos municípios poderia ter sido evitada, caso o STF, mesmo antes da alteração promovida pela EC 15/96, tivesse conferido à expressão "populações diretamente interessadas" contida no § 4º do art. 18 da Carta Federal a interpretação de ser necessária a consulta a toda a população afetada pela modificação territorial, o que, no caso de desmembramento, deve envolver tanto a população do território a ser desmembrado quanto a do território remanescente.

IV. Realização de plebiscito para desmembramento de Estados e o desmembramento do Estado do Pará

Quando do julgamento da ADI nº 2.650, encontrava-se em andamento a proposta de desmembramento do Estado do Pará, visando à formação de mais dois estados – Carajás e Tapajós –, o que pôs em relevo a discussão sobre qual seria a "população diretamente interessada", visto que se tratava do primeiro caso concreto de alteração territorial de estado-membro após a Constituição de 1988.

De fato, três meses depois e consoante entendimento firmado na ação, no dia 11 de dezembro de 2011, foi realizado plebiscito em todo o Estado do Pará sobre a criação dos Estados do Carajás e do Tapajós. As propostas

---

COMPETÊNCIA: C.F., art. 30, IV. TERRITÓRIO DO MUNICÍPIO: ADEQUADO ORDENAMENTO: C.F., art. 30, VIII. I. – Criação de municípios: consulta plebiscitária: diretamente interessada no objeto da consulta popular é apenas a população da área desmembrada. Somente esta, portanto, é que será chamada a participar do plebiscito. Precedente do S.T.F.: ADIn 733-MG, Pertence, 17.06.92, 'DJ' 16.06.95. Ressalva do ponto de vista pessoal do relator desta no sentido da necessidade de ser consultada a população de todo o município e não apenas a população da área a ser desmembrada (voto vencido na ADIn 733-MG). Ação não conhecida, no ponto, tendo em vista a superveniência da EC nº 15, de 1996. (...)" (ADI nº 478/SP, Relator o Ministro Carlos Velloso, DJ de 28/2/97).

foram rejeitadas, respectivamente, por 66,60% e 66,08% dos votos válidos[12] e, por isso, não puderam ter prosseguimento, já que a aprovação no plebiscito é requisito indispensável para a continuidade dos procedimentos de criação de novos Estados. Destaque-se, contudo, que, segundo dados do Tribunal Regional Eleitoral do Pará, caso tivesse participado do plebiscito somente a população da área a ser desmembrada, o resultado teria sido o inverso, e a divisão territorial teria sido aprovada no sufrágio.

Sendo o desmembramento a modalidade mais comum de alteração na estrutura territorial do Estado Federal, é evidente que, após o julgamento da ADI 2.650, restaram dificultados os procedimentos de desmembramento de entes federados, a exemplo do que ocorreu no caso do desmembramento do Estado do Pará.

A conclusão, contudo, não poderia ser diferente. As alterações territoriais dos estados brasileiros afetam a higidez do vínculo federativo, daí a necessidade de se estabelecerem condições inibidoras dos movimentos emancipacionistas que não se encontrem devidamente amadurecidos no seio da Federação.

No caso do Estado brasileiro, isso assume proporções ainda maiores, tendo em vista a necessidade de se assegurar a unidade nacional num país de vasta extensão territorial e de grande diversidade natural, social, econômica e política. Conquanto essas discussões já se fizessem presentes, com grande intensidade, desde a proclamação da Independência e a outorga da Constituição de 1824, elas ganharam ainda mais importância quando da implantação da organização federativa no Brasil com a proclamação da República. Em consequência disso, desde a Constituição de 1891, ora com critérios mais rígidos, ora com critérios mais flexíveis, foram estabelecidas regras expressas sobre a criação de novos estados[13].

Vale destacar que, conforme levantamento realizado por Felipe Penteado Balera, além das "novas formações já debatidas na Constituinte, no mínimo outros 25 Estados ou Territórios Federais foram propostos por parlamentares nas casas do Congresso Nacional"[14], perfazendo um total de 29 propostas de novo recorte do território nacional.

---

[12] Informações retiradas do sítio eletrônico do TSE.
[13] DALLARI, Dalmo de Abreu. p. 150-151.
[14] Ainda segundo aponta o autor, "[o]s projetos – alguns ainda em trâmite, outros já arquivados – pretendem ou pretendiam criar os Estados do Tapajós, de Carajás, do Maranhão do Sul, de Gurgueia, do Rio São Francisco, do Araguaia, do Mato Grosso do Norte, do Triân-

Esses números bem demonstram a importância do papel do Supremo Tribunal Federal para a estabilidade e permanência do pacto federativo e a necessária harmonia entre as unidades federativas. Afinal, não há dúvida de que as regras de redefinição territorial da Federação têm o efeito de alterar a relação e a dinâmica federativa, com possíveis consequências deletérias para a Nação.

Conforme adverte Charles Durant, *"el régimen real de una institución política como la federación, no se cifra solamente en las normas jurídicas: está también em la práctica, en el espíritu de la aplicación, práctica y espíritu que estarán dominados com frecuencia por factores políticos"*[15].

Nas palavras do eminente Ministro Dias Toffoli:

Não nos esqueçamos que o conflito de interesses no seio das elites regionais é ínsito aos movimentos emancipacionistas, os quais muitas vezes resumem-se a uma luta por mais recursos e por mais poder, e cujos desdobramentos e implicações remetem a questões cruciais.

Em temas como esse, em razão de a modificação das divisas territoriais dos entes federativos resultar, especialmente, em revisão do próprio pacto federativo, a Constituição deve ser sempre interpretada de forma a não ameaçar a organização federal nem a pôr em risco – o mínimo que seja – a harmonia que deve existir entre os entes federativos.

Essa advertência é ainda mais especial em relação a esta Suprema Corte, em virtude da sua qualidade de Tribunal da Federação, guardião do pacto federativo que mantém unidos, ainda que na diversidade, os entes federados.

Caminhou bem o STF. A Federação, "união indissolúvel dos Estados e Municípios e do Distrito Federal" (art. 1º, **caput**, CF/88), é pedra de toque do sistema constitucional vigente, núcleo intangível da Constituição Federal. Tentativas de ruptura e pequenas fissuras na integridade territo-

---

gulo, do Iguaçu, do Planalto Central, da Guanabara, de São Paulo do leste, de São Paulo do Sul, de Minas do Norte, do Rio Doce, do Piratini, do Aripuanã, do Xingu, do Uirapuru e do madeira; e os Territórios Federais do Juruá, do Rio Negro, do Solimões, do Oiapoque, do Marajó, do Parintins, do Abunã, de Fernando de Noronha e do Pantanal". Segundo destaca, a maioria das propostas "tem como fundamento gerar mais desenvolvimento a regiões abandonadas pelos governos estaduais, tomando por exemplo a criação do Estado de Tocantins, que cumpriu o objetivo de desenvolver a região desmembrada do Estado de Goiás." BALERA, Felipe Penteado. BALERA, Felipe Penteado. **Federalismo e as possíveis alterações no território dos Estados Federados.** Florianópolis: Conceito Editorial, 2013. p. 249-250.

[15] DURAND, Charles. p. 173.

rial dos entes federativos podem, em certos casos, resultar em enfraquecimento da estrutura do pacto federativo. Cabe à Suprema, portanto, a função de, ao interpretar as cláusulas constitucionais e julgar os conflitos que surjam no seio da Federação, garantir a integridade do compromisso federativo e a permanência do Estado Federal.

V. Referências Bibliográficas

BALERA, Felipe Penteado. **Federalismo e as possíveis alterações no território dos Estados Federados.** Florianópolis: Conceito Editorial, 2013.

BASTOS, Celso Ribeiro. **Comentários à Constituição do Brasil.** São Paulo: Saraiva, 1988.

BONAVIDES, Paulo. **Curso de Direito Constitucional.** 19. ed. São Paulo: Malheiros, 2006.

CASTRO, José Nilo. **Direito Municipal Positivo.** 6. ed. Belo Horizonte: Del Rey, 2006.

DALLARI, Dalmo de Abreu. Criação de Estados Federados. In: DELUCCA, Newton (org.). **Direito Constitucional Contemporâneo.** São Paulo: Quartier Latin, 2012. p. 148-159.

DURAND, Charles. *El Estado Federal em El derecho positivo.* In: BERGER, Gastor et. al. **Federalismo y federalismo europeo.** Madrid: Tecnos, 1965. p. 171-214.

HORTA, Raul Machado. **Direito Constitucional.** 4. ed., Belo Horizonte: Del Rey, 2003.

KELSEN, Hans. **Jurisdição constitucional.** São Paulo: Martins Fontes, 2003.

ADI 4.424: violência em silêncio, não mais

ALEXANDRE CAMANHO DE ASSIS[*]

Dilemas até há pouco confinados ao domínio privado têm crescentemente exigido soluções do Estado, como a tutela da dignidade humana feminina frente à violência doméstica. Nesse cenário, o Supremo vem travando grandes discussões – especialmente em favor da tutela de direitos humanos –, a fim de garantir, instrumentalizar e dotar de eficácia o quanto estabelece a Constituição.

A luta pela igualdade entre homens e mulheres não é recente e as conquistas não foram instantâneas; ao reverso, as mudanças têm sido processuais e marcadas pela persistência, ainda hoje orientada em prol do devido reconhecimento da dignidade feminina.

A Constituição de 1988 notabilizou-se por ter repudiado a estigmatização da mulher – outrora tratada como coisa e propriedade –, concedendo-lhe proteção especial, numa legítima discriminação positiva, que busca, ao fim e ao cabo, erradicar a cultura milenar de subjugação da mulher. Com efeito, a defesa real e efetiva, física e psicológica da mulher, era, senão inexistente, inexpressiva, seja pela ausência de mecanismos efetivos de proteção, seja pelo elevado grau de desencorajamento para

---

[*] Assessor do Ministro Francisco Rezek de setembro de 1987 a março de 1990 e de junho de 1992 a junho de 1993. Procurador Regional da República da 1ª Região e Presidente da Associação Nacional dos Procuradores da República – ANPR.

que a vítima reportasse os casos de abuso ao Poder Público: a sociedade civil, o Estado e a própria mídia ainda não abordavam o assunto com a relevância que lhe era devida, ao argumento de tratar-se de questão concernente à intimidade.

Porém, em 1994, o Brasil firmou a Convenção de Belém do Pará (Convenção Interamericana para Prevenir, Sancionar e Erradicar a Violência contra a Mulher) e internalizou, assim, percepção mais ampla acerca da problemática da violência doméstica, confirmando a intromissão de terceiro para solucionar questão não mais de restrito âmbito privado, mas sim de ordem pública. Já em seu preâmbulo, a Convenção enuncia que a violência contra a mulher *"constitui uma violação dos direitos humanos e das liberdades fundamentais"*, é uma *"ofensa à dignidade humana"* e *"uma manifestação de relações de poder historicamente desiguais entre mulheres e homens"*.

Cuidou-se, então, do primeiro tratado de direitos humanos a reconhecer a violência contra a mulher como um fenômeno generalizado, que *"transcende todos os setores da sociedade, independentemente de sua classe, raça ou grupo étnico, níveis de salário, cultura, nível educacional, idade ou religião"*. Em poucas palavras: o Brasil, na ocasião, comprometeu-se a adotar instrumentos para coibir, reprimir e erradicar a violência contra a mulher.

O Estado brasileiro chancelou, além desse, outros compromissos internacionais no sentido de assegurar efetiva proteção da mulher no âmbito doméstico, como a Convenção sobre a Eliminação de todas as formas de discriminação contra a mulher (1979), o Plano de Ação da IV Conferência Mundial sobre a mulher (1995) e o Protocolo Facultativo à Convenção sobre a Eliminação de todas as Formas de Discriminação contra a Mulher (2002).

Semelhante tendência protetiva já se havia feito, pouco antes, anunciar: afinal, já em 1992, o Comitê pela Eliminação de Todas as Formas de Discriminação contra a Mulher (CEDAW) estabelecera relevante recomendação geral sobre a violência contra a mulher, ressaltando seu caráter indistinto, sua raiz cultural e os efeitos danosos – por vezes insuperáveis – causados na vida da vítima: *"A violência doméstica é uma das mais insidiosas formas de violência contra a mulher. Prevalece em todas as sociedades. No âmbito das relações familiares, mulheres de todas as idades são vítimas de violência de todas as formas, incluindo o espancamento, o estupro e outras formas de abuso sexual, violência psíquica e outras, que se perpetuam por meio da tradição. (...)*

Estas formas de violência submetem mulheres a riscos de saúde e impedem sua participação na vida familiar e na vida pública com base na igualdade.[1]".

Ora, os abusos e as agressões eram repudiados internacionalmente pelo Brasil, mas no âmbito interno imperava, soberana, a impunidade: o Estado avarentamente relegava sua interferência apenas a casos excepcionalmente extremos, não dispondo de instrumentos hábeis a promover sequer a segurança necessária para que a mulher reportasse os abusos e agressões sofridas: a Lei 9.099/95, que criava os Juizados Especiais, era a exata imagem especular desta ineficácia estatal.

A violência doméstica, apesar de constante em diversos núcleos familiares e no desenvolvimento de relações afetivas, não era considerada crime: as agressões – ressalte-se, apenas as agressões físicas que deixavam vestígios e eram presenciadas por terceiros –, quando levadas a conhecimento da autoridade policial, eram classificadas como lesão corporal simples ou grave (a depender da extensão dos danos causados), assim evidenciando a ínfima proteção destinada à mulher.

E não apenas isso: as formas de agressão sexual e psicológica e as barreiras impostas ao pleno desenvolvimento moral, intelectual e social sequer encontravam, na lei, mecanismos de prevenção e repressão.

Em 2006, promulgou-se a Lei 11.340, como resultado do Informe 54/2001 da Comissão Interamericana Direitos Humanos da Organização dos Estados Americanos, que, apreciando denúncia formulada por Maria da Penha Maria Fernandes, concluiu que o Brasil fora negligente na apuração da violência sofrida pela denunciante; e recomendou *"prosseguir e intensificar o processo de reforma que evite a tolerância estatal e o tratamento discriminatório relativo à violência doméstica contra as mulheres"*. Nesta admoestação, ficou consignado que o Brasil afrontara a Convenção Americana sobre Direitos Humanos e a Convenção de Belém do Pará.

Eis a, afinal, reação à estarrecedora apatia do Estado em relação à sistemática covardia contra as mulheres brasileiras: foi preciso que uma brasileira sofresse duas tentativas de assassinato, inúmeras agressões – a ponto de deixá-la paraplégica – e lutasse por mais de 19 anos pela punição de seu agressor (que só ocorreu por pressões internacionais), para

---

[1] PIOVESAN. Flávia. A Proteção Internacional dos Direitos Humanos das Mulheres. Acesso em 27/11/2013 http://www.emerj.tjrj.jus.br/revistaemerj_online/edicoes/revista57/revista57_70.pdf

que o Brasil tivesse a iniciativa de elaborar uma legislação que instrumentalizasse o Estado em favor das vítimas de violência de gênero.

A Lei Maria da Penha – Lei nº 11.340/2006 –, ao elaborar uma política voltada para a defesa da mulher; ao unificar o sistema de tutela, integrando as ações do Judiciário, Ministério Público, Defensorias Públicas e polícias; ao estabelecer medidas protetivas; ao tipificar condutas de modo mais abrangente, observadas as peculiaridades da agressão em ambiente doméstico; e ao aprimorar o procedimento, dotou finalmente o Estado, de modo pioneiro e exemplar, para a proteção da mulher no âmbito de suas relações domésticas.

Por outro lado, é intuitivo que o mero advento de uma lei, por si só, não muda um comportamento atávico da sociedade. Daí o relevante papel exercido pelo Judiciário, e especialmente, pela Suprema Corte, na interpretação e aplicação da lei, cabendo-lhe, quando provocado pelos órgãos essenciais à Justiça, dotar de eficácia a legislação concebida, promovendo a prevenção, repressão e ação necessárias, capazes de alterar a realidade.

Em 2010, portanto, o Procurador-Geral da República aforou ação direita de inconstitucionalidade, com pedido cautelar, para que se conferisse interpretação conforme à Constituição aos artigos 12-I, 16 e 41 da Lei 11.340/2006, no sentido de que (i) a Lei 9.099/95 não se aplica, em nenhuma hipótese, aos crimes cometidos no âmbito da Lei Maria da Penha; (ii) o crime de lesões corporais considerado de natureza leve, praticado contra a mulher em ambiente doméstico, processa-se mediante ação penal pública incondicionada; (iii) os referidos dispositivos têm aplicação a crimes que se processam mediante representação, por previsão legal distinta da Lei 9.099/95[2].

Argumentou-se que a interpretação conferida aos dispositivos impugnados, a um só tempo, afrontava: (a) a dignidade da pessoa humana, dada a ausência de resposta penal adequada e a redução da violência à sua expressão meramente física; b) a igualdade, pois, embora não configurada discriminação direta, acaba por gerar, para as mulheres vítimas desse tipo de violência, efeitos desproporcionalmente nocivos, que ensejam um quadro de impunidade, que, por sua vez, reforça a violência doméstica e a discriminação contra a mulher; c) os artigos 5º-XLI e 226-§8º

---

[2] Inicial. ADI 4.424, Rel Min. Marco Aurélio, Plenário, julgamento em 9.2.2012.

da Constituição, uma vez que, nos casos de violência doméstica, tem-se, a um só tempo, grave violação a direitos humanos e a expressa previsão constitucional da obrigação estatal de coibir e prevenir sua ocorrência; e d) o princípio da proporcionalidade, sob o aspecto da proibição de proteção deficiente, pois criava-se empecilho à persecução penal e blindava-se situação fática agora repugnada pela sociedade.

Em outros termos, a interpretação conferida à época aos dispositivos impugnados ensejava uma proteção deficiente das mulheres em situação de violência doméstica, pois a representação era um obstáculo à ação penal, e a submissão de casos que tais aos Juizados Especiais não apresentava a resposta estatal adequada, já que as medidas e as sanções possíveis não eram hábeis a resguardar a integridade física e psicológica da vítima.

No entender do Ministério Público Federal, a única interpretação compatível com a proteção constitucional da mulher é aquela que não admite, em qualquer hipótese, a aplicação da Lei 9.099/95 aos crimes cometidos no âmbito da Lei Maria da Penha, que o crime de lesões corporais leves praticado em ambiente doméstico é de ação penal pública incondicionada, e que a representação da vítima somente poderá ser exigida se estiver prevista em lei diversa da afeta aos Juizados Especiais, como dá-se, por exemplo, com a ameaça (art. 147 – parágrafo único do Código Penal).

Aliás, o parquet federal já sustentava a referida tese nas instâncias de piso e no Superior Tribunal de Justiça. Em 2009, este autor, na qualidade de Procurador Regional da República convocado – exercendo as funções de Subprocurador-Geral da República –, manifestou-se pelo provimento do Recurso Especial Nº 1113322/DF, interposto pelo Ministério Público do Distrito Federal e Territórios, afirmando a natureza pública e incondicionada da ação penal nos crimes de violência doméstica:

"*Interpôs-se recurso especial, à luz da alínea a do artigo 105 – III da Constituição, contra acórdao do Tribunal de Justiça do Distrito Federal e Territórios, buscando o recebimento da denúncia contra o recorrido.*

O recurso deve ser provido. Aqui busca-se definir a natureza da ação penal nos crimes que se subsumem às hipóteses da "Lei Maria da Penha", diante de controvertida interpretação dada ao referido diploma legal por alguns doutrinadores e julgadores. (...)

Nesse contexto legislativo, no dia 07 de agosto de 2006, publicou-se a louvável Lei 11.340, intitulada "Lei Maria da Penha", que trouxe para o ordenamento jurídico brasileiro mecanismos para coibir a violência contra a mulher.

Com esse intuito, a "Lei Maria da Penha", no artigo 41, afastou a aplicação da Lei nº 9.099/95 aos crimes sob sua égide, visto que a Lei dos Juizados Especiais cuida de crimes de menor potencial ofensivo e, por óbvio, a violência praticada com a quebra da confiança existente dentro das relações afetivas não pode ser tratada como delito de menor importância.

Malgrado, porém, a clareza meridiana da legislação, remanesce a controvérsia acerca da natureza das ações penais dos delitos de lesão corporal e da contravenção das vias de fato previstas nas hipóteses da "Lei Maria da Penha".

O artigo 21 da Lei de Contravenções Penais tipifica delito cuja ação penal é pública incondicionada; tal natureza apenas foi alterada pela interpretação extensiva do artigo 88 da Lei nº 9.099/95. Contudo, como já mencionado, a Lei 11.340/2006 afastou esta legislação, prestigiando, assim, o disposto na Lei das Contravenções Penais[3].

O tribunal a quo entendeu que a ação somente deve ser deflagrada apenas mediante representação da ofendida, cabendo a ela decidir se quer expor ou não a intimidade de sua família. Sucede que a corte de origem, ao alinhar-se à tese de que a Lei 11.340/2006 não teria tido a intenção de alterar o princípio do artigo 88 da Lei 9.099/1995, afrontou, data venia, toda a pauta axiológica que fundamentou a novel legislação.

A agressão perpetrada no âmbito das relações familiares é de altíssima reprovabilidade social; é equivocada, e manifestamente anacrônica, a crença de que o Poder Judiciário deve se ausentar de cenários de violência conjugal, à base do opaco argumento de que tais incidentes resolvem-se entre quatro paredes. Se a vítima chegou ao ponto extremo de procurar a autoridade policial, é porque necessita do amparo estatal: é rudimentar supor que o Estado deve tolerar a violência na intimidade doméstica, à evocação da sacralidade do relacionamento íntimo. Não é preciso muito para concluir que, ao revés, a sacralidade, se

---

[3] Comunga de tal entendimento o ministro Og Fernandes que, ao julgar o HC 1.050.276//DF, ainda relembrou que "De notar, ainda, que a derrogação da Lei 9.099/95 não é novidade no Direito Brasileiro. O legislador já tomou igual providência quando editou a Lei nº 9.839/99, determinando a não incidência da Lei dos Juizados especiais no âmbito da Justiça Militar, a fim de assegurar a manutenção dos pilares básicos das instituições militares, quais sejam, a hierarquia e a disciplina, permitindo, assim, a aplicação de uma sanção de acordo com a realidade da vida castrense".

existe, é para garantir a integridade e o respeito, e, se estes desaparecerem, cabe ao Estado agir em nome dos valores outrora garantidos, suficientemente, pela relação.

É a confiança existente no seio dos relacionamentos domésticos que alicerça a instituição familiar. Assim, a violência que é cometida por alguém estranho à vítima pode até, por vezes, ser atribuída a uma falta de deveres de cautela. No entanto, quando o agressor está inserto no estrito circuito das relações privadas da mulher, a conduta delituosa reclama uma maior severidade na repressão, visto que afronta as legítimas expectativas de cuidado que a vítima tinha em relação ao ofensor. E mais: o agressor tira proveito da confiança, que lhe possibilita acesso facilitado para a consecução da violência. (...)

Em seu preâmbulo, a Lei 11.340 faz referência à Convenção Interamericana para Prevenir, Punir e Erradicar a Violência contra a Mulher. Mediante este tratado, o Brasil se obriga a empenhar-se em:

"c) incorporar na sua legislação interna normas penais, civis, administrativas e de outra natureza, que sejam necessárias para prevenir, punir e erradicar a violência contra a mulher, bem como adoptar as medidas administrativas adequadas que forem aplicáveis;

d) adoptar medidas jurídicas que exijam do agressor que se abstenha de perseguir, intimidar e ameaçar a mulher ou de fazer uso de qualquer método que danifique ou ponha em perigo sua vida ou integridade ou danifique sua propriedade;

e) tomar todas as medidas adequadas, inclusive legislativas, para modificar ou abolir leis e regulamentos vigentes ou modificar práticas jurídicas ou consuetudinárias que respaldem a persistência e a tolerância da violência contra a mulher;

f) estabelecer procedimentos jurídicos justos e eficazes para a mulher sujeitada a violência, inclusive, entre outros, medidas de protecção, juízo oportuno e efectivo acesso a tais processos;

g) estabelecer mecanismos judiciais e administrativos necessários para assegurar que a mulher sujeitada a violência tenha efectivo acesso a restituição, reparação do dano e outros meios de compensação justos e eficazes;

h) adoptar as medidas legislativas ou de outra natureza necessárias à vigência desta Convenção"(ênfase acrescida).

Cabe aqui, ainda, ressaltar o disposto no artigo 226 – § 8º da Constituição Federal:

"Art. 226. A família, base da sociedade, tem especial proteção do Estado
[...] § 8º – O Estado assegurará a assistência à família na pessoa de cada um dos que a integram, criando mecanismos para coibir a violência no âmbito de suas relações" (ênfase acrescida).

Tais firmes dispositivos obviam o compromisso do Estado de repreender devidamente os agressores que, abusando dos laços de confiança formados dentro de um contexto familiar, agridem mulheres. Sendo assim, inadmissível entender-se que a natureza da ação é condicionada à representação: tanto seria "respaldar a tolerância da violência contra a mulher" que a Convenção Interamericana enfaticamente deplorou.

O interesse que a Lei 11.340 tutela não está circunscrito à integridade física da mulher. Trata-se, acima de tudo, da defesa de valores sociais como a saúde pública e a instituição família: o Ministério Público deve ser o responsável para definir a necessidade da persecução criminal em dado caso concreto, não a vítima.

É desenganadamente misógina a jurisprudência que se crê "conciliadora" de conflitos afetivos domésticos – estereotipando-os de invariavelmente banais ou inofensivos – ou "protetora" da relação sentimental, elegendo-a instância máxima ou única de tais incidentes, à evocação da pseudo-sabedoria popular decrépita de que a ninguém é dado envolver-se em caso que tais. Induvidoso que esta forma obtusa de enxergar a violência doméstica é seu grande cúmplice, auto-emasculando o Estado em seu poder-dever de zelar pela dignidade humana.

Esta, aliás, vê-se, nos casos como aqui versado, duplamente maculada – seja fisicamente, pela truculência do fato, seja na sua enorme dimensão espiritual: o que se agride, também, é a boa-fé, a boa-fé de quem acreditou no convívio e no sentimento e foi, igualmente nisto, espancada. (...)

Por fim, no que tange ao artigo 16 da Lei Maria da Penha, vale enfatizar que o referido dispositivo trata daqueles crimes cuja ação penal tem a natureza pública condicionada à representação determinada pelo Código Penal (por exemplo, o crime de ameaça), não sendo possível que ele diga respeito a um delito que a própria lei, ao impedir a aplicação dos ditames da Lei 9.099/95, entendeu deter índole natureza diversa.

Portanto, impende ser reconhecido o direito do Estado em dar prosseguimento à ação penal, vez que esta ação não depende de representação do ofendido a fim de ser reconhecida a justa causa para seu curso.

Tais as circunstâncias, opina o Ministério Público Federal pelo provimento do recurso.
Brasília, 04 de junho de 2009.
Alexandre Camanho de Assis
Procurador Regional da República[4]"

Por sua vez, o Plenário do Supremo Tribunal Federal, ao julgar a ADI 4.424 – por 10 votos a 1 –, assentou a natureza incondicionada da ação penal no crime de lesão corporal praticado contra a mulher no ambiente doméstico, pouco importando seu grau. Assim, cabe ao Ministério Público promover a ação penal contra o agressor, ainda que a vítima não represente contra ele, podendo a notícia-crime vir de qualquer um que tenha conhecimento da situação de violência.

O relator, Ministro Marco Aurélio Mello, argumentou que, em caso de agressões e ameaças em âmbito doméstico, é preciso pautar-se pelo princípio da realidade, observando que os dados estatísticos são alarmantes e, na maioria dos casos, uma vez perpetrada a lesão corporal de natureza leve, a mulher agredida – por vezes iludindo-se na esperança – acaba por desautorizar sua representação formalizada, e isso quando munida de coragem a implementá-la. Ponderou ainda o ministro que a violência doméstica decorre de dinâmicas privadas – o que, evidentemente, incrementa a gravidade do problema, pois acirra a situação de invisibilidade social[5].

Para o relator, a intervenção estatal é necessária para garantir a proteção da mulher, tal como delineado na Constituição e nos compromissos internacionais assumidos: *"(...) o Brasil se comprometeu a adotar instrumentos para punir e erradicar a violência contra a mulher. (...) Justifica-se, portanto, o preceito do art. 41 da Lei nº 11.343/06, afastando-se todas as disposições da Lei nº 9.099/95 do âmbito dos crimes praticados contra a mulher no âmbito doméstico e familiar. Ao suposto ofensor, não serão conferidos os institutos da suspensão condicional do processo, da transação penal e da composição civil dos danos. Do mesmo modo, os delitos de lesão corporal leve e culposa domésticos contra a mulher independem de representação da ofendida, processando-se mediante ação penal pública incondicionada. O condicionamento da ação penal à representação*

---

[4] Exercendo as funções de Subprocurador-Geral da República (Portaria PGR nº 211, de 06 de maio de 2009)
[5] Acórdão – ADI 4.424, Rel Min. Marco Aurélio, Plenário, julgamento em 9.2.2012.

da mulher se revela um obstáculo à efetivação do direito fundamental à proteção de sua inviolabilidade física e moral, atingindo, em última análise, a dignidade humana feminina.[6]*".*

Com efeito, condicionar à representação da vítima ações penais contra o agressor doméstico e submeter casos assim ao rito sumariíssimo dos juizados é desconhecer as implicações da violência reiterada e cotidiana, que está, invariavelmente, acompanhada do medo paralisante e da vergonha do sofrimento vivido, que impedem a vítima de se desvencilhar da situação. Esta violência aproveita-se da rápida transformação da confiança em pavor para provocar o silêncio da vítima, e assim mantê-la subjugada e cativa.

Até o julgamento da ADI 4.424, as histórias seguiam, invariavelmente, um padrão: ameaças e agressões, idas à delegacia, ocorrências registradas, representações formuladas e retratações feitas perante o delegado ou juiz, muitas vezes, em razão de novas ameaças/ agressões e da sombria permanência do agressor no convívio familiar. Tal cenário, não raro, resultava no homicídio da mulher[7]; as ameaças e as agressões não cessavam – aliás, pelo contrário, muitas vezes eram agravadas pela fúria do agressor, que se via acuado, ou sentia-se insultado, pela "interferência" em sua vida privada.

Quanto à aplicação da Lei 9.099/95 aos casos de violência doméstica que resultem em lesão corporal leve, pode-se concluir que tal previsão reduz episódio de afronta a diretos humanos à mera querela doméstica, o que é um desatino: o agressor era condenado a penas restritivas de direito e não lhe era imposto o afastamento do convívio com a vítima, permitindo e, mesmo, incentivando a continuidade das agressões.

Cumpre registrar – como disse a inicial da ADI 4424 – que a renúncia ao direito de representar correspondia a 90% dos casos de arquivamento das ações penais. Tal percentual, somado aos casos em que as mulheres sequer ofereciam a representação, retratava o lamentável panorama de impunidade que marcava as situações de violência doméstica no Brasil.

Para a maioria dos ministros do Supremo Tribunal Federal, a condicionante negava sentido à proteção constitucional assegurada às mulheres, uma vez que muitas acabavam por retratar a representação antes apresen-

---

[6] Informativo STF – Nº 657 – Brasília, 5 a 9 de março de 2012.
[7] CAVALCANTI, Stella Valéria Soares de Farias. Violência doméstica: análise da Lei "Maria da Penha", nº 11.340/06. 3ª ed. Salvador: JusPodvm, 2010, p. 183.

tada por questões alheias às suas vontades. Além disso, entenderam que crimes de violência doméstica não estão sob a competência dos Juizados Especiais, seja porque o rito não permitia considerar as particularidades da agressão, seja porque as limitadas providências cabíveis desestimulavam o processamento do agressor, seja, ainda, porque os insignificantes resultados ali obtidos reforçavam a impunidade.

A decisão em análise constitui monumental avanço no enfrentamento às variadas formas de violência contra a mulher, ampliando o alcance da Lei Maria da Penha. Com ela, Judiciário e Ministério Público retomam o protagonismo que lhes é dado pela Constituição no trato de questões de suma importância para a sociedade.

O poder de ação incondicionada do Ministério Público dá voz e escolta à mulher que é sufocada pela dor e vergonha pelos abusos sofridos, invariavelmente desferidos por quem se confia. Segundo a ONU, a violência doméstica é a principal causa de lesões em mulheres entre 15 e 44 anos no mundo, manifestando-se não apenas em classes socialmente desfavorecidas e em países em desenvolvimento, mas em diferentes classes e culturas[8].

A decisão do Supremo enaltece a aplicação da regra interpretativa da primazia da norma mais favorável às vítimas, que desde 2008 vigora no ordenamento pátrio com status de norma constitucional, por força da internalização da Convenção sobre os Direitos da Pessoa com Deficiência[9]. Prestigia-se, ainda, o princípio da proporcionalidade, na exata medida em que não estima ser razoável deixar a atuação estatal a critério da vítima, cuja espontânea manifestação de vontade é assediada por fatores como o medo.

Cumpre enfatizar que a relevância da decisão foi observada antes mesmo da publicação do acórdão. Ao apreciar a reclamação 16031 –

---

[8] PIOVESAN. Flávia. A Proteção Internacional dos Direitos Humanos das Mulheres. Acesso em 27/11/2013 http://www.emerj.tjrj.jus.br/revistaemerj_online/edicoes/revista57/revista57_70.pdf

[9] *4. Nenhum dispositivo da presente Convenção afetará quaisquer disposições mais propícias à realização dos direitos das pessoas com deficiência, as quais possam estar contidas na legislação do Estado Parte ou no direito internacional em vigor para esse Estado. Não haverá nenhuma restrição ou derrogação de qualquer dos direitos humanos e liberdades fundamentais reconhecidos ou vigentes em qualquer Estado Parte da presente Convenção, em conformidade com leis, convenções, regulamentos ou costumes, sob a alegação de que a presente Convenção não reconhece tais direitos e liberdades ou que os reconhece em menor grau.*

ajuizada pelo Ministério Público do Estado de São Paulo contra decisão do juiz da 4º Vara Criminal de Osasco que extinguira a punibilidade do agressor, após ter a vítima renunciado à representação por lesão corporal –, o relator, ministro Roberto Barroso, deferiu liminar para manter em curso ação penal contra acusado de agredir a ex-companheira em ambiente doméstico.

Todavia, remanescem inesgotáveis os desafios para concretizar a proteção da mulher, pois a violência de gênero ultrapassa os limites da vida doméstica. Desde a entrada em vigor da Lei Maria da Penha, aprimoramentos ocorreram e seguem sendo necessários, para que se possa fazer frente aos casos de violência contra a mulher que persistem em números, para além de inaceitáveis, vexatórios: o Brasil ocupa o sétimo lugar no ranking mundial dos países com mais crimes praticados contra as mulheres[10].

O Instituto de Pesquisa Econômica Aplicada (Ipea) registrou, entre 2009 e 2011, as taxas de feminicídios – homicídio da mulher por um conflito de gênero, geralmente praticados por companheiros ou ex-companheiros, em situações de abuso familiar, ameaças e violência sexual –, e diagnostica a ocorrência no país de 5,82 óbitos para cada 100 mil mulheres[11].

Não apenas isso: o estupro, a tortura, o tráfico de mulheres, a prostituição forçada, o sequestro, o assédio sexual e a pornografia na rede mundial de computadores são práticas que radicam no ato de subjugar a mulher e abstrair sua dignidade.

A violência contra a mulher, nas suas diversas vertentes, permeia indistintamente todos os setores da sociedade e constitui intolerável afronta aos direitos humanos e liberdades fundamentais, limitando total ou parcialmente a integral fruição do status constitucional. O Estado deve reconhecer, em todos os aspectos, o caráter público desse tipo de violência, uma vez que não são vítimas apenas os envolvidos diretamente, mas também todos aqueles que, ainda que por meio da omissão, aceitam tamanha manifestação de ignorância, testemunham ou sofrem suas terríveis consequências.

---

[10] Acesso em 25/11/2013 – http://www.brasildefato.com.br/node/12401
[11] Acesso em 25/11/2013 – http://g1.globo.com/brasil/noticia/2013/09/lei-maria-da-penha-nao-reduziu-morte-de-mulheres-por-violencia-diz-ipea.html

O posicionamento adotado na ADI 4.424 amplia significativamente a proteção conferida pela Lei Maria da Penha às mulheres vítimas de violência doméstica, pois promove verdadeira mudança do tratamento dispensado àqueles crimes e reafirma o repúdio a comportamentos que afrontem a dignidade feminina. A relevância desta decisão não se restringe aos casos de violência doméstica, por evidenciar o entendimento firme do Supremo no sentido de concretizar a proteção constitucional devida às mulheres.

A Constitucionalidade do Estatuto de Defesa do Torcedor e a Relevância do Julgamento da ADI nº 2.937-DF

PAULO PENTEADO DE FARIA E SILVA NETO[*]

A Ação Direta de Inconstitucionalidade (ADI) nº 2.937 foi proposta pelo Partido Progressista (PP) em face de certos dispositivos da Lei Federal nº 10.671, de 15.05.2003 (Estatuto de Defesa do Torcedor). Alegava o partido, em síntese, que a lei ofenderia a Constituição Federal por haver (i) extrapolado a competência legislativa da União em matéria de esportes (art. 24, IX e §1º); (ii) desrespeitado a autonomia desportiva (art. 217, I) e (iii) instituído indevida dupla sanção. O Min. Maurício Corrêa, em 24.07.2003, imprimiu à ADI o rito do art. 12 da Lei nº 9.868/99, tendo em vista a relevância da matéria e as *"questoes intrincadas e polêmicas"* nela envolvidas. Isso permitiu que o Plenário do Supremo Tribunal Federal (STF), após a manifestação da Presidência da República, do Congresso

---

[*] Ex-Assessor do Min. Cezar Peluso, do Supremo Tribunal Federal (STF). Mestre em Direito *(LL.M.)* pela Harvard Law School. Mestre em Filosofia pela Universidade de Brasília (UnB). Bacharel em Direito pela Universidade de São Paulo (USP). Bacharel em Administração de Empresas pela Fundação Getúlio Vargas (FGV-SP). Ex-Presidente da AASTF (2008-2009). Advogado em São Paulo.

Nacional e da Procuradoria-Geral da República (PGR), por unanimidade[1] e nos termos do voto do Min. Peluso, decidisse pela improcedência da ADI, na sessão de 23.02.2012.

A apreensão da importância dessa decisão, que confirmou a constitucionalidade do Estatuto de Defesa do Torcedor, passa pela análise da relevância assumida pelo esporte no cenário nacional, não apenas como simples forma de lazer descompromissado, mas como verdadeiro *direito* assegurado aos cidadãos.

A Constituição de 1988 consagrou ao esporte o status de dever do estado e direito individual (*"Art. 217. É **dever** do Estado fomentar práticas desportivas formais e não-formais, como **direito** de cada um"*), tendo-lhe dedicado toda uma Seção dentro do Capítulo "Da Educação, da Cultura e do Desporto". O desenvolvimento do esporte nacional faz-se sentir nas mais diversas áreas, tendo íntima relação com e acentuado impacto sobre a educação, a saúde, o desenvolvimento econômico, o exercício da cidadania e a melhoria da qualidade de vida e da sociabilidade da população.

Os esportes, particularmente os coletivos, mas também os individuais, quando praticados em grupo, sublinham e incentivam o caráter gregário e político do ser humano: *"man is a zoon politikon (...). He individuates himself in and through his relationships with his fellows."*[2] As funções social e econômica do esporte exprimem-se, pois, por meio da disseminação e concretização de valores caros à sociedade brasileira, consagrados no texto constitucional. A promoção da atividade desportiva, além de constituir um valor e uma finalidade em si, tem intrincadas inter-relações com diversos outros direitos constitucionalmente assegurados.

Do ponto de vista de políticas públicas de incentivo ao esporte, parece ser inegável a correlação entre a seriedade, transparência, segurança, organização e execução eficiente das competições e a atração de mais torcedores aos estádios, quadras, piscinas e arenas, bem assim o incentivo à sua prática, em caráter recreativo ou profissional.

Devem-se observar também os princípios da Lei nº 9.615/1998, que estabelece normas gerais sobre desporto. O respeito aos participantes de

---

[1] Ausentes os Ministros Ricardo Lewandowski e Joaquim Barbosa.
[2] Como afirmado por KARL MARX em **Grundrisse der Kritik der Politischen Ökonomie** (1858), *apud* GEORGE E. MCCARTHY, **Marx and Aristotle: Nineteenth-Century German Social Theory and Classical Antiquity**. Savage: Rowman and Littlefield Publishers, 1992, pp. 67 e ss.

eventos esportivos – atletas, torcedores e demais envolvidos – e a punição aos maus dirigentes, entidades e torcedores é tão importante quanto o respeito às *regras do jogo*. Essas regras devem ser, ao lado da performance esportiva, as únicas condicionantes dos resultados dos torneios e competições. Afinal, "esportes" constituem uma subcategoria dentro do gênero "jogos", que podem ser caracterizados precisamente pela submissão voluntária dos participantes a tais regras.

Frise-se, em um comentário *a latere*, que a utilização de substâncias proibidas (*doping*) nos esportes fere frontalmente esse postulado, na medida em que os atletas que lançam mão desse tipo de subterfúgio ilícito tentam vencer ou obter melhores resultados burlando as referidas regras do jogo. Nesse sentido, é de fundamental importância o papel da Autoridade Brasileira de Controle de Dopagem (inserida na estrutura organizacional do Ministério do Esporte, conforme o Decreto nº 7.784, de 7 de agosto de 2012). Apesar da relevância desse controle (que não é objeto do Estatuto de Defesa do Torcedor), existe certo ceticismo na comunidade especializada internacional com relação à capacidade de as agências de controle antidoping coibirem a adoção de práticas ilícitas. Análises recentes[3] que se valem da Teoria dos Jogos para prever resultados esperados de participantes de competições esportivas mostram que, na presença de patrocinadores e torcedores, os atletas tendem a utilizar *doping* ainda que essa não fosse sua propensão inicial, pois essa seria sua única chance de vencer num ambiente em que outros atletas utilizam substâncias proibidas. A solução, sugerem esses estudos, seria dar publicidade ao resultado dos testes *antidoping* de todos os atletas, sejam positivos ou negativos, de forma a criar incentivos a não utilização das substâncias vedadas.

---

[3] V. o estudo de BERNO BUECHEL et al., referido no artigo "Athlete's dilemma: Sportsmen who take drugs may be prisoners of a different game", **The Economist**, 20.07.2013. A reportagem afirma que *"In their view, the inspector has several reasons to skimp on testing. One is the cost. Another is the disruption it causes to the already complicated lives of the athletes. A third, though, is fear of how customers would react if more thorough testing did reveal near-universal cheating, which anecdotal evidence suggests that in some sports it might. Better to test sparingly, and expose from time to time what is apparently the odd bad apple, rather than do the job thoroughly and find the whole barrel is spoiled and your sport has suddenly vanished in a hailstorm of disqualifications. This attitude, however, would result in precisely the outcome testing is supposed to obviate. It would be back to the prisoner's dilemma. Anyone who seriously wanted to win would have to cheat, even if his inclination was not to. In these circumstances it would take a saint to stay pure."*

Retomando-se o tema central, sabe-se da dificuldade de se definir satisfatoriamente um "jogo". Ludwig Wittgenstein classicamente apontou o desafio de se encontrar um denominador comum capaz de abranger, simultaneamente, todas as similaridades entre aquilo que entendemos por jogo. Ele cita exemplos tão variados quanto jogos de tabuleiro, de cartas, com bola, Jogos Olímpicos e cirandas, entre os quais há semelhanças de família, ou *family resemblances*[4]. Há, no entanto, quem defina jogos como "*the voluntary attempt to overcome unnecessary obstacles*"[5], com três elementos: "*the prelusory goal (in playing a game one always aims at a goal that can be described independently of the game), the constitutive rules (the function of these rules is to forbid the most efficient means to the prelusory goal), and the lusory atitude (which involves a person's willingly accepting the constitutive rules, or accepting them because they make the game possible)*"[6].

Sobreleva notar que o Estatuto de Defesa do Torcedor não se aplica exclusivamente ao futebol.[7] Embora este seja o esporte mais popular do país e tenha inspirado, em grande medida, a elaboração de tal diploma legal, é inegável a crescente popularização de modalidades antes restritas a determinados círculos (*rugby*, tênis, esportes náuticos e aquáticos, artes marciais, esportes radicais passíveis de prática em arenas, dentre outros).[8]

A realização da Copa da Copa do Mundo da FIFA de 2014 e dos Jogos Olímpicos e Paraolímpicos de 2016 ressalta a importância histórica dessa decisão. A eficácia contínua do Estatuto de Defesa do Torcedor desde sua publicação, em 2003, permitiu avanços consideráveis na seara da proteção e defesa do torcedor.

---

[4] **Philosophical Investigations** 3rd ed. Trad. G.E.M. Anscombe. Oxford: Basil Blackwell, 1967, pp. 32-33

[5] Bernard Suits, **The Grasshopper: Games, Life and Utopia.** Peterborough: Broadview Press, 2005, p. 55

[6] Adaptado de Thomas Hurka, "Games and the Good," in Proceedings of the Aristotelian Society, Suppl. Vol. 80 (2006), pp. 217-235

[7] O Estatuto, ao estabelecer "*normas de proteção e defesa do torcedor*" (art. 1º), define-o como "*toda pessoa que aprecie, apoie ou se associe a qualquer entidade de prática desportiva do País e acompanhe a prática de determinada modalidade esportiva*" (art. 2º), sendo tal suporte erigido à categoria de presunção *juris tantum* pelo parágrafo único do art. 2º.

[8] Deloitte. **Muito além do futebol – Estudo sobre esportes no Brasil**, http://www.deloitte.com/assets/Dcom-Brazil/Local%20Assets/Documents/Estudos%20e%20pesquisas/PesquisaMuitoAlemFutebol.pdf (Set. 2011).

Por fim, pode-se divisar uma linha de convergência entre o Estatuto de Defesa do Torcedor e outros diplomas que visam a assegurar direitos (e, mesmo, a impor a observância de deveres para fruição de tais direitos) aos indivíduos em um determinado papel social. O paralelo imediato pode ser feito com o Código de Defesa do Consumidor[9], mas a tendência também pode ser detectada na existência de Códigos de Defesa do Contribuinte em algumas esferas estaduais e municipais. Cada legislação, em sua respectiva seara, visa a proteger determinado aspecto da vida do cidadão. Porém, somente na medida em que se tornem efetivas ferramentas de concretização dos direitos nelas previstos é que poderão auxiliar na construção do exercício da cidadania em sua plenitude, em nosso país.

Em conclusão, ainda que, concretamente, o Brasil esteja aquém dos padrões internacionais quesito do resguardo aos direitos do torcedor[10], a publicação do Estatuto de Defesa do Torcedor assegurou níveis mínimos que possivelmente vem tornando um pouco menos penosa a tarefa de se atingir os rígidos parâmetros exigidos pelas grandes competições internacionais. Se não fosse a publicação do Estatuto de Defesa do Torcedor e a validação de sua constitucionalidade pelo Supremo Tribunal Federal, é possível imaginar que a distância entre (i) os padrões exigidos pelas entidades organizadoras dos eventos internacionais e (ii) as circunstâncias do cenário brasileiro que prevaleceriam na ausência dessa lei tornaria improvável que o país tivesse condições de sediá-los.

De toda sorte, o ideal seria que os níveis de respeito ao torcedor fossem não apenas elevados de modo temporário para a Copa e as Olimpíadas, mas sim paulatinamente aprimorados, de modo voluntário, pelos clubes e demais agremiações esportivas, nos anos subsequentes.

---

[9] Nesse sentido, v. ALDO ANTONIO DE AZEVEDO. **Torcedores, Mídia e Políticas Públicas de Esporte e Lazer no Distrito Federal** (Aldo Antonio de Azevedo, org.). Brasília: Thesaurus, 2008.
[10] Como o demonstram as recentes ondas de violência e mortes perpetradas por torcidas organizadas, aliás um dos móveis e objeto do Estatuto, cuja estrita observância se mostra cada vez mais necessária.

A tributação internacional na jurisprudência do Supremo Tribunal Federal (RE nº 611.586)

MARCUS LÍVIO GOMES[*]

1. Considerações iniciais

O tema ora analisado insere-se no julgamento do RE nº 611.586 interposto pela Coama Agroindustrial Cooperativa contra acórdão da 2ª Turma do Tribunal Regional Federal da 4ª Região que afirmou a constitucionalidade do teor do artigo 74, "caput" e parágrafo único da Medida Provisória nº 2.158-35/2001, ao estabelecer que "os lucros auferidos por controlada ou coligada no exterior serão considerados disponibilizados para a controladora ou coligada no Brasil na data do balanço no qual tiverem sido apurados, na forma do regulamento", bem como que "os lucros apurados por controlada ou coligada no exterior até 31 de dezembro de 2011 serão considerados disponibilizados em 31 de dezembro de 2002, salvo se ocorrida, antes desta data, qualquer das hipóteses de disponibilização previstas na legislação em vigor".

---

[*] Juiz Federal em auxílio no gabinete do Min. Luiz Fux. Doutor em Direito Tributário pela *Universidad Complutense de Madrid*. Professor Adjunto de Direito Financeiro e Tributário da UERJ. Coordenador da Comissão de Direito Tributário da Escola da Magistratura do Tribunal Regional Federal da 2ª Região. Membro do Comitê Executivo do *Instituto Latinoamericano de Derecho Tributario*. Membro do Comitê Científico do *Curso de Fiscalidad Internacional Latinoamericano de la Universidad Complutense de Madrid*.

A constitucionalidade deste dispositivo já havia sido impugnada na ADI nº 2.588/2001, na qual faltava somente colher o voto do Min. Joaquim Barbosa. Em face da mudança na composição da Corte, o tema voltou a ser apreciado à luz dos RE nº 611.586, afetado à sistemática da Repercussão Geral, e RE nº 541.090.

No RE nº 541.090, cuja autora é a Empresa Brasileira de Compressores S/A – EMBRACO, aborda-se a questão da não aplicação do referido dispositivo atacado em situações que envolvam controladas e coligadas domiciliadas nos vinte e nove países com os quais o Brasil tenha firmado Convenção para evitar a dupla tributação da renda, adiante CDT.

A EMBRACO é acionista das seguintes sociedades estrangeiras: Ealing Companhia de Gestiones y Participaciones S.A. (EALING), estabelecida no Uruguai; Beijing EMBRACO Snowflake Compressor Company Limited Beijing, estabelecida na China; EMBRACO Europe SrL EMBRACO Europe, estabelecida na Itália.

Cumpre ter presente que o tema de fundo está para ser elucidado pelo Supremo há 12 anos. Em 2001, foi ajuizada a Ação Direta de Inconstitucionalidade nº 2.588. Considerados os votos proferidos nesta ADI, os Ministros Marco Aurélio, Sepúlveda Pertence, Celso de Mello e Ricardo Lewandowski votaram no sentido da procedência do pedido formulado, ou seja, pela inconstitucionalidade integral da norma, os dos Ministros Nelson Jobim, Eros Grau, Cezar Peluso e Ayres Britto, julgando-o improcedente, ou seja, pela constitucionalidade da norma, e o da Ministra Ellen Gracie, relatora, pela procedência parcial, para declarar a inconstitucionalidade da expressão "ou coligadas", contida na cabeça do artigo 74 da Medida Provisória nº 2.158-35/01, não participando dessa apreciação os Ministros Gilmar Mendes, por estar impedido, Cármen Lúcia, Rosa Weber, Dias Toffoli e Luiz Fux, pois os antecessores já haviam proferido voto nesta ADI.

2. RE 611.586

O RE nº 611.586 é um mandado de segurança preventivo em que a impetrante, Cooperativa Agropecuária Morãoense LTDA, é controladora da Sociedade Isenta de Aruba, denominada COAMO Internacional AVV, constituída em 1994 com o propósito alegado de realizar o comércio internacional dos produtos agrícolas industrializados ou in natura recebidos de seus cooperados, na forma da Lei nº 5.764/71.

Neste caso, não houve, desde a sua constituição, em 1994, a distribuição de lucros à controladora no Brasil e não existe tratado entre Brasil-Aruba. Na verdade, Aruba está incluída na legislação tributária como típico paraíso fiscal.[1] Portanto, não havendo indício de atividade produtiva da empresa em Aruba, bem como considerando que a mesma está situada num paraíso fiscal, restou decidido que a postulação da impetrante não merecia prosperar, aplicando-se, o art. 74 da MP nº 2.158-34/2001 à hipótese.

Neste recurso, restou o STF por decidir se a expressão "paraíso fiscal" abarca única e exclusivamente as jurisdições a que se refere o art. 1º, Instrução Normativa RFB nº 1.037, de 4 de junho de 2010, ou seja, países ou dependências que não tributam a renda ou que a tributam à alíquota inferior 20% (vinte por cento) ou, ainda, cuja legislação interna não permita acesso a informações relativas à composição societária de pessoas jurídicas ou à sua titularidade.

Isto porque nos debates, ainda que suscitada a dúvida por alguns ministros, não restou decidido se a expressão "paraíso fiscal" abarcaria as jurisdições a que se refere o art. 2º da referida IN, ou seja, os regimes fiscais privilegiados. Ainda que não considerados pela doutrina como autênticos "paraísos fiscais", o ato normativo infralegal consubstanciado pela referida IN os incluiu no escopo da norma expressada pelo art. 24-A, Lei nº 9.430/96, a qual denominou estes regimes expressamente como "regimes fiscais privilegiados".[2]

---

[1] Instrução Normativa RFB nº 1.037, de 4 de junho de 2010
DOU de 7.6.2010 Relaciona países ou dependências com tributação favorecida e regimes fiscais privilegiados.
Art. 1º Para efeitos do disposto nesta Instrução Normativa, consideram-se países ou dependências que não tributam a renda ou que a tributam à alíquota inferior a 20% (vinte por cento) ou, ainda, cuja legislação interna não permita acesso a informações relativas à composição societária de pessoas jurídicas ou à sua titularidade, as seguintes jurisdições:...
V – Aruba;...

[2] DEBATE
...
O SENHOR MINISTRO JOAQUIM BARBOSA (PRESIDENTE E RELATOR) – Ministro Marco Aurélio, voltando ao tema dos paraísos fiscais, eu lembraria que há um detalhe a mais. Esses países chamam a atenção não só pelo fato de a legislação ser favorecida, ou quase um traço, eles não controlam sequer os proprietários dessas empresas. Não há controle sequer de quem são, não há esse tipo...

O SENHOR MINISTRO MARCO AURÉLIO Mas, então, passaríamos a ter um instituto, disciplinado pelo Código Civil e permitindo a despersonalização, que é a fraude tributária. Configurada a fraude tributária, tudo bem. Agora, não posso generalizar o enfoque para normatizar matéria, que ainda não o foi pelo Congresso, e dizer que o fato de simplesmente ter-se uma legislação mais favorável ao contribuinte, no país onde estão situadas as coligadas e controladas, o Fisco e damos uma carta em branco ao Fisco poderá, justificando, tributar, antecipando-se relativamente aos lucros que não foram transferidos para a controladora nem para...

O SENHOR MINISTRO DIAS TOFFOLI:
Mas é que já há disciplina legal sobre isso. A Lei nº 9.430, de 27 de dezembro de 1996, art. 24-A, que se conjuga com o art. 9º da Medida Provisória nº 2.158-35, de 2001, e com art. 26 da Lei nº 9.249, de 1995. Se essa disciplina é boa ou não, é uma questão para o outro lado da praça.
...

O SENHOR MINISTRO MARCO AURÉLIO Além de surgir a ambiguidade, considerada a expressão "países que têm legislação mais favorável aos contribuintes". Não são necessariamente paraísos fiscais.

O SENHOR MINISTRO RICARDO LEWANDOWSKI – Pois é. Quer dizer, nós, então, sujeitamos.

O SENHOR MINISTRO JOAQUIM BARBOSA (PRESIDENTE E RELATOR) – A língua portuguesa é cheia de eufemismo.

O SENHOR MINISTRO RICARDO LEWANDOWSKI – É. Mas aí a minha dificuldade é essa. Quer dizer, essa instrução normativa, que obviamente não é uma lei, pode ser modificada ao alvedrio da Secretaria da Receita Federal a qualquer momento, incluindo ou excluindo Estados ou países dessa lista de paraísos fiscais. E isso em detrimento da segurança jurídica, que é essencial para os investimentos.

O SENHOR MINISTRO MARCO AURÉLIO Vossa Excelência me permite? A rigor, a rigor, estaremos, no Brasil, nos substituindo ao país que poderia tributar e não tributa.

O SENHOR MINISTRO JOAQUIM BARBOSA (PRESIDENTE E RELATOR) – Não, isso no caso da empresa brasileira sediada em países – digamos "normais".

O SENHOR MINISTRO RICARDO LEWANDOWSKI – Sim, mas quem é que vai dizer o que é normal ou não normal?

O SENHOR MINISTRO DIAS TOFFOLI:
A definição legal está no parágrafo único do art. 24-A.

O SENHOR MINISTRO MARCO AURÉLIO Digo naqueles países em que não há a voracidade fiscal que se tem no Brasil.

O SENHOR MINISTRO DIAS TOFFOLI:
Existe uma definição legal.

O SENHOR MINISTRO JOAQUIM BARBOSA (PRESIDENTE E RELATOR) – Vossa Excelência poderia ler?

O SENHOR MINISTRO DIAS TOFFOLI:
Art. 24-A, parágrafo único, da Lei nº 9.430, de 27 de dezembro/96.
"Art. 24-A. (...)

3. RE 541.090

No RE 541.090 aborda-se a questão da não aplicação do referido dispositivo atacado em situações que envolvam controladas e coligadas domiciliadas nos vinte e nove países com os quais o Brasil tenha firmado Convenção para evitar a dupla tributação da renda. A recorrida, Empresa Brasileira de Compressores, S/A – EMBRACO é acionista das seguintes sociedades estrangeiras: Ealing Companhia de Gestiones y Participaciones S.A. (EALING), estabelecida no Uruguai; Beijing EMBRACO Snowflake Compressor Company LIMITED (BEIJING), estabelecida na China; EMBRACO Europe SrL (EMBRACO EUROPE), estabelecida na

Parágrafo único. Para os efeitos deste artigo, considera-se regime fiscal privilegiado aquele que apresentar uma ou mais das seguintes características:
I – não tribute a renda ou a tribute à alíquota máxima inferior a 20% (vinte por cento);
II – conceda vantagem de natureza fiscal à pessoa física ou jurídica não residente:"
O SENHOR MINISTRO MARCO AURÉLIO Ou seja, fulminamos a soberania do país talvez até irmão!
O SENHOR MINISTRO DIAS TOFFOLI:
"a) sem exigência de realização de atividade econômica substantiva no país ou dependência;
b) condicionada ao não exercício de atividade econômica substantiva no país ou dependência;
III – não tribute, ou o faça em alíquota máxima inferior a 20% (vinte por cento), os rendimentos auferidos fora do seu território;
IV – não permita o acesso a informações relativas à composição societária, titularidade de bens ou direitos ou às operações econômicas realizadas".
A instrução normativa da receita, quando lista os países, leva em consideração esses conceitos do parágrafo único do art. 24-A da Lei nº 9.430.
O SENHOR MINISTRO LUIZ FUX – Ministro Toffoli, Vossa Excelência me permite, e Vossa Excelência também, Presidente? Toda essa legislação antielesiva, em todos os países do mundo, passa por testes, até para se aferir se ela está consoante o princípio da proporcionalidade – Vossa Excelência até se referiu no seu voto. E um desses testes é exatamente o teste do território-alvo – isso em primeiro lugar –, e que Vossa Excelência atinge o alvo com muita clareza na sua decisão.
Por outro lado, verifico que temos adotado aqui inúmeras fórmulas de adição aos pronunciamentos do Supremo Tribunal Federal. E essa é uma fórmula aditiva que Vossa Excelência está acrescentando no sentido de dar uma interpretação conforme, ela é constitucional desde que essas empresas estejam situadas em paraíso fiscal. Porque aí atente-se à ratio essendi do dispositivo, que é antielisivo e antidiferimento.
O SENHOR MINISTRO JOAQUIM BARBOSA (PRESIDENTE E RELATOR) – O conceito de paraíso fiscal nós temos.
O SENHOR MINISTRO LUIZ FUX – Esse é o objetivo... É o último pronunciamento. Se não aditar nada, vai recorrer a quem?
...

Itália. Somente a sociedade EALING, situada no Uruguai, auferiu lucros nos anos-calendários de 1996, 1997, 1998, 1999, 2000 e 2002.

Enquanto à sociedade EALING, inexiste tratado entre Brasil-Uruguai. Tão pouco existem elementos que possam enquadrá-la como uma "Sociedade Financeira de Inversão (Safi)", na forma como definido na legislação interna deste referido país e de conformidade com a legislação tributária brasileira.[3] Ademais, ainda que se pudesse fazê-lo, a análise temporal deste enquadramento, à luz da definição legal de "países com tributação favorecida", bem como a inexistência de definição da Suprema Corte quanto à abrangência do conceito de "paraíso fiscal" inviabiliza a solução da lide nesta instância recursal. A questão poderia incorrer em dilação probatória não condizente com o rito do recurso extraordinário, a demandar análise infraconstitucional, por ofensa reflexa ou indireta.

No caso das sociedades BEIJING e EMBRACO EUROPE, situadas na China e Itália, respectivamente, os tratados Brasil-China (ratificado pelo Decreto-Legislativo nº 85, de 24.11.92) e Brasil-Itália (ratificado pelo Decreto-Legislativo nº 77, de 5.12.79) estabelecem a sistemática do lucro das empresas conforme o já citado art. 7º, onde os lucros auferidos por empresas situadas na China ou Itália devem ser tributados por estes países e não pelo Brasil.

Quanto a este relevante ponto, restou decidido pela Suprema Corte o retorno dos autos ao Tribunal de origem para que se pronuncie sobre a questão atinente à vedação da bitributação baseada em tratados internacionais. O que restou decidir, ou melhor, o que poderá vir a decidir o Supremo Tribunal Federal sobre este tema? Em face da relevância do tema, oportuno analisá-lo de forma segregada.

4. ADI 2.588

No julgamento desta ADI, o STF reconheceu, de modo definitivo, (a) que é legítima a aplicação do art. 74 da Medida Provisória nº 2.158-35/2001

---

[3] Instrução Normativa RFB nº 1.037, de 4 de junho de 2010
DOU de 7.6.2010 Relaciona países ou dependências com tributação favorecida e regimes fiscais privilegiados.
...
Art. 2 º São regimes fiscais privilegiados:
...
II – com referência à legislação do Uruguai, o regime aplicável às pessoas jurídicas constituídas sob a forma de "Sociedades Financeiras de Inversão (Safis)" até 31 de dezembro de 2010;

relativamente a lucros auferidos por empresas controladas localizadas em países com tributação favorecida (= países considerados paraísos fiscais), na forma como explicitado no item 9.1-RE nº 611.586; e (b) que não é legítima a sua aplicação relativamente a lucros auferidos por empresas coligadas sediadas em países sem tributação favorecida (= não considerados paraísos fiscais). Quanto às demais situações (lucros auferidos por empresas controladas sediadas fora de paraísos fiscais e por empresas coligadas sediadas em paraísos fiscais), não tendo sido obtida maioria absoluta dos votos, o Tribunal considerou constitucional a norma questionada, sem, todavia, conferir eficácia *erga omnes* e efeitos vinculantes a essa deliberação.

Confirmou-se, no presente caso, a constitucionalidade da aplicação do caput do art. 74 da referida Medida Provisória relativamente a lucros auferidos por empresa controlada sediada em país que não tem tratamento fiscal favorecido. Todavia, por ofensa aos princípios constitucionais da anterioridade e da irretroatividade, afirmou-se a inconstitucionalidade do seu parágrafo único, que trata dos lucros apurados por controlada ou coligada no exterior até 31 de dezembro de 2002.

5. Courts and Tax Treaty Law. Tax Treaties and Domestic Law. Judicial Approach

A premissa é a de que invocada a aplicação de tratado para evitar a dupla tributação, a questão deve ser dirimida segundo as cláusulas e termos do mesmo, cabível o controle administrativo e judicial conforme cada situação. Não obstante a objetividade da tese, dúvidas surgem quando se questiona o âmbito da matéria a ser objeto de controle jurisdicional, ou seja, a matéria terá estatura constitucional ou infraconstitucional?

Tendo estatura infraconstitucional, a ofensa indireta ou reflexa poderia atrair a competência da Suprema Corte ou a discussão limitar-se-ia ao âmbito do Superior Tribunal de Justiça? Existiriam questões de prova a serem analisadas ou estaríamos diante de problemas de interpretação de cláusulas convencionais? Estaríamos diante de problemas de qualificação ou de interpretação de cláusulas convencionais? Por fim, qual seria o limite do *judicial approach*?

O *judicial approach* deveria seguir como premissa maior a especificidade do regime de tributação instituído pelo artigo 74 da MP nº 2.158, no sentido de que somente seria aplicável como regra antielisiva específica nos casos de planejamentos tributários abusivos, como são, por presunção, a utilização dos regimes normalmente identificados como "paraísos fiscais", ou a utilização de dissimulação, como forma de elisão abusiva, na forma como definido pelo art. 116, CTN.

Em termos gerais, o limite entre a elisão fiscal abusiva e o planejamento tributário lícito seria a existência ou não de atividade econômica substantiva. Nesta específica hipótese, o dever de motivar o ato de forma a desconsiderar a estrutura tributária constituída pelo contribuinte caberia à fiscalização, a caracterizar ou não a existência de atividade econômica substantiva.

Isto porque o sistema brasileiro implementado pelo art. 74 da MP 2.158-35/2001 adotou a tributação dos lucros não distribuídos como regra geral, sem qualquer consideração de especificidades do caso concreto, amplitude que violaria os arts. 7.1 e 10.5 da CM OCDE, replicados de forma sistemática nas CDTs celebradas pelo Brasil, ressalvadas algumas peculiaridades.

O que se perquire são os limites da atividade judicial nesta temática, ou seja, até onde poderia e/ou deveria ir o *judicial approach*? Estaria afeto tão somente à supremacia dos tratados internacionais sobre a lei interna, à luz da constitucionalidade do artigo 98 do Código Tributário Nacional?

Este tema também está afetado ao STF através do mecanismo da Repercussão Geral nos autos do RE nº 460.320, denominado Caso Volvo. Neste caso concreto o tema controvertido é a aplicação do princípio da não discriminação, espelhado no art. 24 do Tratado Brasil-Suécia.

No único voto proferido nestes autos, do Min. Rel. Gilmar Mendes, prevaleceu a tese da superioridade dos Tratados sobre a lei interna, entendimento que não entra em conflito com o art. 98 do CTN, pois restou assentado que deve prevalecer o *pacta sunt servanda*, respeitando-se a boa-fé e a segurança jurídica das partes contratantes nestes compromissos internacionais. Segundo assentou o ministro relator, respaldam esta tese os artigos 4º, parágrafo único, e 5º, §§ 2º, 3º e 4º, CF/88. Deve-se levar em consideração que a jurisprudência consolidada do STF não acompanha explicitamente esta tese.

Não obstante, esta interpretação não resolve integralmente o problema concreto. Além da superioridade hierárquica do tratado sobre a lei interna, o que estaria afetado a análise, em tese, pela ADI nº 2.588/2001, tendo como pano de fundo a Convenção de Viena sobre o Direito dos tratados, incorporada pelo Decreto Legislativo nº 469/2009, existe uma questão de interpretação e aplicação dos dispositivos específicos dos tratados.

Questiona-se, *in casu*, nos autos do RE nº 541.090, a aplicação de divesos artigos e disposições dos CDTs Brasil-Itália e Brasil-China, o que poderia ensejar a interpretação, em concreto, da extensão, amplitude e abrangência dos artigos 5º, 7º e 10 destas CDTs[4].

No conjunto de atividades que deve desenvolver a Administração Tributária, um dos principais problemas existentes é a interpretação administrativa, a qual abre novas perspectivas na averiguação do valor que revestem as atuações da Administração para a relação jurídico-tributária, fruto da procedimentalizão da atividade administrativa (função administrativa do Estado).

A Administração tem a faculdade de interpretação jurídica, função autônoma de interpretação, que, diante da dispersão e prolixidade da legislação tributária e sua crescente complexidade e tecnicismos, assumiu como sua a tarefa do seu esclarecimento, desenvolvendo uma interpretação útil para servir de fundamento a sua aplicação.

Trata-se de uma interpretação jurídica destinada à aplicação do ordenamento, pois interpretação e aplicação são duas atividades intimamente conexas. Nessa linha, do conjunto de atividades destinadas à aplicação do Direito, a de interpretação é a operação jurídica básica, o próprio núcleo do processo aplicativo da norma.

Neste contexto, superada a premissa da superioridade dos tratados e convenções internacionais sobre a lei interna, convém enfrentar o tema afeto à interpretação e aplicação dos dispositivos dos tratados internacionais. Estaríamos diante de conflitos constitucionais ou infraconstitucionais?

6. Síntese conclusiva

Interpretar o conceito de lucro da empresa para os fins de aplicação do art. 7º, bem como o conceito de dividendos para fins de aplicação do art. 10 das CDTs, assim como se a tributação do lucro apurado em balanço e

---

[4] Tese originariamente defendida pelos Professores Sérgio André Rocha e Heleno Taveira Torres em seminário sobre o tema das Controladas e Coligadas, promovido pela Associação Brasileira de Direito Financeiro – ABDF no mês de maio de 2013, na cidade de São Paulo.

não distribuído caracteriza a tributação de dividendo fictício são questões que fogem ao escopo de controvérsia de índole constitucional.

Como já afirmado, superada a questão da superioridade do tratado sobre a lei interna, resta a questão da qualificação e subsunção dos fatos aos dispositivos dos tratados, inserida no processo lógico de hermenêutica das normas jurídicas: intepretação, qualificação e aplicação. Nesta senda, este problema jurídico tem nítido caráter infraconstitucional, a ensejar a jurisdição do Superior Tribunal de Justiça, superados os requisitos processuais e de prequestionamento, à luz do art. 105, III, *verbis:* julgar, em recurso especial, as causas decididas, em única ou última instância, pelos Tribunais Regionais Federais ou pelos tribunais dos Estados, do Distrito Federal e Territórios, quando a decisão recorrida: a) contrariar tratado ou lei federal, ou negar-lhes vigência;...

Ultrapassado o julgamento dos temas infraconstitucionais pelo STJ é que se poderia sindicar a possibilidade de atuação da Corte Constitucional. Superados os requisitos processuais, de prequestionamento e de repercussão geral, poder-se-ia, à luz dos Direitos Fundamentais do contribuintes, atrair a competência do STF, o que somente poderia ser vislumbrado através da análise do caso concreto.

7. Referências Bibliográficas

ANDRADE, André Martins. A Tributação Universal da Renda Empresarial. Belo Horizonte: Editora Fórum, 2008.

BIANCO, João Francisco, Transparência Fiscal Internacional, 2007.

BOITEUX, Fernando Netto. As sociedades coligadas, controladoras, controladas, e a tributação dos lucros obtidos no exterior. Revista Dialética de Direito Tributário. São Paulo: Dialética, 2004, nº 105.

CANTO, Gilberto U. A Aquisição de Disponibilidade e o Acréscimo Patrimonial no Imposto sobre a Renda in MARTINS, Ives G. S. (coord.). Estudos sobre o Imposto de Renda (em memória de Henry Tilbery). S. Paulo: Resenha Tributária. 1994.

CARVALHO, André de Souza; OLIVEIRA, André Gomes de. Planejamento Tributário Internacional. In: GOMES, Marcus Lívio; ANTONELLI, Leonardo Pietro (Coords.). Curso de Direito Tributário Brasileiro. 2. ed. São Paulo: Quartier Latin, 2010. v. III. COÊLHO, Sacha Calmon Navarro et DERZI, Misabel Abreu Machado. Relações tributárias entre controladoras e controladas com vantagens fiscais – elisão lícita de tributos. Revista Dialética de Direito Tributário. São Paulo: Dialética, 2004, nº 79.

GOMES, Marcus Lívio. A Interpretação da Legislação Tributária. São Paulo: Quartier Latin, 2010.

GONÇALVES, José Artur Lima. Imposto sobre a renda – resultados auferidos no exterior por filiais, sucursais, controladas e coligadas. Revista Dialética de Direito Tributário. São Paulo: Dialética, 2004, nº 74.

MACIEL, Taísa Oliveira, Tributação dos Lucros das Coligadas e Controladas Estrangeiras, 2007.

MARTINS, Eliseu. Iniciação à equivalência patrimonial – I. IOB: informações Objetivas. Temática Contábil e Balanços. São Paulo: 1993, v.27, n.35.

NUNES, Renato. Tributação de lucros auferidos por meio de coligadas e controladas no exterior: regime de disponibilização (MP n. 2.158-35/01) e resultados de equivalência patrimonial. In: TÔRRES, Heleno Taveira (Coord.). Direito tributário internacional aplicado. São Paulo: Quartier Latin, 2003.

OECD. Harmful Tax Competition: An Emerging Global Issue. Paris: OECD, 1998.

OECD. Model Tax Convention on Income and on Capital. Paris: OECD, 2010.

OKUMA, Alessandra. Da tributação das empresas controladas e coligadas. In: TÔRRES, Heleno Taveira (Coord.). Direito tributário internacional aplicado. São Paulo: Quartier Latin, 2004.

OLIVEIRA, Ricardo Mariz de. O conceito de renda – inovação do art. 43 do CTN pela Lei Complementar nº 104 (a questão da disponibilidade sobre lucros de coligadas e controladas no exterior). Revista Dialética de Direito Tributário. São Paulo: Dialética, 2004, nº 73.

OLIVEIRA, Ricardo Mariz de. O imposto de Renda e os Lucros Auferidos no Exterior. In: Grandes questões atuais do direito tributário, São Paulo: Dialética, 2003, 7º vol.

_____. Lucros de coligadas e controladas no exterior e aspectos de elisão e evasão fiscal no Direito brasileiro e no internacional. Revista Dialética de Direito Tributário. São Paulo: Dialética, 2004, nº 102.

ROCHA, Sergio André. Treaty Override no Ordenamento Jurídico Brasileiro, 2007.

ROCHA, Sergio André. A Deslegalização no Direito Tributário Contempoâneo: Segurança Jurídica, Legalidade, Conceitos Indeterminados, Tipicidade e Liberdade de Conformação da Administração Pública. In: RIBEIRO, Ricardo Lodi; ROCHA, Sergio André (Coords.). Legalidade e Tipicidade no Direito Tributário. São Paulo: Quartier Latin, 2008.

ROCHA, Sergio André. Interpretação dos Tratados para Evitar a Bitributação da Renda. 2 ed. São Paulo: Quartier Latin, 2013.

ROCHA, Sergio André, Interpretação dos Tratados para Evitar a Bitributação da Renda, 2013.

ROCHA, Sergio André. O Protagonismo do STF na Interpretação da Constituição pode Afetar a Segurança Jurídica em Matéria Tributária? In: ROCHA, Valdir de Oliveira (Coord.). Grandes Questões Atuais do Direito Tributário: Volume 15. São Paulo: Dialética, 2011.

ROLIM, João Dácio; MOREIRA, Gilberto Ayres. Tributação de Lucros Auferidos no Exterior e Limites Relativos de Normas Antielisivas. Revista de Direito Tributário Internacional, São Paulo, n. 3, jun. 2006.

ROSEMBUJ, Tulio. Fiscalidad Internacional. Madrid: Marcial Pons, 1998.

TÔRRES, Heleno. Direito Tributário Internacional: Planejamento Tributário e Operações Transnacionais. São Paulo: Revista dos Tribunais, 2001.

SCHOUERI, Luís Eduardo. Planejamento Fiscal Através dos Acordos de Bitributação: Treaty Shopping. São Paulo: Editora Revista dos Tribunais, 1995.

TÔRRES, Heleno Taveira. Tributação de Controladas e Coligadas no Exterior e seus Desafios Concretos. In: TÔRRES, Heleno Taveira (Coord.). Direito Tributário Internacional Aplicado: VI Volume. São Paulo: Quartier Latin, 2012. p. 435-436).

UCKMAR, Victor; GRECO, Marco Aurélio; ROCHA, Sergio André et al. Manual de Direito Tributário Internacional. São Paulo: Dialética, 2012.

VETTORI, G. G.; RUBINSTEIN, Flavio et VASCONCELLOS, Roberto França. Tributação da Controladas e Coligadas no Exterior. In: Eurico Marcos Diniz de Santi; Fernando Aurélio Zilveti; Roberto Quiroga Mosqueira. (Org.). Tributação Internacional (Série GVLaw). 1ed.São Paulo: Saraiva, 2007.

XAVIER, Alberto. Direito Tributário Internacional do Brasil. 7 ed. Rio de Janeiro: Forense, 2010

Reclamação nº 4.374/PE: uma nova faceta do instituto

VINICIUS DE ANDRADE PRADO[*]

1. Introdução

Com previsão no artigo 102, inciso I, alínea "l", da Constituição Federal de 1988, a reclamação destina-se à preservação da competência do Supremo e à garantia da autoridade de suas decisões. O instituto tem recebido, cada vez mais, as atenções dos profissionais e estudiosos do Direito. Os dados estatísticos revelam a escalada na utilização do instrumento. De acordo com o sítio eletrônico do Tribunal, em 2001, foram 202 reclamações distribuídas. Nos anos seguintes, a tendência de subida foi, quase sempre, uma constante: 275 reclamações distribuídas em 2003, 491 em 2004, 933 em 2005, 837 em 2006, 464 em 2007, 1.625 em 2008, 2.214 em 2009, 1.259 em 2010, 1.862 em 2011, 1.886 em 2012 e, finalmente, 1.801 em 2013.

Os motivos da crescente utilização da reclamação são conhecidos. No julgamento do Agravo Regimental na Reclamação nº 1.880/SP, ocorrido em 7 de novembro de 2002, o Supremo ampliou, a partir de uma releitura dos artigos 13 da Lei nº 8.038/90 e 156 do Regimento Interno,

---

[*] Assessor do ministro Marco Aurélio Mello, é Procurador Federal, uma das carreiras integrantes da Advocacia-Geral da União, cedido ao Supremo Tribunal Federal desde abril de 2013. Graduado pela Universidade de Brasília e Mestre em Direito pela Universidade de Columbia (*Columbia University in the City of New York*).

o rol de legitimados ativos. Passou a admitir a formalização da medida, tendo como parâmetro decisão proferida em processo objetivo, por qualquer interessado, legitimado ou não à deflagração do controle concentrado de normas. Pouco tempo depois, com a Emenda Constitucional nº 45/2004, foi introduzida no ordenamento, por meio do artigo 103-A da Carta Federal, a súmula com efeito vinculante em relação aos demais órgãos do Poder Judiciário e à Administração Pública direta e indireta de todos os entes federativos. Previu-se, ainda, a utilização da reclamação com a finalidade de garantir a eficácia dos verbetes assim editados pelo Supremo.

Em 18 de abril de 2013, o Supremo apresentou uma nova função da reclamação. O Pleno, no julgamento da Reclamação nº 4.374/PE, inovou ao admitir sua inédita utilização como mecanismo de reinterpretação constitucional e superação de pronunciamento declaratório de constitucionalidade em controle concentrado. O objetivo deste sucinto artigo é, portanto, evidenciar esse novo olhar atribuído ao instituto e demonstrar a importância dessa mudança de rumos no atual contexto histórico.

2. O caso.

Ao disciplinar a assistência social, o Poder Constituinte originário previu, no artigo 203, inciso V, da Carta da República, "a garantia de um salário mínimo de benefício mensal à pessoa portadora de deficiência e ao idoso que comprovem não possuir meios de prover à própria manutenção ou de tê-la provida por sua família, conforme dispuser a lei." Na regulamentação do dispositivo, além do requisito subjetivo, ficou estabelecido, no § 3º do artigo 20, parâmetro objetivo de aferição da miserabilidade, qual seja, a renda *per capita* familiar inferior a ¼ do salário mínimo. Esse era o teor do preceito, na redação anterior às alterações promovidas pela Lei nº 12.435/2011: "*Considera-se incapaz de prover a manutenção da pessoa portadora de deficiência ou idosa a família cuja renda mensal per capita seja inferior a 1/4 (um quarto) do salário mínimo*".

O referido dispositivo foi objeto de controle na Ação Direta de Inconstitucionalidade nº 1.232/DF. No precedente, o Supremo, por maioria, em 27 de agosto de 1998, reconheceu a validade do parâmetro objetivo de miserabilidade. Vingou a tese da constitucionalidade do indicador objetivo de renda familiar. Ficaram vencidos, na ocasião, os ministros Ilmar Galvão, relator, e Néri da Silveira, que conferiam interpretação conforme ao artigo impugnado, por vislumbrarem possível a prova da incapacidade econômica para além da tarifação estabelecida na lei.

O Instituto Nacional do Seguro Social formalizou, então, a Reclamação nº 4.374/PE com o objetivo de cassar pronunciamento da Turma Recursal dos Juizados Especiais Federais de Pernambuco, no qual determinado o pagamento do benefício de prestação continuada previsto no artigo 20 da Lei nº 8.742/93. Ao aferir a situação econômica do beneficiário, o Juízo de origem consignou a possibilidade de provar-se a miserabilidade do grupo familiar por outros meios além do critério objetivo estipulado no § 3º do citado dispositivo legal – renda *per capita* inferior a ¼ do salário mínimo. Admitiu a demonstração circunstancial da pobreza mesmo que a renda familiar superasse o limite estabelecido na lei. Em suas razões, a Autarquia previdenciária sustentava a ofensa ao que assentado na Ação Direta de Inconstitucionalidade nº 1.232/DF e, dessa maneira, postulava a cassação do ato reclamado.

3. Processo de inconstitucionalização progressiva.

A proclamação da constitucionalidade do § 3º do artigo 20 da Lei nº 8.742/93, na via abstrata e concentrada, não foi suficiente para estancar a controvérsia em torno do critério de mensuração da insuficiência econômica para fins de concessão do benefício assistencial. Os diversos órgãos do Poder Judiciário insistiram na criação judicial de referenciais alternativos para a identificação da incapacidade financeira, tendo a Turma Nacional de Uniformização dos Juizados Especiais Federais chegado a editar, em 14 de abril de 2004, o Verbete nº 11, atualmente cancelado, com o seguinte teor: "*a renda mensal per capita familiar, superior a ¼ (um quarto) do salário mínimo, não impede a concessão do benefício assistencial previsto no art. 20, § 3º da Lei nº. 8.742 de 1993, desde que comprovada, por outros meios, a miserabilidade do postulante*".

Paralelamente, a legislação superveniente à Lei de Organização da Assistência Social passou a prever parâmetros elastecidos para a concessão de outros benefícios de caráter assistencial. Vejam, consoante indicado pelo ministro Gilmar Mendes, os exemplos das Leis nºs 9.533/97[6] (Apoio

---

[6] Art. 5º Observadas as condições definidas nos arts. 1º e 2º, e sem prejuízo da diversidade de limites adotados pelos programas municipais, os recursos federais serão destinados exclusivamente a famílias que se enquadrem nos seguintes parâmetros, cumulativamente: I – renda familiar *per capita* inferior a meio salário mínimo; [...]

financeiro a programas de garantia de renda mínima associados a ações socioeducativas), 10.836/2004 (Programa Bolsa Família), 10.689/2003[7] (Programa Nacional de Acesso à Alimentação), 10.219/2001 (Programa Bolsa Escola) e 10.741/2003 (Estatuto do Idoso). O legislador adotou, nesses diplomas, critério de renda mínima superior àquele indicado na Lei de Organização da Assistência Social. O cenário foi propício à proliferação de decisões, nas instâncias ordinárias, em descompasso com a baliza estática concernente ao requisito da miserabilidade indicado no artigo 20 da Lei nº 8.472/93 e, por consequência, à multiplicação de reclamações perante o Supremo Tribunal Federal com base na inobservância ao acórdão proferido na Ação Direta de Inconstitucionalidade nº 1.232/DF.

4. A decisão.

A Reclamação nº 4.374/PE foi, nesse contexto, distribuída ao ministro Gilmar Mendes em 22 de maio de 2006. Indeferido o pedido de liminar, o processo veio a julgamento na sessão plenária ocorrida em 18 de abril de 2013.

Os ministros Dias Toffoli, Ricardo Lewandowski e Joaquim Barbosa não conheceram da reclamação, considerado o julgamento anterior dos Recursos Extraordinários nº 567.985 e 580.963. Ao negar provimento aos recursos, o Tribunal, em repercussão geral e por maioria, declarou a inconstitucionalidade incidental do § 3º do artigo 20 da Lei nº 8.742/93.

No mérito, o Supremo, também por maioria, julgou improcedente o pedido formulado na medida. Vencido, o ministro Teori Zavascki argumentou a impossibilidade de rescindir-se, na via da reclamação, acórdão proferido em controle concentrado e, ainda, de discutir-se o acerto ou o desacerto do paradigma. Os demais ministros, apesar de não terem expressamente aderido aos fundamentos do voto proferido pelo relator, não vislumbraram ofensa ao acórdão proferido na Ação Direta de Inconstitucionalidade nº 1.232/DF.

O relator, ministro Gilmar Mendes, ao julgar improcedente o pedido, teceu substantivas considerações sobre a possibilidade de reinterpretação e superação de decisão tomada em controle concentrado. Segundo consignou, quando formalizada para garantir a autoridade de decisão

---

[7] Art. 2º [...] § 2º Os benefícios do PNAA serão concedidos, na forma desta Lei, para unidade familiar com renda mensal **per capita** inferior a meio salário mínimo.

do Supremo ou de verbete vinculante, a medida convolar-se-ia em típica ação destinada "à proteção da ordem constitucional como um todo". E os fundamentos seriam os seguintes: (i) a competência geral – entendida como dever – atribuída ao Supremo, como guardião da Constituição, para fiscalizar a compatibilidade formal e material de qualquer lei ou ato normativo com a Carta Federal, exercida por meio do controle difuso; (ii) a necessidade de, no exercício cognitivo próprio da reclamação, o Tribunal reavaliar o parâmetro de controle e redefinir o alcance do paradigma, especialmente diante de alteração relevante nas circunstâncias fáticas ou das concepções jurídicas dominantes. O ministro Gilmar Mendes destacou, ainda, o perfil da jurisdição constitucional prestada pelo Supremo, cujo objetivo é, independentemente do veículo, "proteger a ordem jurídica como um todo, de modo que a eventual superação total, pelo STF, de uma decisão sua, específica, será apenas o resultado do pleno exercício de sua incumbência de guardião da Constituição".

O relator, no exame do tema de fundo, se posicionou pela inconstitucionalidade originária e progressiva do § 3º do artigo 20 da Lei nº 8.742/93. Além de ter ressaltado o estado de omissão inconstitucional à época da edição da Lei nº 8.742/93 – ante a não previsão de critérios outros além da tarifação objetiva do requisito da miserabilidade –, frisou que, a partir do julgamento da ADI nº 1.232/DF, o legislador ordinário teria elevado o "valor padrão da renda familiar *per capita*", de ¼ para ½ do salário mínimo, nos diversos diplomas nos quais veiculados programas de assistência social, presentes as alterações econômico-sociais havidas com o decurso do tempo. Propôs, ao final, a revisão da decisão proferida na mencionada ação direta e a declaração de inconstitucionalidade, sem pronúncia de nulidade, do § 3º do artigo 20 da Lei nº 8.472/93, mantendo a vigência do dispositivo até 31 de dezembro de 2014.

Embora tenha constado apenas da ementa do acórdão – e não na parte dispositiva – a declaração de inconstitucionalidade propugnada pelo relator, a maioria conheceu da reclamação e, no exame meritório, concluiu pela improcedência do pedido. A discussão tida no precedente anuncia indícios de uma nova conformação do instituto da reclamação e que, por esse motivo, merece atenção.

4. Reclamação. Reinterpretação de decisão declaratória de constitucionalidade proferida em sede de fiscalização abstrata de normas. Controle difuso de constitucionalidade. Análise da decisão.

O julgamento da Reclamação nº 4.374/PE trouxe consigo algumas reflexões concernentes ao papel do instituto no âmbito de controle de constitucionalidade das normas. Embora seja precipitado falar de consenso, no Tribunal, quanto à utilização da reclamação como meio de reinterpretação e superação de decisão tomada em controle concentrado, o voto proferido pelo ministro Gilmar Mendes, ao qual a maioria aderiu, lançou novas luzes e rumos ao instrumento.

É possível que o leitor do acórdão não esteja bem esclarecido acerca dos motivos que ensejaram o conhecimento da reclamação. Pode ser, inclusive, que o julgamento, em continuação, após o dos Recursos Extraordinários nº 567.985/MT e 580.963/PR, ambos realizados na sessão do dia 18 de abril de 2013, tenha influenciado no conhecimento da reclamação sem um debate mais alongado sobre o prejuízo da medida. Não obstante, uma vez conhecida a reclamação, o Tribunal sinalizou no sentido da subsistência da eficácia vinculante do acórdão proferido na Ação Direta de Inconstitucionalidade nº 1.232/DF por um determinado período, mas admitiu a gradativa perda de eficácia social do que decidido no processo objetivo.

Com o julgamento dos citados recursos extraordinários, ficou assegurada, mediante a aplicação do regime da repercussão geral, a observância do entendimento neles firmado, nos termos do artigo 543-B do Código de Processo Civil, para os casos ainda não transitados em julgado, ante a expressa atribuição de efeito *ex nunc* àquele acórdão. Em outros termos, naquele aresto, embora proclamada a inconstitucionalidade do § 3º do artigo 20 da Lei nº 8.472/93, ficou expressamente consignada a ausência de declaração de nulidade.

E qual seria, então, nesse contexto, a utilidade da reclamação, a justificar o seu conhecimento? O instrumento serviria para trazer ao Supremo os casos nos quais ainda não interposto recurso extraordinário. Nessa hipótese, a técnica para a superação do entendimento firmado na Ação Direta de Inconstitucionalidade nº 1.232/DF seria a da declaração incidental de invalidade do dispositivo. Na linha preconizada pelo ministro Gilmar Mendes, ter-se-ia a utilização da reclamação como meio de reinterpretação e eventual superação, na via difusa, de decisão declaratória de constitucionalidade prolatada em controle concentrado.[8] Daí o ineditismo e a importância do julgado.

5. Conclusão

A decisão evidencia uma nova perspectiva de utilização da reclamação no controle difuso de constitucionalidade de normas. Embora a tese tenha sido antes anunciada nas lições doutrinárias do ministro Gilmar Mendes[9], o acórdão proferido na Reclamação nº 4.374 é, sem dúvida, um marco na conformação jurisprudencial do instituto da reclamação constitucional. Mesmo que ainda não se possa falar de consenso entre os integrantes da Corte, o julgado admite a uso do instrumento como forma de reinterpretação e superação, na via incidental, de decisão declaratória de constitucionalidade proferida em controle concentrado. É precedente de conhecimento obrigatório aos que se interessam pelo estudo do direito constitucional.

---

[8] Essas conclusões foram resultado de intensa discussão com os colegas assessores, no Gabinete do ministro Marco Aurélio Mello, Drs. Carlos Alexandre de Azevedo Campos e Diogo Lopes de Barbosa Leite.
[9] Cf. MENDES, Gilmar Ferreira e BRANCO, Paulo Gustavo Gonet. *Curso de direito constitucional*. 8ª ed. São Paulo: Saraiva, 2013, p. 1.316.

A imunidade de Jurisdição dos Organismos Internacionais na Jurisprudência do Supremo Tribunal Federal: análise dos Recursos Extraordinários 578.543 e 597.368

JOSÉ S. CARVALHO FILHO*

Considerações Iniciais
É notável o crescimento da atuação internacional do Brasil nos últimos anos, em consequência a interação do país e de seus nacionais com Estados estrangeiros tornou-se frequente.

Os entes de direito internacional, cada vez mais, regem-se por normas de cooperação que complementam o princípio do respeito à coexistência soberana (MELLO, 2002, p. 49). Assim, ganham relevância no cenário global também as organizações internacionais, enquanto entidades responsáveis pelo gerenciamento de interesses coletivos e que possuem personalidade jurídica distinta da de seus membros[1].

---

* Assessor do Ministro Gilmar Mendes entre setembro de 2009 e agosto de 2013; doutorando em direito público pela Sciences-PO Aix/Aix-Marseille Université (França).
[1] Embora o reconhecimento da personalidade jurídica própria dos organismos internacionais não seja uníssono na doutrina (Cf.: YODA, Ana Jamily Veneroso. As organizações internacionais e o poder de celebrar tratados. In: *Revista Jurídica da Presidência da República*, Brasí-

Dessas constantes relações interpessoais surge naturalmente a possibilidade de conflitos sociais qualificados pela existência de pessoa jurídica de direito público externo em um dos polos, razão pela qual o tema da imunidade de jurisdição assume grande relevância na atualidade.[2]

Nesse contexto, o objetivo deste trabalho é examinar a jurisprudência do Supremo Tribunal Federal relacionada ao assunto, com ênfase no julgamento conjunto dos Recursos Extraordinários 578.543 e 597.368, em que a questão foi minuciosamente enfrentada.

2. A Imunidade de Jurisdição decorrente dos costumes internacionais: da imunidade absoluta à relativa

A imunidade de jurisdição deriva do brocardo *par in parem non habet judicium* – não há juiz entre pares. Trata-se de costume internacional – que passou a ser incorporado também em alguns tratados – segundo o qual um Estado não pode ser submetido à jurisdição de outro (DALLARI, 2012, p. 594).

Nas primeiras oportunidades em que foi instado a se manifestar sobre o tema da imunidade de jurisdição, o STF reconheceu a incidência dessa norma de forma absoluta – fundamentando suas decisões na impossibilidade de executar uma eventual sentença condenatória –, bem como no potencial conflito bélico decorrente da tentativa de afrontar a soberania de outro Estado (STF, 1986 e 1987).

A propósito, Clóvis Beviláqua (1910, p. 96-97) sustentou que, mesmo quando age na seara privada, um Estado não se desposa de suas prerrogativas da soberania em face de outro. Assim, como a execução de uma sentença contra país estrangeiro poderia encontrar dificuldades insuperáveis e até acarretar violento conflito, não convém o sacrifício de interesses de valia incomparavelmente superior para satisfazer questões particulares.

Essa orientação manteve-se firme até o julgamento da Apelação Cível 9.696 (STF, 1989), oportunidade em que o Supremo Tribunal Federal

---

lia, vol. 7, n. 75, Out./Nov. 2005), considera-se nesta obra, em sintonia com a jurisprudência do STF, que tais entes gozam de personalidade plena e diversa dos entes que os instituíram.

[2] Importante frisar, de antemão, que o presente artigo não analisa a questão das imunidades dos diplomatas e cônsules enquanto agentes representantes de entes internacionais; o foco do trabalho recai sobre a imunidade de jurisdição das próprias pessoas jurídicas de direito internacional (Estados estrangeiros e organismos internacionais), seja quando ela decorre de regra costumeira, seja porque há expressa convenção ou tratado que a estipula.

passou a adotar a teoria da imunidade relativa. A partir da premissa de que os Estados estrangeiros praticam certos atos cíveis e empresariais na qualidade de particular (atos de gestão), percebeu-se não fazer mais sentido a aplicação irrefletida da teoria da imunidade absoluta. Posto isso, a imunidade de jurisdição apenas resta configurada quando o Estado estrangeiro exercita sua soberania (atos de império), em atividades consulares e diplomáticas, por exemplo. Constatou-se, também, que as eventuais dificuldades para execução da sentença condenatória não têm o condão de afastar o conhecimento da causa pela jurisdição local.

Referida distinção entre atos de gestão e atos de império permite limitar a imunidade do Estado estrangeiro sem afrontar a sua soberania e está em consonância com a jurisprudência mais recente do direito comparado, como a do Tribunal de Justiça da União Europeia (2012).

Embora ainda persista o problema da indefinição precisa de atos de gestão e de atos de império, a Ação Cível 9.696 representa importante precedente judicial, pois foi a primeira oportunidade em que o STF fixou a tese da imunidade de jurisdição relativa – imunidade aplicável aos atos de império, mas não aos atos de mera gestão.

A adoção dessa teoria impacta positivamente na vida do cidadão comum, que se vê resguardado em questões corriqueiras, como cobranças de aluguéis, acidentes de automóveis e direitos trabalhistas – as quais, segundo os debates da ACi 9.696, representam dois terços das ações ajuizadas por cidadãos brasileiros contra Estados estrangeiros (DALLARI, 2012, p. 596).

Os avanços, portanto, foram bastante significativos. Entretanto, todo raciocínio apresentado desenvolveu-se a partir dos costumes como fonte do direito internacional, notadamente do conceito de soberania do Estado estrangeiro. Ocorre que, em algumas situações, a imunidade de jurisdição é expressamente prevista em tratado ou convenção internacional, razão pela qual não se justificaria a distinção entre atos de gestão e atos de império, sobretudo no que diz respeito às organizações internacionais, que não possuem soberania.

3. A Imunidade de jurisdição prevista em tratado internacional: uma questão ainda em aberto[3]

Por um lado, tal como demonstrado no tópico anterior, o julgamento da Apelação Cível 9.696 representa relevante precedente judicial, na medida em que assentou a adoção, pelo Brasil, da teoria da imunidade relativa de jurisdição dos Estados estrangeiros. Por outro lado, o referido caso foi apreciado sob uma conjuntura de normas costumeiras que conduzem ao respeito mútuo entre Estados soberanos, motivo pelo qual a situação dos organismos internacionais passou ao largo do exame.

As organizações internacionais podem ser definidas como associações de Estados estabelecidas por meio de convenções internacionais, que perseguem objetivos comuns aos membros e específicos de cada organização, dispondo de órgãos próprios permanentes e de personalidades jurídicas distintas das dos Estados-membros (CRETELLA NETO, 2013, p. 87 e ss.).

É fato que tais organizações, na medida em que emanam da vontade cooperativa dos Estados para implementar interesses afins, ocupam papel cada vez mais importante como sujeitos de direito internacional. Entretanto, a atuação dessas associações restaria comprometida, caso elas se submetessem aos diversos regimes jurídicos dos Estados-membros ou de entes com os quais se relacionam.

É por isso que Cançado Trindade observa que as organizações internacionais, por necessidade funcional, devem possuir um regime de privilégios e imunidades, sem o qual elas não poderiam atuar a contento, em razão de sua vulnerabilidade, por não possuírem territórios próprios e operarem no âmbito da jurisdição de outros sistemas jurídicos (2012, p. 478).

A Organização das Nações Unidas (ONU), por exemplo, é um organismo internacional de caráter universal composto por 193 países-membros[4], cada qual com um regime jurídico peculiar no que concerne a nor-

---

[3] Registra-se agradecimento especial ao professor José Francisco Rezek, por ter compartilhado parecer elaborado em 2007 para a Organização das Nações Unidas, no qual aborda as peculiaridades das organizações internacionais, concluindo que não se lhes aplica a jurisprudência até então firmada no Supremo Tribunal Federal. Esse trabalho foi de grande relevância para as reflexões aqui desenvolvidas.

[4] Cf.: Relatório disponível no *site*: http://www.onu.org.br/conheca-a-onu/paises-membros/. Acesso em: 4 out. 2013.

mas cíveis, comerciais, trabalhistas, etc. Assim, é imperioso que a ONU, bem como as demais organizações internacionais, possua um regime jurídico interno global para disciplinar as relações de que participa.

Nesse cenário, revela-se a importância dos tratados internacionais como meio para os Estados-membros voluntariamente abdicarem da jurisdição local a fim de proporcionarem um tratamento uniforme pelas organizações.

No que diz respeito à ONU, a Convenção sobre Privilégios e Imunidades das Nações Unidas de 1946 – Convenção de Londres – expressamente estabelece, nas Seções 2 e 3, as imunidades de jurisdição e de execução da Organização em relação aos seus Estados-membros. Essa convenção foi adotada pelo Brasil por meio do Decreto 27.784/1950, portanto há norma explícita que imuniza a ONU contra a jurisdição brasileira.

A questão que se põe agora reside em saber como compatibilizar a imunidade dos organismos internacionais prevista em tratado adotado pelo Brasil com o princípio da inafastabilidade da prestação jurisdicional e com a proteção dos direitos fundamentais dos cidadãos brasileiros.

4. A Solução do STF: Recursos Extraordinários 578.543 e 597.368

Embora a jurisprudência do STF já houvesse pacificado o entendimento sobre a imunidade de jurisdição dos Estados estrangeiros desde o julgamento da ACi 9.696/1989, ainda era preciso definir o enquadramento jurídico da imunidade de jurisdição das organizações internacionais no Brasil. Isso porque a ausência de posicionamento específico para esses entes propiciava forte dissenso entre os juristas.

De um lado, poder-se-ia argumentar que há uma tendência de flexibilização das imunidades – tal como ocorreu com os Estados estrangeiros –, que deve incidir também sobre as organizações internacionais, como forma de proteger os direitos fundamentais dos cidadãos. Do outro lado, o regime de privilégios dos organismos internacionais decorre de tratados, motivo pelo qual revela peculiaridades em relação ao regime costumeiro das imunidades dos Estados.

Nessa conjuntura, tornou-se imperioso o julgamento definitivo do tema pelo STF, para que fossem avaliadas as idiossincrasias que envolvem as organizações internacionais. Assim, o Tribunal foi instado a se pronunciar por meio dos Recursos Extraordinários 578.543 e 597.368 (STF, 2013).

Ambos os recursos relacionam-se ao mesmo processo[5] e impugnam decisão do Tribunal Superior do Trabalho que, afastando a imunidade de jurisdição da Organização das Nações Unidas, declarou-a responsável pelo pagamento de diversas verbas trabalhistas devidas a empregado que houvera contratado para executar projeto de cooperação celebrado com o Brasil.

Em síntese, a fundamentação do acórdão recorrido considera que a Justiça do Trabalho, nos termos do art. 114 da Constituição Federal, é competente para apreciar as demandas que decorrem da relação de trabalho, mesmo se houver intervenção de organismo internacional. Indicou-se, ainda, que a orientação do TST segue a linha da jurisprudência do Supremo Tribunal Federal acerca do temperamento da imunidade de jurisdição no direito do trabalho.

Ao analisar o caso, a Procuradoria-Geral da República manifestou-se no sentido de que o reconhecimento da imunidade de jurisdição das organizações internacionais renderia ensejo ao enriquecimento sem causa desses sujeitos. Assim, apesar da Convenção sobre Privilégios e Imunidades das Nações Unidas, a responsabilidade do sujeito de direito internacional deve ser reconhecida, pela tendência de mitigação das imunidades no que tange às relações trabalhistas.

O processo, então, seguiu para julgamento em sessão plenária, onde duas teses se confrontaram.

A relatora do feito, Ministra Ellen Gracie, votou pelo provimento dos recursos extraordinários, de modo a declarar a imunidade absoluta da ONU. Seus argumentos podem ser assim sintetizados:

A jurisprudência da imunidade relativa de jurisdição dos Estados estrangeiros resta de todo inaplicável às organizações internacionais, pois elas emanam de duas ordens absolutamente distintas: uma escorada em normas de direito consuetudinário e a outra positivada, constante de tratados escritos e solenemente adotados pelo Brasil;

A imunidade não é inerente às organizações internacionais, ao contrário, depende de norma específica voluntariamente editada pelos Estados-membros, a fim de proporcionar o bom funcionamento organizacional dos entes instituídos;

---

[5] A União interveio no processo, no âmbito do TST, na qualidade de assistente simples da ONU e interpôs um recurso extraordinário paralelo ao da Organização internacional para impugnar o acórdão trabalhista.

O Poder Judiciário é parte indissociável do próprio Estado e está sujeito a todo o regime de normas que formam o direito internacional público. Destarte, o reconhecimento da inafastabilidade da prestação jurisdicional como direito absoluto fulminaria do universo o próprio instituto da imunidade de jurisdição, mesmo para relações diplomáticas ou consulares;

As normas constitucionais brasileiras que estabelecem a competência da Justiça do Trabalho pressupõem a existência de conflito jurisdicionável, logo elas não desafiam qualquer princípio de direito internacional público nem provocam alteração no campo das imunidades dos Estados estrangeiros ou das organizações internacionais;

Os cidadãos brasileiros não estão desprotegidos. O regime jurídico adotado pela ONU prevê, além da remuneração, diárias para viagens, licença anual, licenças remuneradas nos casos de doença e maternidade, além de outros benefícios complementares. Ademais, a arbitragem foi definida como modo de composição das controvérsias que não forem solucionadas de forma amigável.

Por todos esses motivos, a Ministra Ellen Gracie concluiu que o afastamento da imunidade prevista em convenção internacional é um verdadeiro desserviço ao Brasil, pois frustra a cooperação das organizações internacionais e torna o país inadimplente com suas obrigações perante os entes externos.

Mas os argumentos não convenceram a Ministra Cármen Lúcia, que, preocupada com a situação do cidadão brasileiro, proferiu voto divergente, sob a justificativa de que o acesso a um órgão jurisdicional independente é um dos direitos fundamentais constantes da Declaração Universal dos Direitos Humanos, em que se funda a ONU. Assim, assentar a imunidade de jurisdição seria negar um direito declarado por ela própria como fundamental. Propõe, então, para compatibilizar o respeito aos tratados internacionais com a proteção dos direitos sociais fundamentais, que a União seja subsidiariamente responsável pelo pagamento dos encargos trabalhistas.[6]

---

[6] A responsabilidade subsidiária da União, segundo a Ministra, não é automática nem resta configurada em todos os casos envolvendo imunidades de organismos internacionais. No caso examinado, contudo, o acordo de cooperação celebrado entre o Brasil e a ONU (Decreto 59.308/1966) permite responsabilizar a União pelos encargos trabalhistas devidos pela Organização.

Após longo debate, apenas o Ministro Marco Aurélio acompanhou o voto da Ministra Cármen Lúcia, enquanto o voto da Ministra Ellen Gracie foi seguido por Teori Zavaski, Gilmar Mendes, Luiz Fux, Dias Toffoli, Ricardo Lewandowski e Joaquim Barbosa. Prevaleceu, enfim, o entendimento segundo o qual o Brasil deve respeitar a imunidade de jurisdição das organizações internacionais prevista em tratado que foi solenemente adotado pelo país.

5. Conclusão

Ainda sob a égide da Constituição pretérita, o Supremo Tribunal Federal apreciou diversos casos envolvendo a imunidade de jurisdição dos entes de direito internacional público.

Inicialmente, foi adotada a teoria da imunidade absoluta de jurisdição, que, fundada no direito costumeiro, não vislumbrava qualquer possibilidade de submissão de Estado estrangeiro a uma jurisdição doméstica.

Em 1989, já sob a vigência da Constituição de 1988 e atento ao contexto mundial de globalização, o STF evoluiu em sua orientação e passou a adotar a imunidade relativa dos Estados estrangeiros em relação à jurisdição brasileira. Nesse precedente, a Corte procedeu à distinção entre atos de gestão e atos de império para assentar que a imunidade de jurisdição apenas se justifica quanto a estes.

A partir desse temperamento do regime de imunidades dos Estados estrangeiros, o Tribunal Superior do Trabalho entendeu que a tendência de flexibilização deveria ser aplicada também aos organismos internacionais e condenou a Organização das Nações Unidas ao pagamento de diversos encargos trabalhistas.

Esse acórdão foi impugnado por meio de recurso extraordinário e o STF precisou decidir se a construção da jurisprudência da imunidade relativa dos Estados estrangeiros era realmente extensível aos organismos internacionais.

Ao julgar o processo, a Corte Suprema entendeu que o fundamento da imunidade de jurisdição dos Estados estrangeiros (costumes) é absolutamente diverso do da relativa aos organismos internacionais (tratados) e que o Brasil é obrigado a cumprir as normas que voluntariamente adotou perante a comunidade internacional. Assim, a imunidade de jurisdição da ONU deve ser resguardada.

Essa conclusão parece deixar o jurisdicionado à míngua, desprotegido, mas isso não é verdade. A contratação de trabalhadores por organismos internacionais é normalmente disciplinada por regime especial que preestabelece todos os direitos e garantias dos empregados. No caso do acordo de cooperação celebrado entre o Brasil e a ONU, embora não haja identidade entre as normas da Consolidação das Leis do Trabalho e as do regime jurídico da Organização, este sistema é globalmente bastante vantajoso: os trabalhadores recebem média remuneratória superior à nacional, não pagam imposto de renda nem previdência social, possuem direito a diversos benefícios complementares ao salário e têm acesso à arbitragem como meio de solução das controvérsias que não puderem ser amigavelmente resolvidas.

Na realidade, esse julgamento paradigmático configura precedente extremamente relevante, pois consagra o respeito que o ordenamento jurídico brasileiro dispensa às normas de direito internacional público. A Constituição brasileira – mormente as disposições relativas à competência da Justiça do Trabalho e à inafastabilidade da prestação jurisdicional – foi interpretada em consonância com os tratados adotados pelo Brasil, o que mantém a credibilidade do país perante a comunidade externa e possibilita o desenvolvimento do direito internacional cooperativo.

Referências Bibliográficas

BEVILÁQUA, Clóvis. Direito público internacional: *a síntese dos princípios e a contribuição do Brasil*. Tomo I. Livraria Francisco Alves, São Paulo/Belo Horizonte, 1910.

CANÇADO TRINDADE, Antônio A. *Direitos das organizações internacionais*. 5. ed. Belo Horizonte: Del Rey, 2012.

CRETELLA NETO, José. *Teoria geral das organizações internacionais*. 3. ed. São Paulo: Saraiva, 2013.

DALLARI, Paulo Massi. Imunidade de jurisdição de estados estrangeiros no STF. In: *Jurisdição constitucional no Brasil*. São Paulo: Malheiros, 2012.

MELLO, Celso Albuquerque. *Curso de Direito Internacional Público*. Rio de Janeiro, Renovar, 14 ed., 2002.

YODA, Ana Jamily Veneroso. As organizações internacionais e o poder de celebrar tratados. In: *Revista Jurídica da Presidência da República*, Brasília, vol. 7, n. 75, Out./Nov. 2005.

Supremo Tribunal Federal. Apelação Cível 9.705, Rel. Min. Moreira Alves, Tribunal Pleno, julgamento em 9/9/1987, DJ 23/10/1987.
Supremo Tribunal Federal. Apelação Cível 9.696, Rel. Min. Sydney Sanches, Tribunal Pleno, julgamento em 31/5/1989, DJ 12/10/1990.
Supremo Tribunal Federal. Recurso Extraordinário 94.084, Rel. Min. Aldir Passarinho, Tribunal Pleno, julgamento em 12/3/1986, DJ 20/6/1986.
Supremo Tribunal Federal. Recursos Extraordinários 578.543 e 597.368, Rel. Min. Ellen Gracie, Tribunal, julgamento em 15/5/2013.
Tribunal de Justiça da União Europeia. Processo C154/11, julgamento em 19/7/2012. Disponível em: "http://s.conjur.com.br/dl/decisao-tribunal-justica-uniao-europeia34.pdf". Acesso em: 4 out. 2013.

HC nº 113.334/RS: Ausência de estabelecimentos prisional condizente com o regime aberto fixado na sentença

ANDRÉ LUIZ NOGUEIRA SANTOS[*]
CARLOS VIEIRA VON ADAMEK[**]

Resumo: A Lei de Execuções Penais enumera um rol de hipótese em que se admite a prisão domiciliar. A despeito dessas situações, paira a controvérsia de serem elas exemplificativas ou taxativas. Inexistindo vaga em Casa de Albergado, urge verificar a possibilidade de se acomodar o condenado em dependência prisional imprópria ou conceder-lhe a prisão albergue domiciliar.

I – Introdução:

Vivencia o Brasil grave crise na administração penitenciária, com presídios superlotados, em condições precárias e insalubres, onde presos são depositados diariamente em situação degradante, a impossibilitar qualquer tentativa de ressocialização do apenado.

---

[*] Assessor do Ministro Dias Toffoli.
Especialista em Direito Penal e Processual Penal.
[**] Magistrado Instrutor do Gabinete do Ministro Dias Toffoli.
Juiz Substituto em 2º Grau do Tribunal de Justiça do Estado de São Paulo.
Especialista em Direito Processual Civil.

O sistema jurídico brasileiro estabelece, fundado em critério misto, de ordem objetiva e subjetiva, o cumprimento progressivo da pena imposta ao sentenciado (CP, art. 33), estabelecendo-se, para as hipóteses mais severas, o regime inicial de cumprimento de pena fechado; na sequência o regime intermediário semiaberto e, a final, o regime mais abrandado – aberto, baseado na autodisciplina e senso de responsabilidade do condenado (CP, art. 36).

Paralelamente, estabeleceu o legislador pátrio a possibilidade, excepcional, de cumprimento de penas em regime diferenciado, sob a modalidade de recolhimento domiciliar, para hipóteses em que o cumprimento da reprimenda em estabelecimento penitenciário regular se revele inadequada à especialíssima situação pessoal do apenado, a justificar tratamento menos gravoso.

É igualmente conhecido de todos a inexistência na grande maioria dos municípios brasileiros, de casas de albergado ou estabelecimento congênere, destinados ao recolhimento noturno e nos dias de folga dos apenados que tenham sido condenados ou progredidos ao cumprimento de suas penas privativas de liberdade em regime aberto, a impelir o juízo das execuções penais a uma construção fática de critérios que possibilitem tanto a implementação da reprimenda corporal imposta pelo Estado-juiz, como o seu cumprimento pelo autor do ilícito, em condições compatíveis com os postulados de garantia individual a todos indistintamente assegurados pela Carta Maior.

O presente estudo pretende examinar, fora da taxatividade legal, a possibilidade em hipóteses diversas, em que o recolhimento a estabelecimento prisional regular, possa igualmente colocar em risco a integridade física e psíquica do apenado, a justificar a extensão do recolhimento domiciliar a situações outras que refujam ao *numerus clausus* previsto no ordenamento jurídico em vigor.

II – HC nº 113.334/RS: ausência de estabelecimentos prisional condizente com o regime aberto fixado na sentença.

O **Habeas Corpus** em estudo traz como questão nodal a possibilidade, diante da ausência vaga em casa de albergado ou estabelecimento prisional congênere, da concessão de prisão albergue domiciliar ao condenado em regime inicial aberto.

Notadamente, a Lei de Execuções Penais (Lei nº 7.210/84), em seu art. 117, enumera um rol de situações nas quais se admite a prisão domiciliar, a saber: a) os condenados e condenadas maiores de setenta anos; b) os condenados acometidos de doença grave; c) as condenadas com filho menor ou deficiente; e d) as condenadas gestantes.

A respeito de tais hipóteses, paira controvérsia sobre a natureza exemplificativa ou taxativa do rol previsto no dispositivo legal.

A se partir da premissa de que esse rol seria taxativo, a prisão domiciliar se revelaria inconcebível, em uma interpretação extensiva, para abarcar situações não contempladas pela lei, razão pela qual a ausência de Casa de Albergado para o início do cumprimento da pena em regime aberto seria tida por indiferente para a concessão da prisão domiciliar.

Nessa tônica a inexistência de estabelecimento adequado ao regime aberto não autorizaria a aplicação da prisão domiciliar, haja vista a prevalência do interesse público na efetivação da sanção penal, em detrimento do interesse individual do condenado. Nesse sentido estava difundida a orientação majoritária dos nossos Tribunais Pátrios e o entendimento do Supremo Tribunal. A esse respeito, cita-se, por exemplo, o HC nº 75.299, Rel. Min. **Nelson Jobim** e HC nº 71.723/SP, Rel. Min. **Ilmar Galvão**.

Entretanto, nos dias atuais, não reconhecer a legalidade e a legitimidade da prisão albergue domiciliar e, assim, fazer com que o condenado sofra as consequências do desaparelhamento estatal, constitui inegável desrespeito a postulados constitucionais de alta densidade, tais como o da dignidade da pessoa humana (art. 1º, inciso III); o da reserva legal (art. 5º, inciso II); o da individualização da pena (art. 5º, inciso XLVIII); e o da proporcionalidade e dignidade do preso (art. 5º, inciso XLIX).

Esses princípios constitucionais de máxima eficácia têm o importante papel de coibir um tratamento dispensado aos presos brasileiros de encarceramento massivo assemelhado à política norte-americana do **Hands Off**, definida por Luiz Flávio Gomes como

> política flagrantemente violadora dos Direitos Fundamentais, mas interessante para muitos: ao Executivo, porque vai amontoando os presos de qualquer maneira; aos políticos, porque podem continuar com o discurso da prisão ilimitada; a alguns juízes e membros do Ministério Público que se livram da responsabilidade de impedir os abusos, a tortura, o tratamento desumano e cruel.[1]

---

[1] GOMES, Luiz Flávio. *Juízes proíbem mais presos nos presídios: fim da política do "hands off"?*. Clubjus, Brasília-DF: 23 jan. 2008. Disponível em: http://www.clubjus.com.br/cbjur.php?artigos&ver=2.14912. Acesso em: 25/03/08.

Atento a essas questões, o Supremo Tribunal Federal passou adotar o entendimento contemporâneo no sentido de que o rol previsto no art. 117 da Lei de Execuções Penais não é exaustivo e, a partir de uma interpretação extensiva, passou a admitir a prisão albergue domiciliar na hipótese de ausência de vaga em casa de albergado ou estabelecimento prisional congênere.

Esse foi o entendimento preconizado no voto-vista proferido pelo Ministro **Dias Toffoli** no julgado em análise, cuja máxima, parafraseando Sua Excelência, é a de que "não pode recair sobre os ombros do condenado a ineficiência estatal, o qual, por falta de aparelhamento, corre o risco de ser recolhido em regime mais gravoso – não condizente – para se aguardar vaga em estabelecimento prisional adequado".

É tamanha a importância constitucional da questão, que a Suprema Corte reconheceu a repercussão geral do tema no RE nº 641.320/RS, *in verbis*:

Constitucional. 2. Direito Processual Penal. 3. Execução Penal. 4. Cumprimento de pena em regime menos gravoso, diante da impossibilidade de o Estado fornecer vagas para o cumprimento no regime originalmente estabelecido na condenação penal. 5. Violação os artigos 1º, III, e 5º, II, XLVI e LXV, ambos da Constituição Federal. 6. Repercussão geral reconhecida.[2]

Embora não decidido em definitivo o tema pelo Tribunal Pleno, parece-nos acertada o julgado da Corte que sinaliza para os Tribunais brasileiros a impossibilidade, diante da ausência vaga em casa de albergado ou estabelecimento prisional congênere, de submeter o condenado ao regime aberto, ainda que provisoriamente, a um regime mais gravoso do que aquele estipulado na sentença.

Nessa situação, a solução politicamente correta, do ponto de vista constitucional e social, recomenda a concessão de prisão albergue domiciliar.

---

[2] RE nº 641.320-RG/RS, Relator o Ministro **Gilmar Mendes**, DJe de 24/8/11

POSFÁCIO

> *A página vive para lá da mão que a escreve*
> *Jorge Luis Borges*

Não cabe, neste espaço, uma conclusão. De fato, mais proveitoso que um epílogo à guisa de remate formal será conclamar, de imediato, à continuação de projeto que, pautado pelo visível esmero em todas as etapas, há de ser apenas o início de longo círculo virtuoso, cuja retroalimentação far-se-á seguramente por obras de igual e valiosíssimo quilate.

E por falar em início, começo por ressaltar a leveza do formato escolhido, mais afeito à arte de contar histórias, sem perder de vista o impacto e as consequências das decisões, do que ao árduo ofício de narrar construções jurisprudenciais sob o prisma de pesados arcabouços doutrinários.

Aqui foram contados os meandros de algumas das mais emblemáticas decisões do Supremo Tribunal Federal, cuja contribuição para o fortalecimento do Estado Democrático de Direito brasileiro tem se relevado, dia após dia, de significância inquestionável.

Os autores são exatamente aqueles que de perto acompanharam todo o processo decisório e por isso conhecem bem as nuances desses veredictos complexos, até porque eivados da mais pura substância jurídica e doutrinária.

O resultado, como dito, é o prazer da leitura no ritmo da narração do caso sob perspectiva histórica, enriquecida por detalhes que, se por vezes escapam da pauta da mídia, mostram-se importantes para o entendimento cabal do conjunto, via reconstituição do passo a passo.

Há mais: tem-se ainda a análise das possibilidades de então, algumas vezes só bem percebidas *a posteriori*, com o descortino trazido pela passagem esclarecedora do tempo. A reboque vem também a reflexão sobre os desdobramentos dos *leading cases*, apresentados – é bom que se destaque – por ordem cronológica dos julgamentos, e isso com o propósito de mostrar justamente como veio se delineando, evoluindo e se solidificando a jurisprudência da mais Alta Casa de Justiça do País.

A tudo se soma a edição primorosa, muitíssimo bem cuidada, a cargo da Almedina, editora líder no mercado jurídico português que, no Brasil desde 2014, tem divulgado à comunidade lusófona o que de melhor vem se produzindo, na área do conhecimento especializado, nos países de língua portuguesa. O fato, por si só, já transparece ótimo augúrio para a presente obra, cujo lançamento está previsto para alcançar países da América Latina, África e Europa.

Já se viu então que, como magistrado, professor, jurista e cidadão, formo entre os entusiastas da jornada que ora apenas principia. Que a Associação dos Assessores do Supremo Tribunal Federal produza muitas "artes" e continue disseminando conhecimento intra e extramuros, de modo a preservar, difundir e, assim, homenagear a memória dos grandes feitos da Suprema Corte brasileira. A Justiça, a democracia, a nação inteira, de pé e em aplauso, agradece.

Brasília, maio de 2014.

GILMAR FERREIRA MENDES

ÍNDICE
(por ordem cronológica dos julgamentos)

15.12.1993	Tributação e cláusulas pétreas: ADI 939 LUCIANO FELICIO FUCK	13
11.11.1994	Proporcionalidade no Supremo Tribunal Federal – o DNA (HC 71.373) PAULO GUSTAVO GONET BRANCO	21
7.11.2002	Delegação do poder de polícia administrativa: análise crítica a partir da ADI 1.717-6 FLÁVIO HENRIQUE UNES PEREIRA	29
6.8.2003	A técnica de julgamento do Recurso Extraordinário, essa desconhecida MIGUEL NAGIB	47
6.4.2004	O menor caso da história do Supremo Tribunal Federal: ou o caso dos R$ 0,009 e o papel institucional do Supremo Tribunal Federal (RE 347.528) RAFAEL THOMAZ FAVETTI	59
17.8.2004	Liberdade artística, obscenidade e Supremo Tribunal Federal: HC 83.996 BEATRIZ BASTIDE HORBACH	65

26.8.2004   Vedação constitucional à prisão perpétua: limite
            à entrega do extraditando na jurisprudência do STF
            CAROLINA CARDOSO GUIMARÃES LISBOA   79

9.6.2005   O perfil constitucional do Juiz de Paz: análise
            da ADI 2.938
            CARLOS BASTIDE HORBACH   91

6.12.2005   O Supremo Tribunal Federal e sua importante missão
            de guardião da ordem econômica constitucional
            (RE 422.941)
            AMANDA FLÁVIO DE OLIVEIRA   107

19.12.2006 Interpretação constitucional e diálogo institucional
            entre os Poderes Legislativo e Judiciário: exame
            da decisão do STF na ADI 2.797
            SÉRGIO ANTÔNIO FERREIRA VICTOR   115

9.5.2007   Declaração de inconstitucionalidade de omissão legislativa
            e da inconstitucionalidade de lei, sem a pronúncia
            da sua nulidade, com indicação de parâmetro temporal
            para a atuação do legislador. ADI 2.240 e ADI 3.682
            ANDRÉ RUFINO DO VALE   129

4.10.2007   Poder regulamentar na Constituição do Brasil:
            o caso da fidelidade partidária (MS 26.602, 26.603
            e 26.604)
            MANOEL CARLOS DE ALMEIDA NETO   135

12.6.2008   Prescrição e decadência em matéria tributária:
            inafastabilidade da regulação via lei complementar
            e efeitos da decisão de inconstitucionalidade. Breves
            comentários sobre a decisão do Supremo Tribunal
            Federal nos Recursos Extraordinários 559.882-9/
            /RS, 556.664-1/RS e 560.626-1/RS
            TAÍS SCHILLING FERRAZ   155

30.4.2009	A ADPF 130 e a democracia de antíteses no contexto do Estado Cooperativo de direitos fundamentais CHRISTINE OLIVEIRA PETER DA SILVA	167
24.6.2009	O direito à saúde e ao meio ambiente equilibrado como preceitos fundamentais: a ADPF 101 – proibição de importação de pneus usados MARCO TÚLIO REIS MAGALHÃES	183
24.2.2010	ADI 875: a inconstitucionalidade dos critérios de rateio do Fundo de Participação dos Estados CELSO DE BARROS CORREIA NETO	201
17.3.2010	Judicialização do direito à saúde (STA-AGR 175) ANA PAULA CARVALHAL	213
5.5.2010	ADI 3.421: releitura da "guerra fiscal do ICMS" CARLOS ALEXANDRE DE AZEVEDO CAMPOS	219
30.6.2010	Intervenção Federal n. 5.179 – Distrito Federal: princípios constitucionais sensíveis, Federação e Supremo Tribunal Federal FABRÍCIO MURARO NOVAIS	231
1º.9.2010	A inconstitucionalidade da vedação abstrata à substituição da pena de prisão por pena restritiva de direitos em crimes de tráfico de drogas e naqueles a ele equiparados pela Lei 11.343/2006 (HC 97.256) CARLA RAMOS MACEDO DO NASCIMENTO	239
8.9.2010	Contraditório e ampla defesa no controle externo exercido pelo Tribunal de Contas. Uma análise do MS 25.116 VALTER SHUENQUENER DE ARAÚJO	251
2.10.2010	O humorismo político levado a sério pelo Supremo Tribunal Federal: análise do julgamento da ADI 4451-MC SÍLVIA PORTO BUARQUE DE GUSMÃO	259

12.4.2011   HC 97.261: análise da (a)tipicidade penal da interceptação ou receptação não autorizada dos sinais de TV a cabo à luz do princípio constitucional da reserva legal
CESAR LUIZ DE OLIVEIRA JANOTI   267

24.8.2011   ADI nº 2.650: O STF como Tribunal da Federação e a realização de plebiscito para desmembramento de estados e municípios
DAIANE NOGUEIRA DE LIRA   275

9.2.2012   ADI 4.424: violência em silêncio, não mais
ALEXANDRE CAMANHO DE ASSIS   287

23.02.2012   A Constitucionalidade do Estatuto de Defesa do Torcedor e a Relevância do Julgamento da ADI 2.937-DF
PAULO PENTEADO DE FARIA E SILVA NETO   301

11.4.2013   A tributação internacional na jurisprudência do Supremo Tribunal Federal (RE nº 611.586)
MARCUS LÍVIO GOMES   307

18.4.2013   Reclamação nº 4.374/PE: uma nova faceta do instituto
VINICIUS DE ANDRADE PRADO   319

15.5.2013   A imunidade de Jurisdição dos Organismos Internacionais na Jurisprudência do Supremo Tribunal Federal: análise dos Recursos Extraordinários 578.543 e 597.368
JOSÉ S. CARVALHO FILHO   327

18.2.2014   HC nº 113.334/RS: Ausência de estabelecimentos prisional condizente com o regime aberto fixado na sentença
ANDRÉ LUIZ NOGUEIRA SANTOS e CARLOS VIEIRA VON ADAMEK   337